Hannes Meyer-Wieck

Der Große Lauschangriff

Schriftenreihe des Max-Planck-Instituts für
ausländisches und internationales Strafrecht

Kriminologische Forschungsberichte

Herausgegeben von Hans-Jörg Albrecht
und Günther Kaiser

Band K 128

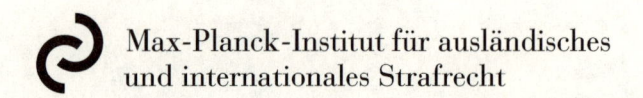

Max-Planck-Institut für ausländisches
und internationales Strafrecht

Der Große Lauschangriff

Eine empirische Untersuchung
zu Anwendung und Folgen
des § 100c Abs. 1 Nr. 3 StPO

Hannes Meyer-Wieck

Duncker & Humblot · Berlin

Bibliografische Information der Deutschen Bibliothek

Die Deutsche Bibliothek verzeichnet diese Publikation in
der Deutschen Nationalbibliografie; detaillierte bibliografische
Daten sind im Internet über <http://dnb.ddb.de> abrufbar.

Alle Rechte vorbehalten
© 2005 Max-Planck-Gesellschaft zur Förderung der Wissenschaften e.V.
c/o Max-Planck-Institut für ausländisches und internationales Strafrecht
Günterstalstraße 73, 79100 Freiburg i.Br.
http://www.mpicc.de
Vertrieb in Gemeinschaft mit Duncker & Humblot GmbH, Berlin
http://www.duncker-humblot.de

Umschlagbild: © Bundeskriminalamt 2005.
Druck: Stückle Druck und Verlag, Stückle-Straße 1, 77955 Ettenheim
Printed in Germany

ISSN 1861-5937
ISBN 3-86113-071-8 (Max-Planck-Institut)
ISBN 3-428-12042-6 (Duncker & Humblot)

Gedruckt auf alterungsbeständigem (säurefreiem) Papier
entsprechend ISO 9706 ∞

Geleitwort

Verdeckte oder heimliche Ermittlungsmethoden haben sich, befördert von dramatischen Darstellungen organisierter Kriminalität und neuerdings des internationalen Terrorismus, zu einem von der Praxis als unverzichtbar eingeschätzten und häufig genutzten Instrument sowie zu einem brisanten rechtspolitischen Dauerthema entwickelt, das bislang allerdings weitgehend auf normativer Ebene und informiert bloß durch die jährlichen Veröffentlichungen zu durchgeführten Telefonüberwachungen erörtert wurde [1]. Insbesondere hat die Einführung der Wohnraumüberwachung verfassungsrechtliche Debatten zum Kernbereich verschiedener Grundrechte sowie zum Verhältnismäßigkeitsgrundsatz ausgelöst, die in der Entscheidung des Bundesverfassungsgerichts vom 3. März 2004 [2] zum „Großen Lauschangriff" Antworten gefunden haben, deren Relevanz weit über die strafprozessualen Regelungen zur Wohnraumüberwachung hinausreicht.

Die Befugnisse der Strafverfolgungsbehörden zur Überwachung der Telekommunikation nach den §§ 100a, 100b StPO und zur Überwachung des Wohnraums nach § 100c I Nr. 3 StPO und die Nutzung dieser Befugnisse sind vor allem wegen ihres grundrechtsinvasiven Charakters und angesichts einer seit Mitte der neunziger Jahre deutlich zunehmenden Zahl von Telefonüberwachungen umstritten. Praktiken der Kommunikationsüberwachung und Reformüberlegungen müssen die konfligierenden Interessen aus Grundrechtsschutz einerseits und effektiver Strafverfolgung, insbesondere im Bereich der organisierten Kriminalität, andererseits in einen Ausgleich bringen. Mit solchen Überlegungen wird auf Nutzen und Kosten der Überwachungsmaßnahmen abgestellt, somit selbstverständlich auf empirische Untersuchungen, die der kriminologischen Implementations- und Evaluationsforschung zuzurechnen sind.

Die am Max-Planck-Institut für ausländisches und internationales Strafrecht durchgeführten und nunmehr in drei Bänden veröffentlichten Untersuchungen zur Rechtswirklichkeit und Effizienz der Überwachung der Telekommunikation nach den §§ 100a, 100b StPO und der Wohnraumüberwachung nach § 100c StPO gehen auf einen Auftrag des Bundesministeriums der Justiz zurück, mit dem für weitere

---

[1] Vgl. zum Stand empirischer Forschung zu Ermittlungsmethoden *Albrecht, Hans-Jörg*, Rechtstatsachenforschung zum Strafverfahren, Neuwied 2005.
[2] BverfG, Urteil vom 3.3. 2004, 1 BvR 2378/98; 1 BvR 1084/99.

Reformen notwendige Grundlagenforschungen initiiert, jedoch auch die gesetzliche Berichtspflicht gemäß §100e II StPO gegenüber dem Parlament erfüllt werden sollten. Im Mittelpunkt der Untersuchungen standen Fragen zur Implementation und Evaluation der Telekommunikations- und die Wohnraumüberwachung. Ein Abschlussbericht zur Untersuchung der Telekommunikationsüberwachung wurde im Jahr 2003 veröffentlicht [3]. Die bis zu diesem Zeitpunkt erhobenen Datengrundlagen wurden nach Fertigstellung des Gutachtens erweitert und in dem hier vorliegenden Forschungsbericht von *Hannes Meyer-Wieck* zu Fragestellungen der Implementation und Evaluation der Regelungen zur Wohnraumüberwachung aufbereitet und analysiert. Vertiefende Analysen zur Telekommunikationsüberwachung werden in Forschungsberichten von *Christiane Krüpe-Gescher* bezogen auf Fragestellungen der Implementation [4] und von *Claudia Dorsch* im Hinblick auf Fragestellungen der Effizienz [5] vorgestellt.

Den Untersuchungen liegt eine einheitliche Konzeption zugrunde, in die verschiedene Datenerhebungsmethoden wie Aktenanalyse, Befragung und Interviews in Form von Expertengesprächen eingebunden sind. Während sich die Untersuchung der Telekommunikationsüberwachung auf eine Stichprobe von Ermittlungsverfahren, die im Jahre 1998 erledigt worden waren, stützt, erfasst die Studie zur Wohnraumüberwachung alle Ermittlungsverfahren, in denen zwischen 1998 und 2001 Maßnahmen nach §100c StPO beantragt wurden.

Die vorliegenden Untersuchungen konnten nur deshalb erfolgreich durchgeführt und abgeschlossen werden, weil sich das Gesamtprojekt auf die Förderung einer Vielzahl von Personen und Institutionen aus dem Justiz- und Innenbereich hat stützen können. Insbesondere gilt mein Dank Bundesjustizministerin Brigitte Zypries.

Herr Ministerialdirektor Bernd Netzer, Herr Ministerialrat Winfried Schreiber und Herr Regierungsdirektor Udo Weinbörner vom Bundesministerium der Justiz haben die Untersuchung stets mit großem Verständnis, anhaltender Aufmerksamkeit und vor allem mit unschätzbarem Rat begleitet. Ihre sachverständigen Hinweise und ihre beständige Unterstützung waren für die Realisierung der Studie von zentraler Bedeutung.

Die Mitglieder des projektbegleitenden Beirates haben anlässlich mehrerer Sitzungen während der Projektdurchführung durch kritische und konstruktive Anre-

---

[3] *Albrecht, Hans-Jörg/Dorsch, Claudia/Krüpe, Christiane*, Rechtswirklichkeit und Effizienz der Überwachung der Telekommunikation nach den §§ 100a, 100b StPO und anderer verdeckter Ermittlungsmaßnahmen, Freiburg 2003.

[4] *Krüpe-Gescher, Christiane*: Die Überwachung der Telekommunikation nach den §§ 100a, 100b StPO in der Rechtspraxis, Freiburg 2005.

[5] *Dorsch, Claudia*, Die Effizienz der Überwachung der Telekommunikation nach §§ 100a, 100b StPO, Freiburg 2005.

gungen zur inhaltlichen Gestaltung der Berichte wie auch zur Interpretation der Daten ganz wesentlich beigetragen.

Die Landesjustizverwaltungen und die Polizeidienststellen der Länder, ferner Landeskriminalämter und das Bundeskriminalamt haben durch eine stets verlässliche und hilfreiche Kooperation bestmögliche Arbeitsbedingungen und den Zugang zu Informationen geschaffen, ohne die solche Untersuchungen nicht hätten durchgeführt werden können.

Darüber hinaus haben die Staatsanwaltschaften aller Bundesländer sowie die Generalbundesanwaltschaft für die logistische Bewältigung der Aktenversendung gesorgt. Besonderen Dank schulde ich Herrn Oberstaatsanwalt Krombacher von der Staatsanwaltschaft Stuttgart. Er hat wertvolle Anregungen zur Durchführung der empirischen Untersuchung und Interpretationshilfen zu den Daten aus einer justiz- und ermittlungspraktischen Perspektive gegeben.

An dieser Stelle möchte ich aber auch allen Teilnehmerinnen und Teilnehmern der schriftlichen Befragungen und der mündlichen Experteninterviews aus Polizei und Justiz danken. Ihre Hilfsbereitschaft und Offenheit dem Untersuchungsinhalt gegenüber haben zum Gelingen der Untersuchung entscheidend beigetragen.

Freiburg, im Juli 2005 Prof. Dr. Dr. h.c. Hans-Jörg Albrecht

Danksagung des Autors

Die Realisierung der vorliegenden Studie wäre ohne die Hilfe und Unterstützung einer Vielzahl von Personen und Institutionen nicht möglich gewesen. Dem Autor ist daher die folgende Danksagung ein besonderes persönliches Anliegen.

Zunächst ist dem Bundesministerium der Justiz und dort insbesondere Herrn Ministerialrat Winfried Schreiber und Herrn Regierungsdirektor Udo Weinbörner sowie dem projektbegleitenden Beirat unter dem Vorsitz von Herrn Ministerialdirektor Bernd Netzer für die fortwährende Unterstützung und konstruktive Begleitung der Arbeit zu danken.

Ein herzlicher Dank ist vor allem aber auch den vielen Personen und Institutionen bundesweit auszusprechen, die den unmittelbaren Zugang zum Datenmaterial ermöglichten und teilweise für mehrere zeitintensive Vor-Ort-Aktenauswertungen freundliche Gastfreundschaft gewährten. Besonders zu danken ist den Richtern, Staatsanwälten und Polizeipraktikern, die mit großer Offenheit und Engagement als Gesprächspartner im Rahmen der Experteninterviews zur Verfügung standen.

Einen zentralen Beitrag zu der Studie leistete der Datenschutzbeauftragte des Max-Planck-Institutes, Dr. Volker Grundies, indem er die EDV-mäßige Auswertung des Datenmaterials durch unerlässliche Hilfestellungen begleitete und für diesbezügliche Fragen stets ein offenes Ohr hatte; Gleiches gilt für Harald Arnold hinsichtlich Fragen des organisatorischen und konzeptionellen Vorgehens. Bei der Lösung technischer Einzelprobleme war Markus Mayer stets kollegialer Ansprechpartner. Besonderer Dank gilt den Kolleginnen Claudia Dorsch und Christiane Krüpe-Gescher, von deren Vorarbeiten und Erfahrungen des zuvor begonnenen Forschungsprojektes zu „Rechtswirklichkeit und Effizienz der Überwachung der Telekommunikation nach den §§ 100a, 100b StPO und anderer verdeckter Ermittlungsmaßnahmen" die vorliegende Arbeit maßgeblich profitieren konnte. Priv.-Doz. Dr. Jörg Kinzig sei schließlich für kritische und konstruktive Diskussionen zum Untersuchungsgegenstand gedankt.

Den größten Dank möchte ich aber dem Direktor des Max-Planck-Instituts, Herrn Prof. Dr. Dr. h.c. Hans-Jörg Albrecht, aussprechen. Die Ermöglichung des Forschungsprojektes überhaupt beruht auf seinen langjährigen Vorarbeiten und der Etablierung des entsprechenden Forschungsschwerpunktes am Institut. Dem außerordentlich großen Vertrauen gerecht zu werden, welches mit der Übertragung der Bearbeitung dieses verantwortungsvollen Forschungsauftrages verbunden war, gelang nur durch seine besondere Unterstützung und stete Förderung.

Die Rechtswissenschaftliche Fakultät der Albert-Ludwigs-Universität Freiburg hat die vorliegende Arbeit im Wintersemester 2004/2005 als Dissertation angenommen. In diesem Zusammenhang gilt mein Dank für die zügige Erstellung des Erst- und Zweitgutachtens nochmals Herrn Prof. Dr. Dr. h.c. Hans-Jörg Albrecht als auch Herrn Prof. Dr. Roland Hefendehl.

Die Wissenschaftliche Gesellschaft Freiburg im Breisgau hat den Druck der Arbeit finanziell gefördert; auch hierfür sei ein herzlicher Dank ausgesprochen.

Freiburg, im Juli 2005 *Hannes Meyer-Wieck*

Inhaltsverzeichnis

Einleitung 1

Erster Teil – Grundlagen, allgemeine Datenlage und Methodik 5

A. Rechtsgrundlage und Begrifflichkeit 5

B. Geschichtlicher und kriminalpolitischer Hintergrund
   des § 100c Abs. 1 Nr. 3 StPO 7

C. Diskussion um die bestehende Regelung 10
   - I. Das Verhältnis zu den präventiven Maßnahmen 11
   - II. Straftatenkatalog 11
   - III. Verdachtsgrad 11
   - IV. Subsidiarität 12
   - V. Wohnung 13
   - VI. Begleitmaßnahmen 13
   - VII. Zeugnisverweigerungsrechte 14
   - VIII. Anordnungsdauer und -inhalt, Richtervorbehalt 15
   - IX. Benachrichtigung, Rechtsschutzmöglichkeit 15
   - X. Verwertungs- und Vernichtungsfragen 16

D. Allgemeine Datenlage 17
   - I. Die Berichtspflicht nach Art. 13 Abs. 6 GG 17
   - II. Die aufgrund der Berichtspflicht vorliegenden Zahlen 20
     1. Anzahl der Verfahren mit
        Wohnraumüberwachungsmaßnahmen 20
     2. Katalogtatverteilung und OK-Bezug 23
     3. Anzahl der Wohnungen und Betroffenen 28
     4. Dauer der Maßnahmen 29
     5. Kosten 32
     6. Benachrichtigung und Gründe der
        Nichtbenachrichtigung 32
     7. Verfahrensrelevanz 33
   - III. Daten zu Maßnahmen auf präventivpolizeilicher
        Grundlage 35

E. Methode und Durchführung der Untersuchung 38

I. Methodische Hinführung 38
II. Aktenanalyse 40
   1. Konzeption 40
   2. Erhebungsinstrument 42
   3. Durchführung 43
   4. Inhalt der Akteneinsicht 44
III. Expertengespräche 45
   1. Konzeption 45
   2. Auswahl der Gesprächspartner 46
   3. Durchführung 47

Zweiter Teil – Die Ergebnisse der rechtstatsächlichen Untersuchung 49

A. Grundgesamtheiten und Definitionskriterien aus der Aktenvollerhebung 49
   I. Verfahren 49
      1. Die nach § 100e StPO bekannten Verfahren 49
      2. Zusätzlich zu § 100e StPO bekanntgewordene Verfahren 50
      3. Verfahren aus dem Erhebungszeitraum 2002 51
      4. Umfang der Akteneinsicht 52
      5. Verfahren ohne Wohnraumüberwachungsmaßnahmen 53
      6. Verteilung der Katalogtaten über die Verfahren 54
      7. Strukturermittlungs- und Sammelverfahren 56
      8. Verfahren gegen die gleichen Beschuldigten 57
      9. Verfahren gegen Unbekannt 57
   II. Maßnahmen 58
      1. Maßnahmen insgesamt 58
      2. Maßnahmen und Beschlüsse pro Verfahren 59
      3. Verteilung der Maßnahmen auf die Katalogtaten 60
      4. Maßnahmen zu Fahndungszwecken 62
      5. Angeordnete und nicht angeordnete Maßnahmen
         (Ablehnungen) 63
      6. Durchgeführte und nicht durchgeführte Maßnahmen 65
      7. Maßnahmen auf präventivpolizeilicher Grundlage 67
   III. Beschuldigte 68
      1. Beschuldigte insgesamt 68
      2. Beschuldigte pro Verfahren 70
      3. Verteilung der Beschuldigten auf die Katalogtaten 70
   IV. Betroffene und Drittbetroffene 72
      1. Betroffene – Definitorisches und Unsicherheiten
         in der Erhebung 72
      2. Anzahl der Betroffenen 74
      3. Drittbetroffene 75

B. Die Durchführung der akustischen Wohnraumüberwachung 76

I. Aktenanalyse 76
1. Anordnungs- und Durchführungsfragen 76
   1.1 Anordnung und Antrag 76
   1.2 Eilmaßnahmen 78
   1.3 Maßnahmen während des Hauptverfahrens 78
   1.4 Maßnahmen in der Wohnung Anderer
        (§ 100c Abs. 2 Satz 5 StPO) 79
   1.5 Abgrenzungspobleme zur Anordnungsgrundlage
        § 100c Abs. 1 Nr. 2 StPO 80
        a. Zweifel über den Wohnungsbegriff 81
        b. Maßnahmen mit Einverständnis 82
   1.6 Die Nicht-Anordnung von Maßnahmen 84
        a. Ablehnungen 85
        b. Antragsrücknahmen 86
        c. Nichtbeantragung 87
   1.7 Anordnungen im Beschwerdewege 87
   1.8 Die Nichtdurchführung von Maßnahmen
        trotz Anordnung 88
2. Art der überwachten Räumlichkeiten und Lebensbereiche 91
   2.1 Überwachte Räumlichkeiten 91
   2.2 Eingriff in die Privatsphäre 93
   2.3 In der Wohnung potentiell mitbetroffene Personen 95
   2.4 Ortsbedingtes Beweiserhebungsverbot 96

3. Dauer der Maßnahmen 97
   3.1 Befristung in der Erstanordnung 98
        a. Anordnungsdauer nach polizeilicher Anregung 98
        b. Anordnungsdauer nach staatsanwaltlichem
           Antrag 99
        c. Anordnungsdauer nach Beschluss 99
   3.2 Verlängerungsanordnungen 101
        a. Art der Verlängerungen 101
        b. Anzahl der Verlängerungen 102
        c. Befristung der Verlängerungen 104
        d. Gründe für die Verlängerungen 106
   3.3 Die tatsächliche Abhördauer 107
   3.4 Vergleich der tatsächlichen Abhördauer mit der
        Anordnungsdauer nach Beschluss 109
   3.5 Schwierigkeiten mit der Vierwochenfrist 110
   3.6 Die Beendigung der Maßnahmen 112
4. Der Abhörvorgang 114
   4.1 Installation und Entfernung der
        Abhöreinrichtungen 114
        a. Tatsächliche Ebene 114
        b. Rechtliche Ebene 116
        c. Ausbau der technischen Mittel 117

			d. Hinzuziehung Dritter	118
		4.2	Anpassungstendenzen bei den Beschuldigten	119
		4.3	Schwierigkeiten beim Abhörvorgang	120
			a. Sprach- und Aufzeichnungsqualität	121
			b. Technische Sprachverbesserung	121
			c. Zuordnungsprobleme des gesprochenen Wortes	122
	5.	Umfang der Protokolle, erfasste Gespräche und Kommunikationsvorgänge		123
	6.	Fremdsprachen und Dolmetscher		125
	7.	Anzahl der Bänder/Aufzeichnungsmedien		126
	8.	Vernichtung		126
	9.	Kosten		127
II.	Expertengespräche			127
	1.	Anordnungsfragen		128
		1.1	Umfang informeller Erledigungsstrukturen	128
		1.2	Abgrenzung zu § 100c Abs.1 Nr. 2 StPO bei Einverständnis des Wohnungsinhabers	129
		1.3	Verhältnis zu präventiven Maßnahmen	130
	2.	Art der überwachten Lebensbereiche und tatsächliche Überwachungsintensität		131
		2.1	Räumlichkeiten	131
		2.2	Personen	132
		2.3	Überwachungsintensität	133
	3.	Anordnungsdauer		133
		3.1	Schwierigkeiten mit der Vierwochenfrist	133
		3.2	Beurteilung der Vierwochenfrist	134
		3.3	Anforderung an die Verlängerung einer Maßnahme bei Installationsproblemen	135
	4.	Durchführungsfragen		136
		4.1	Faktische Umsetzungsschwierigkeiten	136
		4.2	Insbesondere Hinzuziehung Dritter	138
		4.3	Auswertungsaufwand	138
		4.4	Möglichkeit der optischen Überwachung	139
		4.5	Der Umgang mit den Aufzeichnungsmedien	140
	5.	Das Urteil des Bundesverfassungsgerichtes		140
III.	Zusammenfassung			141

C. Subsidiarität und der Einsatz der akustischen Wohnraumüberwachung im Ablauf des Verfahrens 144

I.	Aktenanalyse			144
	1.	Tatverdacht und Anlasstat		144
		1.1	Verfahrensauslösung	145
			a. Mord-/Totschlagsverfahren	146
			b. BtM-Verfahren	146
			c. Sonstige Katalogtaten	146
			d. „Proaktive" Kenntniserlangung	147

Inhaltsverzeichnis XV

        1.2   Erste Einschaltung der Staatsanwaltschaft 147
    2.   Das Verhältnis zu anderen Ermittlungsinstrumenten 148
        2.1   Das Vorliegen anderer Ermittlungsinstrumente
              in den Verfahren 148
        2.2   Kombinationen der Ermittlungsinstrumente 152
        2.3   Intensität und Häufigkeit anderer
              Ermittlungsinstrumente 152
              a. Vernehmungen 153
              b. Durchsuchungsmaßnahmen 154
              c. Telefonüberwachung 154
              d. Observation 155
              e. VE und VP 156
              f. Maßnahmen nach
                 100c Abs. 1 Nrn. 1 u. 2 StPO 157
    3.   Die Wohnraumüberwachung im zeitlichen
        Ablauf des Verfahrens 158
        3.1   Verfahrensdauer (Ermittlungsverfahren) 159
        3.2   Zeitlicher Einsatz der Wohnraumüberwachung und anderen
              Ermittlungsinstrumente 161
        3.3   Zeitpunkt des
              Wohnraumüberwachungsbeschlusses 165
              a. Mord-/Totschlagsverfahren 167
              b. BtM-Verfahren 168
              c. Sonstige Katalogtaten 169
        3.4   Ermittlungsstand vor der Beantragung 169
              a. Mord-/Totschlagsverfahren 170
              b. BtM-Verfahren 171
              c. Sonstige Katalogtaten 172
    4.   Verdachtsgrad 173
    5.   Parallel zur Wohnraumüberwachung eingesetzte
        Ermittlungsinstrumente 175
    6.   Ziele und Erwartungen an die Wohnraumüberwachung 175
  II.   Expertengespräche 176
  III. Zusammenfassung 176

D. Verfahrensphänomenologie und Einsatzbereiche 178

  I.   Aktenanalyse 178
    1.   OK-Bezug 178
        1.1   Aus der Akte entnommene OK-Relevanz 179
        1.2. Berücksichtigung für das OK-Lagebild 180
    2.   Mord-/Totschlagsverfahren 181
    3.   BtM-Verfahren 182
        1.1   Heterogenität 183
        1.2   BtM-Mengen 184
    4.   Sonstige Verfahren 185

	II.	Expertengespräche 186
		1. Verfahrenstypizitäten 187
		1.1 Mord-/Totschlagsverfahren 189
		1.2 BtM-Verfahren 189
		1.3 Sonstige Katalogtaten 190
		2. Einschätzung der Eignung zur OK-Bekämpfung 191
		3. Vorzüge und Nachteile der Wohnraumüberwachung und das Verhältnis zu anderen Ermittlungsmaßnahmen 192
		4. Gründe des seltenen Einsatzes 193
		5. Erklärung der Katalogtatverteilung 195
		6. Beurteilung des Deliktkatalogs 195
		7. Das Urteil des Bundesverfassungsgerichtes 196
	III.	Zusammenfassung 196

E. Anordnungsvorgang, Begründungsaufwand und richterliche Kontrolle 198

	I.	Aktenanalyse 198
		1. Anordnungsinitiative 198
		2. Nennung und Subsumtion der Katalogtatbestände 199
		2.1 Mord-/Totschlagsverfahren 200
		2.2 BtM-Verfahren 200
		2.3 Sonstige Katalogtaten 200
		2.4 Umgehungstendenzen 201
		3. Zeitrahmen der Entscheidung 202
		3.1 Erstanordnungen 202
		a. Zeitraum zwischen Anregung und Antrag 202
		b. Zeitraum zwischen Antrag und Beschluss 204
		c. Gesamtzeitraum zwischen Anregung und Beschluss 205
		3.2 Verlängerungen 206
		4. Begründungsinhalt und Begründungsumfang 207
		4.1 Bewertungskriterien 208
		4.2 Gesamtübersicht 211
		4.3 Beispiele für Beschlussbegründungen 213
		4.4 Spezifika (regionaler Usus) 215
		4.5 Begründungen in den Verlängerungsvorgängen 219
	II.	Expertengespräche 220
		1. Anordnungsinitiative 220
		2. Antragsbearbeitung der Staatsschutzkammer 222
		2.2 Stellenwert der Wohnraumüberwachung in der Tätigkeit 222
		2.3 Die zur Beschlussfassung vorgelegten Unterlagen 222
		2.4 Für die Beschlussfassung in Anspruch genommene Zeit 223
		2.5 Die für die Beschlussfassung maßgeblichen Erwägungen 223

Inhaltsverzeichnis XVII

   2.6 Zur Beschlussbegründung 224
  3. Fragen richterlicher Kontrolle 225
   3.1 Ergebnisunterrichtung 225
   3.2 Möglichkeiten stärkerer Einbindung 225
   3.3 Beurteilung der
     Staatsschutzkammerzuständigkeit 226
 IV. Zusammenfassung 227

F. Betroffene der Maßnahme 229
 I. Aktenanalyse 230
  1. Erhebungsunsicherheiten 230
  2. Festgestellte Daten zu Art und Anzahl der Betroffenen 231
   2.1 Betroffene pro Maßnahme 231
   2.2 Beschuldigte des Verfahrens
     (beschuldigte Betroffene) 237
   2.3 Nicht beschuldigte Betroffene 237
   2.4 Das Verhältnis nichtbeschuldigter Betroffener
     zu den beschuldigten Betroffenen 238
   2.5 Betroffene nicht angeordneter Maßnahmen 238
   2.6 Betroffene durchgeführter und nicht durchgeführter
     Maßnahmen 239
   2.7 Betroffene bei Maßnahmen in Wohnungen Anderer
     (§ 100c Abs. 2 Satz 5 StPO) 240
   2.8 Betroffene bei Maßnahmen zu Fahndungszwecken 240
   2.9 Betroffene bei Maßnahmen mit Einverständnis des
     Wohnungsinhabers 241
  3. Mögliches Tatwissen der Betroffenen 241
  4. Zeugnisverweigerungsrechte 242
   4.1 Das Vorliegen von Zeugerungsverweigerungsrechten bei
     Betroffenen 242
   4.2 Die Verwertbarkeitsentscheidung nach
     § 100d Abs. 3 Satz 5 StPO 243
  5. Benachrichtigung 244
   5.1 Positiv dokumentierte Benachrichtigung 244
   5.2 Zurückstellung der Benachrichtigung 245
   5.3 Zeitpunkt der Benachrichtigung 246
   5.4 Benachrichtigungsquote 248
  6. Inanspruchnahme von Rechtsschutz 248
  7. Drittbetroffene 249
 II. Expertengespräche 250
  1. Betroffenendefinition 250
  2. Weitere Benachrichtigungsfragen 251
   2.1 Art der der Vornahme der Benachrichtigung 251
   2.2 Gerichtliche Zurückstellung der Benachrichtigung 251
  3. Zeugnisverweigerungsrechte 252

XVIII Inhaltsverzeichnis

    III. Zusammenfassung 252

G. Verfahrensausgang 254
    I. Ergebnisse der Aktenanalyse 254
        1. Verfahrensausgang bezogen auf Beschuldigte 255
            1.1 Untergliederung und Gruppierung der
                Beschuldigten 255
            1.2. Ausgang des Ermittlungsverfahrens 257
                a. Verteilung der vollumfänglichen Einstellungen
                    über die Katalogtaten 261
                b. Einstellungsgrundlagen und -gründe 264
            1.3 Ausgang des Hauptverfahrens 265
                a. Verteilung der Verurteilungen über die
                    Katalogtaten 267
                b. Dauer der Freiheitsstrafen 268
            1.4 Rechtsmittelverfahren 270
        2. Verfahrensausgang bezogen auf Verfahren 270
            2.1 Ausgang nicht feststellbar 270
            2.2 Einstellungen gegen alle Beschuldigte des
                Verfahrens 270
            2.3 Kombinationen zwischen Einstellungen
                und Anklagen 271
            2.4 Anklagen gegen alle Beschuldigten des Verfahrens 271
            2.5 Einstellungs- und Anklagequote 272
        3. Verfahrensausgang bezogen auf Katalogtaten 273
            3.1 Mord und Totschlag 273
            3.2 Bandendiebstahl, schwerer Bandendiebstahl 274
            3.3 Schwerer Raub/räuberische Erpressung 274
            3.4 Erpressung im besonders schweren Fall 275
            3.5 Geldwäsche und Verschleierung unrechtmäßig
                erlangter Vermögenswerte 275
            3.6 Bestechung/Bestechlichkeit 275
            3.7 Straftaten nach dem Betäubungsmittelgesetz 276
            3.8 §§ 129/129a StGB 276
            3.9 Ausländergesetz/Asylverfahrensgesetz 277
            3.10 Kombination: Raub/räuberische Erpressung
                und WaffG 277
            3.11 Kombination: Geld- u. Wertpapierfälschung,
                Hehlerei und BtMG 277
    II. Zusammenfassung 277

H. Ergebnis und Effizienz der akustischen Wohnraum-
überwachung 279
    I. Aktenanalyse 280
        1. Erfolg und Ergebnis der Maßnahmen 280

	1.1	Operationalisierung 280
	1.2	Erfolgsqualifizierung 281
	1.3	Ergebniskategorisierung 284
		a. Durchgeführte und nicht durchgeführte Maßnahmen 286
		b. Ergebnis der mit Einverständnis des Wohnungsinhabers durchgeführten Maßnahmen 291
		c. Maßnahmen zu Fahndungszwecken 292
	1.4	Einzelerfolge 292
	2. Effizienzbetrachtungen 294
	2.1	Weitere Rolle im Verfahren 294
		a. Vorhalt in der Beschuldigtenvernehmung 295
		b. Beweismittel in der Anklage 295
		c. Erörterung in der Hauptverhandlung 296
		d. Beweismittel in der Urteilsbegründung 298
	2.2	Verfahrensausgang 299
	2.3	Weitere Ermittlungsansätze 300
		a. Hinweise auf weitere Straftaten (§ 100d Abs. 5 Satz 1 StPO) 300
		b. Verwertung in anderen Verfahren (§ 100d Abs. 5 Satz 2 StPO) 301
	2.4	Effizienzkriterien 301
	3. Verfahren außerhalb des Erhebungszeitraumes 302
II.	Expertengespräche 303
	1. Frage nach der Erfolgsdefinition 303
	2. Fernwirkungen 304
	3. Weitere Ermittlungsansätze (§ 100d Abs. 5 Satz 2 StPO) 304
	4. Das Fehlschlagen von Maßnahmen 305
III.	Zusammenfassung 305

J. Abgleich mit den nach Art. 13 Abs. 6 GG vorliegenden
Berichten 307

I.	In den Berichten nicht enthaltene Verfahren 307
II.	Nicht durchgeführte Maßnahmen 308
III.	Katalogtaten 308
IV.	OK-Bezug 309
V.	Anzahl der betroffenen Wohnungen 309
VI.	Anzahl der Beschuldigten und Betroffenen 309
VII.	Dauer 310
VIII.	Kosten 311
IX.	Benachrichtigung 311
X.	Verfahrensrelevanz 311

Dritter Teil – Zusammenfassung und Schlussfolgerungen 313

A. Zusammenfassung 313
  I. Ausgangspunkt und Fragestellungen 313
    1. Forschungsstand und Datenlage 313
    2. Anlage und Durchführung der Untersuchung 315
  II. Implementationsfragestellungen 318
    1. Allgemeine Verteilungen 318
    2. Phänomenologische Typizitäten 319
    3. Gründe des seltenen Einsatzes 322
    4. Betroffene Personen 323
    5. Art der überwachten Räumlichkeiten und
       Lebensbereiche 325
  III. Evaluationsfragestellungen 326
    1. Rechtliche Kontrolle 326
    2. Ergebnis und Effizienz der Maßnahmen 328
    3. Intensität des Grundrechtseingriffes 330
    4. Relevanz für die OK-Bekämpfung 331
  IV. Das Urteil des Bundesverfassungsgerichtes 331
B. Schlussfolgerungen 333

Literaturverzeichnis 335

Einleitung

Die Einführung der akustischen Wohnraumüberwachung zu Strafverfolgungszwecken durch das Gesetz zur Änderung des Grundgesetzes vom 26. März 1998[1] und das Gesetz zur Änderung der Strafprozessordnung vom 4. Mai 1998[2] gehört zu den umstrittensten kriminalpolitischen Themen der letzten Jahre in Deutschland. Durch die entsprechende Änderung des Grundgesetzes erlangt das Thema auch in verfassungsrechtlicher Hinsicht besondere Relevanz.

Die Frage der Verfassungsmäßigkeit dieses Ermittlungsinstrumentes wurde freilich durch den Ersten Senat des Bundesverfassungsgerichts mit seinem Urteil vom 3. März 2004[3] zunächst beantwortet: Während die grundsätzliche Möglichkeit einer akustischen Wohnraumüberwachung zu Strafverfolgungszwecken i.S. von Art. 13 Abs. 3 GG nach der Senatsmehrheit mit der Verfassung vereinbar ist, wurde die einfachgesetzliche Ausgestaltung „in wesentlichen Teilen"[4] für verfassungswidrig erklärt. Der Gesetzgeber ist nun aufgerufen, bis zum 30. Juni 2005 einen verfassungsgemäßen Rechtszustand herzustellen.

Trotz der äußerst kontroversen Diskussion um die akustische Wohnraumüberwachung als Ermittlungsinstrument ist jedoch allseits der Mangel an für eine fundierte Beurteilung erforderlichen empirischen Daten zu konstatieren. Wie kaum bei einer anderen rechtspolitischen Frage war das Gesetzgebungsverfahren vor allem durch das Widerstreiten politischer Überzeugungen geprägt[5].

Bisher vorliegende wissenschaftliche Untersuchungen behandeln das Problem vor allem auf rechtspolitischer, dogmatischer und theoretischer Ebene, wobei ebenfalls auf die bisher fehlende Datenbasis hingewiesen wird[6].

Aufgrund der in Art. 13 Abs. 6 GG normierten Berichtspflichten liegen nun seitens der Bundesregierung Berichte mit den Zahlen für die in den Jahren 1998 bis 2003 durchgeführten Überwachungsmaßnahmen vor; zum 31. Januar 2002 wurde ein „detaillierter Erfahrungsbericht" vorgelegt. Während erstere wegen ihrer wenig

---

[1] BGBl. I 1998, 610.
[2] BGBl. I 1998, 845.
[3] 1 BvR 2378/98, 1 BvR 1084/99; vgl. im Hinblick auf § 31 Abs. 2 BVerfGG auch BGBl. I 2004, 470.
[4] So die Presseerklärung des Gerichts (Nr. 22/2004) vom 3. März 2004.
[5] Vgl. hierzu auch ZWIEHOFF (2000).
[6] Vgl. BLUDOVSKY (2002); MOZEK (2001); MÜLLER (2000) und ZIMMERMANN (2001).

aussagekräftigen tabellarischen Darstellung kritisiert werden[7], wird in letzterem selbst auf weiteren Forschungsbedarf hingewiesen[8].

Im Jahre 1999 wurde das Max-Planck-Institut für ausländisches und internationales Strafrecht durch das Bundesministerium der Justiz mit einem Forschungsvorhaben zur Evaluation der „Rechtswirklichkeit und Effizienz der Überwachung der Telekommunikation nach den §§ 100a, 100b StPO und anderer verdeckter Ermittlungsmaßnahmen" beauftragt. Das Gutachten dieser groß angelegten rechtstatsächlichen Untersuchung liegt seit Mai 2003 vor[9]. Obwohl der Forschungsauftrag vom Bundesministerium der Justiz bald explizit auf die akustische Wohnraumüberwachung ausgedehnt wurde, gebot die eigene und abweichende Problematik eine gesonderte Bearbeitung (v.a. die Durchführung einer eigenen Aktenanalyse), deren Ergebnis hiermit vorgelegt werden soll.

Einerseits geht die vorliegende Untersuchung somit aus der Untersuchung zur Telekommunikationsüberwachung hervor. Dies zeigt sich unter anderem in zum Teil parallel gelagerten Forschungsfragen und im Untersuchungsdesign der Studie. Andererseits sind durch den Untersuchungsgegenstand jedoch auch Unterschiede gegeben. Insbesondere ist hier auf die deutlich geringeren Fallzahlen und somit im Gegensatz zur Telekommunikationsüberwachung auf den „Einzelfallcharakter" von Wohnraumüberwachungsmaßnahmen hinzuweisen. Hinsichtlich einer Aufarbeitung des Standes der empirischen Forschung zum Strafverfahren und den besonderen Ermittlungsmethoden darf allerdings vollständig auf das Gutachten zur Telekommunikationsüberwachung verwiesen werden[10]. Anders als bei der Telefonüberwachung konnten vorliegend Daten im internationalen Vergleich nicht erhoben werden[11].

Ziel und Anliegen der vorliegenden Untersuchung ist eine empirische Bestandsaufnahme der Anwendung der akustischen Wohnraumüberwachung in Deutschland aus einer rechtstatsächlichen Perspektive[12]. Sie möchte die für eine rechtliche und politische Bewertung erforderliche empirische Grundlage liefern.

---

[7] So etwa durch das nach Art. 13 Abs. 6 Satz 2 GG gewählte Gremium, vgl. BT-Drs. 14/8155 S. 1; vgl. jedoch auch die Entschließung der Konferenz der Datenschutzbeauftragten des Bundes und der Länder vom 27.6.2000, berichtet in DER SPIEGEL 2000, Heft 22, S. 17.
[8] BT-Drs. 14/8155, 13.
[9] ALBRECHT/DORSCH/KRÜPE (2003).
[10] ALBRECHT/DORSCH/KRÜPE (2003), 110 ff.
[11] Eine Übersicht über die jeweiligen rechtlichen Regelungen findet sich allerdings bei GROPP/HUBER (2001); verwiesen sei auch auf die vielzitierte Analyse der US-amerikanischen wiretap-reports durch BÖTTGER/PFEIFFER, ZRP 1994, 7 ff.
[12] Möglicher Kritik an einer mangelnden Reflexion verfassungsrechtlicher Maßstäbe – vgl. diesbezüglich BIZER (2003), 281 – ist somit von vornherein entgegenzutreten. Hier sei auf das umfassende bereits vorliegende Schrifttum verwiesen, vgl. Fußnote 6 m.w.N.

Einleitung 3

Die Untersuchung enthält deskriptive und evaluative Bestandteile[13]. Zum einen geht es um eine möglichst präzise beschreibende Aufbereitung von Daten, mit denen die Entwicklungen und Strukturen der akustischen Wohnraumüberwachung in ihren ersten Einsatzjahren nachgewiesen werden können. Zum zweiten soll die Anordnung von Wohnraumüberwachungsmaßnahmen erklärt, also theoretisch geleitete Korrelationsanalysen durchgeführt werden, in denen Bedingungen, Ursachen und Konsequenzen der Wohnraumüberwachungsanordnungen aufgedeckt werden. Schließlich geht es um die Evaluation der Überwachungsmaßnahmen, womit der Nutzen der Wohnraumüberwachung (in Form einer einzelfallbezogenen Ergebniskategorisierung sowie von Ermittlungs-, Aufklärungs- und Verurteilungsresultaten) in ein kausal interpretierbares Verhältnis zu ihrer Verwendung (insgesamt), spezifischen Eingriffsfolgen (insbesondere Eingriffe in Kernbereiche persönlicher Lebensgestaltung) sowie auch zu den finanziellen Kosten gebracht wird. Die Untersuchung lässt sich allerdings auch einordnen in die Versuche, die Auswirkungen von Überwachungstechnologie auf die Entwicklungen von Gesellschaften, insbesondere natürlich in den Elementen, die ihre soziale Kontrolle kennzeichnen, zu beschreiben und zu analysieren. Es handelt sich um befürchtete Auswirkungen, die eine Entpersönlichung der Kontrolle, die Instrumentalisierung persönlicher Lebensbereiche und die Erosion persönlicher und demokratischer Freiheiten betreffen[14].

Die deskriptiven Fragestellungen beziehen sich auf Art und Umfang des Einsatzes der akustischen Wohnraumüberwachung als subsidiärem Ermittlungsinstrument und ihrer Stellung im Verfahren. Vor allem geht es aber auch um Fragen nach dem Ablauf und weiteren Einzelheiten der Anordnung und faktischen Umsetzung der Wohnraumüberwachung, wie Dauer, Verlängerungen, gerichtliche Ablehnungen, Begründungen und Durchführungsschwierigkeiten. Von Interesse sind auch Erkenntnisse dazu, in welchem Umfang Abhöraktionen sich gegen andere Personen als die Beschuldigten richten, und hier, in welchem Umfang zeugnisverweigerungsberechtigte Personen betroffen sind.

Die analytischen und theoretischen Fragestellungen betreffen die Bedingungen, auf die Initiierung und Anordnung von Wohnraumüberwachungsmaßnahmen zurückzuführen sind und Entscheidungskriterien, die für die Anordnung der Überwachung relevant werden. Ein besonderes Augenmerk soll dabei auf den phänomenologischen Hintergrund der Verfahren gerichtet werden.

Sind mit dem Vorstehenden vor allem Implementationsfragestellungen betroffen, so richten sich Evaluationsfragestellungen darauf, in welchem Umfang die Ermittlungsmaßnahme der akustischen Wohnraumüberwachung zu Erkenntnissen geführt hat, die unmittelbar oder mittelbar zur Verurteilung wegen Anlassstraftaten geführt

---

[13] Vgl. bereits ALBRECHT/DORSCH/KRÜPE (2003), 2 ff.
[14] FOX (2001), 251-276; vgl. auch PRANTL (2002); ROGGAN (2000).

haben. Damit sind vor allem Fragen des Erfolges und des Misserfolges der akustischen Wohnraumüberwachung angesprochen.

Die durch die Berichte nach Art. 13 Abs. 6 GG vorliegenden Grundinformationen sollen somit letztlich durch rechtstatsächliche Erkenntnisse angereichert und vertieft werden. Gleichzeitig ergibt sich hier jedoch auch die Möglichkeit einer Reliabilitätsprüfung.

Erster Teil

Grundlagen, allgemeine Datenlage und Methodik

A. Rechtsgrundlage und Begrifflichkeit

Die Überwachung mit technischen Mitteln von unter dem besonderen Schutz des Art. 13 GG stehenden Räumlichkeiten ist in Deutschland aufgrund mehrerer Rechtsgrundlagen möglich.

Neben § 100c Abs. Nr. 3 StPO existieren schon seit längerer Zeit akustische – und zum Teil auch optische – Wohnraumüberwachungsbefugnisse zu Gefahrenabwehrzwecken (geregelt v.a. in den Polizeigesetzen der Länder[15]), wobei teilweise umstritten ist, wie die Wohnraumüberwachung zur Eigensicherung von Beamten (vgl. Art. 13 Abs. 5 GG, § 161 Abs. 2 StPO, § 16 BKAG und andere landespolizeigesetzliche Regelungen) in ihrer Rechtsnatur zu beurteilen ist[16]. Des weiteren ist die geheimdienstliche Wohnraumüberwachung zur Erfüllung der Aufgaben von Verfassungsschutz, BND und MAD zu nennen (geregelt in den Verfassungsschutzgesetzen der Länder, § 9 BVerfSchG, § 3 BNDG und § 5 MADG).

Gegenstand der vorliegenden Untersuchung ist lediglich die mit dem Gesetz zur Verbesserung der Organisierten Kriminalität vom 4. Mai 1998 eingeführte strafprozessuale akustische Wohnraumüberwachung zur Beweismittelgewinnung nach § 100c Abs. 1 Nr. 3 StPO[17] und die Evaluation der entsprechenden Folgeregelungen[18]. Aufgrund der teilweise diskutierten theoretischen „Umgehungsmöglichkeit" von § 100c Abs. 1 Nr. 3 StPO über § 100f Abs. 2 StPO[19] wurde allerdings zu Um-

---

[15] Vgl. hierzu etwa BT-Drs. 13/4942 S. 39 ff.; Übersicht bei MÜLLER (2000), 255.

[16] Vgl. MÜLLER (2000), 31 ff. m.w.N.

[17] BGBl. I 1998, 845; das die strafprozessuale Regelung ermöglichende Gesetz zur Änderung des Grundgesetzes wurde zuvor in BGBl. I S. 610 verkündet.

[18] Stand des vorliegenden Berichtes ist September 2004; gesetzliche Änderungen sind durch das Bundesverfassungsgericht bis spätestens zum 30. Juni 2005 angemahnt, vgl. BVerfG 1 BvR 2378/98 Absatz 352 f.

[19] Vgl. etwa BENFER, NVwZ 1999, 237; BRAUN, NVwZ 2000, 375; VAHLE, Kriminalistik 1998, 378 (381); KUTSCHA/MÖRITZ, StV 1998, 564; zur grundlegenden Problematik (allerdings vor Einführung des § 100c Abs. 1 Nr. 3 StPO) vgl. BGH NStZ 1995, 601 (sog. „Blockhüttenfall") mit Anmerkung von WELP; STAECHLIN, ZRP 1996, 430; BOCKEMÜHL, JA 1996, 695 m.w.N.; i.ü GUSY, StV 1993, 269.

fang und Ausmaß von präventivpolizeilichen Maßnahmen ebenfalls eine Umfrage in den einzelnen Bundesländern vorgenommen.

Der Verwirrung um die teilweise umstrittene Begrifflichkeit[20] („kleiner", „großer", zum Teil auch „mittlerer" „Lauschangriff") wird hingegen für die Zwecke der vorliegenden Untersuchung nicht weiter nachgegangen. Eingebürgert hat sich zwar das Schlagwort des „großen Lauschangriffes", welches jedoch teilweise auch uferlos und politisierend verwendet wird[21]. Ausgegangen wird vorliegend allein von dem faktischen Anwendungsbereich der Rechtsgrundlage des § 100c Abs. 1 Nr.3 StPO für welchen die Bezeichnung der „akustischen Wohnraumüberwachung" konturierter erscheint und daher für die Zwecke der Darstellung ausschließlich verwendet wird.

§ 100c Abs. Nr. 3 StPO setzt voraus, dass

- die ohne Wissen des Betroffenen mit technischen Mitteln vorgenommene Abhörung und Aufzeichnung das nichtöffentlich gesprochene Wort des Beschuldigten in einer Wohnung betreffen,
- bestimmte Tatsachen einen Verdacht begründen,
- sich dieser Verdacht auf eine der in § 100c Abs. 1 Nr. 3 StPO aufgezählten Katalogtaten bezieht,
- die Erforschung des Sachverhaltes oder die Ermittlung des Aufenthaltes des Täters auf andere Weise unverhältnismäßig erschwert oder aussichtslos wäre.

§ 100d Abs. 2 und 3 StPO ergänzt, dass

- die Maßnahme nur durch die in § 74a GVG genannte Staatsschutzkammer des Landgerichts – oder bei Gefahr im Verzug durch ihren Vorsitzenden – angeordnet werden darf, in deren Bezirk ein Oberlandesgericht seinen Sitz hat, wobei sich deren Zuständigkeit in diesem Fall auf den gesamten Bezirk des Oberlandesgerichts erstreckt,
- kein Beweiserhebungsverbot im Zusammenhang mit zeugnisverweigerungsberechtigten Personen nach Maßgabe des § 100d Abs. 3 StPO besteht.

---

20 Vgl. hierzu ausführlich m.w.N. etwa PINKENBURG (2000) 19 ff.; MÜLLER (2000), 5 ff.; BLUDOVSKY (2001) 21 ff.
21 NITZ (1995); ROGGAN (2000), 84 ff. m.w.N.

B. Geschichtlicher und kriminalpolitischer Hintergrund des § 100c Abs. 1 Nr. 3 StPO

Der Einführung der akustischen Wohnraumüberwachung zu Strafverfolgungszwecken ging eine langjährige kontroverse Diskussion in der Öffentlichkeit voraus.

Zum Gesetzgebungsverfahren[22] und den im Vorfeld zum Teil erbittert geführten rechtspolitischen Debatten existiert ein reichhaltiges Schrifttum[23].

Erste Regelungsbestrebungen gab es in den Entwürfen zum „Gesetz zur Bekämpfung des illegalen Rauschgifthandels und anderer Erscheinungsformen der Organisierten Kriminalität" (sog. OrgKG) ab dem Jahre 1990[24], welche jedoch auch in einem zweiten Anlauf[25] nach jeweiliger ablehnender Stellungnahme der Bundesregierung[26] und des Rechtsausschusses[27] aufgrund verfassungsrechtlicher Bedenken scheiterten[28]. Beabsichtigt war die Einführung der Möglichkeit, das nicht öffentlich gesprochene Wort in Wohnungen abzuhören und aufzuzeichnen, „soweit es im Beisein eines nicht offen ermittelnden Beamten geäußert wird."[29]

Die politische Debatte über die Einführung von Befugnissen zur akustischen Wohnraumüberwachung[30], insbesondere aber auch um die Bedrohung der Inneren Sicherheit durch die Organisierte Kriminalität[31], dauerte in den folgenden Jahren an.

Diskutiert wurde des weiteren, ob die verfassungsrechtliche Problematik über eine Einschränkung des vom Bundesverfassungsgericht weit aufgefassten Schutzbereichs des Art. 13 GG gelöst werden könne[32] („wohnungsbegriffseinschränkender

---

[22] Eine chronologischen Übersicht, eine synoptische Darstellung der verschiedenen Entwurfsfassungen und eine Dokumentation der rechtspolitischen Debatte gibt ZWIEHOFF (2000).

[23] Zu einer Analyse der „literarischen Begleitung" vgl. HETZER, ZFIS 1999, 131 (142 ff.); vgl. ausführlich und m.w.N. auch etwa nur PINKENBURG (2000), 19 ff.; MÜLLER (2000), 9 ff.; BLUDOVSKY (2001) 26 ff.

[24] BR-Drs. 74/90 und 83/90 mit ablehnender Stellungnahme der Bundesregierung in BT-Drs. 11/7663.

[25] BR-Drs. 219/91.

[26] BT-Drs. 12/989.

[27] BT-Drs. 12/2720.

[28] Vgl. BR-Drs. 388/92.

[29] So Abs. 2 des damaligen Entwurfes zu § 100c StPO, vgl. BT-Drs. 12/989 S. 12.

[30] Vgl. exemplarisch ZACHERT, DRiZ 1992, 355; HASSEMER, DRiZ 1992, 357; SCHELTER, ZRP 1994, 52.

[31] Vgl. hierzu etwa BT-Drs. 13/4942 in der auch technische Überwachungsbefugnisse thematisiert werden; MEYER (2001), 187.

[32] HUND, ZRP 1995, 334; RAUM/PALM, JZ 1994, 447 (450 f.); vgl. auch MÜLLER (2000), 101 ff.

Ansatz"). Dieser Weg wurde aber in mehreren Gesetzesanträgen letztlich nicht weiter verfolgt[33].

Das Ergebnis eines Mitgliederentscheides innerhalb der F.D.P., in welchem sich unter bestimmten Voraussetzungen mehrheitlich für die Einführung der akustischen Wohnraumüberwachung ausgesprochen wurde, führte zum Rücktritt der damaligen Bundesjustizministerin als erklärter Gegnerin der Maßnahme. Am 30.9.1997 forderte der Bundesrat den Bundestag in einer Entschließung dazu auf, die politisch zwischenzeitlich erzielten „Verhandlungsergebnisse zur akustischen Wohnraumüberwachung [...] zügig umzusetzen."[34]

Die mit Datum vom 1.10.1997 vorgelegten Gesetzesentwürfe zur Änderung des Grundgesetzes (Art. 13 GG) und eines Gesetzentwurfes zur Verbesserung der Organisierten Kriminalität[35] begründeten die Notwendigkeit der Einführung des Ermittlungsinstrumentes erneut mit der Bekämpfung der Organisierten Kriminalität, „insbesondere um ein Eindringen in die Kernbereiche der kriminellen Organisationen und somit eine Aufhellung der Strukturen zu ermöglichen"[36]. Das Organisierte Verbrechen habe in der Bundesrepublik Deutschland in der letzten Zeit erheblich zugenommen. Für eine wirksame Strafverfolgung in diesem Bereich sei es notwendig, das gesprochene Wort in Wohnungen abhören und aufzeichnen zu können. Herkömmliche Ermittlungsmethoden, einschließlich der Telefonüberwachung, reichten in der Regel nicht aus, um bei organisiert vorgehenden Banden, die sich fast völlig nach außen abschotteten, die Ermittlungen in den Kernbereich der Organisierten Kriminalität hereinzutragen. Auch der Einsatz verdeckt ermittelnder Personen könne Abhörmaßnahmen nicht ersetzen, da auf Grund der straffen Organisation eine Einschleusung Dritter nur selten möglich sei und darüber hinaus bei Einsätzen im Bereich der Organisierten Kriminalität wegen der Gewaltbereitschaft der Täter regelmäßig erhebliche Gefahren für Leib und Leben der verdeckt arbeitenden Personen zu befürchten seien[37].

Im Laufe des Gesetzgebungsverfahrens[38] erfuhren die ursprünglich vorgelegten Entwürfe unter heftigen politischen Debatten[39] noch Modifikationen: umstritten waren insbesondere ein Beweiserhebungsverbot bei bestehenden Zeugnisverweigerungsrechten von Berufsgeheimnisträgern (nun § 100d Abs. 3 StPO) und der Zeit-

---

33 Zum Ganzen vgl. ROHE (1998), 83 ff.
34 BT-Drs. 13/8629 S. 3.
35 BT-Drs. 13/8650 und BT-Drs. 13/8651.
36 BT-Drs. 13/8151 S. 9.
37 BT-Drs. 13/8150 S. 4.
38 Vgl. zur Sachverständigenanhörung die Protokolle der Sitzung des Rechtsausschusses 13/101; zur Stellungnahme der mitberatenden Ausschüsse BT-Drs. 13/9660.
39 Vgl. BT-Plenarprotokoll 13/214, S. 19517 ff. mit den entsprechenden Erklärungen nach § 31 GO-BT; BR-Plenarprotokoll 721, S. 1 ff.

raum nach Beendigung der Maßnahme, innerhalb dessen eine Benachrichtigung der Betroffenen zu erfolgen habe (sie wurde in § 101 Abs. 1 StPO von einem Jahr auf sechs Monate heruntergesetzt). Das Gesetz zur Änderung des Grundgesetzes wurde am 26.3.1998 verkündet[40], das Gesetz zur Verbesserung der Organisierten Kriminalität folgte – nachdem es noch ein Vermittlungsverfahren durchlaufen hatte[41] – am 4.5.1998[42].

Unabhängig von der in Art. 13 Abs. 6 GG und § 100e StPO eingeführten jährlichen Berichtspflicht als besonderes Kontrollverfahren[43] wurde die Bundesregierung im Zuge des Gesetzgebungsverfahrens zur Vorlage eines „Erfahrungsberichtes" zum 31. Januar 2002 aufgefordert[44], da es bislang an einer Gesetzesfolgenabschätzung über die verfassungsrechtlichen, kriminal- und gesellschaftspolitischen Auswirkungen der Überwachungsmaßnahme fehle[45].

§ 100c Abs. 1 Nr. 3 StPO wurde aufgrund der Umsetzung anderer Gesetzesvorhaben mehrfach redaktionell geändert, ohne dass dadurch die Ermächtigung in grundsätzlicher Weise modifiziert worden ist[46].

Binnen der Jahresfrist des § 93 Abs. 3 BVerfGG nach Inkrafttreten des Gesetzes wurde von mehreren Personen, darunter die damals zurückgetretene Bundesjustizminsterin a.D. Leutheusser-Schnarrenberger, Bundestagsvizepräsident a.D. Hirsch und Bundesinnenminister a.D. Baum, Verfassungsbeschwerde eingelegt[47]. Am 1.7.2003 fand die mündliche Verhandlung vor dem Ersten Senat des Bundesverfassungsgerichtes statt; am 3.3.2004 wurde das Urteil verkündet, in dem Teile der Regelungen zur Akustischen Wohnraumüberwachung für verfassungswidrig erklärt wurden.

---

[40] BGBl. I 1998, 610.
[41] BT-Drs. 13/9841, 13/10004; BT-Plenarprotokoll 13/222, S. 20294 ff.; BR-Plenarprotokoll 722, S. 53 ff.; BR-Drs. 214/98.
[42] BGBl. I 1998, 845.
[43] KLEIN (2001), 294; vgl. auch BÖTTGER/PFEIFFER, ZRP 1994, 7 (17).
[44] Dieser Bericht liegt zwischenzeitlich vor, vgl. BT-Drs. 14/8155.
[45] BT-Drs. 13/9662, BT-Plenarprotokoll 13/214. S. 19567.
[46] Vgl. die Aufstellung bei BVerfG 1 BvR 2378/98 Absatz 33.
[47] Vgl. BVerfG 1 BvR 2378/98 Absatz 33.

C. Diskussion um die bestehende Regelung

Die Einführung des § 100c Abs. 1 Nr. 3 StPO wird im Schrifttum zuweilen als vorläufiger Endpunkt einer – spätestens durch das OrgKG begründeten – Entwicklung bezeichnet, welche zu einer grundlegenden Änderung des Strafprozessrechtes geführt habe[48] und in fragwürdiger Weise hauptsächlich mit dem (letztlich unbewiesenen) Bedrohungspotenzial der Organisierten Kriminalität begründet wurde[49].

Auch nach seiner Einführung ist § 100c Abs. 1 Nr. 3 StPO mit seinen Folgeregelungen Gegenstand kontroverser Stellungnahmen[50]. Einerseits wird auf die – vor allem auch auf verfassungsrechtlichem Hintergrund diskutierte – Problematik der Regelung[51] verwiesen, andererseits wird die Kompromisshaftigkeit der Regelung bemängelt[52] oder zumindest konstatiert[53].

Abgesehen von der grundsätzlichen Ablehnung oder Befürwortung der Maßnahme wird aber auch die konkrete gesetzliche Ausgestaltung kritisiert und werden Auslegungsunsicherheiten dargelegt. Hieraus ergeben sich somit evaluierungsbedürftige Fragestellungen.

Im Rahmen der hier nur überblicksartigen Darstellung erübrigt sich allerdings eine ausführliche Diskussion. Vielerorts kann ein Hinweis auf das mittlerweile vorliegende abschließende Urteil des Bundesverfassungsgerichtes[54] erfolgen.

---

[48] BERNSMANN/JANSEN, StV 1998, 217 ff.; vgl. auch DENCKER (1998), 41; ALBRECHT, H.-J., (1999), 292 ff.(315); BOCKEMÜHL, JA 1996, 695 (696). Einen Überblick über sämtliche Abhörbefugnisse in ihrer historischen Entwicklung gibt ZIMMERMANN (2001).

[49] LEUTHEUSSER-SCHNARRENBERGER, ZRP 1998, 87; HIRSCH (2000), XVI f.; vgl. auch bereits SEIFERT, KJ 1992, 355 ff.; ausführlich zur „Verpolizeilichung des Ermittlungsverfahrens" bzw. zur „OK als „Chiffre eines neuen Strafprozesses" KINZIG (2004), 102 ff., 787 ff.; vgl. auch WEßLAU, KritV 80 (1997), 238 ff.. Ein ausführlicher international vergleichender Überblick über „rechtliche Initiativen gegen organisierte Kriminalität" findet sich bei GROPP/HUBER (2001).

[50] Vgl. Überblick bei HETZER, ZFIS 1999, 131 m.w.N.

[51] Vgl. etwa nur LEUTHEUSSER-SCHNARRENBERGER, ZRP 1998, 87; dagegen HETZER, ZRP 1998, 411; monografisch wird das Thema von MÜLLER (2000), PINKENBURG (2000), MOZEK (2001) und BLUDOVSKI (2002) bearbeitet. Vgl. gesellschaftspolitisch etwa auch ROGGAN (2000) und PRANTL (2002).

[52] STÜMPER, ZRP 1998, 463.

[53] VAHLE, Kriminalistik 1998, 378.

[54] BVerfG 1 BvR 2378/98; zum Vorbringen der Beschwerdeführer und den Stellungnahmen weiterer Verfahrensbeteiligter vgl. dort Absatz 50 ff.

I. Das Verhältnis zu den präventiven Maßnahmen

Wie bereits dargelegt, sind Befugnisse zur akustischen Wohnraumüberwachung auch in den meisten Polizeigesetzen der Länder geregelt[55]. Im Schrifttum wird stellenweise auf mögliche Umgehungstendenzen hingewiesen[56] und die „Verschleifung" präventiver und repressiver Tätigkeit angemerkt[57]. Konstatiert wird auch hier jedoch die fehlende Datenlage und ein Evaluationserfordernis[58].

II. Straftatenkatalog

Art. 13 Abs. 3 GG lässt den Einsatz der akustischen Wohnraumüberwachung nur bei dem Verdacht auf eine „durch Gesetz einzeln bestimmte besonders schwere Straftat" zu. Der in § 100c Abs. 1 Nr. 3 StPO normierte Straftatenkatalog wurde dabei vielfach als zu weit kritisiert[59]. Überdies seien auch in weitem Umfang Taten enthalten, welche überhaupt keinen Bezug zur „Organisierten Kriminalität" aufwiesen[60], weshalb gefordert wurde, dass die genannten Delikte nur dann als Katalogtaten in Betracht kommen sollten, wenn klargestellt sei, dass sie in der konkreten Begehungsform Ausdruck Organisierter Kriminalität seien[61]. Im Übrigen wird eine verfassungskonforme Auslegung dahingehend gefordert, dass die Straftat im konkreten Fall „besonders schwer" sein müsse[62].

Das Bundesverfassungsgericht hat zu der Ausgestaltung des Straftatenkatalogs von § 100c Abs. 1 Nr. 3 StPO auf den Hintergrund der von Art. 13 Abs. 3 GG vorausgesetzten „schweren Straftat" ausführlich Stellung genommen und weite Teile des Kataloges für verfassungswidrig erklärt[63].

III. Verdachtsgrad

Ein weiterer im Schrifttum häufig geäußerter Kritikpunkt betrifft die Höhe des erforderlichen Tatverdachtes. Ein Blick auf die anderen verdeckten Ermittlungs-

---

[55] S.o. Abschnitt A., Fußnote 15.
[56] S.o. Fußnote 19.
[57] Vgl. KINZIG (2004), 88 ff. m.w.N.
[58] ZIMMERMANN (2001), 325 f.
[59] Vgl. etwa DITTRICH, NStZ 1998, 336 (337); KRAUSE (1999), 236.
[60] VAHLE, Kriminalistik 1998, 378; LEUTHEUSSER-SCHNARRENBERGER, ZRP 1998, 87 (90).
[61] MOMSEN, ZRP 1998, 459; dagegen in Erwiderung SCHILY, ZRP 1999, 130. Vgl. i.Ü. auch ROGGAN (2000), 91 ff.
[62] KARLSRUHER-KOMMENTAR-NACK § 100c Rn 43; DENNINGER, StV 1998, 401; a.A. MEYER-GOßNER, § 100c Rn 11.
[63] BVerfG 1 BvR 2378/98 Absatz 225 ff.

maßnahmen zeige, dass die Schwelle lediglich in der insoweit üblichen, nicht aber in einer besonderen Höhe eingebaut wurde[64]. Eine Unterscheidung zu einem Anfangsverdacht, der ja Grundlage einer jeden Ermittlungstätigkeit sei, könne nicht ausgemacht werden[65]. Insoweit wurde teilweise ein höherer Konkretisierungsgrad oder gar dringender Tatverdacht i.S. des § 112 StPO gefordert[66].

Das Bundesverfassungsgericht hat klargestellt, dass gegen den in § 100c Abs. 1 Nr. 3 StPO festgelegten Verdachtsgrad keine verfassungsrechtlichen Bedenken bestehen und eine Anhebung der Verdachtsstufe aus Verhältnismäßigkeitsgründen nicht geboten sei[67]. Als Mittel der Sachverhaltserforschung solle die akustische Wohnraumüberwachung den für weitere Schritte, insbesondere eine Anklageerhebung oder später den Eröffnungsbeschluss, erforderlichen hinreichenden oder gar den für die Verhängung der Untersuchungshaft geforderten dringenden Tatverdacht erst noch erbringen. Sie könne ihn deshalb nicht für ihre Zulässigkeit voraussetzen[68].

IV. Subsidiarität

Kritisiert wird die stereotype Verwendung der Subsidiaritätsklausel[69], welche nur mit der „juristischen Goldwaage"[70] handhabbar sei und so nur eingeschränkt das Prädikat der Praxistauglichkeit verdiene. Werde (fast) jede Vorschrift mit einem solchen Vorbehalt ausgestattet, so führe sich diese Klausel selbst ad absurdum[71]. Es bedürfe daher des Rückgriffs auf den Willen des Gesetzgebers[72], nach dem die akustische Wohnraumüberwachung nur als letztes Mittel („ultima ratio") zulässig sein soll[73]. Auch das Bundesverfassungsgericht hat die Problematik eines möglichen „Ringverweises" zwischen den Normen, welche die Aussichtslosigkeit anderer Ermittlungsmaßnahmen als Subsidiaritätsmerkmal enthalten, gesehen. Durch die Aufnahme der Subsidiaritätsklausel unmittelbar in den Verfassungstext

---

64 BRODAG, Kriminalistik 1999, 745 (746).
65 VAHLE, Kriminalistik 1998, 378 (381).
66 KRAUSE (1999), 234; MOMSEN, ZRP 1998, 459.
67 BVerfG 1 BvR 2378/98 Absatz 244 ff.
68 BVerfG 1 BvR 2378/98 Absatz 249.
69 Vgl. für den Bereich der Telekommunikationsüberwachung nach § 100a StPO auch ALBRECHT/DORSCH/KRÜPE (2003), 20.
70 VAHLE, Kriminalistik 1998, 378 (381).
71 VAHLE, Kriminalistik 1998, 378 (381); nicht ganz so pointiert KARLSRUHER KOMMENTAR-NACK, § 100c Rn 6.
72 BT-Drs. 13/8651, S. 13.
73 Karlsruher Kommentar-Nack, § 100c Rn 6.

sei ihr damit aber gegenüber anderen einfachgesetzlichen Subsidiaritätsklauseln ein verfassungsrechtliches und damit besonderes Gewicht gegeben[74].

V. Wohnung

Dem Tatbestand des § 100c Abs. 1 Nr. 3 StPO liegt der verfassungsrechtliche Wohnungsbegriff zugrunde – eine Lösung unter Einschränkung des Schutzbereiches wurde im Vorfeld des Gesetzgebungsverfahrens verworfen[75] (sog. Wohnraumbegriffseinschränkender Ansatz, s.o.). Ungeachtet dieser Grundentscheidung können Meinungsverschiedenheiten dabei dennoch dann bestehen, wenn Räumlichkeiten durch eine generelle Erlaubnis des Wohnungsinhabers zugänglich gemacht werden. Nach einer Auffassung wäre immer § 100c Abs. 1 Nr. 3 StPO einschlägig[76], eine andere Auffassung lässt auch einen Anwendungsbereich des § 100c Abs. 1 Nr. 2 StPO zu[77].

Kritisiert wird sodann, dass die Regelung, welche nur den Verdacht verlangt, dass sich der Beschuldigte in der Wohnung „aufhalte" und kein strafrechtlich relevantes Zusammenwirken gefordert werde[78], mithin keinen wirksamen Schutz gegenüber der Beeinträchtigung weiterer Personen enthielte. Das Bundesverfassungsgericht stellt hier auf die Wahrung des Verhältnismäßigkeitsgrundsatzes im Hinblick auf die Eingriffsintensität bei der konkreten Durchführung der Maßnahme ab[79].

VI. Begleitmaßnahmen

Das Fehlen einer expliziten gesetzlichen Regelung von zur Umsetzung der Maßnahme erforderlichen Begleitmaßnahmen wird als „nicht unproblematisch" bezeichnet[80]. Der Gesetzgeber ging offensichtlich davon aus, dass mit der gesetzlichen Ermächtigung zur Maßnahme selbst auch das heimliche Betreten der Wohnung zwecks Anbringung der Abhörvorrichtungen erlaubt sei[81]. Vertreten wird,

---

[74] BVerfG 1 BvR 2378/98 Absatz 223 f.
[75] MÜLLER (2000), 101 ff.
[76] So BRODAG, Kriminalistik 1999, 745.
[77] Vgl. KARLSRUHER KOMMENTAR-NACK, § 100c Rn 16 f.
[78] HIRSCH (2000), XVIII.
[79] BVerfG 1 BvR 2378/98 Absatz 252 ff.; vgl. auch MEYER-GOßNER, § 100c Rn 17
[80] So KARLSRUHER KOMMENTAR-NACK, § 100c Rn 13.
[81] BT-Drs. 13/8651 S. 13.

dass dies dem Betretensrecht des Beamten bei der Durchsuchung (§ 102 StPO) vergleichbar sei[82].

Die Problematik hat in der Rechtsprechung vor allem im Zusammenhang mit § 100c Abs. 1 Nr. 2 StPO eine Rolle gespielt[83]. Aus der dort getroffenen Entscheidung, dass zwar „typischerweise erforderliche" Begleitmaßnahmen, welche nur geringfügig in den Rechtskreis des Betroffenen eingriffen, nicht jedoch weitere „massive Rechtseingriffe" erlaubt seien, wird teilweise gefolgert, dass etwa ein Betreten der Wohnung regelmäßig nicht mehr von der Primärermächtigung gedeckt sei[84]. Auch wenn man dem im Hinblick auf ein Betretensrecht so nicht folgen will, bleibt in diesem Bereich letztlich nur der Rekurs auf den allgemeinen Verhältnismäßigkeitsgrundsatz.

VII. Zeugnisverweigerungsrechte

Die Zeugnisverweigerungsrechte haben im Gesetzgebungsverfahren eine erhebliche Rolle gespielt und sind zunehmend in das Zentrum der Debatte gerückt[85]. Im Gesetzgebungsverfahren war dann auch ein sog. „Stufenmodell" vorgeschlagen worden[86]. Die Vorschrift des § 100d Abs. 3 StPO in ihrer letztlich in Kraft getretenen Fassung trägt wesentlich zum kritisierten Bild des politischen Kompromisses[87] der gesamten Regelung bei. Sie wird in ihrer Differenzierung als „gleichzeitig zu eng und zu weit" kritisiert[88]; gegen sie wird einerseits der Vorwurf erhoben, dass damit – möglicherweise – das gesamte Ermittlungsinstrument ineffektiv geworden sei[89], andererseits wird verlangt, die Zeugnisverweigerungsrechte zu wirksamerer Geltung zu bringen[90]. Die Auffassungen stehen sich damit nach wie vor unversöhnlich gegenüber.

---

[82] BRODAG, Kriminalistik 1999, 745 (746 Fn 29); vgl. auch SCHAIRER/KROMBACHER, Kriminalistik 1998, 119.
[83] BGH NStZ 1998, 157.
[84] HEGER, JR 1998, 162 (165).
[85] Vgl. insgesamt auch MÜLLER (2000), 200 ff.; WELP (2000), 281 ff.
[86] Vgl. SCHILY, ZRP 1999, 129 (132); synoptische Übersicht bei ZWIEHOFF (2000).
[87] VAHLE, Kriminalistik 1998, 378 (380); ausführlich SK-RUDOLPHI/WOLTER, § 100d Rn 2, 28 ff., 35 ff, der gar von einem „problematischen Kompromiss" spricht; MEYER-GOßNER, § 100d Rn 5.
[88] SK-RUDOLPHI/WOLTER, § 100d Rn 28, 35.
[89] MEYER-GOßNER, § 100d Rn 5; VAHLE, Kriminalistik 1998, 378 (380).
[90] MOMSEN, ZRP 1998, 459; vgl. dagegen SCHILY, ZRP 1999, 129.

VIII. Anordnungsdauer und -inhalt, Richtervorbehalt

Die Anordnungsdauer von vier Wochen wird aufgrund der Grundrechtsintensität der Maßnahme teilweise als bedenklich bezeichnet; ausgesprochen problematisch sei die Verlängerungsregelung des § 100d Abs. 4 Satz 2 StPO, welche nach dem Gesetzeswortlaut ausschließlich an die für die Erstanordnung bestehenden Voraussetzungen anknüpfe, ohne die mit der Überwachung bis dahin erzielten Erkenntnisse als Kriterium für die Verlängerung zu verankern[91]. Zudem seien die inhaltlichen Anforderungen an die Anordnung mit dem lediglichen Verweis auf § 100b Abs. 2 StPO in § 100d Abs. 2 Satz 4 StPO nachbesserungsbedürftig[92]. Zu verweisen sei auf die umfangreiche Rechtsprechung des Bundesverfassungsgerichts zu den inhaltlichen Anforderungen von Durchsuchungsbeschlüssen[93]. Die Kritik an der unzureichenden Begründungspflicht paart sich mit grundsätzlichen Bedenken gegen den Richtervorbehalt als wirksames Kontrollinstrument der prozeduralen Grundrechtssicherung[94].

Das Bundesverfassungsgericht hat in seiner Entscheidung zur akustischen Wohnraumüberwachung strenge Anforderungen an die Begründungs- und Prüfungspflicht – insbesondere nochmals bei einer Verlängerung der Maßnahme – aufgestellt[95].

IX. Benachrichtigung, Rechtsschutzmöglichkeit

Heftiger Kritik waren die Regelungen zur Benachrichtigung ausgesetzt. Die Vorschrift des § 101 Abs. 1 Satz 3 StPO, nach der nach Erhebung der Anklage für die Benachrichtigung das erkennende Gericht zuständig sein soll, sei eine Kuriosität, welche nur durch die Hektik des Gesetzgebungsverfahrens zu erklären, aber nicht zu entschuldigen sei[96]. Auch die Vorschrift des § 101 Abs. 4 StPO sei in diesem Zusammenhang äußerst problematisch, da es somit möglich wäre, dass selbst bei voller Akteneinsicht der Verteidiger keine Kenntnis über die Maßnahme erlange[97]. Kritisiert wurden ebenfalls die zu vagen Voraussetzungen für eine Zurückstellung der Benachrichtigung[98] und die Tatsache der nach dem Wortlaut des § 101 Abs. 1 Satz 2 StPO lediglich einmalig erforderlichen gerichtlichen Entschei-

---

[91] KRAUSE (1999), 240.
[92] KRAUSE (1999), 241; vgl. für den Bereich der Telekommunikationsüberwachung auch bereits ALBRECHT/DORSCH/KRÜPE (2003), 22 m.w.N.
[93] BVerfGE 20, 162, 223; 42, 212, 220; 103, 142, 151.
[94] ASBROCK, ZRP 1998, 17; HIRSCH (2000), XIX.
[95] BVerfG, 1 BvR 2378/98 Absatz 274 ff., 283 f., vgl. insg. 269 ff.
[96] HIRSCH (2000), XX; vgl. auch KARLSRUHER KOMMENTAR-NACK, § 101 Rn 7.
[97] HIRSCH (2000), XX; KARLSRUHER KOMMENTAR-NACK, § 101 Rn 6.
[98] DENNINGER, StV 1998, 401 (405).

dung, bis erst wieder nach vier Jahren gemäß § 100e Abs. 1 Satz 3 StPO eine justizinterne Kontrolle stattfindet[99].

Problematisiert wird überdies die mangelnde Effektivität der Rechtsschutzmöglichkeiten – dies insbesondere auch für den von der Anordnung betroffenen Nichtverdächtigen, da diesem kaum eine Rechtsposition eingeräumt sei[100]. Von der Überprüfungsmöglichkeit des betroffenen Bürgers bliebe insbesondere bei Berücksichtigung der Rechtsprechung zu einem Beurteilungsspielraum[101] bei der Bewertung des Tatverdachtes „fast nichts übrig"[102].

Die Regelungen zur Benachrichtigung hielten auch der Überprüfung des Bundesverfassungsgerichts zu großen Teilen nicht stand[103].

X. Verwertungs- und Vernichtungsfragen

Die für die Ermittlungs- und Gerichtspraxis eine erhebliche Bedeutung habende Problematik der Verwertungsmöglichkeiten erlangter Erkenntnisse wird als unzureichend geregelt und gemessen an der Intensität des Eingriffs zu weitreichend angesehen; die zu § 100a StPO entwickelten Kriterien der Rechtsprechung[104], an denen sich die Regelung orientiere, seien hier nicht ausreichend[105]. Dabei mag insbesondere auch problematisch sein, wie weit der Terminus „zur Aufklärung" in § 100d Abs. 5 Satz 2 StPO verstanden wird (Stichwort „Spurenansätze") und inwieweit hier andere Personen als der ursprünglich Beschuldigte betroffen sein mögen[106]. Für die Vernichtung ist hier sodann der unbestimmte Terminus „zur Strafverfolgung nicht mehr erforderlich" auslegungsbedürftig. Letztendlich sind hier Fragen der Zweckbindung und -änderung betroffen[107].

Das Bundesverfassungsgericht hat nunmehr eine Kennzeichnungspflicht für weitergegebene aus einer akustischen Wohnraumüberwachung stammende Informationen statuiert, um die Einhaltung des Zweckbindungsgrundsatzes zu gewährleisten[108].

---

[99] HIRSCH (2000), XX.
[100] KRAUSE (1999), 247 ff.
[101] Vgl. hierzu ebenfalls ALBRECHT/DORSCH/KRÜPE (2003), 11 f.
[102] KRAUSE (1999), 248.
[103] BVerfG 1 BvR 2378/98 Absatz 288 ff., 305 ff.
[104] Vgl. BT-Drs. 13/8651 S. 14.
[105] KRAUSE (1999), 243 ff.; vgl. auch BRODAG, Kriminalistik 1999, 745 (748); ausführlich BLUDOVSKI (2001), 334 ff..
[106] Vgl. BVerfG 1 BvR 2378/98 Absatz 339.
[107] BVerfGE 100, 313 (360).
[108] Vgl. BVerfG 1 BvR 2378/98 Absatz 346 ff.

D. Allgemeine Datenlage

Umfang und Ausmaß des tatsächlichen Einsatzes der akustischen Wohnraumüberwachung nach § 100c Abs. 1 Nr. 3 StPO sind seit ihrer Einführung im Jahre 1998 durch die nach Art. 13 Abs. 6 GG dem Bundestag vorzulegenden Berichte öffentlich dokumentiert[109]. Ferner liegt der „Erfahrungsbericht" der Bundesregierung, zu dessen Vorlage zum 31.1.2002 sie im Gesetzgebungsverfahren aufgefordert wurde, vor[110].

Für den präventiven Bereich statuiert Art. 13 Abs. 6 GG eine Berichtspflicht für den Zuständigkeitsbereich des Bundes an den Bundestag und gibt den Ländern die Gewährleistung einer gleichwertigen parlamentarischen Kontrolle auf. In der Ausgestaltung dieser parlamentarischen Kontrolle sind die Länder allerdings frei[111]; ob die entsprechenden Zahlen auch veröffentlicht werden, ist daher bundeslandesabhängig.

I. Die Berichtspflicht nach Art. 13 Abs. 6 GG

Um eine parlamentarische Kontrolle über den Einsatz der akustischen Wohnraumüberwachung zu gewährleisten, aber auch zur Information der Öffentlichkeit[112] wurde in Art. 13 Abs. 6 GG eine Berichtspflicht statuiert, welche in § 100e StPO weiter präzisiert wird.

Der Strafrechtsausschuss der Konferenz der Justizministerinnen und -minister hat zur Ausgestaltung der Berichte normkonkretisierende Festlegungen getroffen[113]. Demnach enthalten die Berichte, nach Bundesländern und Verfahrenszahl aufgeschlüsselt, Angaben zu:

- Anlasstat,
- Anzahl der betroffenen Wohnungen,
- Anzahl der Betroffenen (jeder Inhaber des Schutzgutes „Wohnung"),
- darunter Beschuldigte,
- darunter Nichtbeschuldigte,

---

[109] BT-Drs. 14/2452 (1998), 14/3998 (1999), 14/6778 (2000), 14/9860 (2001), 15/1504 (2002) und 15/3699 (2003).
[110] BT-Drs. 14/8155.
[111] Vgl. auch BT-Drs. 14/3998, dort insb. Anlage 3; BRAUN, NVwZ 2000, 375 (379).
[112] Neben der parlamentarischen Kontrolle wird in der Gesetzesbegründung explizit auch die Information der Öffentlichkeit genannt, vgl. BT-Drs. 13/8151, 15.
[113] Vgl. BT-Drs. 14/2451 S. 1.

- Dauer der Maßnahme in Kalendertagen,
- Kosten,
- erfolgter Benachrichtigung (ja/nein),
- Falls nein, Grund der Nichtbenachrichtigung,
- Relevanz für das Verfahren (ja/nein).

Aufgrund anhaltender Kritik u.a. des nach Art. 13 Abs. 6 GG durch den Bundestag gewählten Gremiums[114] hinsichtlich der Aussagekraft der Berichte wurde eine Überarbeitung der Erhebungsbögen erforderlich[115]. Ab dem Berichtsjahr 2002 finden sich somit nun auch Angaben zu:

- OK-Bezug,
- Anzahl der Privatwohnungen,
- Falls nicht verfahrensrelevant: inhaltliche oder technische Gründe.

Einem Vergleich der offensichtlich als Vorbild dienenden US-amerikanischen wiretap-reports[116] werden die Berichte allerdings nur bedingt gerecht[117]. Zum einen besitzen nicht wie in den USA die anordnenden Richter selbst die Pflicht zur Rechenschaftsablegung, wie dies zum Teil – wenn auch systemwidrig, aber mit nicht von der Hand zu weisenden Argumenten – auch für das deutsche Recht gefordert wurde[118]. Die wiretap-reports bauen auf einem dreistufigen Berichtssystem auf: der Richter hat nach dem Prinzip der persönlichen Verantwortung[119] die die Anordnung der Maßnahme betreffenden Daten anzugeben, die Staatsanwaltschaft sodann die die Durchführung der Maßnahme betreffenden Daten und in Folgeberichten etwaige Verhaftungen und Verurteilungen mit Angabe des entsprechenden

---

[114] BT-Drs. 14/8155 S. 1; vgl. aber z.B. auch die Entschließung der Konferenz der Datenschutzbeauftragten des Bundes und der Länder vom 27.6.2000, berichtet in DER SPIEGEL 2000, Heft 22, S. 17.

[115] BT-Drs. 14/8155 Anlage 4.

[116] Welche jährlich von dem Administrative Office der US Courts herausgegeben werden und auch über das Internet zugänglich sind, vgl. http://www.uscourts.gov/library/wire-tap.html

[117] SK-RUDOLPHI/WOLTER, § 100e Rn 1; MÜLLER (2000), 234.

[118] Insb. BÖTTGER/PFEIFFER, ZRP 1994, 7 (17); MOMSEN, ZRP 1998, 460; vgl. ausführlich auch RAUM/PALM, JZ 1994, 447 ff.; wohl auch DENNINGER, StV 1998, 401 (405); dagegen KLEIN (2001), 294 ff.

[119] Vgl. hierzu BÖTTGER/PFEIFFER, ZRP 1994, 7 (9) und RAUM/PALM, JZ 1994, 447 ff.

Verurteilungsdeliktes, was wiederum einen Vergleich zu der Anordnungskatalogtat ermöglicht. Die – allerdings dann nicht in den Berichten enthaltene – Benachrichtigung der Betroffenen liegt wiederum in der Hand des Richters[120]. Zum anderen enthalten die wiretap-reports etwa mit den Angaben zu aus der Abhörung resultierenden Verhaftungen und Verurteilungen[121] auch in den Folgejahren deutlich weitergehende Angaben. Im Gegensatz zu den Berichten nach § 100e StPO ebenfalls angegeben wird die Zahl sämtlicher von der Maßnahme betroffener Personen, werden nicht belastende Kommunikationsvorgänge den belastenden gegenübergestellt und wird nach der Dauer der Anordnung und der Dauer der tatsächlichen Durchführung unterschieden. Enthalten sind nicht nur tatsächlich durchgeführte Maßnahmen (so vom Prinzip her aber die Berichte nach § 100e StPO[122]), sondern unterschieden werden auch Maßnahmen, die zwar angeordnet, aber nicht installiert, sowie solche, die angeordnet und installiert aber tatsächlich nicht benutzt wurden. Die wiretap-reports ermöglichen somit – auch wenn die Datenqualität nicht einem methodisch kontrollierten Standard entspricht[123] – eine Kontrollmöglichkeit auf einem deutlich anderen Niveau[124].

Gegen § 100e StPO werden allerdings auch Vorbehalte formuliert: so sehr das Gebot der Transparenz zu begrüßen sei, könne die Pflicht zur – öffentlichen – Mitteilung der Tatsache, dass und weshalb die Benachrichtigung noch nicht erfolgt ist, auch die von § 101 Abs. 1 StPO geschützten Zwecke gefährden. Überdies könne die Gewaltenteilung beeinträchtigt sein, wenn richterliche Entscheidungen (insbesondere die nach § 101 Abs. 1 Satz 2 und 3 durch das Prozessgericht) – zumal noch während eines laufenden Verfahrens – parlamentarisch überprüft und, wenn auch nur rechtspolitisch, bewertet würden, wobei hinzukomme, dass dabei auf die Ergebnisbewertung durch die Staatsanwaltschaft zurückgegriffen werde[125].

Für die Beurteilung der Datenlage ist zu berücksichtigen, dass – gerade etwa im Hinblick auf die Benachrichtigung – nur der Stand zum jeweiligen Berichtszeitpunkt (drei Monate nach Durchführung der Maßnahme bzw. Abschluss des Verfahrens) wiedergegeben ist, da ein Folgebericht bei Nichtbenachrichtigung erst wieder nach vier Jahren vorgesehen ist. Bislang sind Fortschreibungen der veröffentlichten Zahlen kaum festzustellen[126].

---

[120] Vgl. BÖTTGER/PFEIFFER, ZRP 1994, 7 (9).

[121] Vgl. hierzu auch MEYER-GOßNER, § 100e Rn 3.

[122] Vgl.BT-Drs. 14/8155 Anlage 4 S. 38.

[123] BÖTTGER/PFEIFFER, ZRP 1994, 7 (9).

[124] Eine ausführliche und substantiierte Analyse der wiretap-reports in Bezug auf die akustische Wohnraumüberwachung nehmen BÖTTGER/PFEIFFER, ZRP 1994, 7 ff. vor; vgl. auch KRAUSE (1999).

[125] KARLSRUHER KOMMENTAR-NACK, § 100e Rn 4.

[126] Die jeweils bei den Berichten befindlichen aktualisierten Übersichten der vorhergehenden Jahre betreffen hinsichtlich weniger Einzelfälle allerdings eher Nachmeldungen

Anzumerken bleibt, dass die Berichtspraxis aufgrund der durch das Bundesverfassungsgericht im Grundsatz statuierten Benachrichtigungspflicht auch gegenüber „als Gast oder zufällig in der überwachten Räumlichkeit aufhältigen Personen"[127] (sog. „Drittbetroffener") im Hinblick zumindest auf eine Quantifizierung dieses Personenkreises zu überdenken sein dürfte. Im Übrigen hat das Bundesverfassungsgericht die Ausgestaltung der Berichtspflicht unbeanstandet gelassen, insbesondere sei zu beachten, dass diese keiner nachgehenden parlamentarischen Kontrolle (wie etwa beim G 10), sondern einer gesetzgeberischen Beobachtung der Eignung und der Folgen der Maßnahme diene[128].

II. Die aufgrund der Berichtspflicht vorliegenden Zahlen

Im Folgenden sollen die auf der Grundlage von Art. 13 Abs. 6 GG vorliegenden Zahlen überblicksartig dargestellt werden.

1. Anzahl der Verfahren mit Wohnraumüberwachungsmaßnahmen

Entsprechend der in den Berichten vorgenommenen Aufschlüsselung nach Bundesländern einschließlich der Angabe von entsprechenden Verfahren im Zuständigkeitsbereich des Generalbundesanwaltes ergibt sich für die Anzahl der für die Jahre 1998 bis 2003 berichteten Verfahren folgendes Bild:

---

und Korrekturen als Fortschreibungen: vgl. aber beispielsweise ein Verfahren für das Jahr 1999 in BT-Drs. 14/6778 gegenüber dem Vorjahresbericht in BT-Drs. 14/3998.
[127] BVerfG 1 BvR 2378/98 Absatz 296.
[128] BVerfG 1 BvR 2378/98 Absatz 323 ff.

Allgemeine Datenlage 21

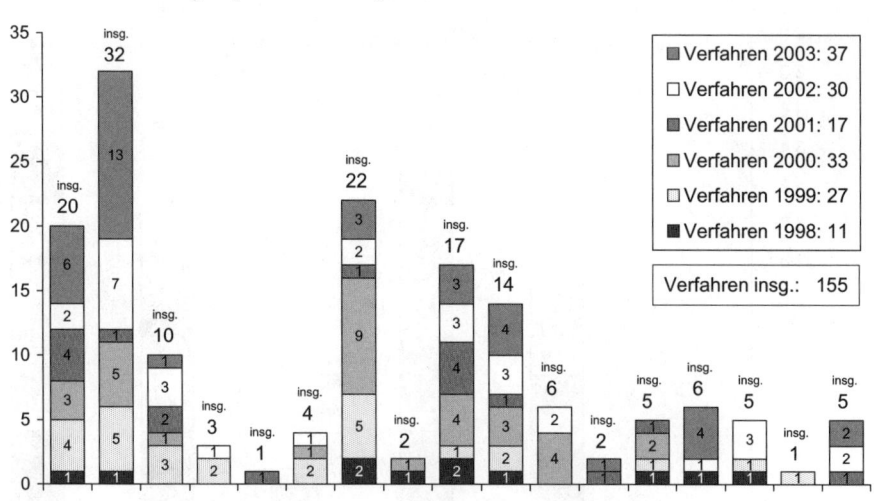

Abbildung 1: *Nach Art. 13 Abs. 6 GG berichtete Verfahren mit Wohnraumüberwachungsmaßnahmen nach § 100c Abs. 1 Nr. 3 StPO*

Feststellbar sind somit große Schwankungen in den Anordnungszahlen zwischen den Bundesländern. In einigen Ländern kam es seit Einführung des Ermittlungsinstrumentes im Jahre 1998 gar nur zu einer berichtspflichtigen – d.h. auch tatsächlich durchgeführten – Maßnahme. Ob und inwieweit diese Zahlen auch durch die Genehmigungspraxis der Staatsschutzkammern bedingt sind, lässt sich den Berichten nicht entnehmen, da nicht durchgeführte und gerichtlich abgelehnte Maßnahmen nicht berichtspflichtig sind. In einigen Fällen finden sich allerdings auch offenbar nicht durchgeführte Maßnahmen in den Berichten (vgl. entsprechende explizite Angabe oder Angabe der Dauer der Maßnahme 0 Tage)[129].

Von Interesse ist aber auch die Längsschnittverteilung, wie sie in *Abbildung 2* dargestellt ist.

---

[129] Vgl. auch BT-Drs. 14/8155 Anlage 4 S. 32: „Die Arbeitsgruppe hat aufgrund der bisherigen Berichterstattung Anlass darauf hinzuweisen, dass eine Berichtspflicht dann nicht besteht, wenn die Maßnahme zwar angeordnet, aber nicht durchgeführt wird."

Abbildung 2: *Längsschnittverteilung der nach Art. 13 Abs. 6 GG berichteten Verfahren mit Wohnraumüberwachungsmaßnahmen nach § 100c Abs. 1 Nr. 3 StPO*

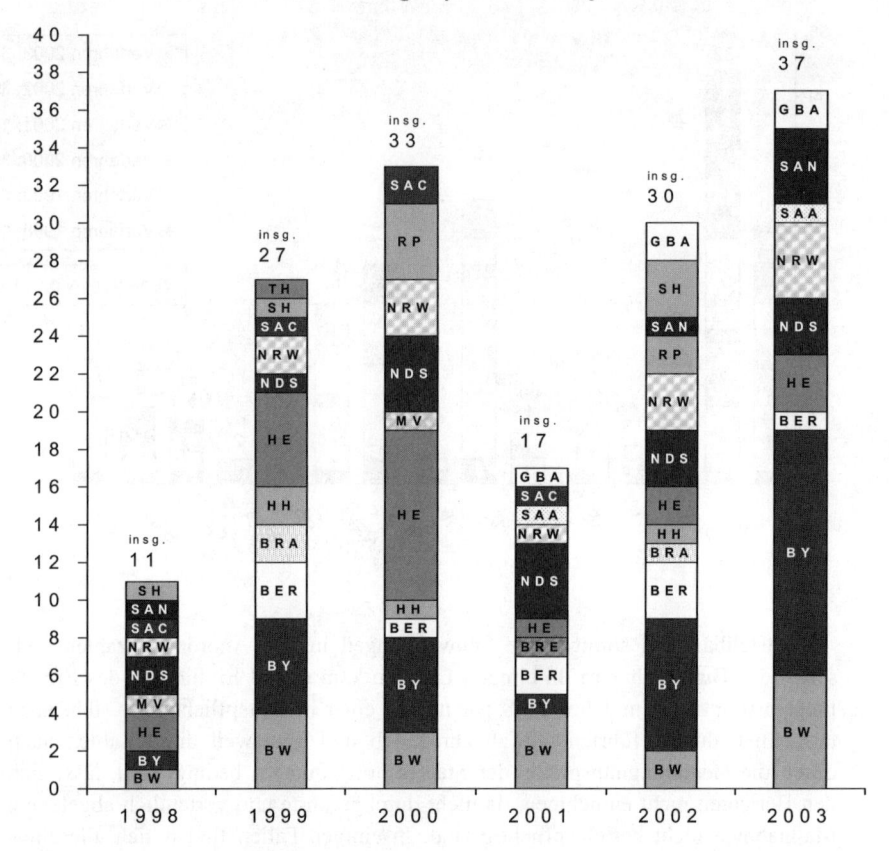

Insgesamt ist festzuhalten, dass mit rund 30 Verfahren pro Jahr und somit insgesamt bislang 155 Verfahren (in 11 Fällen werden dabei zwei, in fünf Fällen drei und in einem Fall neun überwachte Objekte in einem Verfahren berichtet) eine äußerst geringe Anwendungshäufigkeit konstatiert werden muss. Als vergleichende Bezugsgröße hier die rund 6,5 Millionen in der Polizeilichen Kriminalstatistik[130] angegebenen jährlich begangenen Straftaten oder die aus der Rechtspflegestatistik[131] ersichtlichen pro Jahr rund 4,5 Millionen anhängigen staatsanwaltschaftli-

---

[130] Vgl. PKS 1998 bis 2003 G1.

[131] Vgl. Statistisches Bundesamt, Destasis Online-Publikation, Geschäftsentwicklung bei Gerichten und Staatsanwaltschaften seit 1998, Tabelle 4.1, lfd.-Nr. 16; http://www.destatis.de/download/d/veroe/fach_voe/gerichte.pdf

chen Ermittlungsverfahren heranzuziehen erscheint nicht unbedenklich, allein schon da in den meisten dieser Fälle eine Wohnraumüberwachung bereits aufgrund des Straftatenkatalogs gar nicht in Betracht käme (ein solcher Vergleich wäre daher zumindest katalogtatenspezifisch durchzuführen), sie mag aber die quantitative Größenordnung verdeutlichen.

2. Katalogtatverteilung und angegebener OK-Bezug

Die Katalogtatenverteilung der nach Art. 13 Abs. 6 GG berichteten Fälle ist in *Abbildung 3* dargestellt. In 14 Fällen stützte sich die Maßnahme auf gleichzeitig zwei oder drei Katalogtaten, so dass in der Darstellung Mehrfachnennungen berücksichtigt sind (insgesamt 172 Nennungen für 155 Verfahren). Zugrunde gelegt wird die vom Strafrechtsausschuss der Konferenz der Justizministerinnen und -minister zu Darstellungszwecken vorgenommene Katalogtatenaufteilung in Tatbestandsgruppen[132].

Abbildung 4: *Katalogtatverteilung der nach Art. 13 Abs. 6 GG berichteten Verfahren mit Wohnraumüberwachungsmaßnahmen nach § 100c Abs. 1 Nr. 3 StPO – absolut (mit Mehrfachnennungen)*

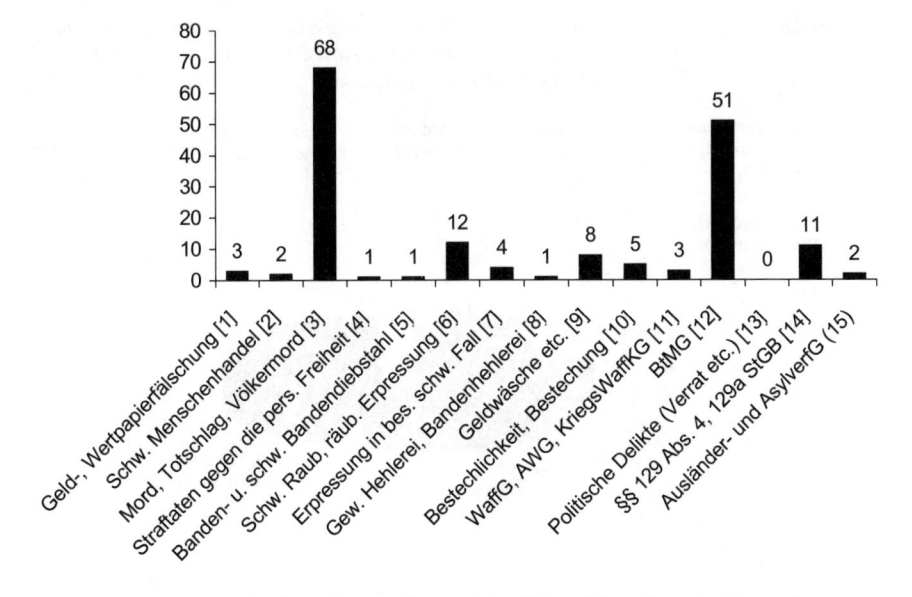

Geld-, Wertpapierfälschung [1]	3
Schw. Menschenhandel [2]	2
Mord, Totschlag, Völkermord [3]	68
Straftaten gegen die pers. Freiheit [4]	1
Banden- u. schw. Bandendiebstahl [5]	1
Schw. Raub, räub. Erpressung [6]	12
Erpressung in bes. schw. Fall [7]	4
Gew. Hehlerei, Bandenhehlerei [8]	1
Geldwäsche etc. [9]	8
Bestechlichkeit, Bestechung [10]	5
WaffG, AWG, KriegsWaffKG [11]	3
BtMG [12]	51
Politische Delikte (Verrat etc.) [13]	0
§§ 129 Abs. 4, 129a StGB [14]	11
Ausländer- und AsylverfG [15]	2

Hierbei wird deutlich, dass die Katalogtat Mord/Totschlag die mit Abstand prominenteste Rolle spielt, gefolgt von BtMG-Verstößen. Die anderen Katalogtaten –

---

[132] Vgl. BT-Drs. 14/2452 S. 1.

eine Ausnahme bilden hier allenfalls noch Raubtaten, Geldwäsche und Vereinigungsdelikte – liegen kaum mehr in aussagekräftigen Verteilungen vor, sie beschränken sich geradezu auf Einzelfälle.

Gar keine eigenständige Rolle, da sie nur in Kombination mit einem Tötungs- oder BtMG-Vorwurf auftreten, spielen Straftaten gegen die persönliche Freiheit [4] sowie gewerbsmäßige und Bandenhehlerei [8]. Politische Delikte (Verrat etc. [13]) sind bislang überhaupt nicht als Katalogtat aufgetreten.

Untersucht man die vierzehn Verfahren, in denen mehrere Katalogtaten genannt sind, genauer, stellt sich heraus, dass in sieben Fällen eine Kombination mit einem BtMG-Vorwurf vorliegt und in vier Fällen eine Kombination mit einem Tötungsvorwurf; in den verbleibenden drei Fällen liegt eine Kombination zwischen Raub und schwerer Erpressung, Raub und WaffG sowie Bestechlichkeit/Bestechung und Ausländer-/AsylverfG vor.

Wenn man die Kombinationen ihrer jeweiligen Schwerpunkttatbestandsgruppe (Mord/Toschlag, BtM, Raub/räuberische Erpressung und AuslG) zuteilt, lässt sich die Katalogtatverteilung auch prozentuiert auf die 155 Verfahren darstellen (*Abbildung 4*).

Abbildung 1: Katalogtatverteilung der nach Art. 13 Abs. 6 GG berichteten Verfahren mit Wohnraumüberwachungsmaßnahmen nach § 100c Abs. 1 Nr. 3 StPO – in % (bei Mehrfachangaben nach Schwerpunkt)

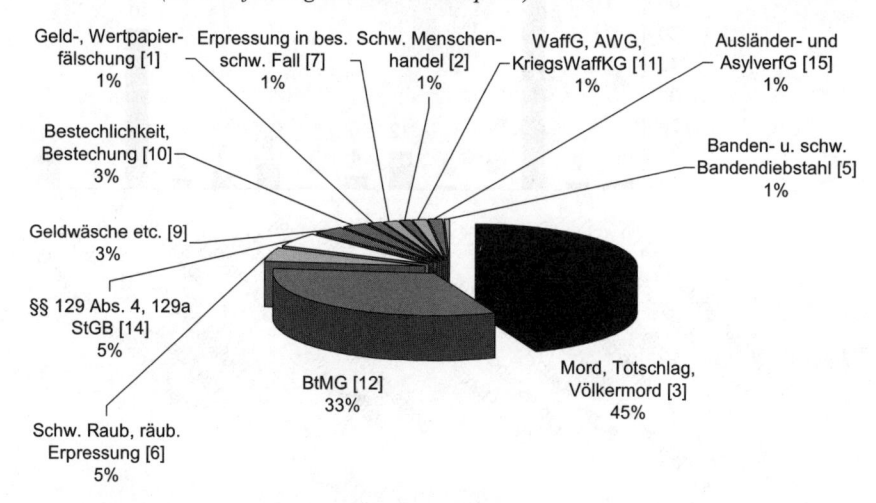

Geld-, Wertpapierfälschung [1] 1%
Erpressung in bes. schw. Fall [7] 1%
Schw. Menschenhandel [2] 1%
WaffG, AWG, KriegsWaffKG [11] 1%
Ausländer- und AsylverfG [15] 1%
Bestechlichkeit, Bestechung [10] 3%
Banden- u. schw. Bandendiebstahl [5] 1%
Geldwäsche etc. [9] 3%
§§ 129 Abs. 4, 129a StGB [14] 5%
BtMG [12] 33%
Mord, Totschlag, Völkermord [3] 45%
Schw. Raub, räub. Erpressung [6] 5%

Besonders interessant ist bei der Katalogtatenverteilung jedoch die Längsschnittentwicklung. Sie ist in *Tabelle 1* dargestellt.

Tabelle 1: Längsschnittverteilung der Katalogtatnennungen (Mehrfachangaben) der nach Art. 13 Abs. 6 GG berichteten Verfahren mit Wohnraumüberwachungsmaßnahmen nach § 100c Abs. 1 Nr. 3 StPO

	Jahr					
	1998	1999	2000	2001	2002	2003
Geld-, Wertpapierfälschung [1]				1		2
Schwerer Menschenhandel [2]						2
Mord, Totschlag, Völkermord [3]	6	11	16	12	9	14
Straftaten gegen die persönl. Freiheit [4]				1		
Banden- und schw. Bandendiebstahl [5]		1				
Schw. Raub, räub. Erpressung [6]	1		1	1	5	4
Erpressung im bes. schw. Fall [7]			1	1	2	
Gewerbsm. Hehlerei, Bandenhehlerei [8]				1		
Geldwäsche etc. [9]		1	2		2	3
Bestechlichkeit, Bestechung [10]			2		1	2
WaffG, AWG, KriegsWaffKG [11]					1	2
BtMG [12]	4	13	12	5	9	8
Politische Delikte (Verrat etc.) [13]						
§§ 129 Abs. 4, 129a StGB [14]		1			7	3
Ausländer- und AsylverfG (15)						2

Hier zeigt sich, dass die Mord-/Totschlagsfälle relativ konstant auf einem hohen Niveau stagnieren, während die BtM-Fälle nach einem die Mord-/Totschlagsfälle gar übertreffenden starken Anstieg wieder ebenso stark zurückgegangen sind und in den letzten Jahren quantitativ deutlich unter den Mord-/Totschlagsfällen liegen. Stattdessen sind 2002 sprunghafte Anstiege im Bereich der Raubtaten und bei §§ 129/129a StGB zu verzeichnen (bei letzteren handelt es sich mit vier Verfahren im starken Maße um solche im Zuständigkeitsbereich des Generalbundesanwalts, auf dem Hintergrund von §§ 142a Abs. 1, 120 Abs. 1 Nr. 6 GVG ist hier von Verfahren im Zusammenhang mit der Terrorismusbekämpfung auszugehen). Insgesamt ergibt sich ein Befund der offensichtlichen Diversifizierung des Einsatzbereiches der akustischen Wohnraumüberwachung: Während in den ersten Jahren fast ausschließlich Mord-/Totschlagsfälle und BtM-Fälle vorliegen, ist vor allem ab 2002 eine Nennung in der Mehrzahl der Tatbestandsgruppen zu finden.

Tabelle 2:   *Nach Art. 13 Abs. 6 GG ab 2002 angegebener OK-Bezug der Verfahren und Katalogtatnennungen (Mehrfachangaben)*

		OK-Bezug (ab 2002)	
		ja	nein
Anlasstat (Mehrfachantworten)	Geld-, Wertpapierfälschung [1]	2	
	Schw. Menschenhandel [2]	2	
	Mord, Totschlag, Völkermord [3]	3	20
	Schw. Raub, räub. Erpressung [6]	7	2
	Erpressung in bes. schw. Fall [7]	1	1
	Geldwäsche etc. [9]	5	
	Bestechlichkeit, Bestechung [10]	1	2
	WaffG, AWG, KriegsWaffKG [11]	2	1
	BtMG [12]	15	2
	§§ 129 Abs. 4, 129a StGB [14]	5	5
	Ausländer- und AsylverfG [15]	1	1

Die hohe Prävalenz der Tötungsdelikte mag angesichts der gesetzgeberischen Intention und Begründung, hauptsächlich ein Instrument zur Bekämpfung der Organisierten Kriminalität zu schaffen, überraschen. Dass es sich bei allen diesen Tötungsdelikten kaum nur um solche mit OK-Bezug handeln dürfte (etwa „Auftragsmorde"), zeigt bereits auch eine Gegenüberstellung des ab dem Jahre 2002 in den Berichten ebenfalls angegebenen OK-Bezugs mit den jeweiligen Katalogtatnennungen (*Tabelle 2*).

Tabelle 3: Verteilung der Katalogtatnennungen (Mehrfachangaben) der nach Art. 13 Abs. 6 GG berichteten Verfahren über die Bundesländer

	Baden-Württemberg	Bayern	Berlin	Brandenburg	Bremen	Hamburg	Hessen	Mecklenburg-Vorp.	Niedersachsen	Nordrhein-Westfalen	Rheinland-Pfalz	Saarland	Sachsen	Sachsen-Anhalt	Schleswig-Holstein	Thüringen	GBA
Geld-, Wertpapierfälschung [1]	2	1															
Schw. Menschenhandel [2]	1	1															
Mord, Totschlag, Völkermord [3]	7	16	5	2	1	1	11	1	5	6	3	1	4	1	2	1	1
Straftaten gegen die pers. Freiheit [4]					1												
Banden- u. schw. Bandendiebst. [5]												1					
Schw. Raub, räub. Erpressung [6]	5	1						2	1	1	1		1				
Erpressung in bes. schw. Fall [7]	1	1								1	1						
Gew. Hehlerei, Bandenhehlerei [8]	1																
Geldwäsche etc. [9]	2	2	2		1									1			
Bestechlichkeit, Bestechung [10]								3	1	1							
WaffG, AWG, KrWaffKG [11]		1							1					1			
BtMG [12]	10	7	4	1		2	5		10	4	2		1	4	1		
Polit. Delikte [13]																	
§§ 129 Abs. 4, 129a StGB [14]	1	2	1									1	1			1	4
Ausländer- und AsylverfG [15]						2											

Aus den Berichten ergibt sich ab 2002 ein OK-Bezug in insgesamt 54 % der Fälle.

Beachtenswert erscheint allerdings auch die Verteilung der Katalogtatnennungen über die Bundesländer, wie sie sich aus *Tabelle 3* ergibt:

Hier zeigt sich, dass im Hinblick auf die häufigen Anordnungen wegen Mord/Totschlags einerseits und BtM-Delikten andererseits (und somit – wie soeben festgestellt – wohl auch hinsichtlich des OK-Bezuges) durchaus „regionale" Schwerpunkte vorliegen. So gibt es Bundesländer, in denen die BtM-Fälle überwiegen, und solche, in denen die Mord-/Totschlagsfälle dominieren.

3. Anzahl der Wohnungen und Betroffenen

Gemäß den Berichten nach Art. 13 Abs. 6 GG war in 88 % der Fälle nur jeweils eine Wohnung betroffen. Die Fälle mit mehr als einer Wohnung umfassten 10 Tötungsverfahren (sechs mal zwei und vier mal drei Wohnungen), ein Geldwäscheverfahren (einmal drei Wohnungen), zwei Bestechungsverfahren (einmal zwei und einmal neun Wohnungen) und vier BtM-Verfahren (je zwei Wohnungen). Die Verteilung der betroffenen Wohnungen über die Katalogtaten ergibt sich aus *Abbildung 5* (die Katalogtaten sind im Falle von kombinierten Nennungen den Verfahren nach ihrem Schwerpunkt zugeordnet, vgl. oben *Abbildung 4*).

Abbildung 5:   *Nach Art. 13 Abs. 6 GG angegebene betroffene Wohnungen nach den Katalogtaten aufgeschlüsselt (bei Mehrfachangaben nach Schwerpunkt, gesonderte Gegenüberstellung mit Privatwohnungen ab Berichtsjahr 2002)*

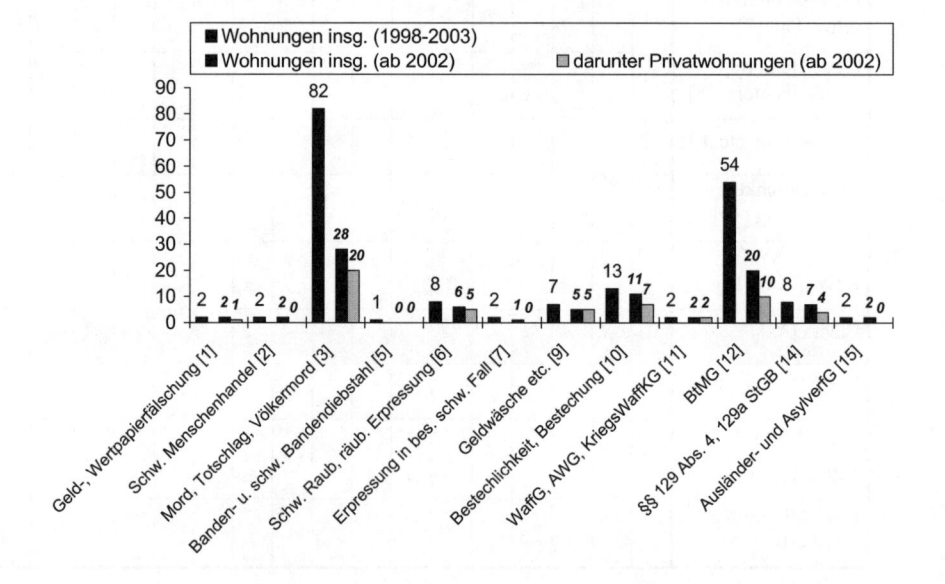

Allgemeine Datenlage 29

Die – allerdings erst ab dem Berichtsjahr 2002 vorgenommene und für diesen Zeitraum separat gegenübergestellte – Unterscheidung nach Privatwohnungen und sonstigen dem Schutzbereich des Art. 13 GG unterfallenden Räumlichkeiten zeigt, dass im Bereich der Mord-/Totschlagsverfahren eine höhere „Privatwohnungsrelevanz" festzustellen ist (71 %) als im BtM-Bereich (50 %).

Die in den Berichten enthaltenen betroffenen Beschuldigten und Nichtbeschuldigten ergeben sich aus *Abbildung 6*. Auch hier zeigt sich, dass im Bereich der Tötungsdelikte wesentlich mehr nicht beschuldigte Betroffene festzustellen sind (53 % aller dort insgesamt 215 Betroffenen) als im BtM-Bereich (29 % aller dort insgesamt 197 Betroffenen). Während in den Mord-/Totschlagsverfahren durchschnittlich insgesamt 3,2 Personen (1,7 Beschuldigte und 1,8 Nichtbeschuldigte) von der Maßnahme betroffen sind, sind dies bei den BtM-Verfahren 4,0 Personen (2,8 Beschuldigte und 1,6 Nichtbeschuldigte).

Abbildung 6:   *Nach Art. 13 Abs. 6 GG angegebene Betroffene untergliedert in Beschuldigte und Nichtbeschuldigte nach den Katalogtaten aufgeschlüsselt (bei Mehrfachangaben nach Schwerpunkt)*

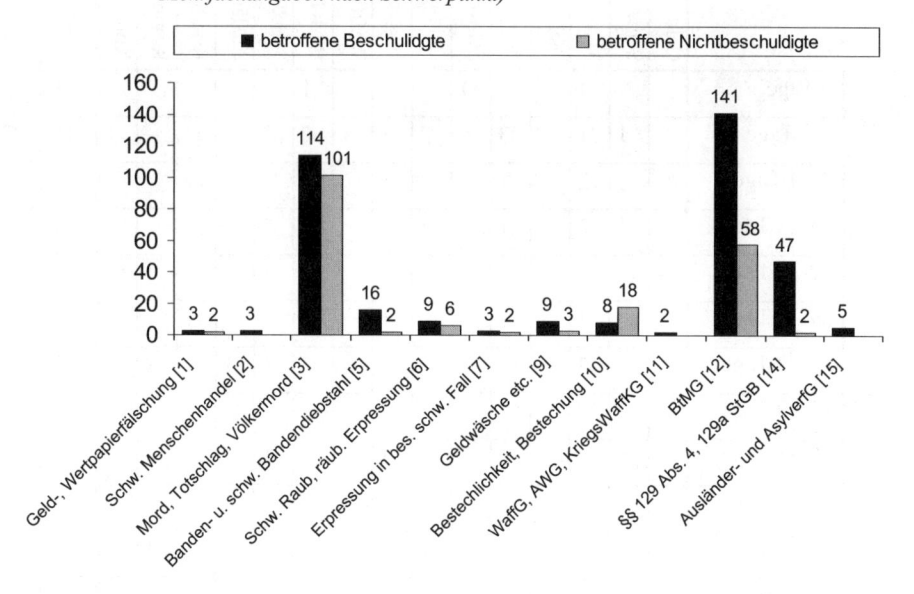

4. Dauer der Maßnahmen

Die in den Berichten angegebene Dauer der Maßnahmen beträgt durchschnittlich 27,2 Tage, in der Hälfte der Fälle noch 17 Tage (Median).

Interessant erscheint jedoch auch hier eine Untersuchung etwaiger katalogtatspezifischer Unterschiede. Die Verteilung der angegebenen Dauer der Maßnahmen über die Katalogtaten ist *Tabelle 4* zu entnehmen.

Tabelle 4: Verteilung der nach Art. 13 Abs. 6 GG angegebenen Dauer der Maßnahmen über die Katalogtaten[133]

	Geld-, Wertpapierfälschung [1]	Schw. Menschenhandel [2]	Mord, Totschlag, Völkermord [3]	(Schw). Bandendiebstahl [5]	Schw. Raub/räub. Erpressung [6]	Schwere Erpressung [7]	Geldwäsche etc. [9]	Bestechlichkeit, Bestechung [10]	WaffG, AWG, KriegsWaffKG [11]	BtMG [12]	§§ 129 Abs. 4, 129a StGB [14]	Ausländer- und AsylverfG [15]	Kombination Mord/Totschlag u.a.	Kombination BtMG u.a.	Kombination andere	Gesamt	Prozent
0 Tage			1			1				1						3	2%
1-7 Tage		1	21		3		2	1	1	7	2		2		1	41	27%
8-14 Tage			12		1		1	1		6			1			22	14%
15-21 Tage	1	1	12		1	1	1			1	2					20	13%
22-28 Tage	1		6	1	1					1	1			1		21	14%
29-35 Tage			1					1		5			1			8	5%
36-42 Tage			3							5	1	1		1	1	12	8%
43-49 Tage										2					1	3	2%
50-56 Tage			2					1		1	1					5	3%
57-63 Tage			1						1					2		4	3%
64-70 Tage							1			1				1		3	2%
über 70 Tage			3							5	1			2		11	7%
Gesamt	2	2	62	1	6	2	5	4	2	44	8	1	4	7	3	153	100%

---

[133] Bei zwei Verfahren liegt in den Berichten keine Angabe zur Dauer der Maßnahme vor.

Allgemeine Datenlage 31

Die katalogtatspezifischen Durchschnittswerte der angegebenen Dauern ergeben sich aus *Abbildung 7*. Dabei ist für einige Katalogtaten allerdings zu berücksichtigen, dass nur Einzelfälle vorliegen (vgl. oben *Abbildungen 3 und 4*), der Durchschnitt also wenig aussagekräftig ist. Entsprechende Verteilungen liegen im Wesentlichen bei Mord/Totschlag und dem BtMG vor.

Abbildung 7: Durchschnittliche nach Art. 13 Abs. 6 GG angegebene Dauern der Maßnahmen (Mittelwert und Median) nach den Katalogtaten aufgeschlüsselt (bei Mehrfachangaben nach Schwerpunkt)

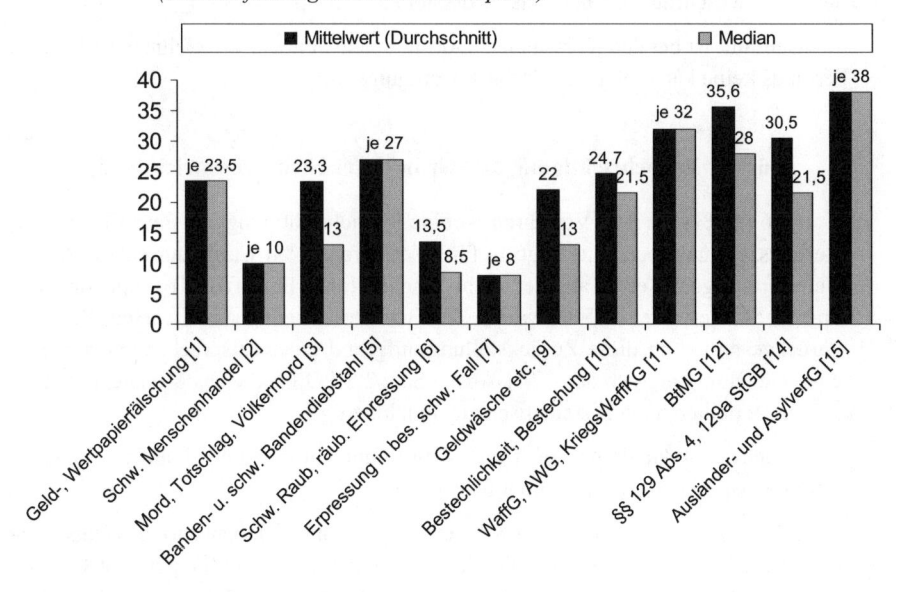

Durch die vergleichende Angabe des Medians lässt sich feststellen, dass die Verteilung im Mord-/Totschlagsbereich „schiefer" als bei den BtM-Verfahren ist, dass also einige besonders lange Abhördauern den Durchschnitt nach oben treiben (die Standardabweichung liegt hier bei rund 45 Tagen, bei den BtM-Verfahren liegt sie nur bei rund 31 Tagen). Aufs Ganze gesehen liegen in den BtM-Verfahren deutlich längere Abhördauern vor. Deutlich kürzere Abhördauern finden sich hingegen bei den Straftaten gegen das Eigentum (Raub und Erpressung) aber auch beim Menschenhandel.

Die Abhördauern weisen also offensichtlich eine deliktsspezifische Divergenz auf.

5. Kosten

Aus den Berichten ergeben sich für die Überwachungsmaßnahmen durchschnittliche Kosten von 5.890,65 Euro (11.521,11 DM) pro Verfahren[134], wobei in der Hälfte der Fälle die Kosten mit unter 2.009,47 Euro (3.930,18 DM) angeben wurden; das Maximum liegt bei 71.764,61 Euro (140.359,38 DM). Kosten von über 10.000 Euro verursachten die Maßnahmen in 17 Verfahren; in zwölf Verfahren wurden die Kosten hingegen mit „0" Euro/DM beziffert, in weiteren 44 Verfahren bewegten sich die angegebenen Kosten unter 1.000 Euro.

Aus teilweise gesonderten Angaben lässt sich entnehmen, dass Dolmetscherkosten einen wesentlichen Kostenfaktor darstellen.

Insgesamt ist bei den Kosten eine enorme Spannweite zu verzeichnen, welche allerdings keine katalogtatspezifische Ausprägung aufweist.

6. Benachrichtigung und Gründe der Nichtbenachrichtigung

In 96 (62 %) der 155 Verfahren ist eine Benachrichtigung der Betroffenen zum Berichtszeitpunkt bereits erfolgt, in fünf Verfahren (3 %) wurde nur eine teilweise Benachrichtigung (etwa nur der nicht beschuldigten Betroffenen) vorgenommen, und in 54 Verfahren (35 %) wurde die Benachrichtigung aus diversen Gründen zurückgestellt – ob diese Zurückstellung aufgrund einer entsprechenden richterlichen Genehmigung gemäß § 101 Abs. 1 Satz 2 StPO über sechs Monate andauert, ist den Berichten nicht systematisch zu entnehmen.

Nennenswerte katalogtatspezifische Abweichungen im Hinblick auf die Benachrichtigungspraxis lassen sich nicht feststellen.

In den 54 Verfahren erfolgen 67 Nennungen von Nichtbenachrichtigungsgründen. Zu nahezu 75 % sind dies die Gründe andauernder Ermittlungen, der Gefährdung des Ermittlungszwecks oder kein rechtskräftiger Verfahrensabschluss. Die Verteilung der Nennungen der Nichtbenachrichtigungsgründe über die Katalogtaten ist in *Tabelle 5* wiedergegeben.

---

[134] Die DM-Angaben bis 2001 bzw. die Euro-Angaben ab 2002 wurden entsprechend mit dem Faktor 1,95583 jeweils entsprechend umgerechnet, so dass die Kosten einheitlich für den gesamten Zeitraum 1998 bis 2003 angegeben werden können.

Tabelle 5: *Verteilung der Nennungen der Nichtbenachrichtigungsgründe (Mehrfachangaben) in den Berichten nach Art. 13 Abs. 6 GG über die Katalogtaten*

	andauernde Ermittlungen	Gefährdung des Ermittlungszwecks	kein rechtskräftiger Verfahrensabschluss	Gefahr für Leib und Leben	unbekannter Aufenthalt	Zurückstellung der Benachrichtigung genehmigt	bereits Kenntnis
Geld- und Wertpapierfälschung [1]	2						
Schw. Menschenhandel [2]	1						
Mord, Totschlag, Völkermord [3]	13	8	3	4	2		2
Schw. Raub, räub. Erpressung [6]	1	1					
Geldwäsche etc. [9]		3					
Bestechlichkeit, Bestechung [10]					1		
BtMG [12]	8	3	2	3	5	1	
§§ 129 Abs. 4, 129a StGB [14]	1	2			1		

7. Verfahrensrelevanz

In 81 der insgesamt 155 Verfahren (und somit in rund 52 % der Fälle) wurden zum Berichtszeitpunkt die aus der Wohnraumüberwachungsmaßname gewonnenen Erkenntnisse als verfahrensrelevant eingestuft. Zu beachten ist, dass der angegebenen Verfahrensrelevanz eine weite Definition zugrunde liegt: Von Bedeutung sind demnach „Erkenntnisse aus einer Maßnahme, die in jeder Hinsicht für das Verfahren unmittelbar oder mittelbar Beweisbedeutung haben oder erlangen können (z.B. als Indiztatsache, zur Entlastung oder zur Förderung eines Geständnisses)"[135]. Ggf.

---

[135] Vgl. BT-Drs. 14/8155 Anlage 4 S. 38.

ist dies auch „anhand kriminalistischer Erfahrungswerte zu prognostizieren."[136]. Sie unterliegt demnach der Definitionsmacht der Strafverfolgungsbehörden.

Die dermaßen verstandene Verfahrensrelevanz ist in ihrer Verteilung über die Katalogtaten in *Abbildung 8* wiedergegeben. Während in den Mord-/Totschlagsverfahren in rund 48 % der Fälle eine Verfahrensrelevanz bejaht wird, liegt diese Quote in den BtM-Verfahren bei rund 54 % (bei einem Verfahren dauerte die Auswertung zum Berichtszeitpunkt noch an).

Verhaftungen, Verurteilungen oder andere quantifizierbare Kriterien wie etwa belastende Kommunikationsvorgänge werden – anders als in den amerikanischen wiretap-reports, s.o. – nicht berichtet.

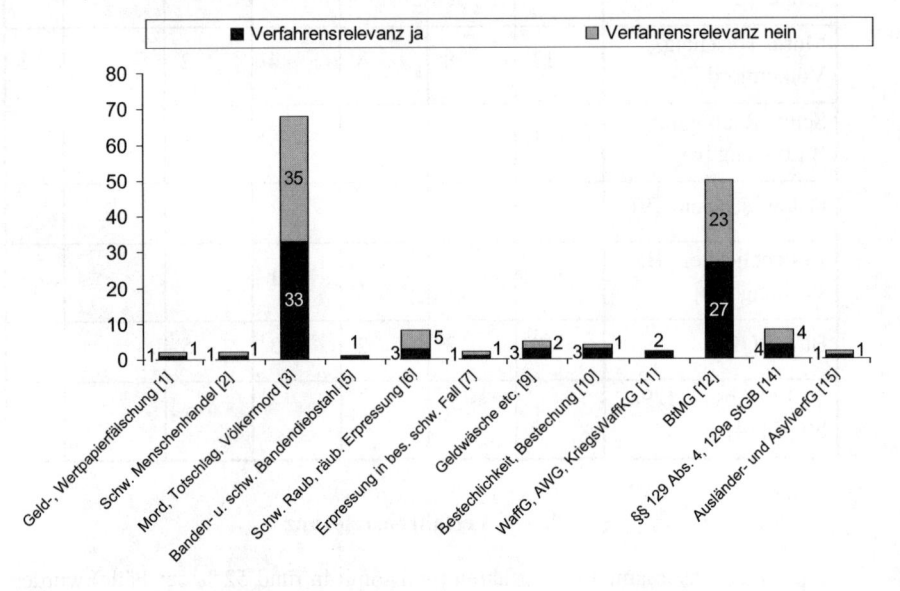

Abbildung 8: *Verfahrensrelevanz nach den gemäß Art. 13 Abs. 6 GG vorliegenden Berichten*

Ab dem Jahre 2002 wird auch angegeben, ob die Nicht-Verfahrensrelevanz auf inhaltlichen oder technischen Gründen beruht. Von den in diesem Zeitraum in 28 Verfahren als nicht verfahrensrelevant eingestuften Maßnahmen war dies bei 22

---

[136] BT-Drs. 14/2452 S. 2.

(79 %) aus inhaltlichen und lediglich bei sechs Maßnahmen aus technischen Gründen der Fall.

III. Daten zu Maßnahmen auf präventivpolizeilicher Grundlage

Um die diskutierte Möglichkeit etwaiger Umgehungstendenzen[137] von § 100c Abs. 1 Nr. 3 StPO und dessen praktisches Verhältnis zu den Maßnahmen der elektronischen Wohnraumüberwachung auf präventivpolizeilicher Grundlage beurteilen zu können, wurde eine bundesweite Umfrage bei den Innenverwaltungen der Länder zu Umfang und Ausmaß von präventivpolizeilichen Maßnahmen seit 1998 vorgenommen[138]. Erbeten wurde auch eine Auskunft, inwieweit Erkenntnisse über § 100f Abs. 2 StPO für Zwecke eines Strafverfahrens nutzbar gemacht wurden.

Im Zuständigkeitsbereich des Bundes haben ausweislich der nach Art. 13 Abs. 6 GG vorliegenden Berichte keine Maßnahmen zur Gefahrenabwehr stattgefunden.

Das Ergebnis der Länderumfrage stellt sich wie folgt dar:

- Das Innenministerium *Baden-Württemberg* bat um Verständnis, dass konkrete Angaben zu Wohnraumüberwachungsmaßnahmen auf polizeirechtlicher Grundlage nur gegenüber dem Landtag (Gremium nach Art. 10 GG) in vertraulicher Sitzung gemacht würden, teilte aber dennoch mit, dass seit Bestehen der polizeirechtlichen Norm sich diese Maßnahmen jährlich nur im geringen einstelligen Bereich beliefen.

---

[137] Vgl. BENFER, NVwZ 1999, 237; BRAUN, NVwZ 2000, 375; VAHLE, Kriminalistik 1998, 378 (381); zur grundlegenden Problematik (allerdings vor Einführung des § 100c Abs. 1 Nr. 3 StPO) vgl. BGH NStZ 1995, 601 (sog. „Blockhüttenfall") mit Anmerkung von WELP; STAECHLIN, ZRP 1996, 430; BOCKEMÜHL, JA 1996, 695 m.w.N.; i.ü GUSY, StV 1993, 269. Kursorisch zu erwähnen wäre hier auch der „Horbener Fall", vgl. BGH III ZR 9/03; DER SPIEGEL 1/2004 S. 50 ff. Zu einem in den Medien berichtetem Fall, welcher prima facie eine „Umgehung" über § 35 Abs. 5 NGefAG nahelegt (Abhörung in einer Anwaltskanzlei), vgl. LG Oldenburg 7 Qs 31/03 (wiedergegeben bei www.strafverteidiger-vnbs.de, Stellungnahme vom 6. Juni 2003).

[138] Bis ca. 1996 vgl. BT-Drs. 13/4942 S. 39 ff.; zum Ganzen auch ZIMMERMANN (2001), 326.

- *Bayern* gab an, dass seit Einführung der Berichtspflicht gemäß Art. 34 Abs. 6 des Bayrischen Polizeiaufgabengesetzes dem Bayrischen Landtag für das Jahr 1998 zwei Fälle, für das Jahr 2000 zwei Fälle und für das Jahr 2002 drei Fälle der präventiven Wohnraumüberwachung gemeldet wurden. In den Jahren 1999 und 2001 seien in Bayern keine solchen Maßnahmen angefallen. Bei den Maßnahmen der Jahre 1998 und 2000 erfolgte keine Verwendung der Daten im Sinne von § 100f Abs. 2 StPO, für das Jahr 2002 war eine entsprechende Feststellung nicht möglich.

- Aus *Berlin* wurde mitgeteilt, dass im Jahre 1998 eine und im Jahre 2001 zwei Wohnraumüberwachungen auf präventivpolizeilicher Grundlage stattfanden. Sie wurden teilweise in Amtshilfe für die Behörden anderer Länder durchgeführt. Den Anlass bildete in einem Fall die Abwehr einer Lebensgefahr, des weiteren die vorbeugende Bekämpfung eines Staatsschutzdeliktes und die Vorbereitung eines Sprengstoffverbrechens. Nur in einem dieser Fälle erfolgte eine Verwendung in einem Strafverfahren gemäß § 100f Abs. 2 StPO.

- *Brandenburg* berichtete von zwei Fällen des Einsatzes von akustischer und optischer Überwachungstechnik in Wohnräumen (1999 und 2001). In einem dieser Fälle erfolgte die Verwendung auf dem Hintergrund rechtsextremer Straftaten in einem Strafverfahren nach § 129 StGB. Der andere Fall betraf den Verdacht in organisierter Form begangener Verstöße gegen das Waffengesetz und Kriegswaffenkontrollgesetz; ob eine Verwendung nach § 100f Abs. 2 StPO erfolgte, war nicht feststellbar.

- Im Land *Bremen* wurden keine Maßnahmen der akustischen Wohnraumüberwachung auf polizeirechtlicher Grundlage durchgeführt.

- In *Hamburg* fand lediglich im Jahre 2002 eine akustische Wohnraumüberwachung auf polizeirechtlicher Grundlage statt, welche sodann im Rahmen eines Strafverfahrens fortgeführt wurde.

- *Hessen* teilte mit, dass dort seit 1998 keine präventivpolizeilichen Maßnahmen (§ 15 Abs. 4 und Abs. 6 Satz 4 HSOG) durchgeführt wurden.

Allgemeine Datenlage

- Auch *Mecklenburg-Vorpommern* gab an, dass seit Einführung einer entsprechenden Berichtspflicht gegenüber dem Landtag (§ 34 Abs. 7 SOG M-V) im Jahren 1998 kein Einsatz technischer Mittel zur Erhebung personenbezogener Daten auf präventivpolizeilicher Grundlage erfolgte.

- *Niedersachsen* berichtet von insgesamt drei Fällen präventiver Wohnraumüberwachungen (1998 zwei Verfahren, 2003 ein Verfahren).

- In *Nordrhein-Westfalen* wurde lediglich im Jahre 2003 eine gefahrenabwehrrechtliche Maßnahme durchgeführt.

- In *Rheinland-Pfalz* wurden seit 1998 lediglich in den Jahren 2000 eine Maßnahme und 2001 zwei Maßnahmen durchgeführt. Eine Verwendung von Erkenntnissen gemäß § 100f Abs. 2 StPO erfolgte in keinem dieser Fälle.

- Das *Saarland* teilte mit, dass dort seit 1998 keine akustischen Wohnraumüberwachungsmaßnahmen auf präventivpolizeilicher Grundlage durchgeführt wurden.

- Auch aus *Sachsen* wurde mitgeteilt, dass seit 1998 keine akustischen Wohnraumüberwachungsmaßnahmen durchgeführt wurden.

- *Sachsen-Anhalt* gab an, dass Mitteilungen zu akustischen Wohnraumüberwachungsmaßnahmen auf polizeirechtlicher Grundlage ausschließlich gegenüber dem Landtag erfolgten und dort in vertraulicher Sitzung im Innenausschuss erörtert würden; mithin könnten keine Angaben gemacht werden.

- Laut dortiger Mitteilung hat es in *Schleswig-Holstein* seit Einführung der Berichtspflicht durch das Landesanpassungsgesetz zu Art. 13 GG im Jahre 1999 keine Maßnahmen der verdeckten technischen Wohnraumüberwachung (§ 185 Abs. 3 LVwG) gegeben. Auch für das Jahr 1998 lägen keine entsprechenden Kenntnisse vor.

- *Thüringen* berichtet von einer seit 1998 durchgeführten präventiven Wohnraumüberwachungsmaßnahme, die allerdings ausschließlich dem Schutz der bei dem polizeilichen Einsatz beteiligten Personen diente. Die dabei aufgezeichneten Daten wurden in keinem Strafverfahren gemäß § 100f Abs. 2 StPO verwendet.

Auf dem Hintergrund dieser Datenlage wäre die Möglichkeit etwaiger Umgehungstendenzen somit allenfalls auf Einzelfälle beschränkt.

Die Thematik wurde auch in Expertengesprächen mit der Polizeipraxis erörtert[139].

E. Methode und Durchführung der Untersuchung

Durch die nach Art. 13 Abs. 6 GG vorliegenden Zahlen sind bereits Grunddaten über die Anwendung und insbesondere die Anwendungshäufigkeit der akustischen Wohnraumüberwachung bekannt. Gegenstand der Studie ist eine einzelfallorientierte Aufarbeitung, welche genauere Aussagen zur Rechtswirklichkeit und Effizienz der akustischen Wohnraumüberwachung im Strafverfahren ermöglichen soll.

I. Methodische Hinführung

Aufgrund der insgesamt geringen Fallzahlen[140] bot sich die Möglichkeit einer Vollerhebung im Wege einer Aktenanalyse bezüglich aller Strafverfahren, in denen die Maßnahme seit ihrer Einführung im Jahre 1998 zum Einsatz kam und somit den Berichten nach Art. 13 Abs. 6 GG. zugrunde liegt. Dabei wurden dann zusätzlich auch diejenigen Fälle berücksichtigt, in denen eine Wohnraumüberwachungsmaßnahme bei der jeweils zuständigen Staatsschutzkammer zwar beantragt, aber nicht angeordnet wurde bzw. in denen sie zwar angeordnet, aber faktisch nicht umgesetzt und durchgeführt wurde. Damit sollen auch Erkenntnisse zum Scheitern von Wohnraumüberwachungsmaßnahmen erfasst werden.

Die Arbeit mit der Aktenanalyse als primärer Datenquelle bringt methodische Probleme mit sich[141], die auch vorliegend eine Rolle spielten. Strafverfahrensakten stellen eine selektive Realität eigener Art dar[142], und aus ihnen lässt sich naturgemäß nur das entnehmen, was auch in ihnen festgehalten ist. Der Inhalt der Akten richtet sich dabei nach ihrem Zweck und ihrer Bestimmung, welcher regelmäßig in der Durchführung eines Strafverfahrens gegen einen oder mehrere Beschuldigte und der Legitimation der diesbezüglichen Entscheidungen besteht. Dies bedeutet

---

[139] Vgl. im Zweiten Teil B./II./1.3
[140] S.o. D./II.
[141] Zur Aktenanalyse aus methodologischer Sicht vgl. KÜRZINGER (1996), 52 ff.; HERMANN (1988), 863 ff.; DÖLLING (1984), 266 ff; STEFFEN (1977), 89 ff.
[142] STEFFEN (1977), 90 f.; DÖLLING (1984), 270.

zugleich, dass in ihnen andere, hierfür nicht unmittelbar relevante Informationen, welche aber gleichzeitig für den vorliegenden Untersuchungsgegenstand von Bedeutung sind, allenfalls sporadisch enthalten sind. Dies betrifft vorliegend beispielsweise Angaben zu ebenfalls mit der Überwachung in Berührung gekommene Personen, die aber eben nicht Beschuldigte des Verfahrens sind. Ebenso finden vor allem im Falle der Nicht-Relevanz der Maßnahme für das weitere Strafverfahren hiermit im Zusammenhang stehende Sachverhalte in der Akte oftmals keinen Niederschlag. Gleiches gilt für die Verwendung eventueller Erkenntnisse außerhalb des vorliegenden Strafverfahrens, wobei diese freilich davon abhängt, ob die Maßnahme überhaupt Erkenntnisse erbracht hat. Für die Untersuchung des Verfahrens- und äußerlichen Entscheidungsablaufes ist die Auswertung der Strafverfahrensakten dennoch das erste Mittel der Wahl, da nur diese hierüber einen gesamten Überblick geben können. Und da es gerade auch um die Untersuchung der selektiven Aktenrealität geht, welche aber die Grundlage der Überprüfbarkeit des Handelns der am Verfahren beteiligten Instanzen darstellt, liegt hierin jedenfalls diesbezüglich kein methodischer Nachteil. Aus den Akten konnte vor allem der Verfahrensgegenstand, die zu dessen Ermittlung eingesetzten Ermittlungsinstrumente in ihrem zeitlich-situativen Kontext mit ihrem jeweiligen Erkenntniswert sowie der schriftliche Beantragungs- und Anordnungsvorgang hinsichtlich der Wohnraumüberwachungsmaßnahme entnommen werden. Gleichzeitig konnte nachvollzogen werden, welche durch die akustische Wohnraumüberwachung gewonnenen Informationen in welcher Form in den Verfahrensakten aktenkundig wurden. In Anklage, Hauptverhandlungsprotokollen und Urteilsbegründungen konnte – soweit vorhanden und ein Hauptverfahren durchgeführt wurde – überdies geprüft werden, welche Rolle die Maßnahme als Beweismittel im gerichtlichen Verfahren spielte. Im Hinblick auf die im Verfahren geführten Beschuldigten war neben deren Anzahl in aller Regel der Verfahrensausgang in Form von Einstellungsverfügungen, Anklagen und Verurteilungen oder Verfahrensabtrennungen dokumentiert. Ebenfalls ergaben sich – hypothetisch etwa im Zusammenhang mit der Maßnahme – eingelegte Rechtsmittel.

Gleichzeitig ist offensichtlich – und dieser Befund bestätigte sich im Verlauf der Studie –, dass die Aktenanalyse für die Rechtswirklichkeit der akustischen Wohnraumüberwachung nicht die einzige Erkenntnisquelle sein kann. Durch sie unbeantwortete Fragen betrafen etwa die aus Sicht der Entscheidungsträger für die Anordnungsentscheidung ausschlaggebenden Faktoren, insbesondere aber auch faktische Umsetzungsschwierigkeiten, die für die Evaluation der Effizienz der Überwachungsmaßnahme maßgeblich waren, zu denen sich den Akten aber kaum Angaben entnehmen ließen, obwohl deren Vorliegen offensichtlich war.

Insgesamt erschien somit eine ergänzende Erhebung in Form von Expertengesprächen mit Praktikern, die mit dem Einsatz der Maßnahme betraut und erfahren sind, geboten und zielführend. Mit ihnen konnten die entscheidenden Faktoren für den Einsatz und das Ergebnis der Maßnahme jenseits der Aktenrealität ermittelt werden. Überdies dienten sie auch dazu, durch die Aktenanalyse erhobene Befunde richtig beurteilen und in ihren Kausalbeziehungen einordnen zu können. Insoweit ging es darum, die sich bereits aus den geringen Fallzahlen ergebende singuläre Stellung der Wohnraumüberwachung im Instrumentarium der Ermittlungsmaßnahmen mit ihren spezifischen Problemen zu erfassen und so die Bedingungen für ihre Anwendung und Beweismitteltauglichkeit zu erklären. Schließlich sollte freilich auch der Umgang mit der in diesem Bereich besonderen Eingriffsintensität und der damit besonders kritischen rechtlichen Kontrolle exploriert werden.

Zur Beantwortung der skizzierten Fragestellungen waren daher Expertengespräche mit letztlich die Maßnahme durchführenden Polizeibeamten (hier insbesondere zur Ermittlung von Determinanten und Gründen für die faktische Erfolgstauglichkeit der Maßnahme sowie der mit ihr verbundenen faktischen Überwachungs- und Eingriffsintensität), mit ermittlungsführenden Staatsanwälten (hier insbesondere über Determinanten der Beantragung und rechtlichen Handhabung der Maßnahme) und mit der anordnenden richterlichen Instanz in Person der Vorsitzenden von Staatsschutzkammern (hier insbesondere zur Ermittlung von Determinanten der für die Anordnung erforderlichen richterlichen Bewertung und Kontrolle) durchzuführen.

Durch eine Unterteilung der Kapitel wird deutlich hervorgehoben, welche Erkenntnisse sich auf die Aktenanalyse und welche sich auf die Expertengespräche stützen.

II. Aktenanalyse

1. Konzeption

Basis und Ausgangspunkt der Untersuchung bildet die Auswertung der Verfahrensakten sämtlicher Strafverfahren der Jahre 1998 bis 2001, in denen eine nach § 100d Abs. 2 StPO zuständige Staatsschutzkammer im Zusammenhang mit der Beantragung einer Maßnahme der akustischen Wohnraumüberwachung nach § 100c Abs. 1 Nr. 3 StPO befasst war.

Die Beschränkung auf den Erhebungszeitraum bis 2001 ergab sich zum einen daraus, dass mit der Aktenzeichenerfassung Mitte des Jahres 2002 begonnen wurde und die Meldungen für dieses Jahr naturgemäß noch nicht flächendeckend vorlagen. Zum anderen waren Ausfälle wegen noch laufender Verfahren zu minimieren, da in diesem Fall regelmäßig Zwecke des Strafverfahrens einer Akteneinsicht zu Forschungszwecken entgegenstehen (§ 477 Abs. 1 StPO). Es zeigte sich, dass bereits für den davor liegenden Erhebungszeitraum eine nicht unbeträchtliche Anzahl von Verfahren noch nicht rechtskräftig abgeschlossen war und zum Teil deswegen nicht zur Akteneinsicht zur Verfügung stand. In diesen Fällen konnte jedoch regelmäßig dennoch eine Berücksichtigung zumindest anhand von im Auskunftswege erteilter Basisinformationen erfolgen[143].

Die Aktenanalyse umfasste zunächst sämtliche aufgrund der nach Art. 13 Abs. 6 GG, § 100e StPO vorliegenden Berichte der Jahre 1998 bis 2001[144] bekannten Verfahren. Deren Aktenzeichen wurden über die Landesjustizverwaltungen mitgeteilt, denen wiederum als oberster Justizbehörde die Mitteilungen der Staatsanwaltschaften nach § 100e StPO vorlagen.

Da die Berichtspflicht nach § 100e StPO sich jedoch nur auf tatsächlich durchgeführte Maßnahmen erstreckt, sind von ihr keine gerichtlichen Ablehnungen oder Fälle erfasst, in denen eine Maßnahme zwar angeordnet, aber nicht durchgeführt wurde[145]. Insofern konnten auf der Basis der § 100e StPO-Angaben weder eine gerichtliche Ablehnungsquote ermittelt noch systematische Erkenntnisse zum eventuellen Scheitern von Wohnraumüberwachungsmaßnahmen gewonnen werden. Bei den Landesjustizverwaltungen lagen entsprechende Erkenntnisse und Aktenzeichen ebenfalls nicht oder allenfalls sporadisch vor. Daher wurden sämtliche nach § 74a GVG zuständigen Staatsschutzkammern um einen Abgleich der nach § 100e StPO berichteten Aktenzeichen mit den bei ihnen im Zusammenhang mit § 100d Abs. 2 StPO angefallenen Vorgängen gebeten. In vier Bundesländern erfolgte die entsprechende Nachfrage ebenfalls über die Landesjustizverwaltung, im Übrigen wurden die Staatsschutzkammern in der Person ihres Vorsitzenden direkt kontaktiert.

Nicht systematisch erfasst werden konnten allerdings Verfahren, in denen eine Wohnraumüberwachung ggf. nur in Form einer informellen Voranfrage der Staatsanwaltschaft bei der Staatsschutzkammer eine Rolle gespielt hat. Da es hier gar nicht erst zur Stellung eines formell zu bescheidenden Antrages kam, haben über diese Fälle bei den Kammern regelmäßig auch keine Unterlagen vorgelegen. Eine Berücksichtigung dieser Problematik blieb somit den Expertengesprächen vorbehalten.

---

[143] Siehe hierzu genauer im Zweiten Teil A./I./4.
[144] BT-Drs. 14/2452 (1998), 14/3998 (1999), 14/6778 (2000) und 14/9860 (2001).
[145] Vgl. hierzu die Präzisierungen im Bericht der „Arbeitsgruppe des Strafrechtsausschusses der Konferenz der Justizministerinnen und -minister betreffend Statistiken und Berichte zum Einsatz technischer Mittel zum Abhören von Wohnungen und zur Telefonüberwachung" in BT-Drs. 14/8155, Anlage 4. – Dennoch enthalten die Berichte v.a. bis zum Berichtsjahr 2002 auch einige Maßnahmen, die tatsächlich nicht durchgeführt wurden, siehe bereits oben im Abschnitt D.

2. Erhebungsinstrument

Das für die Auswertung der Akten verwendete Erhebungsinstrument wurde nach einer ausführlichen Einarbeitung in den Erfahrungsstand des laufenden Forschungsprojektes zu Rechtswirklichkeit und Effizienz der Überwachung der Telekommunikation nach den §§ 100a, 100b StPO[146] erstellt und dessen relational-modulare Struktur übernommen[147]. Hierbei war zu berücksichtigen, dass pro Verfahren oftmals mehrere Beschuldigte gegeben waren, die jeweils in einem unterschiedlichen Verhältnis zu der im Zentrum der Untersuchung stehenden Überwachungsmaßnahme stehen konnten. Auch von dieser konnten jedoch möglicherweise ebenfalls mehrere in einem Verfahren vorhanden sein. Gleichzeitig war der Betroffenen- und Drittbetroffenen-Problematik Rechnung zu tragen, da dieser vom jeweiligen Strafverfahren unabhängige Personenkreis ebenfalls pro Maßnahme möglichst detailliert beziffert werden sollte. Der zu entwickelnde Fragebogen musste also gewährleisten, dass er die Verbindungen zwischen Verfahren, Wohnraumüberwachungsmaßnahme, Beschuldigten und Betroffenen entsprechend der Aktenrealität abbildete und später diese Beziehung auch wieder rekonstruiert werden konnte. Daher wurden die Informationen zu den Überwachungsmaßnahmen und Beschuldigten jeweils in einem eigenen Modul erfasst, das dann mit dem übergeordneten Verfahrensmodul verknüpft wurde. Dabei konnten sowohl mehrere Beschuldigte wie auch mehrere Maßnahmen einem Verfahren zugeordnet werden. Analog wurde mit Betroffenen und Drittbetroffenen der Überwachungsmaßnahme verfahren, wobei Betroffene entweder Beschuldigte des Verfahrens oder am Verfahren „unbeteiligte" Nicht-Beschuldigte (etwa deren Angehörige oder Mitbewohner) sein konnten. Die Angaben zu den Betroffenen konnten über eine indirekte Verknüpfung einzelnen Beschuldigten zugeordnet werden, so dass diese im Falle des Vorliegens dieser Verknüpfung als von der Maßnahme unmittelbar „betroffene Beschuldigte" identifiziert werden konnten bzw. umgekehrt die Betroffenen entsprechend als „beschuldigte Betroffene"[148]. Der Überwachungsmaßnahme war zudem ein Modul für eventuell mehrfache Verlängerungen zuzuordnen. Ebenso wurde an die Überwachungsmaßnahme ein Erfolgsmodul angegliedert um ggf. einzelne Erfolge der Maßnahme quantifizieren und spezifizieren zu können. Diesem Modul kam letztlich für die Auswertung eine weitaus geringere Bedeutung zu als anfänglich erwartet und dies für die Studie zur Telekommunikationsüberwachung der Fall war[149]. Hier erwies sich vorliegend der ergänzende eher qualitative Zugang der Fallzusammenfassung als hilfreich.

---

146 Dessen Abschlussgutachten im Mai 2003 vorgelegt wurde: ALBRECHT/DORSCH/KRÜPE (2003).
147 Vgl. ALBRECHT/DORSCH/KRÜPE (2003), 134.
148 Zur Definitionsproblematik vergleiche ausführlich im Zweiten Teil A./IV.
149 Siehe ausführlicher unten im Zweiten Teil H./I./1.1.

Die Struktur des Erhebungsinstrumentes für die Aktenanalyse ist in *Abbildung 9* nochmals mit ihren Verknüpfungen übersichtlich dargestellt.

Abbildung 9:   Konzeption des Erhebungsinstrumentes für die Aktenanalyse

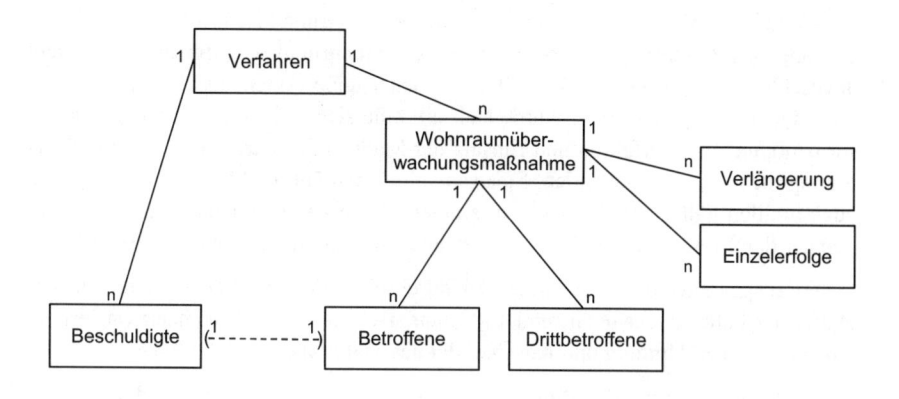

Die einzelnen Module und ihre Verknüpfungen wurden in Form einer relationalen Datenbank realisiert, in welche die erhobenen Daten bei der Aktenauswertung direkt eingegeben wurden.

Inhaltlich ist noch zu anzumerken, dass – um der aufgrund der Fallzahlen vorhersehbaren Einzelfallproblematik gerecht zu werden – großer Wert auf nichtstandardisierte Freitextvariablen gelegt wurde. Dies erhöhte den Auswerteaufwand zum Teil zwar beträchtlich, erschien dem Untersuchungsgegenstand jedoch angemessen.

Ebenso wurden zu jedem ausgewerteten Verfahren ausführliche anonymisierte Fallzusammenfassungen geschrieben und somit ergänzend eine eher qualitative Erhebungsmethode fruchtbar gemacht, um jederzeit auf den Einzelfall und seine Besonderheiten rekurrieren zu können. Von besonderem Nutzen waren dabei nochmals separat angefertigte Vermerke über das Ergebnis der jeweiligen Überwachungsmaßnahme, die hinterher in eine Ergebniskategorisierung gebracht werden konnten.

3.   Durchführung

Aufgrund der Ausgestaltung als Vollerhebung war Anspruch und Ziel der Untersuchung, wirklich alle Verfahren des Erhebungszeitraumes berücksichtigen zu können. Dies bedeutete – zumal im Falle noch nicht abgeschlossener Verfahren – zum Teil erheblichen Organisationsaufwand. In ca. 60 % der Fälle konnte eine Übersendung und somit Auswertung in den Räumlichkeiten des Institutes erfolgen, ein relativ großer Teil der Akten konnte allerdings nur vor Ort in den Räumen der jeweiligen Staatsanwaltschaft eingesehen werden. Neben der teilweise besonderen Sensibilität des Verfahrensgegenstandes waren der Grund hierfür oftmals der große Umfang des Aktenmaterials oder dessen Unentbehrlichkeit aufgrund noch nicht abgeschlossener Verfahren. In Fällen, in denen eine Akteneinsicht unter keinen Umständen erfolgen konnte, wurde sich um eine sich auf einige grundlegende Informationen zum Verfahren und Einsatz der Maßnahme erstreckende Auskunftserteilung des sachbearbeitenden Staatsanwaltes bemüht (§ 476 Abs. 2 StPO), die auch in allen Fällen erteilt wurde; in einigen Fällen konnten dann auch Ablichtungen der den Einsatz der Maßnahme relevanten Aktenteile übersandt werden[150].

Die ausgewerteten Akten umfassten durchschnittlich rund 1900 Seiten, in der Hälfte der Fälle immer noch rund 1400 Seiten[151], die Bearbeitungszeit variierte in Abhängigkeit zu Umfang und Komplexität des Materials.

Sämtliche Akten wurden durch den Autor der Studie eingesehen und ausgewertet. Der durch die Fallzahlen und den Einzelfallcharakter der Maßnahme pro Verfahren mögliche Verzicht auf Hilfskräfte hatte den Vorteil einer einheitlichen Bewertungs- und Erfahrungsgrundlage, welche in ihrer Bedeutung für die Datenauswertungsphase und das Führen der Expertengespräche nicht zu unterschätzen war. Die EDV-gestützte Datenauswertung erfolgte mit den Programmen Access und SPSS (Version 11.5).

4. Inhalt der Akteneinsicht

Inhaltlich umfasste die Akteneinsicht regelmäßig die gesamten bei der Staatsanwaltschaft geführten Verfahrensakten, wie sie im Falle der Anklageerhebung auch dem Gericht vorgelegt wurden (§ 199 Abs. 2 Satz 2 StPO). In einigen Fällen wurde allerdings von der Übersendung sämtlicher zum Teil ausgegliederter Täter- und Fallakten abgesehen.

Eine Sonderrolle nahmen nach § 101 Abs. 4 StPO geführte Aktenbestandteile ein; an ihnen bestand für das Forschungsvorhaben natürlich ein vitales Interesse

---

150 Zur genauen Aufschlüsselung der Akteneinsicht s.u. Zweiter Teil A./I./4.. Lediglich die Behörde des Generalbundesanwaltes sah sich aufgrund der Sensibilität eines noch laufenden Verfahrens des Erhebungszeitraumes zu einer detaillierten Auskunftserteilung nicht in der Lage.
151 In einigen Fällen lagen aufgrund beschränkter Akteneinsicht (genauer s.u. Zweiter Teil A./I./4.) nur Aktenauszüge vor, in anderen Fällen umfasste das vollständige Material durchaus mehrere Umzugskartons.

(vgl. § 477 Abs. 2 Satz 2 und 3 StPO). Sie mussten zum Teil gesondert an- oder nachgefordert werden, waren teilweise aber auch bereits vernichtet (§§ 100d Abs. 4 Satz 3, 100b Abs. 6 StPO).

Von der Einsicht ausgenommen waren regelmäßig die Handakten der Staatsanwaltschaft. In ihnen befanden sich allerdings oftmals die Berichtsvorgänge nach § 100e StPO. Eine Evaluation der Berichtspflicht konnte somit nach Aktenlage nicht systematisch erfolgen.

Gleichzeitig bedeutet dies, dass den vorliegenden Verfahrensakten nicht entnehmbare Informationen nicht durch im Rahmen von § 100e StPO vorliegende Erkenntnisse substituiert wurden. Da beispielsweise die Kosten in den Verfahrensakten in der Regel nicht speziell als solche der Überwachungsmaßnahme ausgewiesen sind, konnte den Akten diesbezüglich auch nichts entnommen werden. Als gravierenderes Beispiel mag die Anzahl der nicht beschuldigten von der Maßnahme betroffenen Personen oder die tatsächliche Abhördauer genannt werden: Ließ sich diese aus der Verfahrensakte nicht entnehmen, wurde hier zur Erlangung einer Angabe nicht auf die Mitteilungen nach § 100e StPO zurückgegriffen. Die Analyse der Akten wurde somit unter Nichtberücksichtigung ggf. nach § 100e StPO vorliegender Erkenntnisse vorgenommen. Dies auch, um bei einer Gegenüberstellung von Ergebnissen nicht zu Zirkelschlüssen zu gelangen. Wo § 100e StPO-Erkenntnisse für den Prozess der Aktenanalyse dennoch eine Rolle spielten, wird dies ausdrücklich erwähnt.

III. Expertengespräche

1. Konzeption

Die Expertengespräche dienten der Validierung und Erweiterung der Erkenntnisse aus der Aktenanalyse. Das Anliegen bestand einerseits darin, aus der Aktenanalyse primär nicht beantwortbare Fragestellungen zu evaluieren und hier nicht auf ggf. spekulative Rückschlüsse angewiesen zu sein. Zum anderen sollten aber auch Einschätzungen und Erfahrungen der Praxis im Umgang mit der Ermittlungsmaßnahme erfragt werden. Es galt vor allem, die jenseits der Aktenrealität stattfindenden faktischen Abläufe auszuleuchten, die die Anwendung der Maßnahme determinieren und für die Intensität des Grundrechtseingriffes mitbestimmend sind.

Auf dem Hintergrund der ersten Erkenntnisse aus der Aktenanalyse wurde ein als Interviewleitfaden dienender Fragenkatalog erstellt. In diesen flossen sodann auch Fragestellungen ein, wie sie in der Verhandlung vor dem Bundesverfassungsgericht am 1. Juli 2003 zur Sprache kamen. Dieser Interviewleitfaden umfasste folgende Themenbereiche:

- Tätigkeitsprofil und maßnahmenbezogener Erfahrungshorizont des Gesprächspartners
- Die Maßnahme als solche (Einsatzbereiche, Typizitäten, OK-Bezug, Erfolgstauglichkeit)
- Probleme mit der Maßnahme (rechtlich und faktisch)
- Anregung/Antragsbearbeitung und Subsidiarität
- Durchführungsfragen
- Rolle und Schutz der Zeugnisverweigerungsrechte
- Überwachungsintensität
- Benachrichtigung, richterliche Kontrolle und nachträglicher Rechtsschutz
- Verbesserungsbedürfnis („Wunschzettel" aus der jeweiligen beruflichen Perspektive)

Insgesamt waren die Gespräche aber als offene Expertengespräche konzipiert, wonach ein freier Gesprächsverlauf je nach Expertise und Erfahrungshorizont des Gesprächspartners intendiert und sachgerecht war, zumal diese insbesondere im polizeilichen Bereich zum Teil sehr verschiedene Arbeitsbereiche repräsentierten.

2. Auswahl der Gesprächspartner

Aufgrund der geringen Fallzahlen und somit dem zwangsläufig im Vergleich etwa zu der Telefonüberwachung nicht in gleicher Breite vorhandenen Erfahrungswissen ergab sich, dass der Kreis möglicher Interviewpartner eingeschränkt war. In Betracht kamen lediglich Personen, die auch tatsächlich Erfahrung mit einer durchgeführten Überwachungsmaßnahme haben bzw. am Prozess ihrer Umsetzung beteiligt waren. Hierbei war zu berücksichtigen, dass sich die Erfahrungen oftmals je nach Arbeitsfeld auf Einzelfälle oder gar die Durchführung lediglich einer Maßnahme beschränkten.

Zu den Staatsanwaltschaften bestand regelmäßig schon im Rahmen der Aktenauswertungen zum Teil intensiver Kontakt. Anlässlich verschiedener Aufenthalte zu Akteneinsichtszwecken konnten somit bereits im frühen Stadium der Untersuchung immer wieder Gespräche geführt werden. Ausführliche Gespräche mit zum Teil mehreren Dezernenten, welche Verfahren bearbeiteten, in denen es zum Einsatz einer akustischen Wohnraumüberwachung kam, als auch mit Abteilungsleitern fanden bei rund zwölf Staatsanwaltschaften statt. Informatorische Rücksprachen gab es in weitaus größerem Umfang.

Unter den Staatsschutzkammervorsitzenden, welche zwecks des erbetenen Aktenzeichenabgleiches bereits ebenfalls für das Forschungsvorhaben kontaktiert waren, wurden für ein vertiefendes Gespräch alle diejenigen ausgewählt, in deren Zuständigkeitsbereich zum Zeitpunkt der Kontaktierung mindestens sechs Verfahren mit Wohnraumüberwachungsanordnungsentscheidungen anhängig waren. Dies waren acht Kammervorsitzende. Zwei davon wurden im Zeitraum der laufenden Studie pensioniert, waren aber für ein Gespräch auch aus dem Ruhestand heraus bereit; ein dritter konnte aufgrund seines Eintritts in den Ruhestand nicht mehr einbezogen werden. Dafür wurde ein Gespräch mit zwei weiteren Kammervorsitzenden geführt, in deren Zuständigkeitsbereich bislang weniger als sechs Überwachungsanträge anhängig waren. Insgesamt waren somit neun Staatsschutzkammervorsitzende in die Expertengespräche einbezogen.

Für den Polizeibereich war zu beachten, dass Erfahrungen mit Wohnraumüberwachungen auf verschiedenen Ebenen vorhanden sind: da die unmittelbare technische Umsetzung der Maßnahmen in der Hand von entsprechenden Spezialeinheiten (MEK's) liegt, waren in diesem Bereich verantwortliche Beamte genauso Ansprechpartner wie Beamte auf sachbearbeitender Ebene. Bei letzteren war zudem wichtig, Ansprechpartner aus den verschiedenen kriminalistischen Arbeitsbereichen zu haben: gemäß der Katalogtatverteilung waren hier einerseits mit dem Einsatz der Maßnahme im Rahmen von BtM-Ermittlungen (i.d.R. bei OK-Kommissariaten), andererseits im Rahmen von Ermittlungen wegen Tötungsverbrechen erfahrene Beamten gefragt. Gespräche wurden zudem auch mit Beamten aus dem Bereich der Korruptions- und Wirtschaftskriminalitätsbekämpfung, des Staatsschutzes und der Zielfahndung geführt. Die Gesprächspartner wurden entweder direkt über die Landesinnenverwaltungen benannt oder mit deren Einverständnis ein Kontakt über die Staatsanwaltschaften hergestellt. Orientiert am Fallaufkommen waren an den Expertengesprächen die Länderpolizeien von Baden-Württemberg, Bayern, Berlin, Hessen, Niedersachsen und Nordrhein-Westfalen sowie das Bundeskriminalamt beteiligt. Insgesamt waren in die Gespräche – zum Teil ebenfalls in Form von Gesprächsrunden mit mehreren Teilnehmern – rund dreißig Polizeibeamte verschiedener Aufgabenbereiche einbezogen.

3. Durchführung

Die Gespräche wurden im Polizeibereich durchweg persönlich in den jeweiligen Dienststellen, bei Staatsanwälten und Kammervorsitzenden in Einzelfällen auch telefonisch unter Anfertigung handschriftlicher Stichpunkte geführt.

Zweiter Teil

Die Ergebnisse der rechtstatsächlichen Untersuchung

A. Grundgesamtheiten und Definitionskriterien aus der Aktenvollerhebung

Einleitend zum rechtstatsächlichen Teil, in dem die Befunde der Aktenanalyse und der Expertengespräche erörtert werden sollen, sind die anhand der relationalen Struktur des Erhebungsinstrumentes aus der Aktenerhebung gewonnenen Grundgesamtheiten als Bezugsgrößen und mit ihnen verbundene Definitions- und Zuordnungsschwierigkeiten darzustellen.

I. Verfahren

1. Die nach § 100e StPO bekannten Verfahren

Die nach Art. 13 Abs. 6 GG vorliegenden Berichte der Jahre 1998 bis 2001[152] umfassen einschließlich der aktualisierten Tabellen der Folgejahre[153] insg. 88 Verfahren mit Wohnraumüberwachungsmaßnahmen nach § 100c Abs. 1 Nr. 3 StPO. Die Aktenzeichen dieser Verfahren wurden durch die Landesjustizverwaltungen mitgeteilt. Überdies wurde in einem Bundesland für den Erhebungszeitraum ein weiteres Verfahren angegeben, welches – wie sich später herausstellte – jedoch erst im Bericht für 2002[154] enthalten ist, da sich der Abhörzeitraum über die Jahresgrenze erstreckte.

Insgesamt wurden auf der Basis von Art. 13 Abs. 6 GG, § 100e StPO somit 89 Verfahren für die Aktenanalyse berücksichtigt.

---

[152] BT-Drs. 14/2452 (1998), 14/3998 (!999), 14/6778 (2000) und 14/9860 (2001).

[153] So wurden von Hessen und Sachsen-Anhalt für das Jahr 1998 in der BT-Drs. 14/3998, von Nordrhein-Westfalen für das Jahr 1999 in der BT-Drs. 14/6778 und von Hamburg für das Jahr 2000 in der BT-Drs. 15/1504 jeweils ein Verfahren nachgemeldet. Überdies wurden in anderen Fällen z.T. einige Angaben korrigiert.

[154] BT-Drs. 15/1504.

2. Zusätzlich zu § 100e StPO bekanntgewordene Verfahren

Bereits durch die Landesjustizverwaltungen wurden einige Verfahren bekannt, die in die veröffentlichten Berichte nach Art. 13 Abs. 6 GG nicht aufgenommen wurden, da es trotz entsprechender gerichtlicher Anordnung zu keiner tatsächlichen Abhörung und somit zu keiner Umsetzung der Maßnahme nach § 100c Abs. 1 Nr. 3 StPO kam.

Weitere Verfahren wurden aufgrund der Nachfragen bei den für die Anordnung in den jeweiligen OLG-Bezirken zuständigen Staatsschutzkammern ermittelt. Das insoweit maßgebliche Kriterium für die Berücksichtigung im Erhebungszeitraum 1998 bis 2001 war das Datum des Beschlusses. Ziel dieser Nachfrage war, auch Wohnraumüberwachungsmaßnahmen berücksichtigen zu können, deren Anordnung entweder gerichtlich abgelehnt wurde oder die aus anderen Gründen nicht in das Stadium der Durchführung gelangten. Von den Staatschutzkammern wurden zum Teil zahlreiche weitere Aktenzeichen von Verfahren genannt, mit denen sie im Rahmen von § 100d Abs. 2 StPO befasst waren. Ein Abgleich mit den nach § 100e StPO vorliegenden Aktenzeichen war letztlich erst mit Vorlage der Akten zur Auswertung möglich, da mehrfach dieselben Verfahren unter wechselnden Aktenzeichen registriert waren. Hier wurden in vielen Fällen Doppelungen festgestellt. Gleichzeitig wurde durch diesen Abgleich aber auch eine Überprüfung der nach § 100e StPO vorliegenden Angaben und somit eine Kontrolle der staatsanwaltlichen Berichtspraxis ermöglicht[155].

Insgesamt konnten schließlich zusätzlich zu den nach § 100e StPO bekannten Verfahren 30 weitere Verfahren festgestellt und in die Aktenanalyse einbezogen werden.

Die Grundgesamtheit der Aktenanalyse besteht somit aus insgesamt 119 Verfahren. Diese verteilen sich, unterschieden nach der Art ihres Bekanntwerdens und nach Bundesländern aufgeschlüsselt, wie in *Abbildung 10* dargestellt:

---

[155] Siehe hierzu ausführlich unten Kapitel J.

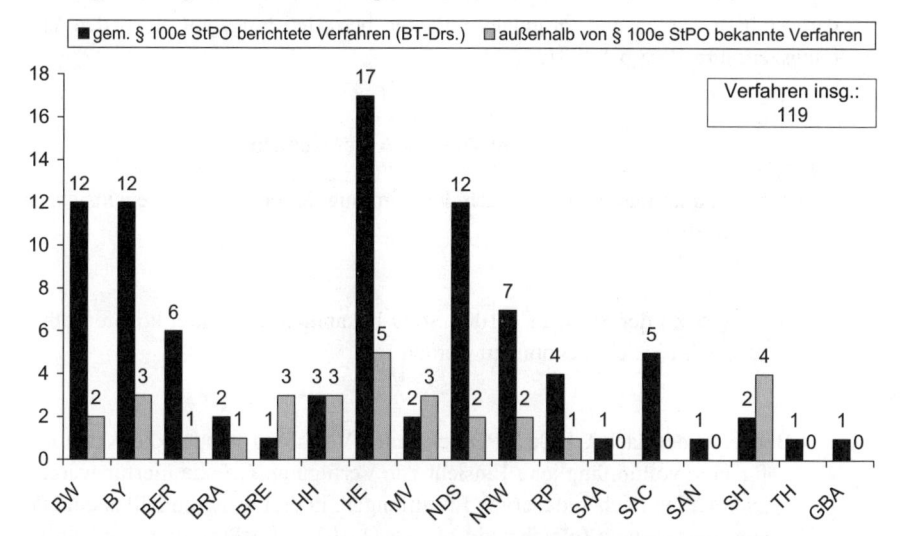

Grundgesamtheiten und Definitionskriterien aus der Aktenvollerhebung 51

Abbildung 10: Verfahren zusätzlich zu § 100e StPO 1998-2001

[Balkendiagramm: ■ gem. § 100e StPO berichtete Verfahren (BT-Drs.) ▫ außerhalb von § 100e StPO bekannte Verfahren; Verfahren insg.: 119]

Land	gem.	außerhalb
BW	12	2
BY	12	3
BER	6	1
BRA	2	1
BRE	1	2
HH	3	3
HE	3	5
MV	2	3
NDS	12	2
NRW	7	2
RP	4	1
SAA	1	0
SAC	5	0
SAN	1	2
SH	0	4
TH	1	0
GBA	1	0

Die zu den 89 nach § 100e StPO bekannten Verfahren hinzukommenden weiteren 30 Verfahren entsprechen, bezogen auf die Gesamtzahl der in der Aktenanalyse berücksichtigten 119 Verfahren, einer Quote von rund 25 %.

Es zeigt sich, dass in einigen Bundesländern zu den nach § 100e StPO bekannten Fällen noch einmal die gleiche Anzahl oder mehr nach § 100e StPO bislang nicht bekannter Verfahren hinzukommt, in anderen Bundesländern diese Quote aber nicht so stark ins Gewicht fällt.

3. Verfahren aus dem Erhebungszeitraum 2002

Überdies konnten zusätzlich elf Verfahren des Erhebungszeitraumes 2002 in die Aktenanalyse einbezogen werden (sowohl mit durchgeführten als auch mit nicht durchgeführten Wohnraumüberwachungsmaßnahmen). Diese wurden, soweit bekannt und wo ohne zusätzlichen Aufwand greifbar, zwecks zusätzlichem Erkenntnisgewinn ebenfalls mit ausgewertet. Die Erhebung kann hier freilich keine Repräsentativität für sich in Anspruch nehmen. Um die Einheitlichkeit des Erhebungszeitraumes und die Möglichkeit eines Vergleiches mit den nach § 100e StPO vorliegenden Angaben zu gewährleisten, wurden diese Verfahren für die folgenden Berechnungen und Auswertungen der Aktenanalyse nicht berücksichtigt, sondern fließen lediglich in den Erfahrungshorizont bei der Ergebnisinterpretation ein. Nur wo besondere Konstellationen vorliegen oder Einzelfälle gesondert betrachtet werden, wird in der Erörterung ggf. auch auf diese Verfahren Bezug genommen. Die dargestellten Zahlen und Grundgesamtheiten betreffen hingegen allein den Erhebungszeitraum 1998 bis 2001.

4. Umfang der Akteneinsicht

Die Verfahren müssen weiter nach dem Umfang der erfolgten Akteneinsicht untergliedert werden:

- In 76 (85 %) der 89 nach § 100e StPO bekannten Verfahren konnte vollumfänglich Einsicht genommen werden.

- Bei sechs der nach § 100e StPO bekannten Verfahren standen die Akten nicht für eine vollumfängliche Einsicht zur Verfügung. Gründe hierfür waren in zwei Fällen noch andauernde Ermittlungen, in drei weiteren Fällen eine Personengefährdung (gleichzeitig i.S. von § 101 S. 1 StPO), und in einem Fall stand das Steuergeheimnis nach § 30 AO einer Einsichtnahme entgegen. Bei den der Wohnraumüberwachungsanordnung zugrunde liegenden Katalogtaten handelte es sich in zwei Fällen um ein Tötungsdelikt, in zwei weiteren um Bestechung und in je einem weiteren Fall um Geldwäsche und Vorwürfe nach dem BtMG. In allen Fällen konnten die betreffenden Verfahren jedoch durch eine ersatzweise und zum Teil anonymisierte Auskunftserteilung durch den jeweils sachbearbeitenden Staatsanwalt oder die Zur-Verfügung-Stellung von Aktenauszügen hinsichtlich relevanter Informationen dennoch nahezu vollständig Berücksichtigung finden. Freilich konnten einige für weitergehende Berechnungen erforderliche Daten nicht gleichermaßen umfassend erhoben werden, so dass hier entsprechende Ausfälle hinzunehmen sind, hinsichtlich der maßgeblichen Verfahrensabläufe blieben jedoch keine Fragen offen.

- Weitere sechs der nach § 100e StPO bekannten Verfahren konnten jedoch nur anhand von Basisinformationen Berücksichtigung finden, die allerdings dennoch zumindest eine phänomenologische Einordnung und Zuordnung zu Fallgruppen ermöglichen. In vier Fällen handelte es sich um andauernde zum Teil bereits langjährige Ermittlungen hinsichtlich bislang nach wie vor ungeklärter Tötungsdelikte. Die beiden weiteren Verfahren, die ebenfalls wegen Tötungsdelikten geführt wurden, standen gerade am Beginn der Hauptverhandlung bzw. des Revisionsverfahrens. Hinsichtlich aller dieser Verfahren wurden jedoch o.g. Basisauskünfte erteilt, zum Teil konnten überdies die Anordnungsbeschlüsse der jeweiligen Wohnraumüberwachungsmaßnahmen zur Verfügung gestellt werden.

- Lediglich zu einem nach § 100e StPO bekannten und in der Zuständigkeit des Generalbundesanwaltes geführten Verfahren konnten im Rahmen der Aktenanalyse keinerlei Angaben berücksichtigt werden.

- In 27 der 30 außerhalb von § 100e StPO bekannten Verfahren konnte wiederum vollumfänglich Akteneinsicht genommen werden.

- Hinsichtlich drei der außerhalb von § 100e StPO bekannten Verfahren war die Akteneinsicht ebenfalls beschränkt bzw. nicht möglich. Hier handelte es sich in zwei Fällen wiederum um andauernde Ermittlungen eines nach wie vor ungeklärten Tötungsdeliktes, in einem Fall um eine laufende Hauptverhandlung eines großen BtM-Verfahrens. Zu allen drei Verfahren konnten jedoch Informationen im Auskunftswege eingeholt und die Verfahren in diesem Rahmen ebenfalls berücksichtigt werden.

Insgesamt standen somit 103 (87 %) der 119 Verfahren zu einer vollumfänglichen Akteneinsicht zur Verfügung, hinsichtlich der weiteren Verfahren war diese – allerdings in unterschiedlichen Graden – eingeschränkt, zum Teil war nur eine Auskunftserteilung möglich. Letztlich liegen jedoch bis auf das Verfahren des Generalbundesanwaltes zu allen Verfahren Informationen vor, die zumindest eine Einordnung hinsichtlich der wichtigen aus der Aktenanalyse zu gewinnenden Erkenntnisse (insbesondere Ergebnis der Überwachungsmaßnahme und phänomenologischer Hintergrund) ermöglichen.

5. Verfahren ohne Wohnraumüberwachungsmaßnahmen

In zwei von einer Staatsschutzkammer mitgeteilten Verfahren konnten bei der Auswertung keinerlei Hinweise auf eine Wohnraumüberwachungsmaßnahme gefunden werden.

In einem dieser Fälle war von der Staatsschutzkammer angemerkt worden, dass ihre Zuständigkeit nicht gegeben war; in den Akten ist jedoch nicht einmal eine Kontaktierung derselben dokumentiert. Im Ermittlungsverfahren konnten lediglich Zeugen- und Augenscheinsbeweise festgestellt werden. Es handelte sich um ein Verfahren wegen Raub bzw. Erpressung unter Anwendung einer Schusswaffe und massiver Gewalt sowie einem Schaden von mehreren hunderttausend DM, welches zur Verurteilung zu einer siebenjährigen Freiheitsstrafe für den Haupttäter führte. Nach der Verurteilung werden allerdings umfangreiche Fahndungsmaßnahmen erforderlich, im Rahmen derselben es zur Beantragung technischer Mittel und deren Anordnung im Beschwerdewege durch das LG (allerdings nicht der Staatsschutzkammer) kommt. In diesem Zusammenhang wäre eine versehentliche Kontaktierung der Staatsschutzkammer denkbar, was aber nicht abschließend geklärt werden konnte.

Bei dem zweiten Fall handelte es sich um ein BtM-Verfahren im Zusammenhang mit der Sicherstellung von 2,5 kg Heroin im Ausland. VP-Hinweise, Hinweise ausländischer Zollbehörden und die Überwachung von 14 Telefonanschlüssen ergeben im weiteren Verfahrensverlauf den Verdacht der geplanten Einfuhr von 80 kg Heroin und die Durchfuhr von weiteren 30 kg. Es finden sich Bezüge und Verknüpfungen zu einer Vielzahl anderer Ermittlungsverfahren bei verschiedenen Staatsanwaltschaften. Laut Einstellungsvermerk konnten jedoch keine konkreten BtM-Straftaten ermittelt werden. Die Erwägung einer Wohnraumüberwachungsmaßnahme erscheint angesichts des phänomenologischen Hintergrundes des Verfahrens zwar denkbar, findet aber jedenfalls keinen aktenmäßigen Niederschlag. Es liegt hier der Schluss auf eine informelle Erledigungsstruktur (Vorabanfrage der Staatsanwaltschaft bei der Kammer, dortige Signalisierung einer Zurückweisung im Falle einer Antragsstellung) nahe[156].

Diese beiden Verfahren werden im Verlauf der weiteren Darstellung nicht mehr weiter mit berücksichtigt.

6. Verteilung der Katalogtaten über die Verfahren

Betrachtet man die Verteilung der in den Anträgen und Anordnungen genannten Katalogtaten auf die Verfahren, so ergibt sich unter Berücksichtigung von Mehrfachnennungen das in *Abbildung 11* dargestellte Bild:

---

[156] Zu informellen Erledigungsstrukturen s.u. B./II./1.

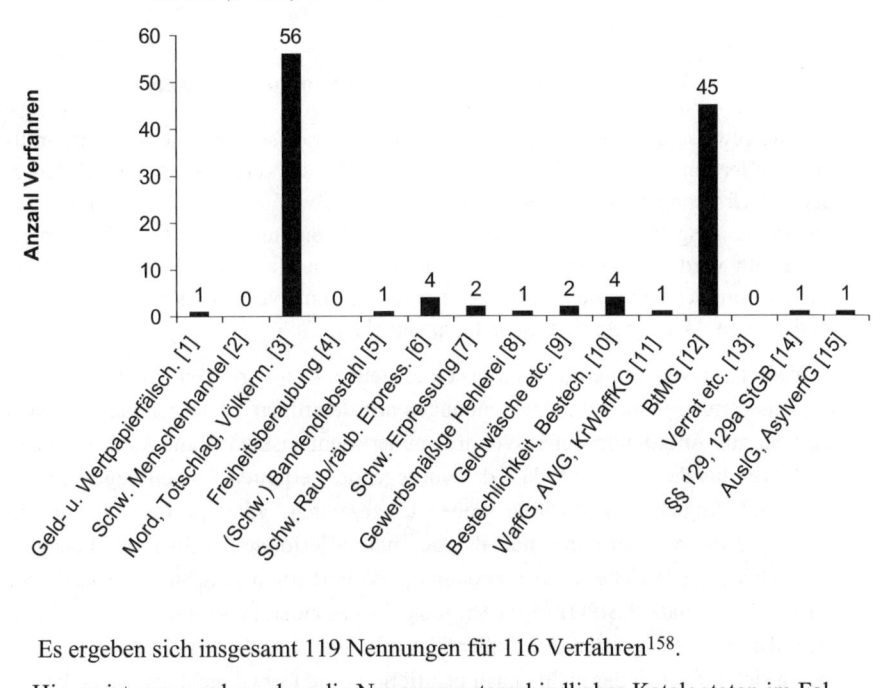

Abbildung 11: Verteilung der Katalogtaten (Mehrfachnennungen) über die Verfahren – absolut (n=116)[157]

[Balkendiagramm: Anzahl Verfahren nach Katalogtaten:
- Geld- u. Wertpapierfälsch. [1]: 1
- Schw. Menschenhandel [2]: 0
- Mord, Totschlag, Völkerm. [3]: 56
- Freiheitsberaubung [4]: 0
- (Schw.) Bandendiebstahl [5]: 1
- Schw. Raub/räub. Erpress. [6]: 4
- Schw. Erpressung [7]: 2
- Gewerbsmäßige Hehlerei [8]: 1
- Geldwäsche etc. [9]: 2
- Bestechlichkeit, Bestech. [10]: 4
- WaffG, AWG, KrWaffKG [11]: 1
- BtMG [12]: 45
- Verrat etc. [13]: 0
- §§ 129, 129a StGB [14]: 1
- AuslG, AsylverfG [15]: 1]

Es ergeben sich insgesamt 119 Nennungen für 116 Verfahren[158].

Hierzu ist anzumerken, dass die Nennung unterschiedlicher Katalogtaten im Falle mehrerer Anordnungen in einem Verfahren nicht vorkam. In lediglich zwei Fällen stützte sich eine Anordnung aber auf mehrere Katalogtaten: dies war einmal eine Kombination aus Geld- und Wertpapierfälschung [1], gewerbsmäßiger Hehlerei [8] und BtM-Straftaten [12] und zum anderen eine Kombination von Raub [6] und Verstößen gegen das WaffG etc. [11].

In keinem Verfahren stützte sich somit eine Anordnung auf den schweren Menschenhandel [2], Straftaten gegen die persönliche Freiheit [4] und politische Straftaten (Friedens- und Hochverrat, Gefährdung des demokratischen Rechtsstaats etc) [13]. Bei Berücksichtigung der Mehrfachnennungen kommt auch die Geld- und Wertpapierfälschung [1], die gewerbsmäßige Hehlerei [8] und Straftaten nach dem Waffengesetz, Außenwirtschaftsgesetz und Kriegswaffenkontrollgesetz [11] nicht eigenständig, sondern nur im Zusammenhang mit anderen Katalogtaten vor.

---

[157] Die Ziffern in eckigen Klammern beziehen sich auf die auch in den Berichten nach Art. 13 Abs. 6 GG (BT-Drs.) verwandten Zuordnungsgruppen.

[158] Die zwei zuvor erwähnten Verfahren ohne festgestellte Wohnraumüberwachungsmaßnahme werden naturgemäß – ebenso wie das Verfahren des GBA, für das aus erster Hand keine Angaben vorliegen, s.o. – nicht berücksichtigt.

Sogleich auffallend ist das deutliche Vorherrschen von Tötungs- und BtM-Delikten.

7. Strukturermittlungs- und Sammelverfahren

Eine gewisse Sonderrolle in der Betrachtung müssen so genannte Strukturermittlungs- oder Sammelverfahren[159] einnehmen[160]. Diese Verfahren dienen oft lediglich als Ursprungsverfahren, aus dem dann Einzelverfahren gegen jeweilige Beschuldigte ausgetrennt werden, wohingegen das Sammelverfahren zuletzt meist eingestellt wird. Der Ausgang der Verfahren gegen die einzelnen Beschuldigten, die ursprünglich unter dem Aktenzeichen des Sammelverfahrens geführt wurden, ist dann den Akten mehrheitlich nicht zu entnehmen.

Weniger als die Sammelverfahren selber stellten sich vorliegend als Problem für die Auswertung jedoch die Austrennungen aus derartigen Verfahren dar, in denen es dann zur Anordnung einer Wohnraumüberwachungsmaßnahme kam. Es ergab sich zwar aus dem Kontext, dass das vorliegende Verfahren formell gegen nur einen Beschuldigten geführt wurde, wegen des gesamten Tatkomplexes jedoch gegen weitere in diesem Verfahren nur als „gesondert Verfolgte" bezeichnete Personen ermittelt wurde. Welche Rolle aber dann die Wohnraumüberwachung (formell über § 100d Abs. 5 Satz 2 StPO) in diesen jeweilig gesonderten Verfahren spielte, ließ sich aus der vorliegenden Akte allenfalls mittelbar erschließen. Diese Verfahren lassen sich hier auch gar nicht genau beziffern, da sie formal nicht als solche kenntlich waren[161]. Eine entsprechende Konstellation trat im BtM-Bereich durchaus häufig auf.

In diesen Fällen fehlten dann überdies eine präzise Einordnung erlaubende Informationen zu vorangegangenen Ermittlungen und durch sie offengelegter Strukturen. Als Extrembeispiel mag hier ein Verfahren dienen, welches auf der zweiten Aktenseite mit der Anregung einer Wohnraumüberwachungsmaßnahme begann und durch umfangreiche Ermittlungen, die unter einem „Generalaktenzeichen" gegen die genannten und vorliegend ausgetrennten Beschuldigten „u.a." geführt worden seien, begründet wurde.

---

[159] Vgl. Nr. 25 RiStBV.
[160] Vgl. ebenso ALBRECHT/DORSCH/KRÜPE (2003), 146.
[161] Eben dies ist – wie die Expertengespräche bestätigten – aktenführungstechnisch aus ermittlungstaktischen Gründen auch beabsichtigt.

Grundgesamtheiten und Definitionskriterien aus der Aktenvollerhebung 57

8. Verfahren gegen die gleichen Beschuldigten

In zumindest einem Fall wurden zwei getrennte Verfahren mit jeweils einer Wohnraumüberwachungsanordnung gegen die gleichen Beschuldigten geführt, wobei jedoch beide Sachverhalte nicht miteinander im Zusammenhang standen. Zum einen wurden Ermittlungen wegen eines familieninternen Tötungsdeliktes angestellt, zum anderen handelten die Beschuldigten im größeren Ausmaß mit BtM. Zwar flossen Erkenntnisse aus anderen Überwachungsmaßnahmen im BtM-Verfahren in das Tötungsverfahren ein, die Wohnraumüberwachung des einen Verfahrens spielte für das jeweils andere Verfahren jedoch keine Rolle.

In wenigen anderen Verfahren kann nicht ausgeschlossen werden, dass sie zum Teil gleiche Personen – wenn auch nicht in der Person des jeweils Hauptbeschuldigten – betroffen haben. Dies gilt insbesondere für drei Verfahren, die im Umfeld ein und desselben kriminellen Milieus durchgeführt wurden. Zwischen zwei dieser Verfahren fand in jedem Fall ein Erkenntnisaustausch auch mit Erkenntnissen aus der Wohraumüberwachungsmaßnahme statt.

Ein genauerer Abgleich war jedoch nicht möglich, da dies nur anhand der Personennamen der Fall gewesen wäre, die jedoch – u.a. auch aus datenschutzrechtlichen Gründen – nicht mit erhoben wurden.

9. Verfahren gegen Unbekannt

28 der 119 Verfahren wurden zunächst als UJs-Verfahren gegen Unbekannt geführt, 23 davon waren Ermittlungen wegen eines Tötungsdeliktes. In nahezu allen Fällen war zum Zeitpunkt der Beantragung der Wohnraumüberwachung aber ein Js-Aktenzeichen eingetragen worden, in einem Fall erfolgte die Eintragung auf den Namen eines Beschuldigten gleichzeitig mit dem Antrag auf Wohnraumüberwachung. In drei Fällen erging die Beantragung der Maßnahme jedoch unter einem UJs-Aktenzeichen. Hier diente die Maßnahme gerade der Ermittlung bzw. Namhaftmachung des Täters. Es handelte sich neben einem Tötungsdelikt mit einem Leichenfund um ein Verfahren wegen Bandendiebstahls und ein Verfahren wegen Raub/räuberischer Erpressung. In den beiden letzteren Verfahren wurde die Überwachung mit Einverständnis des geschädigten Wohnungsinhabers in dessen Räumlichkeiten durchgeführt, wobei es sich bei den Zielpersonen im Falle des Bandendiebstahls allerdings u.a. um der Tat verdächtige Arbeitnehmer zulasten des die Räumlichkeit zur Verfügung stellenden Arbeitgebers handelte.

II. Maßnahmen

1. Maßnahmen insgesamt

In den 116 Verfahren[162] konnten insgesamt 143 Wohnraumüberwachungsmaßnahmen festgestellt werden. Eine Reihe der Auswertungsschritte findet auf Basis dieser Grundgesamtheit statt, da Feststellungen auch hinsichtlich mehrerer Maßnahmen, die sich in einem Verfahren befinden, durchaus unterschiedlich ausfallen können. Um jedoch ggf. verfahrensspezifische Ausprägungen deutlich zu machen, wird allerdings auch auf dieser Betrachtungsebene immer wieder auf die übergeordnete Verfahrensebene rekurriert werden müssen.

Maßgeblich für die Zählung der Maßnahmen war auf unterster Ebene die polizeilich angeregte Überwachung nach Objekten. D.h. jedes Wohnraumobjekt, welches mittels Beschluss nach § 100c Abs. 1 Nr. 3 StPO überwacht werden sollte, wurde vorliegend als eine Maßnahme gezählt, auch wenn ggf. mehrere Objekte gleichzeitig in einer Beschlussanregung oder dem Anordnungsbeschluss genannt waren. Auf die Verfahren mit vollumfänglicher Akteneinsicht entfallen dabei 128 Maßnahmen. Geringe Unwägbarkeiten hinsichtlich der angeregten Anzahl der zu überwachenden Objekte sind daher in Verfahren denkbar, in denen die Anordnungsvorgänge nicht vollumfänglich zur Auswertung vorlagen.

Bereits an dieser Stelle ist auf Einordnungsprobleme hinzuweisen, die allerdings noch gesondert abgehandelt werden. Schwierigkeiten bereitet nämlich die Einordnung von Maßnahmen, in denen ein Einverständnis des Wohnungsinhabers mit der Abhörung vorliegt. In diesen Fällen ließ sich eine uneinheitliche Handhabung feststellen: einerseits wurden in einigen der ausgewerteten Fälle dennoch Beschlüsse nach § 100c Abs. 1 Nr. 3 StPO beantragt und erlassen, andererseits wurden Anträge mit der Begründung zurückgewiesen, dass diese Fälle nach § 100c Abs. 1 Nr. 2 StPO zu behandeln seien. Weitere Einordnungsschwierigkeiten birgt der auslegungsbedürftige und -fähige Wohnungsbegriff: In einigen Fällen kam es zu einem Antrag bei der Staatsschutzkammer nur deswegen, weil zwischen Ermittlungsrichter und Staatsanwaltschaft Streit über die Reichweite des Wohnungsbegriffes bestand. In zumindest einem Fall – in dem sich das Problem deswegen nicht durch den hilfsweisen Staatsschutzkammerantrag erledigte, weil es der Staatsanwaltschaft gerade auch auf eine nach § 100c Abs. 1 Nr. 3 StPO nicht zulässige, im Rahmen des § 100c Abs. 1 Nr. 2 StPO auf der Grundlage des § 100c Abs. 1 Nr. 1 StPO aber gleichzeitig mögliche optische Überwachung ankam – konnte nach Beschreitung des Beschwerdeweges die akustische Überwachung auf der Grundlage des § 100c Abs. 1 Nr. 2 StPO durchgeführt werden.

---

[162] Nicht mitgezählt sind erneut das Verfahren des GBA und die bereits gesondert erwähnten Verfahren, in denen keine Wohnraumüberwachung festgestellt werden konnte (s.o. I./4. und 5.), diese Verfahren bleiben für die weitere Auswertung unberücksichtigt.

Grundgesamtheiten und Definitionskriterien aus der Aktenvollerhebung   59

Grundlage für die Zählung der 143 Maßnahmen war daher nicht die Rechtsgrundlage ihrer letztlichen Durchführung, sondern die Anhängigkeit eines entsprechenden Antrages bei der Staatsschutzkammer.

2. Maßnahmen und Beschlüsse pro Verfahren

Betrachtet man die Anzahl der Maßnahmen pro Verfahren (vgl. folgende *Abbildung 12*), so zeigt sich deutlich, dass mit 97 von 116 in der weitaus größten Anzahl der Verfahren (84 %) lediglich eine Wohnraumüberwachungsmaßnahme vorliegt, mehrere Maßnahmen pro Verfahren mithin die Ausnahme bilden:

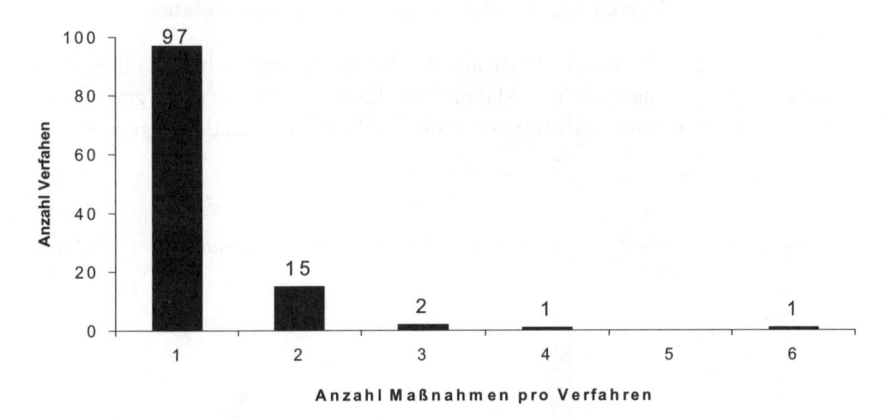

Abbildung 12: Anzahl der Maßnahmen pro Verfahren – absolut (n=116)

[Balkendiagramm: Anzahl Maßnahmen pro Verfahren – 1: 97; 2: 15; 3: 2; 4: 1; 5: –; 6: 1]

In 15 Verfahren (13 %) kommt es zu zwei Maßnahmen pro Verfahren, mehr als zwei Maßnahmen liegen nur in insgesamt vier Verfahren vor (3 %). (Bereits hier darf erwähnt werden, dass es in dem Verfahren mit sechs Maßnahmen zu keiner tatsächlichen Überwachung kam, da eine entsprechende Anordnung durch die Staatsschutzkammer abgelehnt wurde – es handelt sich hier also nur um staatsanwaltlich beantragte Maßnahmen.)

Von der Anzahl der Maßnahmen pro Verfahren ist die Anzahl der angeregten Anordnungsbeschlüsse zu unterscheiden, da in einem Beschluss durchaus mehrere Maßnahmen angeordnet werden können. In den insgesamt 19 Verfahren, in denen es zu mehr als nur einer Maßnahme, d.h. der Anregung der Überwachung von mehreren Objekten kommt, finden sich diese nämlich zumeist innerhalb eines einheitlichen diese mehreren Objekte benennenden Beantragungsvorganges und Anordnungsbeschlusses. In lediglich sechs der Verfahren mit mehreren Maßnahmen konnte mehr als ein Beschluss festgestellt werden; in keinem Verfahren kam es zu mehr als zwei Wohnraumüberwachungsanordnungsvorgängen (Verlängerungsbeschlüsse werden freilich gesondert betrachtet). In zwei dieser Verfahren handelte es sich zudem um zeitlich versetzte Anträge hinsichtlich desselben Objektes (in einem Fall zunächst um eine gerichtliche Ablehnung und spätere – sodann erfolgreich beschiedene – Neubeantragung und im zweiten Fall um bei der Erstanordnung vorliegende Installationsprobleme und nach deren Ausräumung ebenfalls nochmalige Neubeantragung).

Somit ist festzuhalten, dass es in lediglich vier Verfahren zu zwei unabhängigen Beantragungen von Überwachungsmaßnahmen verschiedener Objekte kommt.

3. Verteilung der Maßnahmen auf die Katalogtaten

Die Verteilung der Katalogtaten auf die Verfahren wurde bereits dargestellt. Auch bezogen auf die einzelnen Maßnahmen lässt sich dies in einer graphischen Übersicht zusammenfassen (Kombinationen sind hier nun gesondert angegeben):

Abbildung 13: Verteilung der einzelnen Maßnahmen auf die Katalogtaten – absolut (n=143)

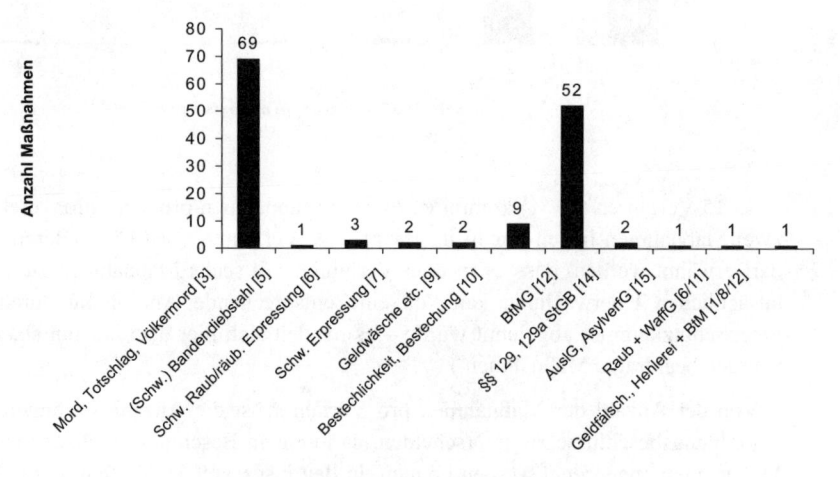

Eine gemeinsame Aufstellung mit den Katalogtaten der einzelnen Maßnahmen, aus der auch noch einmal die Anzahl der Maßnahmen pro Verfahren ersichtlich ist, ergibt demnach folgende prozentuale Verteilung:

Tabelle 6: *Verteilung der Maßnahmen und Verfahren auf die Katalogtaten – absolut und prozentual*

Katalogtat	Anzahl Maßnahmen	Prozent Maßnahmen	Anzahl Verfahren	Prozent Verfahren
Geld- u. Wertpapierfälschung [1]	0		0	
Schwerer Menschenhandel [2]	0		0	
Mord, Totschlag, Völkermord [3]	69	48,2 %	56	48,3 %
Freiheitsberaubung [4]	0		0	
(Schwerer) Bandendiebstahl [5]	1	0,7 %	1	0,9 %
Schwerer Raub/räub. Erpressung [6]	3	2,1 %	3	2,7 %
Schwere Erpressung [7]	2	1,4 %	2	1,8 %
Gewerbsmäßige Hehlerei [8]	0		0	
Geldwäsche etc. [9]	2	1,4 %	2	1,8 %
Bestechlichkeit, Bestechung [10]	9	6,3 %	4	3,6 %
WaffG, AWG, KriegsWaffKG [11]	0		0	
BtMG [12]	52	36,4 %	44	37,9 %
Verrat etc. [13]	0		0	
§§ 129, 129a StGB [14]	2	1,4 %	1	0,9 %
Verstoß AuslG, AsylverfG [15]	1	0,7 %	1	0,9 %
Kombination: Raub und WaffG [6/11]	1	0,7 %	1	0,9 %
Kombination: Geld- und Wertpapierfälschung, WaffG, BtMG [1/8/12]	1	0,7 %	1	0,9 %
Gesamt	143	100 %	116	100 %

In den o.g. 19 Verfahren (s.o. *Abbildung 12*), in denen jeweils mehr als eine Maßnahme vorliegt, handelt es sich vor allem um Mord/Totschlag [3] als zugrunde liegende Katalogtat (sechs Verfahren mit zwei Maßnahmen, zwei Verfahren mit drei Maßnahmen und ein Verfahren mit vier Maßnahmen) und Straftaten nach dem BtMG [12] (acht Verfahren mit je zwei Maßnahmen). Überdies finden sich in jeweils einem Verfahren noch mehrere Maßnahmen aufgrund Bestechlichkeit, Bestechung [10] (sechs Maßnahmen) und §§ 129, 129a StGB [14] (zwei Maßnahmen). Soweit sich mehrere Wohnraumüberwachungsmaßnahmen in einem Verfahren befinden, besteht, wie bereits angemerkt, hinsichtlich der zugrunde liegenden Katalogtaten durchweg Homogenität, Maßnahmen mit unterschiedlichen Katalogtaten treten in einem Verfahren nicht gemeinsam auf.

Für die weitere Auswertung erscheint es stellenweise sinnvoll, die einzelnen Katalogtaten nach zusammengefassten Gruppen zu betrachten, wobei neben den großen Gruppen Mord/Totschlag und BtM-Delikte die Straftaten gegen das Eigentum eine Gruppe bilden und die weiteren Fälle als Einzelfälle betrachtet werden. Die Anordnung mit der Kombination Geldfälschung/Hehlerei/BtMG wird dabei zu der Gruppe der BtM-Fälle, die Kombination aus Raub/WaffG zu der Gruppe „Raub etc." gezählt.

Abbildung 14: Katalogtatengruppen

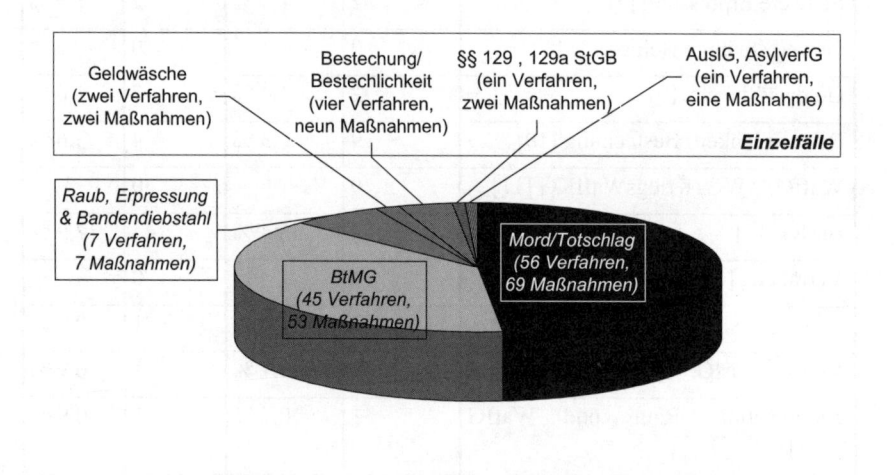

4. Maßnahmen zu Fahndungszwecken

Zwei der Maßnahmen wurden nicht als Ermittlungsinstrument, sondern zu Fahndungszwecken eingesetzt (§ 100c Abs. 2 Satz 2 StPO). Beide Verfahren lagen nicht vollumfänglich zur Einsicht vor (das erste wegen der gerade laufenden Hauptverhandlung, das zweite wegen einer Personengefährdung), sondern es war lediglich auf Informationen im Auskunftswege zurückzugreifen. Beide Anordnungen ergingen auf der Grundlage einer BtM-Katalogtat. Im einen Fall handelte es sich um die Ergreifung eines Täters im Zusammenhang mit mehreren hundert Kilogramm sichergestellten Kokains, im anderen Fall um einen wegen Drogen- und erheblichen Gewaltdelikten angeklagten flüchtigen Untersuchungsgefangenen, der sich bei seiner Flucht offensichtlich des Netzwerkes der größeren Tätergruppierung, der er angehörte, bedient hatte.

5. Angeordnete und nicht angeordnete Maßnahmen (Ablehnungen)

Bei 96 der 143 Maßnahmen konnte anhand der Akteneinsicht nachvollzogen werden, dass diese vollumfänglich antragsgemäß angeordnet wurden. In 9 Fällen enthielt der Beschluss gegenüber dem Antrag inhaltliche oder zeitliche Änderungen (etwa hinsichtlich der abzuhörenden Örtlichkeiten und Personen oder der angeordneten Abhördauer) und in einem weiteren Fall verlangte das Gericht zunächst Nachermittlungen; in zwei Fällen lag zwar eine Anordnung, aber kein Antrag vor. Schließlich erfolgte in einem Fall die Anordnung erst im Beschwerdewege durch das OLG, nachdem die Staatsschutzkammer eine Anordnung zunächst abgelehnt hatte. In weiteren zehn Fällen lag der entsprechende Anordnungsbeschluss aufgrund beschränkter Akteneinsicht zur direkten Auswertung nicht vor, so dass dieser jeweils im Hinblick auf seine Antragsgemäßheit inhaltlich nicht beurteilt werden konnte; aufgrund von Auskünften und den § 100e StPO-Daten stand lediglich die Tatsache der Anordnung selbst fest.

Insgesamt wurde somit letztlich bei 119 der 143 Maßnahmen (83 %) die rechtliche Voraussetzung für eine Abhörung nach § 100c Abs. 1 Nr. 3 StPO geschaffen

Anträge auf 20 (14 %) der 143 Maßnahmen wurden gerichtlich zurückgewiesen. In 18 Fällen (13 %) handelte es sich um eine Ablehnung, in zwei Fällen allerdings um eine Zurückweisung aufgrund einer Verneinung der Staatsschutzkammerzuständigkeit, da kein Eingriff in Art. 13 GG vorliege. Diese Fälle konnten dann als Maßnahme nach § 100c Abs. 1 Nr. 2 StPO durchgeführt werden.

In zwei weiteren Fällen wurde nach „Erörterung der Sach- und Rechtslage" mit der Kammer und der dortigen Bitte um weitere Tatsachenbeibringung der Antrag seitens der Staatsanwaltschaft zurückgenommen. In zwei weiteren Fällen wurde bereits auf eine polizeiliche Anregung hin kein staatsanwaltlicher Antrag gestellt (bzw. auf andere Objekte beschränkt).

Insgesamt erging somit für 22 Maßnahmen (15 %) kein zu einer Abhörung ermächtigender Anordnungsbeschluss. Diese Maßnahmen gelangten damit aus rechtlichen Gründen nicht zur Ausführung.

Abbildung 15 fasst das Geschilderte unter Angabe der prozentualen Werte zusammen:

64 Ergebnisse der rechtstatsächlichen Untersuchung

Abbildung 15: Antragsgemäße Entscheidung der Staatsschutzkammer – in % (n=143)

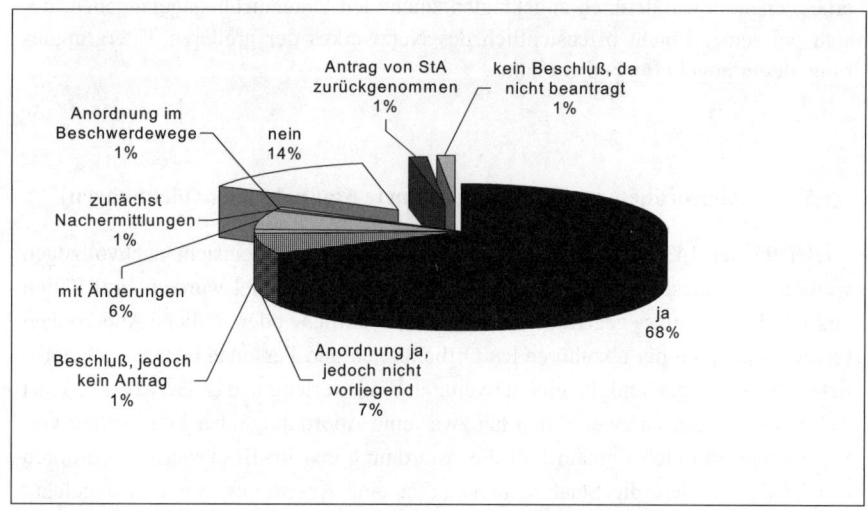

- Anordnung im Beschwerdewege 1%
- Antrag von StA zurückgenommen 1%
- kein Beschluß, da nicht beantragt 1%
- nein 14%
- zunächst Nachermittlungen 1%
- mit Änderungen 6%
- Beschluß, jedoch kein Antrag 1%
- Anordnung ja, jedoch nicht vorliegend 7%
- ja 68%

Verteilt auf die Katalogtaten stellt sich dies in den Kategorien „angeordnet" und „nicht angeordnet" wie folgt dar:

Abbildung 16: Verteilung der Anordnungen und Nicht-Anordnungen auf die Katalogtaten – absolut (n=143)

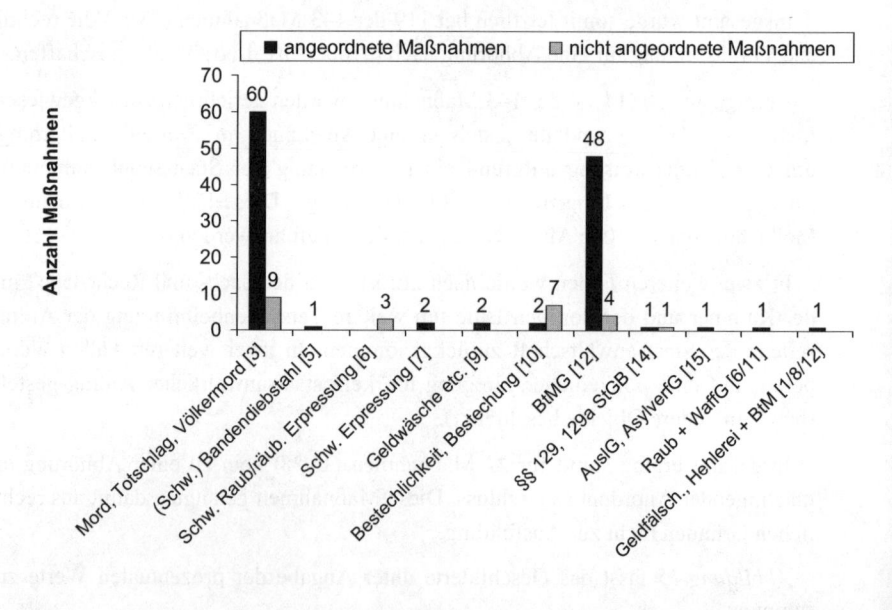

Anzahl Maßnahmen

- Mord, Totschlag, Völkermord [3]: angeordnet 60, nicht angeordnet 9
- (Schw.) Bandendiebstahl [5]: 1
- Schw. Raub/räub. Erpressung [6]: 3
- Schw. Erpressung [7]: 2
- Geldwäsche etc. [9]: 2
- Bestechlichkeit, Bestechung [10]: 2, 7
- BtMG [12]: 48, 4
- §§ 129, 129a StGB [14]: 1, 1
- AuslG, AsylVerfG [15]: 1
- Raub + WaffG [6/11]: 1
- Geldfälsch., Hehlerei + BtM [1/8/12]: 1

Auf Verfahrensebene bedeutet dies, dass in 14 Verfahren (12 %) der 116 Verfahren überhaupt keine Maßnahme angeordnet wurde (gerichtliche Ablehnung in 12 Verfahren, in zwei Verfahren Rücknahme des staatsanwaltlichen Antrags). Es handelt sich um sieben der 56 untersuchten Mord-/Totschlagsverfahren, alle drei der festgestellten Verfahren mit einem Antrag aufgrund Raub/räuberischer Erpressung (anders in dem einen Verfahren mit einem sowohl auf Raub/räuberische Erpressung als auch Verstößen gegen das WaffG gestützten Antrag), zwei der vier Bestechungsverfahren und zwei der 44 BtM-Verfahren. Bis auf ein Mord-/Totschlagsverfahren mit zwei beantragten und nicht angeordneten Maßnahmen und einem Bestechungsverfahren mit sechs beantragten und nicht angeordneten Maßnahmen handelte es sich pro Verfahren um jeweils eine beantragte und nicht angeordnete Maßnahme.

In vier Verfahren wurde nur eine der jeweils zwei festgestellten Maßnahmen angeordnet. In zwei Fällen (Katalogtaten: BtM und §§ 129, 129a StGB) handelte es sich dabei um die bereits seitens der Staatsanwaltschaft gegenüber der Polizeianregung im Antragsvorgang vorgenommene Beschränkung auf einzelne Objekte. In einem Tötungsverfahren wurde die Überwachung zunächst abgelehnt, bei einem späteren Zweitantrag jedoch angeordnet. Im vierten Verfahren stand die Wohnungseigenschaft der zu überwachenden Räumlichkeiten im Streit. Während bei einer der Maßnahmen auf den gegenüber dem Ermittlungsrichter nach § 100c Abs. 1 Nr. 2 StPO hilfsweisen Antrag nach § 100c Abs. 1 Nr. 3 StPO zur Staatsschutzkammer die Abhörung auf dieser Grundlage angeordnet wurde, verneinte bei der zweiten Maßnahme die Staatsschutzkammer den Wohnungsbegriff und erklärte sich für unzuständig (die Maßnahme wurde schließlich nach § 100c Abs. 1 Nr. 2 StPO durchgeführt).

6. Durchgeführte und nicht durchgeführte Maßnahmen

Zu unterscheiden sind ferner durchgeführte und trotz vorliegendem Anordnungsbeschluss aus tatsächlichen Gründen nicht ausgeführte Maßnahmen.

Von den 143 Maßnahmen wurden 91 (64 %) tatsächlich durchgeführt, d.h. es kam zu einem Abhörvorgang in einer von Art. 13 GG geschützten Räumlichkeit. Bei einer weiteren Maßnahme ließ sich dies nicht genau feststellen, da sie im Zusammenhang mit einem Körpermikrofoneinsatz eines Verdeckten Ermittlers beantragt wurde und aus der Akte nicht hervorging, ob die Wohnung der Zielperson im Rahmen des Einsatzes tatsächlich betreten wurde. In zwei Fällen wurde eine zunächst nach § 100c Abs. 1 Nr. 3 StPO beantragte Maßnahme letztlich nach § 100c Abs. 1 Nr. 2 StPO durchgeführt, da sich in einem Fall die Staatsschutzkammer aufgrund eines vorliegenden Einverständnisses des Wohnungsinhabers mit der Abhörung (so in einem Fall Raub/räuberischer Erpressung) und in einem anderen Fall wegen Verneinung des Wohnungsbegriffes für die abzuhörende Räumlichkeit (so in einem BtM-Fall) für unzuständig erklärt hatte[163].

Es verbleiben somit 27 Maßnahmen (19 %), in denen trotz Vorliegens eines ermächtigenden Anordnungsbeschlusses keine Abhörung erfolgt ist, wie in *Abbildung 17* weiter aufgeschlüsselt ist.

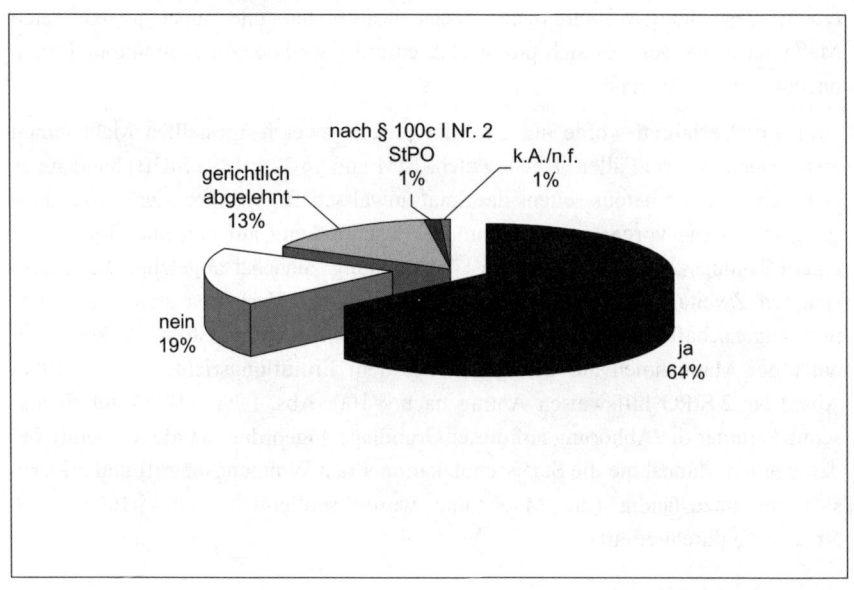

Abbildung 17: tatsächliche Durchführung der Maßnahmen – in % (n=143)

Graphisch darstellen lässt sich auch hier die Verteilung auf die Katalogtaten (*Abbildung 18*):

---

[163] Diese Problematik wird noch ausführlich erörtert, s.u. B./I./1.5. (siehe bereits oben unter 1.)

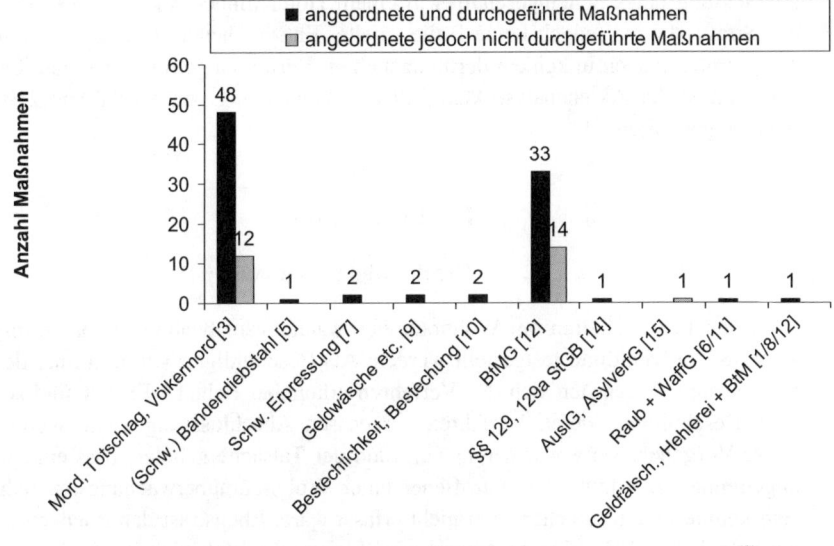

Grundgesamtheiten und Definitionskriterien aus der Aktenvollerhebung 67

Abbildung 18: Verteilung der angeordneten durchgeführten und nicht durchgeführten Maßnahmen auf die Katalogtaten – absolut (n= 118)[164]

■ angeordnete und durchgeführte Maßnahmen
□ angeordnete jedoch nicht durchgeführte Maßnahmen

Mord, Totschlag, Völkermord [3]: 48, 12
(Schw.) Bandendiebstahl [5]: 1
Schw. Erpressung [7]: 2
Geldwäsche etc. [9]: 2
Bestechlichkeit, Bestechung [10]: 2
BtMG [12]: 33, 14
§§ 129, 129a StGB [14]: 1
AuslG, AsylverfG [15]: 1
Raub + WaffG [6/11]: 1
Geldfälsch., Hehlerei + BtM [1/8/12]: 1

Auf Verfahrensebene bedeutet dies wiederum, dass in 17 der 102 Verfahren mit ermächtigendem Anordnungsbeschluss (von vornherein nicht zu berücksichtigen sind selbstverständlich die 14 bereits erörterten Verfahren, in denen gar kein positiver Anordnungsbeschluss erging) überhaupt keine Abhörung erfolgt ist. Es handelt sich um sechs Mord-/Totschlagsverfahren (viermal mit je einer Maßnahme und je einmal mit zwei und drei Maßnahmen), zehn BtM-Verfahren (achtmal mit einer und zweimal mit zwei Maßnahmen) und das Verfahren mit einer Anordnung wegen § 92b AuslG.

In sechs weiteren Verfahren wurden Anordnungen nur zum Teil umgesetzt. Es handelte sich um drei Mord-/Totschlagsverfahren (zweimal mit zwei und einmal mit vier Anordnungen) und drei BtM-Verfahren (mit jeweils zwei Anordnungen).

7. Maßnahmen auf präventivpolizeilicher Grundlage

Im Hinblick auf die Problematik etwaiger Umgehungstendenzen[165] wurden die Verfahren auch auf etwaige Erkenntnisse aus ggf. auf polizeirechtlicher Basis

---

[164] Bei einer Maßnahme keine Angabe. Nicht einbezogen sind hier die gerichtlich nicht angeordneten sowie letztlich nach § 100c Abs. 1 Nr. 2 StPO durchgeführten Maßnahmen.

durchgeführten Wohnraumüberwachungen überprüft. In einem BtM-Verfahren war ein Sicherungslauschangriff[166] zum Schutze eines Verdeckten Ermittlers bei der Abwicklung eines Scheingeschäftes in einem Hotelzimmer dokumentiert, der für das Strafverfahren jedoch keine Rolle spielte. Entsprechende weitere Feststellungen konnten jedoch in keinem der untersuchten Verfahren getroffen werden. Es ist im Rahmen der Aktenanalyse kein Fall der Anwendung von § 100f Abs. 2 StPO bekannt geworden.

III. Beschuldigte

1. Beschuldigte insgesamt

In den 116 Verfahren mit Wohnraumüberwachungsmaßnahmen konnten insgesamt 487 Beschuldigte festgestellt werden. Als Beschuldigter wurde formal derjenige gezählt, gegen den sich das Verfahren erkennbar richtete. Erfasst sind somit auch Beschuldigte, deren Verfahren vor dessen Abschluss abgetrennt wurde[167]. Diese Vorgehensweise war bereits aufgrund der Tatsache geboten, dass ein später abgetrennter Beschuldigter Betroffener einer Wohnraumüberwachungsmaßnahme sein konnte und als solcher dann nicht erfasst wäre. Ebenso ist damit jedoch auch der umgekehrte Fall einer Abtrennung vor Einsatz der Maßnahme zu berücksichtigen. Festzuhalten ist also schon hier, dass nicht jeder in den Verfahren festgestellte Beschuldigte auch tatsächlich mit einer im Fokus der Untersuchung stehenden Wohnraumüberwachung in Berührung gekommen sein muss. Dies bringt die Notwendigkeit mit sich, zwischen „Beschuldigten" und „beschuldigten Betroffenen"[168] zu unterscheiden. Diese Problematik betrifft jedoch vor allem die Betroffenendiskussion und -definition und ist somit dort vertieft zu thematisieren[169].

Etwa 57 % aller Beschuldigten sind Deutsche. Mit 13 % folgen türkische und mit 5,3 % und 3,7 % jugoslawische bzw. albanische Beschuldigte. Nennenswert

---

[165] Siehe bereits im ersten Teil A. und C./I.

[166] Zur Terminologie und Rechtsnatur vgl. ausführlich MÜLLER (2000), 31 ff.

[167] Anders in der Untersuchung zur Telefonüberwachung ALBRECHT/DORSCH/KRÜPE (2003), 143: hier wurden abgetrennte Beschuldigte nicht berücksichtigt. Die Gefahr einer unbeabsichtigten Doppelzählung erscheint vorliegend jedoch nicht gegeben bzw. relevant (vgl. allerdings A./I./8.).

[168] Man könnte diese ebensogut als „betroffene Beschuldigte" bezeichnen. Im Sinne einer einheitlichen Terminologie auch für Betrachtungen auf Betroffenenebene wird zur Bezeichnung des Personenkreises der Beschuldigten des Verfahrens, welche gleichzeitig auch Betroffene einer Wohnraumüberwachungsmaßnahme sind, in der Folge von „beschuldigten Betroffenen" gesprochen (vgl. auch die Berichte nach Art. 13 Abs. 6 GG, § 100e StPO, in denen der Oberbegriff der von einer Maßnahme Betroffenen in beschuldigte und nichtbeschuldigte Betroffene untergliedert wird).

[169] S.u. IV./1.

Grundgesamtheiten und Definitionskriterien aus der Aktenvollerhebung 69

sind weiterhin noch russische, polnische, italienische und vietnamesische Staatsangehörigkeiten. Insgesamt liegen 27 verschiedene Nationalitäten vor. Betrachtet man die Verfahren mit den am häufigsten vorkommenden Katalogtaten Mord/Totschlag einerseits und BtM-Straftaten andererseits, so zeigt sich, dass Beschuldigte der Mord-/Totschlagsverfahren mit rund 55 % leicht überwiegend Deutsche waren, während bei den BtM-Straftaten mit 54 % ausländische Tatverdächtige leicht überwiegen. Bei allen anderen Katalogtaten dominieren deutsche Tatverdächtige deutlich.

84 % der Beschuldigten waren männlichen, 14 % weiblichen Geschlechts (18 % bei Mord/Totschlag, 8% bei BtM-Straftaten), bei 2 % konnten keine diesbezüglichen Feststellungen getroffen werden. Rund 27 % waren verheiratet, im Übrigen ledig (30 %), geschieden (5 %) oder ohne entsprechende Angaben.

Die Altersstruktur (zugrunde gelegt wurde das Alter zum Zeitpunkt des Wohnraumüberwachungsbeschlusses) lässt sich aus der nachfolgenden *Abbildung 19* entnehmen. Für 75 Beschuldigte konnte das Alter nicht ermittelt werden.

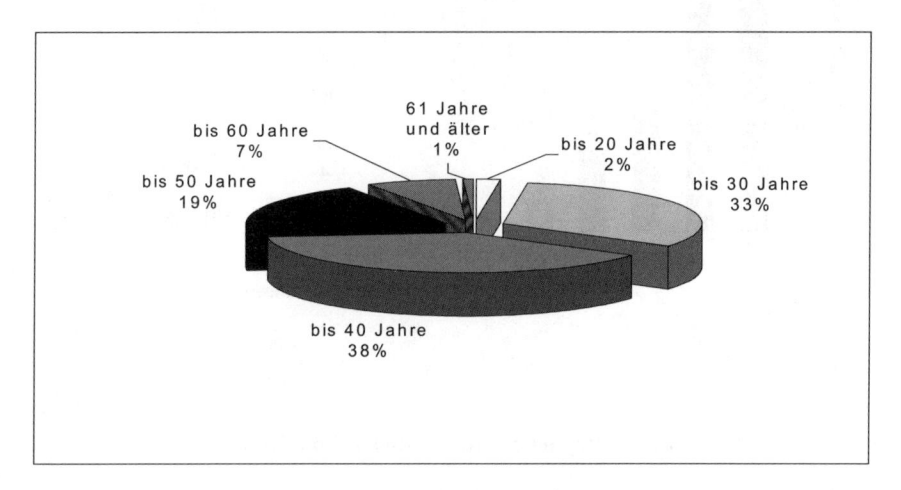

Abbildung 19: Altersstruktur der Beschuldigten (n=412)

Bei knapp 24 % der Beschuldigten ließen sich durchschnittlich 4,6 Vorstrafen feststellen, knapp 11 % hatten bereits Vollzugserfahrung und wurden zuvor zu durchschnittlich 53 Monaten Freiheitsstrafe verurteilt (Median 38 Monate). Weitere 12 % waren, wenn auch nicht formell vorbestraft, jedoch in zum Teil erheblichem Maße polizeibekannt, davon über die Hälfte (6 %) in unmittelbar verfahrensrelevanter Hinsicht.

2. Beschuldigte pro Verfahren

Es wurden durchschnittlich 4,4 Beschuldigte pro Verfahren festgestellt, wobei sich die Hälfte aller Verfahren nur gegen einen oder zwei Beschuldigte richtete (Median = 2,00), das Maximum aber bei einem Verfahren mit 44 Beschuldigten. Gefolgt wird dieses von zwei weiteren Verfahren mit 32 und 30 Beschuldigten, danach kommen erst wieder zwei Verfahren mit 14 und 15 Beschuldigten. In sechs Fällen konnte aufgrund beschränkter Akteneinsicht die definitive Beschuldigtenanzahl nicht festgestellt werden.

Die Gesamtverteilung der Beschuldigten pro Verfahren lässt sich im Übrigen nachfolgender *Abbildung 20* entnehmen:

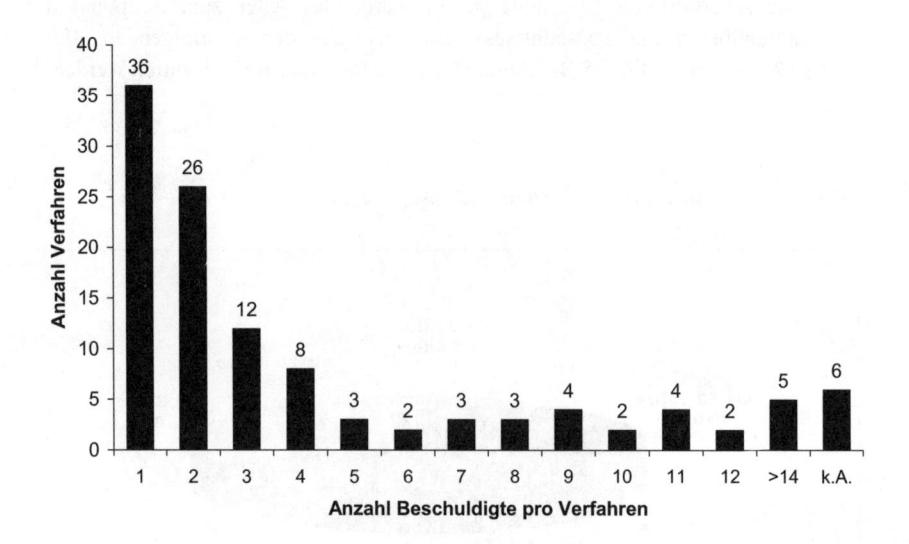

Abbildung 20: Anzahl der Beschuldigten pro Verfahren – absolut (n=116)

3. Verteilung der Beschuldigten auf die Katalogtaten

Die durchschnittliche Anzahl der Beschuldigten divergiert allerdings nach den Katalogtaten: während bei Mord/Totschlag durchschnittlich 3,2 Beschuldigte festgestellt wurden, sind es bei BtM-Verfahren durchschnittlich 4,7. Interessant erscheint vor allem die Verteilung: die Beschuldigtenanzahl liegt bei Mord/Totschlag pro Verfahren zu jeweils einem Drittel auf eins, zwei oder mehr als zwei, während bei den BtM-Verfahren eine Zweiteilung vorliegt. Die Hälfte der Verfahren wurde hier gegen mehr als zwei Beschuldigte geführt, und bei den Verfahren gegen ledig-

Grundgesamtheiten und Definitionskriterien aus der Aktenvollerhebung 71

lich einen Beschuldigten handelte es sich oftmals augenscheinlich um Verfahren aus Ermittlungskomplexen, die materiell mehrere Personen betrafen, so dass sich hier lediglich formell von nur einem Beschuldigten sprechen lässt[170].

Tabelle 7: Verteilung der Beschuldigen pro Verfahren bei Mord-/Totschlags- und BtM-Verfahren - absolut[171]

Anzahl Beschuldigte in Mord-/Totschlagsverfahren (n=51)			Anzahl Beschuldigte in BtM-Verfahren (n=44)	
ein Beschuldigter	zwei Beschuldigte	mehr als zwei Beschuldigte	ein bis zwei Beschuldigte	mehr als zwei Beschuldigte
17	17	17	22	22

Zu bemerken ist, dass sich die Verfahren mit Raub, Erpressung und Bandendiebstahl gegen eine durchschnittlich hohe Anzahl von Beschuldigten richteten (6,1); das Verfahren wegen Bandendiebstahls umfasste insgesamt 15 Beschuldigte.

In dem o.g. Verfahren mit 44 Beschuldigten erging eine Überwachungsanordnung auf der Grundlage von §§ 129/129a StGB als Katalogtat. Auch das Verfahren mit 30 Beschuldigten spielte im Umfeld einer kriminellen Vereinigung, hier war es zu einem Tötungsdelikt gekommen. Bei dem Verfahren mit 32 Beschuldigten handelte es sich um ein BtM-Verfahren im Zusammenhang mit einer kontrollierten Lieferung.

Die Gesamtverteilung der Beschuldigten auf die Verfahren mit Anordnungen nach den entsprechenden Katalogtaten ergibt sich im Übrigen aus der nachstehenden *Abbildung 21*:

---

[170] Siehe auch unten IV.
[171] Bei fünf Mord-/Totschlags- und einem BtM-Verfahren konnte die Anzahl der Beschuldigten aufgrund beschränkter Akteneinsicht nicht festgestellt werden.

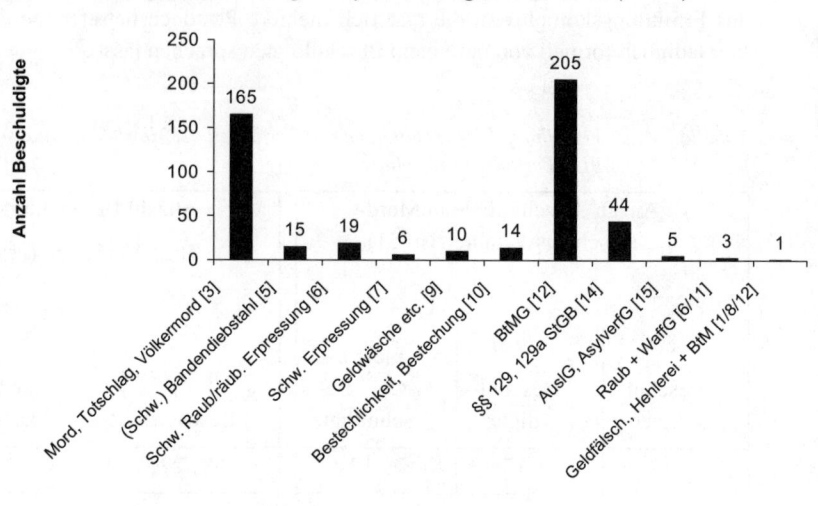

Abbildung 21: Verteilung der Beschuldigten auf die Katalogtaten – absolut (n=487)[172]

Werte: Mord, Totschlag, Völkermord [3]: 165; (Schw.) Bandendiebstahl [5]: 15; Schw. Raub/räub. Erpressung [6]: 19; Schw. Erpressung [7]: 6; Geldwäsche etc. [9]: 10; Bestechlichkeit, Bestechung [10]: 14; BtMG [12]: 205; §§ 129, 129a StGB [14]: 44; AuslG, AsylVerfG [15]: 5; Raub + WaffG [6/11]: 3; Geldfälsch., Hehlerei + BtM [1/8/12]: 1

IV. Betroffene und Drittbetroffene

1. Betroffene – Definitorisches und Unsicherheiten in der Erhebung

Bei der Erhebung der Betroffenen lag es zunächst nahe, von der Betroffenendefinition, welche auch den Mitteilungen nach § 100e StPO zugrunde liegt, auszugehen[173]: Demnach ist „Betroffener" einer Maßnahme „unabhängig von ihrer verfahrensrechtlichen Stellung jede Person, die Inhaberin des Schutzgutes ‚Wohnung', d.h. Eigentümerin, Mieterin oder sonst Nutzungsberechtigte ist. Ebenso betroffen sind die Beschuldigten des Verfahrens, wenn sie nicht zugleich Wohnungsinhaber sind. Dagegen scheiden aus dem Kreis der Betroffenen die Personen aus, die sich in der überwachten Wohnung lediglich zufällig aufgehalten haben."[174]

Während die Abgrenzung zu den sogenannten (zufällig) „Drittbetroffenen" anhand dieser Definition zunächst gut möglich erscheint[175], bereitet jedoch mangelnde Trennschärfe in die andere Richtung Schwierigkeiten: auf ihrer Grundlage hätten nämlich alle oben erwähnten 487 Beschuldigten auch als Betroffene qualifiziert

---

[172] Bei fünf Mord-/Totschlags- und einem BtM-Verfahren konnte die Anzahl der Beschuldigten aufgrund beschränkter Akteneinsicht nicht festgestellt werden (s.o. A./I./4.).
[173] Vgl. BT-Drs. 14/2452 S. 2 sowie Anlage 4 zu den BT-Drs. 14/8155.
[174] BT-Drs. 14/2452 aaO.; vgl. jedoch nun BVerfG 1 BvR 2378/98 Absatz 296 f.
[175] Ein anderes Problem ist die faktische Feststellbarkeit dieser Definitionskriterien aus dem Aktenmaterial (siehe dazu unten F./I./1.).

werden müssen, obwohl ein Großteil derselben trotz des formell unter entsprechendem Aktenzeichen geführten Ermittlungsverfahrens mit einer Wohnraumüberwachungsmaßnahme „materiell" nicht in Berührung kam. Im Zusammenhang mit Verfahrensabtrennungen wurde im Rahmen der Beschuldigtendefinition bereits auf die Problematik hingewiesen. Hier sind jedoch weitere Konstellationen zu bedenken: Ebenso ist dies etwa bei mehreren zwar in einem Verfahren, aber lediglich „sukzessiv" verfolgten (Haupt-)Beschuldigten der Fall, was etwa im Rahmen von Tötungsermittlungen mit (zunächst) unbekanntem Täter häufig gegeben ist. Die Überwachungsanordnung ergeht dann nur gegen einen zu einem bestimmten Zeitpunkt Hauptverdächtigen und dessen Umfeld, wohingegen die Überwachung für eine Person, auf die sich der Tatverdacht erst zu einem späteren Zeitpunkt konzentriert und welche sodann ebenfalls Beschuldigter des Verfahrens wird, überhaupt keine Rolle spielt. Das Gleiche gilt selbstverständlich für Personen, hinsichtlich derer sich zum Zeitpunkt der Anordnung der Tatverdacht nicht erhärtet hatte, gegen die das Verfahren jedoch auch noch nicht eingestellt wurde, die aber ebenfalls mit der Überwachung nicht in Berührung kommen. Auch hier ist somit ein formelles und materielles Betroffensein zu unterscheiden[176].

Darüber hinaus treten weitere Konstellationen auf, in denen eine eindeutige Definition des Betroffenenstatus Schwierigkeiten bereitet. Hier ist insbesondere auf die durchaus mehrfach auftretende Situation zu verweisen, in der verschiedene Beschuldigte eines Komplexes formell gesondert verfolgt werden, die Maßnahme aber nur unter dem Aktenzeichen eines der mehreren Verfahren angeordnet wird. Formal gesehen sind die gesondert verfolgten Mittäter im vorliegenden Verfahren dann nicht „betroffen" – Angaben zur Benachrichtigung und über die weitere Rolle der Wohnraumüberwachung in deren Verfahren lassen sich dann den Akten auch nicht entnehmen. Dieses Problem stellt sich insbesondere ebenfalls bei Strukturermittlungsverfahren[177]. Hinzu kommen Fälle, in denen bestimmte Personen erst über die Wohnraumüberwachung bekannt werden (z.B. BtM-Abnehmer) und gegen die sodann erst neue gesonderte Verfahren eingeleitet werden. Auch dieser Personenkreis konnte nicht systematisch erfasst werden.

Als Betroffener wurde vorliegend daher nur derjenige erfasst, gegen den sich der Überwachungsbeschluss bzw. das Verfahren zu dem Zeitpunkt seines Erlasses erkennbar richtet. Dies bringt auf Beschuldigtenebene – wie dort bereits erwähnt[178] –

---

[176] Allerdings ist auch darauf hinzuweisen, dass den Berichten nach Art. 13 Abs. 6 GG auch der Oberbegriff der „Betroffenen" zugrunde liegt, welcher in „darunter Beschuldigte" und „darunter Nichtbeschuldigte" aufgegliedert wird. Demnach erscheint naheliegend, dass den Berichten eine lediglich materielle Betrachtungsweise zugrunde liegt, welche allerdings bei der empirischen Erhebung Reliabilitätsprobleme aufwirft (siehe im Ergebnis auch J./VI.).
[177] S.o. I./7.
[178] S.o. III./1.

die Notwendigkeit mit sich, zwischen „Beschuldigten insgesamt" und „beschuldigten Betroffenen" zu unterscheiden. Hinzu kommen erkennbar materiell betroffene Personen, die die betreffenden Räumlichkeiten im Sinne von Art. 13 GG nutzen und als *ihre* Wohnung in Anspruch nehmen.

Dass letztere aufgrund der Täterorientierung der Strafverfahrensakten oftmals unzureichend dokumentiert sind, soweit sie mit der Tat oder ihrer Aufklärung nicht unmittelbar in Zusammenhang stehen (was bei nicht verdächtigen lediglichen „Wohnungsmitnutzern" regelmäßig der Fall ist), ist eine eigene – weniger definitorische als tatsächliche – Problematik, belastet aber freilich die Erhebung im Hinblick auf den tangierten Schutzbereich von Art. 13 GG mit weiteren – separat zu thematisierenden[179] – Unzulänglichkeiten. Insgesamt ist festzustellen, dass dieser Personenkreis, soweit nicht selber tatverdächtig, meist nur inzident aus verschiedenen Zusammenhängen erschlossen werden konnte, deren Erwähnung in den Akten stark vom Einzelfall abhängig sein dürfte. Eine akkurate Bezifferung ist somit in den wenigsten Fällen möglich, Aussagen in diesem Zusammenhang lassen sich aufgrund der Erhebungsunsicherheiten also nur unter Vorbehalt treffen.

2. Anzahl der Betroffenen

Auf dieser Grundlage konnten insgesamt 321 Betroffene festgestellt werden, wobei es sich in 14 Fällen um unter 14jährige Kinder handelte, die somit in der Folge für die weitere Darstellung unberücksichtigt bleiben sollen[180]. Von den verbleibenden 307 Betroffenen sind 210 (68 %) zugleich Beschuldigte des jeweiligen Verfahrens („beschuldigte Betroffene", dies entspricht lediglich 43 % der o.g. 487 insgesamt in den Verfahren festgestellten Beschuldigten). 97 Personen konnten somit in ihrer Eigenschaft als Nicht-Beschuldigte als Betroffene erfasst werden. Davon lebten 56 mit dem Beschuldigten in einer Wohnung und 23 waren Wohnungsinhaber einer Wohnung, in der der Beschuldigte nicht wohnhaft war (§ 100c Abs. 2 Satz 5 StPO). In 15 weiteren Fällen handelte es sich offenbar um gesondert verfolgte Mittäter oder Kontaktpersonen, hinsichtlich derer jedoch keine weiteren Angaben vorliegen. Für zwei Betroffene konnten gar keine Feststellungen hinsichtlich ihrer Eigenschaft getroffen werden.

---

[179] Vgl. dazu unten F./I./1.
[180] Diese Grenze wird willkürlich im Hinblick auf § 1 Abs. 2 JGG gezogen, auch wenn dies vorliegend keine Relevanz hat, da es sich ja um nicht beschuldigte Betroffene handelt.

In diesen Angaben sind auch die lediglich „potentiell" Betroffenen enthalten, bei denen die Maßnahme aus verschiedenen Gründen letztlich nicht durchgeführt wurde[181].

3. Drittbetroffene

Es wurden insgesamt 222 Drittbetroffene, d.h. nicht unter die Betroffenendefinition fallende, aber dennoch mit der Maßnahme (zufällig) in Berührung gekommene Personen festgestellt. Deren Erfassung dürfte allerdings noch deutlich fragmentarischer ausfallen als die der nicht beschuldigten Betroffenen. Sie sind in aller Regel nur durch Erwähnung in den Abhörprotokollen in den Akten dokumentiert, die in vielen Fällen nicht bzw. nur auszugsweise vorlagen. Vor allem ist zu berücksichtigen, dass regelmäßig nur tatrelevante Gesprächspassagen überhaupt protokolliert werden und somit die meisten „Alltagskontakte" nicht dokumentiert sind. Feststellungen von Drittbetroffenen konnten lediglich in 36 Verfahren getroffen werden.

In vielen der festgestellten Fälle (44 Personen) handelt es sich um in irgendeinem Verwandtschafts- oder Freundschaftsverhältnis zum Wohnungsinhaber stehende Personen. In weitaus größerem Umfang (107 Personen) konnten jedoch Personen als Drittbetroffene festgestellt werden, die im weiteren Sinne ebenfalls tatbeteiligt waren bzw. mit denen tatrelevante Gespräche wahrscheinlich waren (etwa gesondert verfolgte Mittäter, BtM-Abnehmer, illegal im Bordell des Beschuldigten arbeitende Prostituierte etc.). Auch dies wird dem Umstand geschuldet sein, dass lediglich entsprechende Kommunikationsvorgänge dokumentiert werden.

Anzumerken ist überdies, dass auch die Grenze zwischen Betroffenen und Drittbetroffenen fließend ist. Zu nennen sind hier etwa Familienangehörige, die zwar ggf. nicht unter der Adresse der überwachten Räumlichkeit gemeldet sind, sich aber dort regelmäßig aufhalten.

---

[181] Zu weiteren Differenzierungen innerhalb der Betroffenenproblematik ist hier nach unten auf Kapitel F. zu verweisen.

B. Die Durchführung der akustischen Wohnraumüberwachung

Für die Durchführung der Wohnraumüberwachung sind grundsätzlich besondere rechtliche als auch tatsächliche Faktoren relevant. In rechtlicher Hinsicht sind hier insbesondere die gegenüber anderen strafprozessualen Ermittlungsinstrumenten verschärften Anordnungsbedingungen, wie etwa die von Verfassungswegen vorgesehene besondere Zuständigkeit eines Kollegialgerichtes, aber auch die kurze Befristung von vier Wochen zu nennen. Hiermit verbunden sind selbstverständlich Fragen nach der Intensität des Grundrechtseingriffes bzw. der Eingriffstiefe. In tatsächlicher Hinsicht wird die Durchführung der Maßnahme von einer Vielzahl einzelfallabhängiger Bedingungen bestimmt. Diese reichen von der faktischen Möglichkeit, technische Mittel zur Abhörung und Aufzeichnung zu installieren und dem damit zumeist verbundenen Erfordernis des unbemerkten Zutritts zu der entsprechenden Räumlichkeit bis hin zu Fragen der Sprachaufzeichnung und –auswertung[182]. Neben den Fragen nach diesen Durchführungsdeterminanten stellen sich weitere mit der Durchführung der Maßnahme im Zusammenhang stehende Fragen wie etwa nach den Kosten oder dem Umfang und der Vernichtung der durch die Abhörung erlangten Unterlagen (§ 100d Abs. 4 Satz 3 StPO i.V.m. 100b Abs. 6 StPO).

I. Aktenanalyse

Den in diesem Kapitel angestellten Betrachtungen zu Durchführungsfragen der Wohnraumüberwachung werden die festgestellten 143 Wohnraumüberwachungsmaßnahmen als Grundgesamtheit zugrunde gelegt.

1. Anordnungs- und Durchführungsfragen

1.1 Anordnung und Antrag

Selbstverständlich stellt eine entsprechende richterliche Anordnung nach § 100c Abs. 1 Nr. 3 StPO die zuvörderste Voraussetzung für die Durchführung einer Wohnraumüberwachungsmaßnahme dar. Ob es zu einer solchen Anordnung kommt, hängt jedoch von einem entsprechenden Antrag der Staatsanwaltschaft ab. Diese entscheidet – durch den Richtervorbehalt zwar nicht letztlich, auf dem Hintergrund von § 160 StPO aber primär – über den tatsächlichen Einsatz der Maß-

---

[182] Anschaulich und exemplarisch anhand eines Einzelfalles beschrieben sind solche faktischen Bedingungen in der Anlage 5 zur BT-Drs. 14/8155 S. 40 ff.

nahme. Da de facto die Ermittlungen durch die Polizei geführt werden, geht dem staatsanwaltlichen Antrag zumeist eine polizeiliche Anregung voraus[183].

Wie im obigen Kapitel Grundgesamtheiten dargelegt, wurde bei 119 der insgesamt 143 festgestellten Maßnahmen eine im Wesentlichen antragsgemäße, zur Abhörung in nach Art.13 GG geschützten Räumlichkeiten ermächtigende Anordnung getroffen. Fraglich ist, inwieweit sich hier weitere für die Durchführung relevante Vorgaben finden lassen.

In den neun Fällen, in denen der Beschluss gegenüber dem staatsanwaltlichen Antrag mit Änderungen erlassen wurde, betrafen diese insbesondere Änderungen in der Befristung der Maßnahme, welche im Zusammenhang mit der Abhördauer gesondert betrachtet werden sollen. Hinzu kommen Änderungen im Zusammenhang mit Zuständigkeitsfragen, etwa weil mit dem Antrag zur Staatsschutzkammer der Antrag für Maßnahmen verbunden war, die in der Zuständigkeit des Ermittlungsrichters lagen (etwa eine Durchsuchung oder gleichzeitige Abhörung nach § 100c Abs. 1 Nr. 2 StPO in einem Fahrzeug). Dabei wurde aber stets klargestellt, dass der Anordnungsbeschluss durch die Kammer sämtliche mit dem Vollzug untrennbar verbundenen Maßnahmen gegen den Beschuldigten (z.B. Grundstücksbetretensrechte) abdeckt[184]. In einem weiteren Fall wird der Beschluss im Rubrum auf Betroffene im engeren Sinne beschränkt, da weitere im Antrag genannte Personen als Drittbetroffene angesehen werden.

Insgesamt sind ansonsten aber so gut wie keine die Abhörung als solche limitierenden Bestimmungen oder Auflagen festzustellen. Derartige die Durchführung determinierenden „Durchführungsbestimmungen"[185] lagen allenfalls in Einzelfällen vor. So wurde in einem Fall – nachdem dies bereits durch die Staatsanwaltschaft thematisiert wurde – angeordnet, dass die Abhörung in der Wohnung nur dann durchgeführt werden dürfe, „sobald und solange dort Treffen der Beschuldigten untereinander oder mit Personen festgestellt werden, die den Umständen nach tatbeteiligt sind, wobei die Anwesenheit von zwei Tatverdächtigen in der Wohnung genügt." Ähnlich war dies auch bei einer mit einem VE-Einsatz verbundenen Maßnahme der Fall, bei der die Abhörung auf den Zeitraum beschränkt wurde, in dem der VE die Wohnung der Zielperson betritt.

Den mit dem Anordnungsvorgang und der Begründung dieser Anordnungen weiteren zusammenhängenden Fragen ist ein eigenes Kapitel gewidmet[186], so dass hier der Blick im Folgenden nur auf einige Sonderfälle der Anordnung zu richten ist.

---

[183] Siehe auch unten E./I./1.
[184] Vgl. BGH NStZ 98, 157.
[185] Vgl. KARLSRUHER KOMMENTAR-NACK, § 100d Rn 18.
[186] Siehe unten Kapitel E. „Anordnungsvorgang und Begründungsaufwand"

1.2 Eilmaßnahmen

Es konnten lediglich drei Maßnahmen festgestellt werden, die auf der Grundlage der Eilkompetenz nach § 100d Abs. 2 Satz 2 StPO durch den Vorsitzenden angeordnet wurden. In zwei der drei Fälle dauerte die folgende Abhörung ohnehin unter drei Tagen, wobei in einem Fall dennoch ein Bestätigungsbeschluss durch die Kammer gefasst wurde. Im dritten Fall wird durch die Kammer zusammen mit der Bestätigung der Eilanordnung die weitere Überwachung für sieben Tage angeordnet.

Die Eilmaßnahmen bezogen sich in zwei Fällen auf Anordnungen mit Mord und Totschlag als Katalogtat, im dritten Fall handelte es sich um eine räuberische Erpressung.

Während sich die Eilbedürftigkeit in einem der Tötungsfälle nach insgesamt bereits längerer Ermittlungsdauer auf ein unmittelbar bevorstehendes Treffen mehrerer Tatverdächtiger stützte, lagen im anderen Fall bereits bei der Tatortaufnahme massive Verdachtsmomente auf Aussageabsprachen vor, was zur Beantragung und Installation der Maßnahme noch im Rahmen des Erstzugriffs führte. Im Falle der räuberischen Erpressung handelte es sich um eine einverständliche Durchführung der Maßnahme in den Räumlichkeiten des Erpressungsopfers, bei dem die Täter ihre baldige Rückkehr angekündigt hatten.

In weiteren drei Fällen wurde zwar bei Anregung und Beantragung auf die hohe Eilbedürftigkeit hingewiesen, es erging dennoch jeweils unmittelbar ein regulärer Kammerbeschluss. Im Rahmen eines weiteren Erpressungsfalles wurde hier ebenfalls einverständlich mit dem Opfer die mit den Tätern für einen bestimmten Zeitpunkt vereinbarte Geldübergabe in dessen Wohnung abgehört. Im weiteren Falle einer Tötung soll die Installation noch schnell erfolgen, solange sich die Tatverdächtigen bei der Beerdigung des Opfers in einer entfernten Stadt befinden. In einem BtM-Fall muß die Maßnahme noch bis zur unmittelbar bevorstehenden Haftentlassung eines Bandenmitgliedes umgesetzt werden.

1.3 Maßnahmen während des Hauptverfahrens

Abweichend von dem oben statuierten Grundsatz ergingen zwei Anordnungen nicht auf Antrag der Staatsanwaltschaft im Ermittlungsverfahren, sondern auf dem Hintergrund von § 244 Abs. 2 StPO während des Hauptverfahrens. Sie wurden beide nicht durch die Staatsschutzkammer, sondern durch die jeweilige in der Sache befasste Schwurgerichtskammer, vor der die Hauptverhandlung stattfand, getroffen.

In einem Fall bestanden konkrete Anhaltspunkte dafür, dass zwischen den aus einem anderen Kulturkreis stammenden Familien der Täter und des Opfers in einer

Wohnung „Blutgeld"-Verhandlungen geführt wurden, anlässlich derer auch Angaben zur Ausführung bisher ungeklärter konkreter Tathandlungen erwartbar waren (die Maßnahme führte zu weiteren – zwar mittelbaren, aber wichtigen – Ermittlungsansätzen, das Hauptverfahren musste jedoch wegen der Unerreichbarkeit von Beweismitteln im internationalen Rechtsverkehr ausgesetzt werden).

In dem anderen Fall ergab sich nach der Vernehmung von 46 Zeugen in der Hauptverhandlung aufgrund der erstmaligen und sogleich widersprüchlichen Einlassung eines der Angeklagten eine neue Beweissituation, in der von der Kammer tatrelevante Gespräche des auf freiem Fuß befindlichen Angeklagten mit seiner Ehefrau für wahrscheinlich gehalten wurden. Die daraufhin angeordnete Überwachung wurde - nachdem sich die Erwartung nicht bewahrheitete – durch erneuten Kammerbeschluss vorzeitig beendet und in der Hauptverhandlung zusammen mit der Ablehnung eines Befangenheitsantrages bekanntgegeben (die Hauptverhandlung endete schließlich mit der Verurteilung des betreffenden Angeklagten).

1.4 Maßnahmen in der Wohnung Anderer (§ 100c Abs. 2 Satz 5 StPO)

Als Maßnahmen in der Wohnung Anderer im Sinne von § 100c Abs. 2 Satz 5 StPO wurden 27 der Maßnahmen beantragt, in denen entsprechende Feststellungen getroffen werden konnten (dies sind 18 % der Gesamtzahl der festgestellten Maßnahmen). 25 dieser Maßnahmen dienten der Sachverhaltserforschung, bei lediglich zwei Maßnahmen handelte es sich um Maßnahmen zu Fahndungszwecken[187].

Von den Maßnahmen zur Sachverhaltserforschung stellten sich zehn als eine zusätzliche Maßnahme neben einer gleichzeitig in Räumlichkeiten des Beschuldigten durchgeführten Maßnahme dar (neben den Verfahren mit zwei Maßnahmen handelte es sich um je ein Verfahren mit drei und mit vier Maßnahmen[188]). Bei sieben dieser Maßnahmen ging es um solche in Tötungsverfahren und dort etwa um Konstellationen quasi verwandtschaftlichen Zusammenlebens in mehreren Wohnungen oder die Tatsache, dass nicht absehbar war, in welchen von zwei Wohnungen ein bestimmtes als tatrelevant eingestuftes Gespräch geführt werden würde. In drei BtM-Verfahren handelte es sich bei den anderen Wohnungesinhabern in zwei Fällen um ebenfalls mit der Tat in Verbindung stehende aber unter vorliegendem Aktenzeichen nicht formal als Beschuldigte geführte Personen, in einem Fall um eine VP-Wohnung.

In den anderen 15 Fällen fand die Maßnahme als einzige Maßnahme des Verfahrens in einer anderen als der Wohnung des Beschuldigten statt. Es handelte sich um fünf Fälle mit der Katalogtat Mord/Totschlag, fünf BtM-Fälle, einen Bestechungs-

---

[187] S.o. A./II./4.
[188] Vgl. oben A./II./2.

fall und vier Fälle mit Anordnungen aufgrund von Bandendiebstahl und Raub-/Erpressungsstraftaten. Es waren dies zum großen Teil Konstellationen, in denen die Abhörung mit Einverständnis des Wohnungsinhabers erfolgte. Dies war etwa maßgeblich bei mehreren Raub- und Erpressungstaten der Fall, in denen der oder die Täter ankündigten, erneut in der Wohnung des Geschädigten erscheinen bzw. dort die Geldübergabe durchführen zu wollen. Aber auch bei Tötungsdelikten und in einem Bestechungsfall boten Zeugen an, in ihren Räumlichkeiten ein oder mehrere durch die Ermittlungsbehörden aufzuzeichnende Gespräche mit dem Tatverdächtigen zu führen. Des weiteren sind hier vor allem im BtM-Bereich die Fälle zu nennen, in denen die Abhörung in einer VE- oder VP-Wohnung erfolgte. Zum anderen treten Fälle hervor, in denen die Anwesenheit des Beschuldigten in der Wohnung des Anderen genau eingegrenzt werden konnte. Ein Beispiel ist hier etwa die Wohnung der Verlobten, die dem Beschuldigten während seines Hafturlaubes als Anlaufstelle dient. In weiteren vor allem Mord-/Totschlagsfällen hat der Beschuldigte seinen faktischen Lebensmittelpunkt in der Wohnung eines Anderen, ohne jedoch dort gemeldet zu sein. Hier handelt es sich somit lediglich unter einem formalen Gesichtspunkt nicht um die Wohnung des Beschuldigten.

Es verbleiben die zwei bereits genannten BtM-Fälle der Wohnraumüberwachung zwecks Ermittlung des Aufenthaltsortes des Täters. In einem dieser Fälle liegen keine genaueren Angaben über die abgehörte Örtlichkeit vor, im zweiten Fall handelt es sich um das Haus der Familie der Zielperson, mit der diese nur unter höchst konspirativen Umständen Kontakt hielt.

Insgesamt geht die Anordnung der Überwachung in der Wohnung eines Anderen auch mit der Anordnung einer kürzeren Überwachungsdauer einher. Sie beträgt durchschnittlich nur 16 Tage und in der Hälfte der Fälle nur sieben Tage gegenüber der gesetzlichen Höchstanordnungsdauer von 28 Tagen[189].

1.5 Abgrenzungspobleme zur Anordnungsgrundlage § 100c Abs. 1 Nr. 2 StPO

Besondere Schwierigkeiten – nicht zuletzt auch im Hinblick darauf, dass die Zuständigkeit der Staatsschutzkammer nur für Anordnungen nach § 100c Abs. 1 Nr. 3 StPO begründet ist – bereitet in einigen Fällen die Abgrenzung zu § 100c Abs. 1 Nr. 2 StPO. Die beiden im Kapitel Grundgesamtheiten bereits erwähnten Fälle, in denen die staatsanwaltlichen Anträge seitens der Staatsschutzkammer aufgrund fehlenden Eingriffs in Art. 13 GG und somit mangelnder Zuständigkeit zurückgewiesen und sodann auf der Grundlage von § 100c Abs. 1 Nr. 2 StPO durchgeführt wurden[190], sind für die beiden hier relevanten Konstellati-

---

[189] S.u. 3.1.
[190] Vgl. oben A./II./5.

onen symptomatisch. Die Problematik ist auch in anderen Fällen beobachtbar, auch wenn sie dort nicht zur Zurückweisung von Anträgen führte.

a. Zweifel über den Wohnungsbegriff

Zum einen ist zu beachten, dass die Anwendbarkeit der Anordnungsgrundlage des § 100c Abs. 1 Nr. 3 StPO und damit die Zuständigkeit der Staatsschutzkammer nur bei der Bejahung des Wohnungsbegriffes im Sinne des Art. 13 GG gegeben ist. Sie hängt damit – ähnlich etwa dem Verwaltungsrechtsweg nach § 40 VwGO – von einer in Einzelfällen wertend zu beantwortenden Rechtsfrage ab. Dass hier einzelfallabhängige Grenzfälle existieren, legt bereits ein Blick in die verfassungsrechtliche Kommentarliteratur nahe[191]. Verneint man für eine bestimmte Örtlichkeit den verfassungsrechtlichen Wohnungsbegriff, so besteht kein Anwendungsbereich des Art. 13 Abs. 3 GG und die Maßnahme ist nach § 100c Abs. 1 Nr. 2 StPO anzuordnen[192]. Möglich ist dann im Übrigen auch eine optische Überwachung nach § 100c Abs. 1 Nr. 1a StPO.

Instruktiv erscheint in diesem Zusammenhang etwa der aufgetretene Fall einer Garage/Lagerhalle, in der ein wanderndes Labor zur Herstellung von synthetischen Drogen betrieben wurde. Hier war der Wohnungsbegriff streitig: Die Staatsanwaltschaft beantragte die Maßnahme unter Einbeziehung einer Anordnung nach § 100c Abs. 1 Nr.1a StPO im Hinblick auf eine ebenfalls optische Überwachung (hierauf kam es maßgeblich an, um den an der BtM-Herstellung beteiligten weiteren Täterkreis zu ermitteln) beim Amtsgericht. Der Ermittlungsrichter vertrat jedoch den Standpunkt, bei der Lagerhalle handele es sich um eine Wohnung i.S. des Art. 13 GG. Daraufhin beantragte die Staatsanwaltschaft, um keine Zeit zu verlieren, einen Beschluss bei der Staatsschutzkammer, welcher die – freilich nur akustische – Überwachung anordnete. Als das Labor, ohne dass eine beweiskräftige Dokumentation erfolgen konnte, kurz darauf in eine andere Lagerhalle umzog, wurde ein weiterer Beschluss erneut beim Ermittlungsrichter beantragt und ablehnendenfalls eine Klärung im Beschwerdewege angekündigt. Dieser hielt unter Berufung auf den nach der Rechtsprechung des Bundesverfassungsgerichts weit auszulegenden Wohnungsbegriff[193] an seiner Auffassung fest. Die Staatsanwaltschaft legte gegen den ablehnenden ermittlungsrichterlichen Beschluss Beschwerde ein und stellte hilfsweise einen Antrag nach § 100c Abs. 1 Nr. 3 StPO. Beim Landgericht herrschte nun zunächst eine Zuständigkeitskonfusion: Die Staatsschutzkammer

---

[191] Vgl. etwa MAUNZ-DÜRIG (1999) Art. 13 Rn. 10ff m.w.N.; BONNER KOMMENTAR Art. 13 Rn 26 ff.; GG-MITARBEITERKOMMENTAR-CASSARDT Art. 13 Rn 23 ff.; vgl. aber zur StPO auch KARLRUHER KOMMENTAR-NACK § 100c Rn 6 f.; vgl. auch unten Fußnote 214.
[192] Vgl. hierzu insgesamt auch unten 2. (Art der überwachten Räumlichkeiten).
[193] BVerfG NJW 1971, 2299.

erklärte sich nach umfassender Würdigung der die Räumlichkeit betreffenden faktischen Verhältnisse und daraus resultierender Verneinung des Wohnungsbegriffes für unzuständig und verwies an die allgemeine Beschwerdekammer. Diese erließ sodann den Beschluss auf der Grundlage von § 100c Abs. 1 Nr. 2 StPO.

Gesondert zu schildern ist hier ein weiterer die Problematik unterstreichender Fall: Im Rahmen der örtlichen „Drogenkonzeption" einer Stadt wird festgestellt, dass der Straßenverkauf von Hartdrogen insbesondere aus dem Hinterzimmer eines innerstädtischen Ladenlokals betrieben wird. Die Geschäftsräume und vor allem das Hinterzimmer sollen mittels einer Anordnung nach § 100c Abs. 1 Nr. 2 StPO überwacht werden, ein entsprechender Beschluss wird jedoch durch den Ermittlungsrichter mit Verweis auf den Wohnungsbegriff abgelehnt. Daraufhin wird durch die Staatsanwaltschaft ein Beschwerdeverfahren beim Landgericht durchgeführt, in welchem der ablehnende Beschluss des Amtsgerichts aufgehoben wird und die Abhörung nach § 100c Abs.1 Nr. 2 StPO angeordnet wird. Es wird ausgeführt, dass die Räume nicht als Wohnung im Sinne des § 100c Abs. 1 Nr. 3 StPO anzusehen seien, da sie dem Beschuldigten ausschließlich zur Durchführung seiner Geschäftstätigkeiten und nicht zu Wohnungszwecken dienten und mithin nicht dem besonderen Schutze des Art. 13 GG unterfielen[194]. Das für die Umsetzung des Beschlusses zuständige LKA hält nach eigener Rechtmäßigkeitsprüfung aus polizeilicher Sicht allerdings wiederum den Wohnungsbegriff für einschlägig und macht den Einbau technischer Mittel vom Vorliegen eines Beschlusses nach § 100c Abs. 1 Nr. 3 StPO abhängig. Daraufhin wird seitens der Staatsanwaltschaft – „zur Vermeidung eines eventuellen Verwertungsverbotes" – ein Beschluss der zuständigen Staatsschutzkammer eingeholt, zu dessen Umsetzung es jedoch nicht mehr kommt, da der Beschuldigte einen längeren Aufenthalt in seinem Heimatland antrat.

b. Maßnahmen mit Einverständnis

Zum anderen sind im Hinblick auf die Abgrenzung zu § 100c Abs. 1 Nr. 2 StPO bereits erwähnte Fälle problematisch, in denen die Abhörmaßnahme mit Einverständnis des Wohnungsinhabers erfolgt. Freilich sind hier Fälle zu unterscheiden, in denen die Abhörung durch eine Zustimmung oder gar Mithilfe des formellen

---

[194] Die Staatsanwaltschaft hatte sich in der Beschwerdebegründung überdies in systematischer Auslegung auf den ebenfalls im Jahre 1998 eingeführten Qualifikationstatbestand des § 244 Abs. 1 Nr. 3 StGB berufen: hierdurch wurde der Einbruchsdiebstahl in eine Wohnung aus dem Regelbeispiel des § 243 Abs. 1 Nr. 1 StGB in den Qualifikationstatbestand des Wohnungseinbruchsdiebstahls gemäß § 244 Abs. 1 Nr. 3 StGB aufgenommen, wohingegen der Geschäftsraum in § 243 Abs. 1 Nr. 1 StGB verblieb. Dies zeige, so die Argumentation, dass der Gesetzgeber klar zwischen den Begriffen „Wohnung" und „Geschäftsraum" differenziere. Demgemäß sei nur eine „Wohnung" den schärferen Voraussetzungen des § 100c Abs. 1 Nr. 3 StPO unterstellt.

Hausrechtsinhabers lediglich in ihrer faktischen Durchführung erleichtert wird (etwa die Hotelleitung hinsichtlich eines Hotelzimmers), aber dennoch ein materieller Eingriff in das Wohnungsgrundrecht der berechtigten Zielperson erfolgt. Auch wenn hier Zweifelsfälle vorliegen mögen, sind jedoch die Fälle anders zu beurteilen, in denen denen ein Zeuge oder Geschädigter die Abhörung in ihren Räumlichkeiten anbietet, um den Strafverfolgungsbehörden die Möglichkeit zu eröffnen, Gespräche mit dort verkehrenden Zielpersonen abzuhören und aufzuzeichnen (etwa ein Erpressungsopfer bei der Geldübergabe in seiner Wohnung, oder die Schwiegereltern hinsichtlich ihres zu Besuch erscheinenden eines Sexualmordes verdächtigen Schwiegersohnes). Nochmals eigen sind die Fälle, in denen es sich um eine VP- oder VE-Wohnung handelt. In der Kommentarliteratur wird überwiegend vertreten, dass die Durchführung der Maßnahme bei Einverständnis des Wohnungsinhabers bereits auf der Grundlage von § 100c Abs. 1 Nr. 2 StPO zulässig ist[195], wobei sich die Ausführungen hier zum Teil auf die Diskussion in der Zeit vor der Einführung des § 100c Abs. 1 Nr. 3 StPO stützen. Eine andere Ansicht, wie sie ebenfalls zum Teil durch Staatsschutzkammervorsitzende in den Expertengesprächen geäußert wurde, erscheint auf dem Hintergrund der nach Einführung des § 100c Abs. 1 Nr. 3 StPO ja nunmehr unter den entsprechenden Voraussetzungen dennoch möglichen Überwachung jedoch ebenfalls vertretbar. Sie erkennt letztlich auch dem Nichtwohnungsinhaber die Inanspruchnahme der besonderen von Art. 13 GG geschützten Sphäre zu.

Unter den untersuchten Fällen, in denen ein Antrag auf eine Maßnahme nach § 100c Abs. 1 Nr. 3 StPO erfolgte, befanden sich elf Maßnahmen, in denen ein Einverständnis des materiellen Wohnungsinhabers vorlag. In vier Fällen handelte es sich gar um eigens von der Polizei für diese Zwecke angemietete VP- oder VE-Wohnungen.

Drei der elf Maßnahmen betrafen Ermittlungen wegen eines Tötungsdeliktes und ebenfalls drei Maßnahmen BtM-Ermittlungen. Die weiteren Fälle stellen allesamt Einverständnisse durch die Anzeigenerstatter in die Abhörung ihrer eigenen Räumlichkeiten dar: Hier sind zum einen die Raub- und Erpressungsfälle zu nennen, in denen die Tat Bezug zur Wohnung des Geschädigten hat, zum anderen aber auch ein Fall eines durch bandenmäßig begangene Diebstahlshandlungen erheblichen Umfangs geschädigten Arbeitgebers oder die Anzeige eines Bestechungsversuches durch den Versprechensempfänger.

Auch in diesen Fällen herrschte jedoch teilweise eine Zuständigkeitskonfusion. In dem bereits angesprochenen zweiten als symptomatisch bezeichneten Fall (Katalogtat: Schwerer Raub/räuberische Erpressung) erfolgte die Zurückweisung des

---

[195] KARLSRUHER KOMMENTAR-NACK, § 100c Rn 16; MEYER-GOßNER, § 100c Rn 12; SK-RUDOLPHI/WOLTER, § 100c Rn 12; freilich ist hier die Rechtsprechung zur „Vernehmung im Privatgespräch" zu beachten, vgl. BGHSt 42, 139.

Antrages durch die Staatsschutzkammer aufgrund ihrer Unzuständigkeitserklärung mit Verweis auf die o.a. herrschende Kommentarliteratur: die Maßnahme sei auf der Grundlage von § 100c Abs. 1 Nr. 2 StPO durch den Ermittlungsrichter anzuordnen. In den anderen Fällen erging zwar letztlich ein Anordnungsbeschluss durch die Staatsschutzkammer, die Tatsache des Einverständnisses des Wohnungsinhabers wurde dann regelmäßig in die Verhältnismäßigkeitserwägungen eingestellt. In einigen dieser Fälle war allerdings zuvor ein ablehnender Beschluss durch den Ermittlungsrichter beim Amtsgericht mit der Begründung ergangen, dass die Überwachung in einer Wohnung nach § 100c Abs. 1 Nr. 2 StPO unzulässig sei. In einem anderen Fall war zuvor bereits ein positiver Beschluss durch den Ermittlungsrichter beim Amtsgericht erlassen worden, der auf Antrag der Staatsanwaltschaft jedoch wieder aufgehoben wurde, da diese selbst die Zuständigkeit der Staatsschutzkammer gegeben sah und dort den Antrag umgehend erneut stellte.

Zu erwähnen ist in diesem Zusammenhang auch ein Fall (Katalogtat Mord/Totschlag), der aufgrund des Einverständnisses des Wohnungsinhabers nicht in den nach Art. 13 Abs. 6 GG vorzulegenden Bericht aufgenommen wurde. Hier war die Anordnung auf der Grundlage von § 100c Abs. 1 Nr. 2 StPO durch den Ermittlungsrichter abgelehnt worden und erst daraufhin die Staatsschutzkammer auf der Grundlage von § 100c Abs. 1 Nr. 3 StPO befasst worden. Die zuständige oberste Justizbehörde führte hierzu aus, dass zwar ein Beschluss nach § 100c Abs. 1 Nr. 3 StPO ergangen sei, „obwohl der Wohnungsinhaber mit der Maßnahme einverstanden gewesen ist, so dass nach herrschender Meinung lediglich ein Beschluss nach § 100c Abs. 1 Nr. 2 StPO erforderlich gewesen wäre."

1.6 Die Nicht-Anordnung von Maßnahmen

Die Grundverteilung der Nicht-Anordnungen ist im Kapitel Grundgesamtheiten bereits dargestellt[196], sie soll hier nun genauer untersucht werden.

Neben den beiden erwähnten Fällen, in denen eine Zurückweisung durch die Staatsschutzkammer aufgrund der oben beschriebenen Problematik im Zusammenhang mit § 100c Abs. 1 Nr. 2 StPO erfolgte (und die Maßnahme nach einer ermittlungsrichterlichen Anordnung dann auch auf dieser Grundlage durchgeführt werden konnte), liegt bei 18 Maßnahmen (und somit bei rund 13 % der Gesamtzahl der festgestellten Maßnahmen) jedoch eine „materielle" Ablehnung vor. In je weiteren zwei Fällen kam es zu gar keinem formellen Beschluss, da die Maßnahme nach der polizeilichen Anregung seitens der Staatsanwaltschaft gar nicht beantragt oder der Antrag von der Staatsanwaltschaft zurückgenommen wurde.

---

[196] S.o. A./II./5.

Setzt man die Nichtanordnungen mit der Gesamtverteilung der Maßnahmen auf die Katalogtaten miteinander in Bezug[197], so zeigt sich eine überproportionale Ablehnungsquote bei den ohnehin schon wenig vorkommenden Katalogtaten, insbesondere bei den Raubdelikten und der Bestechung/Bestechlichkeit. (Die Nichtanordnungsquote bei den allein auf schweren Raub gestützten Anträgen beträgt 100 %! Angeordnet wird die Maßnahme mit Einverständnis des geschädigten Wohnungsinhabers nur in einem Verfahren mit der Kombination Raub/WaffG). Bei Mord/Totschlag liegt die Nichtanordnungsquote bei immerhin 15 % und bei den BtM-Fällen bei rund 8 %.

a. Ablehnungen

Bei den Ablehnungen handelt es sich um sieben Maßnahmen in sechs Verfahren wegen einer Tötung (in einem dieser Verfahren befinden sich zwei beantragte Maßnahmen), je eine Maßnahme in zwei Raubverfahren, je eine Maßnahme in zwei BtM-Verfahren und sieben Maßnahmen in zwei Bestechungsverfahren, wobei in einem dieser Verfahren gleichzeitig sechs Maßnahmen beantragt waren[198]. Der Ablehnungsbeschluss zu einem der Verfahren aufgrund Bestechlichkeitsvorwürfen ist durch die entscheidende Kammer veröffentlicht worden[199] und insoweit sehr instruktiv.

Als Ablehnungsgründe lassen sich insbesondere der von der Kammer nicht bejahte erforderliche Tatverdacht und der nach Ansicht der Kammer nicht ausreichend beachtete Subsidiaritätsgrundsatz isolieren. Bemerkenswert erscheint, dass sich die Fälle des nicht ausreichenden, hinsichtlich „bestimmter Tatsachen" qualifiziert zu belegenden Tatverdachtes ausschließlich auf Fälle von Tötungsermittlungen (welche durchweg im sozialen Nahbereich stattfinden) beziehen, während in anderen Fällen die Subsidiarität und Ultima-ratio-Funktion als begrenzende Determinante im Vordergrund steht. Hinzu kommen Einzelfallwürdigungen: so wird in einem Fall der Antrag als zu unpräzise bezeichnet, da er sich nicht mit dem Schutz der weiteren fünf in der Wohnung lebenden Personen befasse und insoweit keine bestimmten in dem größeren Haus befindlichen Räume nennt. Einen weiteren Fall stellt der Antrag einer Maßnahme im Rechtshilfewege dar: hier wird von der Kammer auf die fehlende Beurteilungsgrundlage hingewiesen, da etwa die ausländischen TÜ-Erkenntnisse, auf welche sich der Antrag maßgeblich bezog, hätten

---

[197] Vgl. oben A./II./5. (*Abbildung 16*).
[198] Vgl. auch hier A./II./5. In dortiger *Abbildung 16* sind jedoch auch die Nichtbeantragungen, Antragsrücknahmen und Zurückweisungen aufgrund von Unzuständigkeit (§ 100c Abs. 1 Nr. 2 StPO) enthalten.
[199] LG Bremen StV 1998, 525. Es handelt sich – soweit bekannt – um die bislang einzige unmittelbar mit der Anordnung oder Ablehnung einer Maßnahme nach § 100c Abs. 1 Nr. 3 StPO im Zusammenhang stehende Entscheidungsveröffentlichung.

vorliegen müssen. In dem Bestechungsfall, in dem mit der Begründung, die Beschuldigten hätten vor der konzertierten Durchsuchungsaktion Beweise auf die Seite geschafft, gleichzeitig sieben Wohnungen abgehört werden sollen, wird der Antrag ebenfalls als unzulässig bezeichnet, da entsprechendes Tatsachenmaterial zur Beurteilung des erforderlichen Tatverdachtes nicht weiter dargelegt sei. Im übrigen wurde gerügt, dass eine bereits angeordnete weitere Durchsuchung noch nicht durchgeführt sei und diese Durchsuchung nicht auf ihr Ergebnis hin, sondern allein zum Zweck der Installation der Überwachungstechnik durchzuführen unzulässig sei. Zum Teil spielen – wie letztlich auch in diesem Fall – für die Ablehnungen jedoch auch Verhältnismäßigkeitserwägungen eine Rolle, die auf der landgerichtlichen Ebene (zu der obergerichtlichen Rechtsprechung in den wenigen Beschwerdefällen s.u.) noch nicht so pointiert geäußert werden, sondern eher an den weiteren gesetzlichen Merkmalen Tatverdacht und Subsidiarität festgemacht werden. Es finden sich in mehreren der Fälle etwa Formulierungen wie: „Die Annahme, dass die Beschuldigten [das Opfer] deshalb getötet haben sollen, stellt aber lediglich eine Mutmaßung dar. Auf der bisherigen Tatsachengrundlage kommt dementsprechend die Anordnung des gravierenden Grundrechtseingriffes gemäß § 100c Abs. 1 Nr. 3 StPO nicht in Betracht."

b. Antragsrücknahmen

In zwei Verfahren wurde der jeweils einzige Antrag auf eine Wohnraumüberwachung von der Staatsanwaltschaft zurückgenommen. Es handelte sich in beiden Fällen um Mord-/Totschlagsverfahren. In einem Fall heißt es hierzu in einem durch die Staatsschutzkammer gefertigten Aktenvermerk lediglich: „Nach Erörterung der Sach- und Rechtslage mit der Staatsanwaltschaft wird der Antrag zurückgenommen", im Auskunftswege wurde mitgeteilt, dass es hier am durch Tatsachen begründeten Tatverdacht gefehlt habe. In dem zweiten Fall hatte die Staatsschutzkammer einen ergänzenden Vermerk über weitere in der Wohnung lebende Personen und zu erwartende Gespräche angefordert, nachdem in der Erstanregung, auf die sich die Staatsanwaltschaft vollumfänglich bezog, nur mitgeteilt wurde, dass das Motiv für eine zweifache Tötung im familiären Bereich zu suchen und die Wohnung ein entsprechender Treffpunkt sei. Kurz nach Vorlage dieses Vermerks am nächsten Tage wurde der Antrag staatsanwaltlicherseits zurückgenommen. Der betreffende Staatsanwalt teilte im Auskunftswege mit, dass, soweit er sich erinnere, der Antrag durch zeitliche Entwicklungen überholt war, da es auf die Anwesenheit einer bestimmten Person in der Wohnung angekommen sei.

Die Grenze zur Problematik der informellen Erledigungsstrukturen ist hier natürlich fließend.

c. Nichtbeantragung

In weiteren zwei Verfahren wurde jeweils eine Maßnahme, obwohl eine polizeiliche Anregung vorlag, nicht bei Gericht beantragt. Es handelte sich hier jedoch um Fälle, in denen gleichzeitig andere Wohnraumüberwachungsmaßnahmen beantragt wurden, so dass sich eher von einer Beschränkung des Antrages sprechen lässt. In einem Fall gewerbsmäßigen Handeltreibens mit BtM, in dem die Überwachung polizeilicherseits zwar neben der Wohnung des Hauptbeschuldigten auch für die Wohnung des mutmaßlichen Bunkerhalter angeregt wird, in der mehrere Treffen mit dem gesondert verfolgten Lieferanten observiert wurden, wird durch die Staatsanwaltschaft in ihrem Antrag an die Kammer hierzu ausgeführt: „Da in der Wohnung des Beschuldigten X auch die entscheidend wichtigen Gespräche zwischen den Kurierfahrern und dem Beschuldigten sowie zwischen dem Händler Y und dem Beschuldigten geführt werden dürften, wird entgegen der Anregung der Polizei [...] ein Antrag derzeit nur hinsichtlich der Wohnung des Beschuldigten X gestellt." In dem zweiten Verfahren wurde die installierte Maßnahme zwischenzeitlich entdeckt, so dass eine zweite angeregte Maßnahme nicht weiterverfolgt wurde.

Umfassende Angaben dazu, inwieweit Maßnahmen in Verfahren angeregt aber nicht beantragt wurden, lassen sich aufgrund der in der Aktenanalyse erfassten Verfahren nicht machen[200]. Die beiden vorliegend bekannten Fälle wurden allein deswegen entdeckt, weil sie in Verfahren mit förmlich beantragten Maßnahmen enthalten waren. Möglicherweise stellt auch ein auf Mitteilung einer Staatsschutzkammer untersuchtes Verfahren, in dem letztlich kein Hinweis auf eine Wohnraumüberwachungsmaßnahme festgestellt werden konnte, einen solchen Fall dar[201].

1.7 Anordnungen im Beschwerdewege

Bei neun von der Staatsschutzkammer zunächst abgelehnten Maßnahmen in vier Verfahren wurde seitens der Staatsanwaltschaft Beschwerde zum Oberlandesgericht eingelegt. In einem Fall wurde daraufhin die Maßnahme durch den Beschwerdesenat angeordnet, in den anderen Fällen wurde die Ablehnungsentscheidung der Staatsschutzkammer teilweise zwar mit anderer Begründung, aber in der Sache aufrecht erhalten. Es handelte sich um einen bereits erwähnten Bestechungsfall mit sieben beantragten Maßnahmen und je eine Maßnahme in einem Raubverfahren wegen eines Geldtransporterüberfalles, einem Verfahren hinsichtlich einer beabsichtigten kontrollierten Lieferung von 300 kg Heroin und einem Mord-/Totschlagsverfahren.

---

[200] Vgl. aber unten II./1.1.
[201] S.o. A./I./5.

In formeller Hinsicht ist hier noch § 120 Abs. 4 GVG zu erwähnen, der in einem Fall zur Zurückweisung der Beschwerde durch das örtliche Oberlandesgericht und zur Befassung einer weiteren Generalstaatsanwaltschaft aus einem anderen Oberlandesgerichtsbezirk in dem betreffenden Bundesland führte, um die Beschwerde dort zu vertreten.

In den vier vorliegenden – leider unveröffentlichten[202] – obergerichtlichen Beschwerdeentscheidungen lässt sich feststellen, dass ein größeres Gewicht auf Verhältnismäßigkeitserwägungen und die Ultima-ratio-Funktion gelegt wird. In den Beschwerdebegründungen der Staatsanwaltschaften und der die Beschwerde vor dem Oberlandesgericht vertretenden Generalstaatsanwaltschaften wird zu den Einzelheiten der Tatverdachts- oder Subsidiaritätsbegründung oft detailliert Stellung genommen, die von dem Oberlandesgericht gar nicht in Abrede gestellt werden. Das bloße Vorliegen einer Katalogtat gemäß § 100c Abs. 1 Nr. 3 StPO reiche allein aber zur Anordnung einer Abhörmaßnahme nicht aus. Hinzu kommen müsse infolge der zu fordernden verfassungskonformen Auslegung der Norm, dass die in Rede stehende Straftat im konkreten Fall besonders schwer wiege[203] und die Abhörmaßnahme unter Abwägung des Grundrechtseingriffes mit einer gewissen Erfolgswahrscheinlichkeit die allerletzte Möglichkeit zur Aufklärung der Straftat biete. Solange den Strafverfolgungsbehörden noch andere hinreichend erfolgversprechende Mittel als die Abhörung zu Gebote stünden, sei dies nicht der Fall.

In dem Fall, in dem die Abhörung im Beschwerdewege dann doch noch angeordnet wurde, wird jedoch festgehalten, dass eine sichere Erwartung eines Ermittlungserfolges eine Überstrapazierung der zu treffenden Prognoseentscheidung darstellen würde, ausreichend seien mit dem Grundrechtseingriff in Verhältnis zu setzende „nicht fernliegende" Erwartungen tatrelevanter Äußerungen.

1.8 Die Nichtdurchführung von Maßnahmen trotz Anordnung

Auch die Grundverteilung der Nicht-Durchführungen trotz Anordnungsbeschlusses ist im Kapitel Grundgesamtheiten bereits dargestellt worden[204], sie soll hier nun ebenfalls genauer untersucht werden.

Trotz eines vorliegenden Anordnungsbeschlusses gelangten 27 Maßnahmen (und somit 19 % der 143 Maßnahmen insgesamt und 23 % der 119 Maßnahmen mit

---

[202] Wie angemerkt, handelt es sich bei der Entscheidung des LG Bremen in StV 1998, 525 um die einzige veröffentlichte Entscheidung im direkten Zusammenhang mit § 100c Abs. 1 Nr. 3 StPO.
[203] So auch KARLSRUHER KOMMENTAR-NACK, § 100c Rn 43; anders MEYER-GOßNER, § 100c Rn 11 m.w.N.
[204] S.o. A./II./6.

positivem Anordnungsbeschluss[205]) nicht in das Stadium der Durchführung. Diese verteilen sich mit Ausnahme eines Falles mit der Katalogtat nach § 92a/92b AuslG ausnahmslos auf die Katalogtaten Mord/Totschlag (12 Fälle) und solche des BtMG (14 Fälle)[206]. Einen Überblick mit den Gründen der Nichtdurchführung gibt die folgende *Tabelle 8*:

Tabelle 8:   *Gründe für die Nicht-Durchführung angeordneter Maßnahmen*

	Katalogtaten			Gesamt
	Mord, Totschlag [3]	BtMG [12]	AuslG, A-sylverfG [15]	
wegen Installationsproblemen nicht durchgeführt	6	5	1	12
Maßnahme "überholt" (insb. zwischenzeitl. Geständnis)	3			3
Maßnahme "überholt", da Besch. nicht mehr anwesend	3	3		6
Körpermikro VE/VP - Wohnung nicht betreten		5		5
keine Hinweise in den Akten		1		1
Gesamt	12	14	1	27

Bei lediglich drei Maßnahmen, die alle gleichzeitig bei den drei Beschuldigten eines Verfahrens wegen eines Raubmordes angeordnet wurden, wurden die technischen Mittel zwar installiert, aber nicht in Betrieb genommen. Die Beschuldigten hatten zuvor in der Vernehmung, während derselben die technischen Mittel in ihren Wohnungen installiert wurden, ein Geständnis abgelegt.

In den meisten Fällen scheiterte die Durchführung jedoch an Problemen hinsichtlich der Installation der technischen Mittel. Die den hier zwölf festgestellten Maßnahmen zugrundeliegenden Sachverhalte sind allerdings vielgestaltig. Zunächst sind hier als der größte Teil diejenigen Fälle zu nennen, in denen ein unbe-

---

[205] S.o. A./II./5.
[206] S.o. A./II./6. (*Abbildung 18* und Fußnote 164).

merkter Zutritt zu den Räumlichkeiten trotz zum Teil mehrfacher Verlängerungsanordnungen und mehrerer Versuche nicht gelang, etwa weil dort ständig Personen anwesend waren und die Örtlichkeit nie gleichzeitig verließen oder die Installation in der Nachbarschaft zu großes Misstrauen ausgelöst hätte (wobei sich diese Problematik etwa nicht nur bei besonders ethnisch abgeschlossenen Nachbarschaften stellt). In drei Fällen (zwei davon aus dem gleichen Bundesland) fanden sich Vermerke, dass der Beschluss aufgrund mangelnder Kapazitäten des beauftragten Landeskriminalamtes nicht ausgeführt werden konnte; in einem dieser Fälle waren aber offensichtlich auch technische Probleme ursächlich, hinsichtlich derselben seitens des LKA auch der sachbearbeitenden Polizeidienststelle selbst keine genaueren Mitteilungen gemacht wurden. In einem Fall wurden explizit schließtechnische Probleme genannt, die zumindest in dem zur Verfügung stehenden Zeitrahmen nicht gelöst werden konnten. In einem Fall wurde das ursprünglich erteilte Einverständnis des Wohnungsinhabers zurückgezogen.

In weiteren sechs Fällen lagen die Dinge so, dass vor Installation der technischen Mittel festgestellt wird, dass der Beschuldigte in der Wohnung, für die der Beschluss erlassen wurde, nicht oder kaum mehr aufhältig ist. So gibt es etwa Fälle, in denen der Beschuldigte längere Auslandsreisen antritt. Auch der Fall eines kurzfristig abbestellten Hotelzimmers, in dem die Abhörung stattfinden sollte, ist hier zu nennen (es wurden kurz zuvor vier Mittäter des Beschuldigten verhaftet). In einem anderen Fall wurde ein zwecks tatrelevanter Handlung angemieteter Geschäftsraum durch den Beschuldigten aufgegeben.

Eine mit sechs Maßnahmen nicht unerhebliche Gruppe der Fälle, in denen letztlich keine Abhörung nach § 100c Abs. 1 Nr. 3 StPO erfolgte, stellen die vorwiegend in BtM-Verfahren auftretenden Konstellationen dar, in denen der Beschluss für den nicht auszuschließenden Fall erwirkt wurde, dass ein mit einem Körpermikrofon ausgestatteter VE oder entsprechend eine VP die Wohnung des Beschuldigten betreten würde. Gleichzeitig waren diese Maßnahmen nicht auf eine präventive Grundlage nach dem jeweiligen Polizeigesetz und in der Folge auf § 161 Abs. 2 StPO zu stützen, da sie nicht lediglich der Eigensicherung dienten, sondern gezielt zu auf Erkenntnisgewinn gerichteten Ermittlungszwecken eingesetzt wurden. In diesen fünf Fällen mit einem vorliegenden Beschluss der Staatschutzkammer nach § 100c Abs. 1 Nr. 3 StPO kam es im Rahmen des Einsatzes jedoch letztlich zu keinem Betreten der Wohnung, so dass die Maßnahme bereits auf der Grundlage von § 100c Abs. 1 Nr. 2 StPO gedeckt war. Diese Fälle wurden dementsprechend auch nicht nach § 100e StPO berichtet. In einem Fall konnte aus den Akten nicht klar festgestellt werden, dass die Wohnung der Zielperson nicht betreten wurde, da aber auch hier trotz entsprechendem Staatsschutzkammerbeschluss kein Bericht nach § 100e StPO vorlag, wäre dieser Rückschluss naheliegend.

2. Art der überwachten Räumlichkeiten und Lebensbereiche

Von besonderer Relevanz erscheint die Frage nach den Räumlichkeiten, in denen die Überwachung tatsächlich erfolgte. Im Hinblick auf den „weiten Wohnungsbegriff" des Bundesverfassungsgerichtes[207], nach dem sich der Schutzbereich des Art. 13 GG nicht nur auf den eigentlichen Wohnraum im engeren Sinne bezieht, ist § 100c Abs. 1 Nr. 3 StPO bereits einschlägig, wenn lediglich andere, nicht als elementarer Raum der Privatsphäre dienende Räumlichkeiten Ziel einer akustischen Überwachung darstellen sollen[208]. So wurde im Vorfeld des Gesetzgebungsverfahrens auch ein „wohnungsbegriffseinschränkender Ansatz" diskutiert und erwogen, die verfassungsrechtliche Problematik über eine diesbezügliche Beschränkung des Schutzbereichs von Art. 13 GG zu lösen[209]. Es stelle sich nämlich die Frage, „ob auch die Hinterzimmer von Bordellen, Spielcasinos, Gaststätten, Hotels und Saunen Räume der unmittelbaren Lebensgestaltung bilden, die dem besonderen Schutz eines Grundrechtes unterliegen."[210] In diesem Zusammenhang wurde – unglücklich – auch von einer „Bemakelung" verschiedener Räumlichkeiten gesprochen[211].

Dabei ist zu konstatieren, dass die Reichweite des Wohnungsbegriffs durchaus Abgrenzungsschwierigkeiten mit sich bringen kann[212].

Entscheidend ist überdies die tatsächliche Frequentierung der zu überwachenden Räumlichkeit[213].

2.1 Überwachte Räumlichkeiten

Angaben zu der Art der zu überwachenden Räumlichkeit konnten in 138 Fällen erlangt werden.

Die festgestellten 143 Maßnahmen bezogen sich in 104 Fällen (73 %) auf Wohnungen im engeren Sinne. Genauere Angaben darüber, um was für Objekte es sich dabei jeweils handelte, ließen sich den Akten nur sporadisch entnehmen. Vertreten waren sowohl Einfamilienhäuser wie Einzimmerappartements oder reguläre Wohnungen in Mehrfamilienhäusern.

---

[207] BVerfGE 32, 54 (69 ff.) u.a.; vgl. hierzu etwa MAUNZ-DÜRIG (1999), Art. 13 Rn. 10 ff. m.w.N.; BLUDOVSKY (2002), 41 ff.

[208] Das BVerfG auch in seinem jüngsten Urteil unter Zugrundelegung einer typisierenden Betrachtungsweise differenziert, vgl. 1 BvR 2378/98 Absatz 141 ff..

[209] Vgl. dazu ausführlich MÜLLER (2000), 101 ff.

[210] RAUM/PALM, JZ 1994, 447 (450 f.).

[211] Vgl. auch BRODAG, Kriminalistik 999, 745.

[212] Vgl nur MEYER-GOßNER, § 100c Rn 6 m.w.N.; i.Ü. oben 1.5/a.

[213] BVerfG 1 BvR 2378/98 Absatz 146.

In vier weiteren Fällen sollte ein vorübergehend oder längerfristig genutztes Hotelzimmer abgehört werden. In zehn Fällen konnte der zu überwachende Raum als Geschäftsraum ohne Publikumsverkehr qualifiziert werden (in der Regel Hinterzimmer von Geschäftsräumen mit Publikumsverkehr), in nur zwei Fällen handelte es sich bei der abzuhörenden Räumlichkeit um einen solchen mit regulärem Publikumsverkehr. Zu berücksichtigen ist jedoch, dass es sich bei den so kategorisierten Räumlichkeiten bereits um so heterogene Fälle wie Büronebenräume eines Bordells, den Verkaufscontainer auf einem Gebrauchtwagengelände oder eine Kfz-Werkstatt handelte. Aus einigen in den Akten dokumentierten Fällen wird zudem offensichtlich, dass allgemein zugängliche Geschäftsräume zumeist über § 100c Abs. 1 Nr. 2 StPO abgehört werden dürften, insbesondere sind hier zwei Fälle eines „Gastraumgespräches" in einem Restaurant zu erwähnen. Insgesamt ergibt sich, dass sich die anderen außer Wohnungen i.e.S. betroffenen Räumlichkeiten kaum kategorisieren lassen. Als weitere Fälle sind zu nennen: Clubräume (drei Fälle), eine Bar mit videoüberwachter Einlasskontrolle, „Modellwohnungen", in denen der Prostitution nachgegangen wurde (zwei Fälle), eine Wohnung, die als Quartier für wechselnde illegale Straßenverkäufer genutzt wurde, ausschließlich als BtM-Bunkerwohnungen genutzte Wohnungen (zwei Fälle, wobei hier zu erwähnen ist, dass auch einige der vorliegend als Wohnungen i.e.S. genannten Räumlichkeiten ebenfalls zum Lagern von BtM genutzt werden) sowie sowohl Haft- als auch Besuchsräume in einer JVA (zwei Fälle, auch hier ist anzumerken, dass aus den Akten wiederum andere Fälle bekannt sind, in denen solche nach § 100c Abs. 1 Nr. 2 StPO abgehört wurden[214]).

Eine besondere Stellung nehmen – zum Teil eigens von der Polizei für diesen Zweck angemietete – VP-Wohnungen ein (vier Fälle). Hier erfolgte die Installation der Überwachungstechnik grundsätzlich im Einverständnis der VP als Wohnungsinhaberin, welche dann die Zielperson mit in ihre Wohnung brachte.

Betrachtet man die Verteilung der Örtlichkeiten auf die den jeweiligen Beschlüssen zugrunde liegenden Katalogtaten, so ergibt sich folgendes Bild (Feststellungen waren bei 138 Maßnahmen möglich):

---

[214] Das BVerfG verneint den Schutzbereich des Art. 13 GG für die Haft räume einer Justizvollzugsanstalt (Beschluss vom 30.5.1996, NJW 1996, 2643); ebenso der BGH für den Besuchsraum einer Untersuchungshaftvollzugsanstalt (Urteil vom 24.7.1998, NJW 1998, 3284 f.), vgl. i.ü. MEYER-GOßNER, § 100c Rn 6 m.w.N.

Die Durchführung der akustischen Wohnraumüberwachung 93

Tabelle 9: Verteilung der Arten der Räumlichkeiten auf die Katalogtaten – absolut und in % bezogen auf die Katalogtatgruppen

	Mord/Totschlag (n=69)		BtMG (n=53)		Raub/Erpress. (n=7)		Andere (n=14)	
Wohnung i.e.S.	61	88%	29	55%	5	72%	8	58%
Geschäftsräume	1	2%	5	9%	1	14%	2	14%
Räume mit Publikumsverkehr	0	0%	2	4%	0	0%	0	0%
Andere Räumlichkeiten/Sonderfälle	4	6%	17	32%	1	14%	2	14%
k.A./n.f.	3	4%	0	0%	0	0%	2	14%

Aus dieser Übersicht lässt sich entnehmen, dass die Tötungsfälle in einem wesentlich höheren Umfang Wohnungen im engeren Sinne betreffen als die BtM-Fälle. Auch hier tritt somit ein bestimmter Strukturunterschied zutage. Im Hinblick auf die Diskussion um den wohnungsbegriffseinschränkenden Ansatz ist somit festzuhalten, dass dieser vor allem auf dem Gebiet der Betäubungsmittelkriminalität Relevanz hätte.

2.2 Eingriff in die Privatsphäre

In manchen Fällen ließen sich den Akten Hinweise darauf entnehmen, in welchen und wie vielen Zimmern eines zu überwachenden Wohnraumobjektes technische Mittel installiert wurden. Diese Hinweise ergaben sich dann zumeist – falls vorliegend – direkt aus den Überwachungsprotokollen. Eine Nennung oder Eingrenzung derselben in den dem Anordnungsvorgang zugrunde liegenden Unterlagen war allerdings nur in den seltensten Fällen gegeben. Entsprechende Fragen waren somit auch in den Expertengesprächen zu thematisieren.

Es ist zu berücksichtigen, dass es sich bei den jeweiligen Überwachungsörtlichkeiten, wie bereits erwähnt, um sehr verschiedenartige Wohnraumobjekte handelte. In einigen Fällen war der Ort entsprechender Absprachen genau isolierbar (etwa Hinterzimmer einer Kneipe, Wirtschaftsraum des Bordells etc.), zumeist lautete die Feststellung aber, dass Gespräche „in der Wohnung" des oder der Beschuldigten stattfinden. Während dann in einigen Fällen mit einem Aufzeichnungsmedium die gesamte relevante Räumlichkeit überwacht werden kann, sind hierzu in anderen

Fällen mehrere Medien erforderlich, die selbstverständlich jeweils auch das Erfordernis einer separaten Auswertung mit sich bringen. Eine genaue Bezifferung und Benennung der einzelnen Räumlichkeiten erscheint vorliegend kaum möglich. Der Versuch einer entsprechenden Erhebung erbrachte, dass in zehn Fällen offensichtlich alle Räumlichkeiten einer Örtlichkeit in die Überwachung einbezogen waren, in zwölf weiteren Fällen offensichtlich nur einige. In 49 Fällen ließen sich hierzu keine (gesicherten) Rückschlüsse ziehen, bei den restlichen 72 Maßnahmen waren überhaupt keine Angaben feststellbar, die einen entsprechenden Rückschluss ermöglicht hätten. Hier ist zu erwähnen, dass die Abhörprotokolle in den Akten in aller Regel allenfalls Auszüge des Gesamtüberwachungszeitraumes darstellen. Protokolliert wurden zumeist nur die für die Ermittlungen relevanten Passagen und deren Kontext[215].

Wichtig erscheint jedoch insbesondere der vom Ort der Überwachung zu folgernde Rückschluss auf die Intensität des Grundrechtseingriffs und inwieweit hier der Kernbereich privater Lebensgestaltung[216] tangiert ist. Hier ist klar festzustellen, dass durch die Maßnahme auch in intimste Lebensbereiche eingedrungen wird. Auch wenn sich dies vorliegend nicht genau quantifizieren lässt, so ist die Überwachung etwa auch von Schlafräumen jedenfalls kein Einzelfall, bei Einzimmerwohnungen oder vergleichbaren Räumlichkeiten erklärt sich dies bereits von selbst. In den Protokollen konnten mehrfach Passagen festgestellt werden, bei denen ein Betroffensein des Kernbereichs privater Lebensgestaltung konstatiert werden muss.

Insgesamt erscheint die Plazierung und Anzahl der technischen Mittel einzelfallabhängig. Hier ist auf die Expertengespräche zu verweisen.

In diesem Zusammenhang ist auch eine regelmäßig unterschiedliche Zielrichtung der Maßnahme je nach zugrundeliegenden Ermittlungsdelikten bzw. Katalogtaten zu konstatieren. Während es bei den BtM-Fällen in der Regel um die beweiskräftige Dokumentation des BtM-Besitzes, Handeltreibens oder der Einfuhr und damit notwendig verbundener Kommunikation innerhalb eines bestimmten sich zur Strafverfolgungsminimierung abschottenden Täterkreises geht, ist den Tötungsdelikten eine andere Struktur immanent. Diese zeichnet sich gerade dadurch aus, dass über die Tat gar nicht mehr – oder eben allenfalls im engsten Kreise, und hierauf stützt sich dann das Kalkül der Wohnraumüberwachung – kommuniziert wird. Dies trifft vor allem zu, wenn wie zumeist, Motive und Beweggründe für die Tötung im privaten Bereich zu verorten sind. Vor allem auch auf diesem Hintergrund erscheint die im vorhergehenden Abschnitt dargelegte wesentlich höhere Quote von ausschließlichen Privatwohnungen bei den Tötungsdelikten nachvollziehbar und plausibel. Insgesamt stellt dies auch einen Indikator für das im unterschiedlichen Maße Betroffensein „privater Kernbereiche" dar. Dieses liegt bei den Tötungsver-

---

215 Vgl. genauer unten 5.
216 Vgl. BVerfG (2004), 1 BvR 2378/98 Absatz 122 ff.; BVerfG 80, 367 (373 ff.).

fahren in erheblich höherem Maße vor als bei den BtM-Verfahren, bei denen bereits die Tathandlung zwar auf Konspiration angelegt, aber eher der dem Lebensunterhalt dienenden „beruflichen" oder „geschäftlichen" Sphäre als einem persönlichen Beziehungsgeflecht zuzuordnen ist. Damit sei freilich nicht gesagt, dass umfänglicher Drogenhandel oder Handel mit anderen illegalen Gütern – wie vorliegende Fälle ebenfalls zeigen – nicht auch im Familienrahmen betrieben würde.

Anhand einiger Fallbeispiele lässt sich das Betroffensein der Privatsphäre insbesondere bei Tötungsfällen illustrieren: in nicht lediglich einem Fall kam es bei Tötungsdelikten etwa auf verschiedene außerlebenspartnerschaftliche Affären an, die von den Beschuldigten zum Teil hartnäckig geleugnet wurden, aber durch die Wohnraumüberwachung bewiesen wurden und – wenn auch innerhalb derselben die entscheidenden Worte im Sinne eines direkten Tatnachweise nicht fielen – eine für die Ermittlungen wichtige Nebentatsache darstellten. Als ein in gewissem Sinne „typischer" Fall kann hier auch der umfänglich öffentlich dargelegte Fall aus Leipzig gelten[217]. Öffentlich berichtet wurde auch von anderen Fällen (ebenso aus dem BtM-Bereich), die eine Berührung des privaten Kernbereiches dokumentieren[218]. Illustrativ erscheint hingegen auch ein Fall, bei dem in einer Wohnung aus Südamerika eingereiste Drogenkuriere beim Ausscheiden von Fingerlingen belauscht werden konnten, in denen sie das Kokain in ihrem Körper geschmuggelt hatten, sich dabei über den Kokain-Schmuggel zwischen Südamerika und Europa unterhielten, und woraufhin unmittelbar danach 1,4 kg Kokain sichergestellt werden konnten.

2.3 In der Wohnung potentiell mitbetroffene Personen

Der Eingriff in die Privatsphäre hat neben einer örtlich-räumlichen jedoch auch noch eine personale Komponente[219]. Dies betrifft nicht nur die vom Bundesverfassungsgericht jüngst wieder aufgeworfene Frage der Schutzwürdigkeit bestimmter Kommunikationsverhältnisse, sondern auch die Wirkung des gegen den Beschuldigten gerichteten Eingriffs gegen andere Personen. Hierauf ist freilich (in einer Ex-post-Betrachtung) an anderer Stelle noch näher einzugehen[220]; es stellte sich aber bei der Aktenauswertung auch die Frage, inwieweit (ex ante) weitere in den Räumlichkeiten verkehrende Personen im Rahmen des Anordnungsvorganges Berücksichtigung finden bzw. eine quantitative Abschätzung und qualitative Einschätzung hinsichtlich dieses Personenkreises erfolgt. Diese Frage, welche sodann auch Gegenstand der Expertengespräche war, muss jedoch nach Aktenlage verneint

---

[217] Vgl. Fallschilderung in der Anlage 5 zu BT-Drs. 14/8155.
[218] Vgl. DER SPIEGEL 26/1999, 54 f. und 23/2001, 34 ff. (35).
[219] Vgl. ebenfalls BVerfG (2004), 1 BvR 2378/98 Absatz 136.; BVerfG 80, 367 (374).
[220] Unten Kapitel F.

werden. Dargelegt werden dort in der Regel nur die (mutmaßlich) in der Wohnung stattfindenden Kontakte zu tatrelevant in Erscheinung getretenen Personen, von deren Überwachung Erkenntnisse erwartet werden. In nur wenigen Fällen liegen Angaben zu weiteren aufgrund ihrer Anwesenheit in der Wohnung durch die Anordnung (mit)betroffenen unbeteiligten Personen vor. In aller Regel sind dies mit dem Beschuldigten in der Wohnung lebende Lebenspartner, auf deren Gespräche mit dem Beschuldigten die Maßnahme, wie oben insbesondere für den Bereich der Tötungsdelikte dargelegt, ja nicht selten gerade abzielt. Demgemäß finden sich allenfalls in einigen Beschlüssen Ausführungen zu §§ 52 i.V.m. 100d Abs. 3 Satz 2 StPO. Weitere Betroffene werden – offenbar im Hinblick auf § 100c Abs. 3 StPO – regelmäßig nicht erwähnt, entsprechende Erkenntnisse sind, von zufälligen und sich inzidenter ergebenden Informationen abgesehen, nicht systematisch dokumentiert. Erwähnung finden weiter Personen etwa dann, wenn sie wegen ständiger Anwesenheit in der Wohnung mit Installationsproblemen im Zusammenhang stehen oder dergleichen. Oftmals erscheint die Existenz weiterer Personen offensichtlich, diese ist aber nicht bezifferbar (etwa Vermerk: „Der Beschuldigte wohnt mit seiner Familie in der XY-Straße"). Die Anzahl weiterer Personen kann zumeist nur rückwirkend aus den Protokollen ermittelt werden, wobei bereits darauf hingewiesen wurde, dass dieser Zugang aufgrund der in der Regel nur auszugsweise vorliegenden Protokolle ebenfalls mit Unsicherheiten belastet ist. Freilich hängt die Dokumentierbarkeit dieses Personenkreises auch stark von der entsprechenden Örtlichkeit und vom Einzelfall ab und ist für einen Geschäfts- oder Clubraum sicherlich anders einzustufen als für eine Familienwohnung (wobei auch hier die gesamte Spannweite zwischen einer südländischen Großfamilie und einem Ein- oder Zweipersonenhaushalt festgestellt wurde). In Fällen von Räumlichkeiten mit regem Personenverkehr wurde zuweilen der Hauseingang per Videoobservation überwacht, um sicherzustellen, dass nur Beschuldigte von der Maßnahme betroffen werden. In einem Beschluss wurde etwa explizit angeordnet, dass die Überwachung nur erfolgen dürfe, wenn sich mindestens zwei der Beschuldigten in der Wohnung aufhielten. Insgesamt erscheinen solche Ausführungen aber als Einzelfälle, und allein der Beschuldigte steht im Fokus.

2.4 Ortsbedingtes Beweiserhebungsverbot

§ 100d Abs. 3 StPO erklärt die Maßnahme in den Fällen des § 53 Abs. 1 StPO als dem Betroffensein von Berufsgeheimnisträgern für unzulässig[221]. Damit scheiden von vornherein Räumlichkeiten, in denen solche Berufsgeheimnisträger regelmäßig verkehren bzw. diese zur Stätte ihres beruflichen Wirkens machen, für eine Abhörung aus. Man könnte von einem „ortsbedingten Beweiserhebungsverbot"

---

[221] Vgl. zum Ganzen WELP (2000), 281 ff.

(z.B. in einer Anwaltskanzlei, Arztpraxis etc.) sprechen[222]. Fraglich ist, ob solche Örtlichkeiten in den untersuchten Verfahren eine Rolle spielten.

Es ist lediglich ein Fall aufgetreten, in dem die Vorschrift des § 100d Abs. 3 StPO aktenkundige Relevanz erlangt hat: in einem Verfahren wegen eines Sexualmordes findet ein Hausbesuch des Verteidigers bei dem Beschuldigten statt, in dessen Räumen die Wohnraumüberwachung läuft. Der Verteidigerbesuch ist im Protokoll als solcher dokumentiert und vermerkt, dass das Gespräch aus diesem Grunde nicht abgehört wurde. Die Wohnraumüberwachung spielt für die Beweisführung im weiteren Verfahren keine Rolle mehr, dem Verteidiger wurde das Abhörprotokoll vollumfänglich zugänglich gemacht.

In diesem Fall war die Relevanz von § 100d Abs. 3 StPO jedoch nicht durch die Räumlichkeit bedingt (wie etwa bei einer Arztpraxis oder einer Anwalts- oder Wirtschaftsprüferkanzlei). Vielmehr handelt es sich hier um ein allgemeines Problem des ungehinderten Verteidigerverkehrs, welches sich auch bei anderen Ermittlungsmaßnahmen findet (etwa Verteidigertelefonate bei der TÜ oder Feststellung von Verteidigerschriftverkehr bei einer Durchsuchung) und durch punktuelle Unterbrechung der Überwachung gelöst werden kann. Fälle, in denen anhand konkreter Anhaltspunkte im Hinblick auf die zu überwachende Räumlichkeit ein Bezug zur Tätigkeit eines Berufsgeheimnisträgers ersichtlich oder denkbar gewesen wäre, konnten nicht festgestellt werden.

In nur einem weiteren Verfahren spielte ein möglicher Berufsgeheimnisträger eine Rolle: ein als „Lebensberater" praktizierender Psychologe bot der Polizei eine Abhörung seiner Privat- (nicht Praxis-)räume an, in denen er ein eindringliches Gespräch mit dem Verdächtigen eines Tötungsverbrechens führen wollte, der zu ihm privat ein gutes Verhältnis hatte. Im Anordnungsbeschluss der Staatsschutzkammer wird festgehalten, Anhaltspunkte dafür, dass der Zeuge in seiner Eigenschaft als Psychologe im Sinne des § 53 Nr. 3 StPO in Anspruch genommen würde, seien nicht ersichtlich.

Insgesamt sind aufgrund der Aktenanalyse somit auch keine Fälle des § 100d Abs. 3 Satz 4 StPO (Verdacht der Beteiligung, Strafvereitelung oder Begünstigung von Berufsgeheimnisträgern) bekannt[223].

3. Dauer der Maßnahmen

Im Falle der Durchführung der Wohnraumüberwachungsmaßnahmen sind die in der Ausführung tatsächliche Abhördauer sowie die jeweils in Anregung und Antrag angestrebte und die im Beschluss als Befristung festgesetzte Anordnungsdauer zu

---

[222] KARLSRUHER KOMMENTAR-NACK, § 100c Rn 23.
[223] Lediglich im Rahmen der Expertengespräche wurde von einem Fall außerhalb des Erhebungszeitraumes berichtet, in dem diese Vorschrift unmittelbare praktische Relevanz erlangte.

unterscheiden. Von besonderem Interesse ist sodann, in wie vielen Fällen, in welchem Umfang und mit welcher Begründung Verlängerungen der Anordnungsdauer erfolgten. Eine Anordnung der akustischen Wohnraumüberwachung ist gemäß § 100d Abs. 4 StPO auf höchstens vier Wochen zu befristen. Eine Verlängerung um jeweils nicht mehr als vier Wochen ist zulässig, solange die Voraussetzungen für die Maßnahme fortbestehen.

3.1 Befristung in der Erstanordnung

Dargestellt werden soll zunächst die Befristung der Maßnahmen im jeweiligen Erstanordnungsvorgang. Die entsprechenden Angaben umfassen somit sowohl Maßnahmen mit als auch ohne Verlängerungsanordnungen.

a. Anordnungsdauer nach polizeilicher Anregung

Eine Betrachtung der polizeilichen Anregungen ergibt, dass diese in den meisten Fällen gar keine Angaben zur Dauer bzw. Befristung der Maßnahme enthalten. Bei nur 17 Maßnahmen konnten entsprechende Angaben festgestellt werden, diese beliefen sich in 15 Fällen auf die gesetzliche Höchstdauer von vier Wochen (§ 100d Abs. 4 Satz 1 StPO). In einem weiteren Fall liegen in der polizeilichen Anregung offensichtliche rechtliche Missverständnisse vor, da gebeten wird, im Zusammenhang mit dem durchgeführten VE-Einsatz, in dessen Rahmen das Betreten der Wohnung des Beschuldigten erforderlich werden könnte, bei der „zuständigen Strafkammer des Amtsgerichts [...] für die Dauer von 3 Monaten einen Beschluss gemäß § 100c Abs. 1 Nr. 2 und 3 StPO i.V.m. § 100d Abs. 2 StPO" zu beantragen.

Zu nennen ist im übrigen exemplarisch der bereits mehrfach thematisierte Fall, in dem der Wohnungsbegriff der abzuhörenden Räumlichkeit strittig war (es handelte sich um eine Lagerhalle, in der ein mobiles Labor zur Herstellung synthetischer Drogen betrieben wurde). Hier wurden polizeilicherseits pauschal „Maßnahmen nach § 100c (insb. auch Bildaufzeichnungen)" für die Dauer von 90 Tagen angeregt. Die Abgrenzungsschwierigkeiten zwischen § 100c Abs. 1 Nr. 2 StPO und § 100c Abs. 1 Nr. 3 StPO erscheinen hier symptomatisch.

Jedoch ist insgesamt feststellbar, dass seitens der Polizei oftmals generell etwa „Maßnahmen nach § 100c StPO in der Wohnung des Beschuldigten" angeregt werden und die weiteren rechtlichen Details wie Befristung und Gerichtszuständigkeit angesichts der komplizierten und verschachtelten Regelung offensichtlich der Staatsanwaltschaft überlassen bleiben.

Wenn sich in den polizeilichen Anregungen zeitliche Angaben befinden, so handelt es sich in der Regel um die Nennung eines Datums, an dem die technischen Mittel voraussichtlich installiert werden können, oder die Darlegung weiterer sich auf den möglichen Beginn der Maßnahme auswirkender ermittlungstaktischer Erwägungen.

b. Anordnungsdauer nach staatsanwaltlichem Antrag

In den staatsanwaltlichen Anträgen an das Gericht konnten in 88 Fällen Angaben zur Befristung festgestellt werden. In 75 Fällen handelte es sich ebenfalls um die gesetzliche Höchstdauer von vier Wochen (§ 100d Abs. 4 Satz 1 StPO), die zumeist nicht besonders begründet wird. In Einzelfällen finden sich Anmerkungen in dem Sinne: „Angesichts der Schwere des Tatvorwurfes erscheint eine Befristung der Maßnahme auf die Höchstdauer von vier Wochen verhältnismäßig". In einem weiteren Verfahren wegen einer Tötung wird wohl auch missverständlich hinsichtlich zweier gleichzeitig beantragter Maßnahmen ausgeführt, es erscheine „aus heutiger Sicht ausreichend, die Anordnung auf einen Monat zu befristen".

In einem Verfahren wegen einer Tötung und Landfriedensbruches wird eine Maßnahme – offenbar ganz gezielt im Hinblick auf ein Treffen eines Beschuldigten mit weiteren Personen (in der Akte befinden sich zu den genauen Umständen kaum Angaben, da hier aufgrund der Eilbedürftigkeit mutmaßlich einiges auf telefonischem Wege erledigt wurde) – von der Staatsanwaltschaft direkt nur für zwei Tage beantragt.

In weiteren fünf Verfahren erfolgt der Antrag nur für rund eine Woche (einmal sechs, viermal sieben Tage). Es handelt sich hier in drei Fällen jeweils um zeitlich kalkulierte Einsätze in BtM-Verfahren, in denen die Anwesenheit der beschuldigten Zielperson an einem bestimmten Ort und somit zu erwartende tatrelevante Gespräche vorab genau eingegrenzt werden konnten bzw. entsprechenden Beschränkungen unterlagen. In einem Fall allerdings soll wohl aus Verhältnismäßigkeitserwägungen laut Antrag der Staatsanwaltschaft die Maßnahme zunächst auf eine Woche befristet werden (die Wohnungsinhaberin als Geschädigte eines bewaffneten Raubüberfalls mit der Ankündigung der Täter, in drei Tagen erneut zu erscheinen, hatte allerdings in die Überwachung eingewilligt). Gleiches gilt für den Antrag in einem Bestechlichkeitsverfahren. Es bleiben zwei Verfahren zu nennen, in denen der Antrag für eine Abhörung von elf (Katalogtat Raub) und 17 Tagen (Katalogtat: Mord/Totschlag) erfolgte (in letztem Verfahren wurden gleichzeitig vier Maßnahmen für verschiedene Wohnungen beantragt).

c. Anordnungsdauer nach Beschluss

Die Beschlüsse konnten hinsichtlich 106 Maßnahmen auf ihre dort angeordnete Befristung hin ausgewertet werden. Hiervon sind 91 jeweils auf die gesetzliche Höchstdauer von vier Wochen befristet. Hierunter befinden sich bis auf vier Maßnahmen auch alle diejenigen Maßnahmen, bei denen der staatsanwaltliche Antrag keine Angaben zur Befristung enthielt. Ebenso ist jedoch auch ein Antrag, der sich nur auf eine Woche belief, mit vier Wochen beschieden worden. Ansonsten zeigt sich, dass alle weiteren staatsanwaltlichen Anträge – bis auf zwei Fälle, in denen die Maßnahme gerichtlich abgelehnt wurde, und einen weiteren Fall, in dem der Beschluss für eine für sieben Tage beantragte Maßnahme diese für die gesetzliche Höchstdauer von vier Wochen anordnete – mit einer angegebenen Befristung von unter vier Wochen hinsichtlich derselben antragsgemäß beschieden wurden. Damit ergeben sich bereits acht der insgesamt 15 auf unter vier Wochen befristeten Beschlüsse (vier davon gleichzeitig in dem o.g. Verfahren wegen Mordes/Totschlags mit einer Befristung von 17 Tagen erlassene Beschlüsse).

Hinzu kommen zwei auf drei Wochen befristete Beschlüsse, von denen der staatsanwaltliche Antrag in einem Fall (bei einem Mord-/Totschlagsverfahren) keine Angaben enthielt und im anderen Fall (es ging um die wöchentliche Lieferung eines Kilogramms Kokain) auf vier Wochen lautete. In dem Fall, in dem der zeitlich weitergehende Antrag der Staatsanwaltschaft insoweit also zurückgewiesen wurde, führt die Kammer aus, dass anzunehmen sei, dass innerhalb der drei Wochen nach dem mit der Installation der technischen Mittel verbundenen Ereignis Erkenntnisse darüber gewonnen werden könnten, ob die beiden Beschuldigten der verdächtigten Straftaten überführt werden könnten oder nicht.

In weiteren vier Fällen wird die Maßnahme seitens der Kammer im Erstbeschluss auf 14 Tage befristet. In einem Fall eines zu diesem Zeitpunkt vermissten Kindes, bei dem allerdings von einer Tötung ausgegangen wurde, lag hierzu der staatsanwaltliche Antrag nicht vor, so dass der Beschluss diesbezüglich nicht auf seine Antragsgemäßheit überprüft werden konnte. In einem zweiten Fall eines Verfahrens wegen eines Tötungsverbrechens enthielt der staatsanwaltliche Antrag keine Angaben zur Dauer, sondern legte lediglich die Eilbedürftigkeit der Anordnung dar. Bei den zwei weiteren Fällen, in denen eine gerichtliche Befristung auf 14 Tage erfolgte, handelte sich um die oben bereits erwähnten zwei in einem Verfahren gleichzeitig „für die Dauer eines Monats" beantragten Maßnahmen. Nach Einschätzung der Kammer seien aufklärende Gespräche nur in nahem zeitlichen Zusammenhang mit dem von der Staatsanwaltschaft eingesetzten ermittlungstaktischen Ereignis zu erwarten, eine Befristung der Maßnahme auf die Dauer von 14 Tagen erscheine daher ausreichend.

In einem letzten Fall, in dem der Polizei die Abhörung seiner Wohnung durch einen Zeugen anlässlich eines dort geführten Gespräches mit dem Tatverdächtigen angeboten wird, ergeht ein auf eine Woche befristeter Beschluss, nachdem die Staatsanwaltschaft zur Dauer der Maßnahme in ihrem Antrag keine Angaben gemacht hat.

Auffälligkeiten bei den Befristungen hinsichtlich einer bestimmten Katalogtatenkonzentration sind nicht gegeben. Auch ein bestimmtes Spruchverhalten einzelner Kammern (etwa Konzentration der geringeren Befristungen auf bestimmte Zuständigkeitsbezirke) sind allein anhand dieser – insgesamt geringen – Zahlen nicht feststellbar; die Befristungen sind geographisch breit gestreut.

3.2 Verlängerungsanordnungen

Zu festgestellten Verlängerungsanträgen kommt es bei 43 Maßnahmen (d.h. in 36 % bezogen auf die Anzahl der 119 Maßnahmen, in denen ein positiver Anordnungsbeschluss bestand) in 41 Verfahren. Zu unterscheiden sind jedoch Verlängerungsanordnungen vor und nach Beginn der tatsächlichen Abhörung. Während erstere bereits erforderlich werden können, wenn innerhalb des Anordnungszeitraumes eine Installation der technischen Mittel nicht gelingt und somit auch bei Maßnahmen vorliegen können, bei denen es letztlich zu gar keiner tatsächlichen Abhörung kam, stellen letztere eine Befugnis zur Verlängerung der tatsächlichen Abhörung dar.

a. Art der Verlängerungen

Die Art der Verlängerungen ist übersichtlich in *Tabelle 10* dargestellt:

Tabelle 10: *Art der Verlängerungen über die den Maßnahmen zugrundeliegenden Katalogtaten – Angabe Anzahl Maßnahmen (n=43)*

	Anzahl der Maßnahmen mit Verlängerungen				
Katalogtaten	vor Beginn des Abhörvorgangs	nach Beginn des Abhörvorgangs	vor und nach Beginn des Abhörvorgangs	Verlängerung abgelehnt	Gesamt
Mord, Totschlag [3]	4	9	1	1	15
Geldwäsche etc. [9]		1			1
Bestechlichkeit, Bestechung [10]		1			1
BtMG [12]	6	16	1		23
AuslG [15]	1				1
Raub & WaffG [6/11]		1			1
Geldfälsch., Hehlerei & BtM [1/8/12]		1			1
Gesamt	11	29	2	1	43

Unterschieden werden kann im Hinblick auf die Verlängerungen vor Abhörungsbeginn noch danach, ob die Maßnahme letztlich noch durchgeführt wurde oder nicht.

So handelt es sich bei sieben der Maßnahmen mit Verlängerungsanordnungen vor Beginn des Abhörvorgangs um solche, die letztlich nicht zur Ausführung gelangten (Katalogtaten in je drei Fällen Mord/Totschlag und BtMG sowie in einem Fall § 92b AuslG). In vier Fällen ergingen Verlängerungsanordnungen vor Abhörungsbeginn auch bei Maßnahmen, in denen die Anordnung dann innerhalb des Verlängerungszeitraumes schließlich umgesetzt werden konnte (ein Fall mit der Katalogtat Mord/Totschlag und drei BtM-Fälle); in zwei Fällen ergingen Verlängerungsanordnungen sowohl vor als auch nach Beginn des Abhörungszeitraumes (in einem Tötungs- und einem BtM-Fall). Das Gros der Verlängerungen erfolgte jedoch jeweils nach Beginn des Abhörvorganges: hier konnten 29 Fälle festgestellt werden (neun Mord-/Totschlagsfälle, 16 BtM-Fälle und je ein Fall mit den Katalogtaten Geldwäsche, Bestechung/Bestechlichkeit und Kombinationen aus Geldfälschung, Hehlerei und BtMG sowie Raub und Waffengesetz).

In lediglich einem Fall kommt es zur Ablehnung eines Erstantrages auf Verlängerung der Maßnahme. Es handelte sich hier um einen Tötungsfall im Zusammenhang mit einem verheimlichten außerehelichen Verhältnis. Die Maßnahme konnte aufgrund „kriminaltaktischer und technischer" Umstände erst nach Ablauf von zweieinhalb Wochen der angeordneten vierwöchigen Frist umgesetzt werden, nach erfolgter Installation wurde sodann eine Verlängerung um drei Wochen beantragt, um die Maßnahme nun in Abstimmung mit anderen Ermittlungsmaßnahmen die vollen vier Wochen laufen lassen zu können. Zu ihrer Ablehnung führte die Kammer aus, dass die Verlängerung der Maßnahme nur zulässig sei, wenn sich während ihres Verlaufes herausstelle, dass die Frist bei nach wie vor vorliegenden Voraussetzungen zu kurz bemessen sei. Dies sei vorliegend aber nicht der Fall: die Tatsache, dass die Abhörung erst später beginnen konnte, liege in der Sphäre der Strafverfolgungsbehörden; aufgrund der angesichts des erheblichen Eingriffs in die grundrechtlich geschützte Sphäre des Beschuldigten in besonderem Maße erforderlichen Abwägung nach Maßgabe des Verhältnismäßigkeitsgrundsatzes sei die Vierwochenfrist in diesem Falle als dessen gesetzliche Ausprägung abschließend. Freilich ergaben sich im Rahmen der Aktenanalyse ebenso Fälle, in denen unter vergleichbaren Umständen Verlängerungen in anderen Zuständigkeitsbezirken durch die jeweilige Kammer bewilligt wurden.

b. Anzahl der Verlängerungen

Für 27 Maßnahmen bleibt es bei einer einmaligen Verlängerungsanordnung, zehn Maßnahmen werden zweimal verlängert und in drei weiteren Fällen kommt es zu einer dreimaligen Verlängerung, in noch einem Fall zu einer viermaligen Verlängerung. Einen Ausreißer stellt der Fall dar, in dem die Anordnung insgesamt neunmal verlängert wird. In diesem Fall geht es um die Aufklärung eines Tötungsdeliktes in einer örtlich hochkriminellen Szene.

In nur einem Fall wurde eine Folgeverlängerung der Abhörung des Büros in einem Bordellbetrieb bei dem zweiten Verlängerungsantrag aufgrund von Verhältnismäßigkeitserwägungen abgelehnt, nachdem schon die Erstverlängerung auf drei Wochen befristet wurde. In allen anderen Fällen lief die Anordnung durch Nichtbeantragung weiterer Verlängerungen aus.

Die Verteilung der Anzahl der Verlängerungsanordnungen auf die Katalogtaten ist zusammenfassend in *Tabelle 11* dargestellt:

Tabelle 11: *Verteilung der Verlängerungsanordnungen auf die Katalogtaten – Nennung Anzahl der Maßnahmen (n=42[224])*

		Anzahl Verlängerungen pro Maßnahme					Gesamt
		1	2	3	5	9	
Katalogtaten	Mord/Totschlag [3]	10	2	2		1	15
	Geldwäsche etc. [9]		1				1
	Bestechlichkeit, Bestechung [10]	1					1
	BtMG [12]	14	6	1	1		22
	AuslG [15]	1					1
	Raub & WaffG [6/11]	1					1
	Geldfälsch., Hehlerei & BtM [1/8/12]		1				1
Gesamt		27	10	3	1	1	42

---

[224] Nicht mehr enthalten ist die Maßnahme, bei der die Erstverlängerung gerichtlicherseits abgelehnt wurde.

Differenziert man hier nach Art der Verlängerung, so ist festzustellen, dass vor Beginn des Abhörvorganges Maßnahmen in vier Fällen einmal und in sechs Fällen zweimal verlängert wurden, in einem weiteren Fall liegen keine entsprechenden Angaben vor. Bei den Fällen, in denen sowohl vor als auch nach Beginn des Abhörvorgangs eine Verlängerungsanordnung erging, handelt es sich einmal um den bereits genannten Fall mit insgesamt neun Verlängerungen, von denen drei vor Beginn der Abhörung erfolgten, im zweiten Fall erging je eine Verlängerungsanordnung vor und nach Beginn des Abhörvorganges.

In den Fällen der Verlängerung nach Beginn des Abhörvorganges bleibt es in 21 Fällen bei einer einmaligen Verlängerung, in vier Fällen kommt es zu einer zweimaligen, in zwei Fällen zu einer dreimaligen und in einem Fall zur viermaligen Verlängerung (eine fünfte Verlängerung war angeregt, wurde jedoch bereits staatsanwaltschafticherseits nicht mehr beantragt).

c. Befristung der Verlängerungen

Von den insgesamt 71 festgestellten Verlängerungsvorgängen (43 Erstverlängerungen und 28 Folgeverlängerungen) lagen 60 zur unmittelbaren Auswertung vor.

Angaben zur Dauer konnten hier wiederum nur in einer verhältnismäßig geringen Anzahl, nämlich 21 der polizeilichen Verlängerungsanregungen festgestellt werden: In 19 Fällen wurde die Verlängerung um erneute vier Wochen beantragt, in zwei Fällen um weitere drei Wochen.

Angaben zur Dauer finden sich in 51 staatsanwaltlichen Verlängerungsanträgen. In 46 dieser Anträge wird ebenfalls die Fortführung der Maßnahme um weitere vier Wochen beantragt. In zwei Fällen lautet der Antrag auf rund drei Wochen (21 und 24 Tage) und bezieht sich damit auf die o.g. polizeilichen Anregungen. In drei Fällen lautet der Antrag auf rund eine Woche. Davon erfolgten zwei Anträge in dem bereits beschriebenen Verfahren, in dem die Erstanordnung durch das Gericht bereits auf 14 Tage befristet wurde, in dem weiteren Fall war die Erstanordnung bereits auf lediglich sieben Tage befristet.

Die Befristungen der Anordnungsdauer in den jeweiligen gerichtlichen Verlängerungsbeschlüssen ergeben sich anschaulich aus der folgenden Übersicht der *Tabelle 12*:

In den Fällen mit einer Verlängerungsbefristung unter 28 Tagen handelt es sich im Wesentlichen um die bereits beschriebenen Fälle aus insgesamt vier Verfahren,

Tabelle 12: *Befristungen der Verlängerungsbeschlüsse (n=60)*[225]

			Anzahl Verlängerungen			
			1	2	3	4
Verlängerung vor Beginn des Abhörvorganges	Anordnungsdauer (Tage)	21	1			
		28	12	7	1	
	Gesamt		13	7	1	
Verlängerung nach Beginn des Abhörvorganges	Anordnungsdauer (Tage)	7	1			
		9	2			
		14				
		21	1			
		28	19	6	3	2
	Gesamt		22	7	3	2

die Entscheidungen ergingen insoweit antragsgemäß. In einem Fall lautete die Erstanordnung bereits auf lediglich sieben Tage. Die zwei Maßnahmen mit neun Tagen Verlängerung erfolgten parallel in einem Verfahren, in dem sich ein ermittlungstaktisch geplantes Ereignis um diesen Zeitraum nach hinten verschob.

Zusammenfassend lässt sich somit feststellen, dass die Verlängerung um vier Wochen den Regelfall darstellt.

Abgesehen von den beiden oben bereits geschilderten Verlängerungsablehnungen (eine Erstverlängerung und eine Folgeverlängerung), liegen nur drei Fälle vor, in denen keine antragsgemäße Verlängerungsentscheidung erging: Zum einen handelt es sich erneut um den Fall, in dem die zweite Verlängerung abgelehnt wurde, da hier bereits die Erstverlängerung entgegen dem Antrag auf weitere drei Wochen statt der beantragten weiteren vier Wochen beschränkt wurde. In einem weiteren Verfahren wurde durch die gleiche Kammer eine Verlängerung nur für 14 statt der ebenfalls beantragten 28 Tage gewährt. In beiden Fällen handelte es sich um BtM-Katalogtaten. Als dritter Fall ist die siebte auch auf 14 Tage befristete Verlängerung des o.g. Falles mit neun Verlängerungen zu nennen.

---

[225] Nicht mehr enthalten sind die Verlängerungen 5-9 des genannten Falles mit neuen Verlängerungen. Hierzu ist anzumerken, dass die siebte Verlängerungsanordnung auf 14 Tage beschränkt war, Anordnungen 8 und 9 aber wiederum jeweils 28 Tage umfassten.

d. Gründe für die Verlängerungen

Als Gründe für die Verlängerungen lassen sich vier Gruppen isolieren, die in ihrer Verteilung in *Abbildung 22* dargestellt sind.

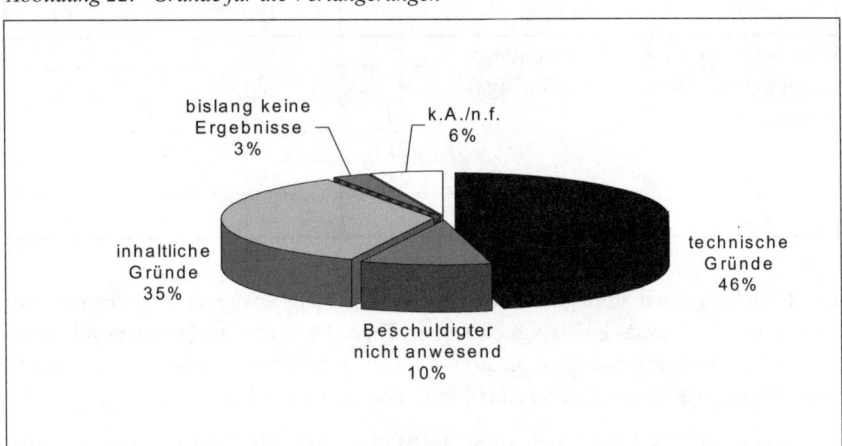

Abbildung 22: Gründe für die Verlängerungen

- bislang keine Ergebnisse 3%
- k.A./n.f. 6%
- inhaltliche Gründe 35%
- technische Gründe 46%
- Beschuldigter nicht anwesend 10%

Zum einen liegen technische Probleme im weitesten Sinne vor, die bislang die Funktion der Maßnahme verhinderten oder einschränkten. In den meisten Fällen sind dies Installationsprobleme, wie sie etwa durchweg im Fall der Verlängerungen vor Abhörungsbeginn gegeben sind. Bei einigen Maßnahmen gelingt die Installation dann jedoch zum Ende der Erstanordnungsfrist, so dass die Notwendigkeit der Verlängerung der Maßnahme damit begründet wird, dass erst seit kurzer Zeit die faktischen Voraussetzungen für eine Ergebnisgewinnung bestünden. In vielen Fällen werden im Verlängerungsantrag dann auch weitere Anhaltspunkte für die Erfolgstauglichkeit genannt, etwa dass aktuelle begleitende TÜ-Erkenntnisse oder auch Erkenntnisse aus der seit kurzem laufenden Maßnahme selber das weitere Bevorstehen tatrelevanter Kommunikation erwarten lassen.

Zum anderen großen Teil werden die Verlängerungsanträge mit inhaltlichen Erwägungen begründet. In diesen Fällen lief die Überwachung bereits den Großteil des Anordnungszeitraumes und erbrachte aus Sicht der Ermittlungsbehörden weiter zu verfolgende Anhaltspunkte, welche sich allerdings bislang noch nicht in der erwarteten Weise konkretisiert haben. Eine im Kontext von BtM-Verfahren häufig auftretende Konstellation ist, dass eine Lieferung von BtM weiterhin zu erwarten sei oder dass es Hinweise auf einen Bunkerplatz gebe, dieser aber noch nicht habe identifiziert werden können oder ein erwartetes Treffen mit Mittätern oder Lieferanten noch ausstehe.

Die Durchführung der akustischen Wohnraumüberwachung 107

In einem nicht unbeträchtlichen Teil der Fälle erbrachte die Maßnahme auch deswegen keine Ergebnisse, da der Beschuldigte über längere Zeiträume nicht in der Wohnung anwesend war (Urlaubsreisen oder auch BtM-Beschaffungsfahrten).

In Einzelfällen wurde die Verlängerung auch damit begründet, dass die laufende Maßnahme zwar bislang keine Ergebnisse erbracht habe, ihre Voraussetzung und die Verdachtslage aber fortbestünden.

In Fällen, in denen der Verlängerungsvorgang nicht vorlag, sondern im Auskunftswege nur die Verlängerung als solche mitgeteilt wurde, konnten naturgemäß keine Begründungen festgestellt werden.

3.3 Die tatsächliche Abhördauer

Das Datum des Beginns und des Endes des Abhörvorganges konnte in 77 Fällen (d.h. bei 85 % der 91 tatsächlich durchgeführten Maßnahmen) erfasst werden. Das bedeutet, dass bei 14 der durchgeführten Maßnahmen aufgrund fehlender Angaben der genaue Abhörzeitraum nicht festgestellt werden konnte. Dies liegt nur zum Teil (in fünf Fällen) an beschränkten Akteneinsichten, in neun Fällen ließen sich auch den vollständigen Akten entsprechende Angaben nicht entnehmen. Dies liegt daran, dass – insbesondere wenn die Maßnahme erfolglos verlaufen ist und für das Verfahren keine weitere Relevanz hat – sich oftmals lediglich die den Anordnungsvorgang betreffenden Unterlagen, jedoch (wohl da polizeitaktischer Natur) keine genaueren Angaben zu deren Umsetzung bei den Akten befinden. Die erforderlichen Daten lassen sich dann oftmals nur zufälligen Erwähnungen etwa in zusammenfassenden Ermittlungsvermerken oder etwa dem Benachrichtigungsschreiben an den Beschuldigten entnehmen. Problematisch erweist sich überdies der drei- bis viermal aufgetretene Fall, wenn derartige Daten nur den verschiedentlich bei den Akten befindlichen für den Bericht nach §100e StPO gefertigten Unterlagen entnommen werden können, da dies bei einer Gegenüberstellung mit den nach § 100e StPO/Art. 13 GG veröffentlichten Zahlen[226] zu Zirkelschlüssen führt. Zumeist lassen sich die Beendigungsdaten jedoch mit anderen aktenkundigen Daten, wie etwa der Verhaftung von Beschuldigten (Zugriffsdatum) am Ende des Überwachungszeitraumes in Beziehung setzen.

Auf dieser Datenbasis konnte insgesamt eine durchschnittliche Abhördauer von rund 25 Tagen[227] festgestellt werden. In sieben Fällen endete die Maßnahme noch am Tag ihres Beginns, erstreckte sich somit nur über einige Stunden. In einem Viertel der Fälle betrug die Abhördauer mit bis zu 4,5 Tagen noch deutlich unter einer Woche. In der Hälfte der Fälle dauerte die Abhörung bis zu 18 Tagen (Median), in dreiviertel der Fälle dann allerdings bereits bis zu 35 Tagen. Über 70 Tage

---

[226] Vgl. unten J./VII.
[227] Genau: 24,57 Tage.

dauerten mit 72, 92, 93 und 168 Tagen insgesamt drei Maßnahmen. Bei dem Maximum mit 168 Tagen handelt es sich um den oben bereits genannten Fall mit neun Verlängerungsanordnungen.

Die Verteilung der Abhördauern auf die Katalogtaten der zugrundeliegenden Anordnungen ergibt sich aus folgender Übersicht in *Tabelle 13*:

Tabelle 13: Abhördauer und Katalogtaten (Angabe Anzahl der Maßnahmen, n=77; % auf die tatsächlich durchgeführten Maßnahmen, n=91)[228]

	Mord, Totschlag, Völkermord [3]	(Schw.) Bandendiebstahl [5]	Schw. Erpressung [7]	Geldwäsche etc. [9]	Bestechlichkeit, Bestechung [10]	BtMG [12]	§§ 129, 129a StGB [14]	Geldfälsch., Hehlerei + BtM [1/8/12]	Gesamt	Prozent auf die durchgeführten Maßnahmen
bis 1 Tag	3		1			3			7	8 %
1-7 Tage	12		1			5	1		19	21 %
8-14 Tage	9			1					10	11 %
15-21 Tage	6					4			10	11 %
22-28 Tage	5	1				5			11	12 %
29-35 Tage						1			1	1 %
36-42 Tage						3			3	3 %
43-49 Tage						1			1	1 %
50-56 Tage	4				1	3			8	9 %
57-63 Tage				1		1		1	3	3 %
über 70 Tage	2					2			4	4 %
Gesamt	41	1	2	2	1	28	1	1	77	85 %

Während sich bei den Mord-/Totschlagsfällen die Abhördauern deutlich bei ein bis drei Wochen konzentrieren (durchschnittliche Abhördauer 21,2 Tage, Median 13 Tage), zeigt sich bei den BtM-Fällen eine deutlich weitere Streubreite (durchschnittliche Abhördauer 29,7 Tage, Median 25 Tage).

---

[228] Die Prozentwerte sind gerundet, so dass in der Summe ein Rundungsfehler von einem Prozent entsteht.

3.4 Vergleich der tatsächlichen Abhördauer mit der Anordnungsdauer nach Beschluss

Stellt man die Maßnahmen, bei denen zu beiden Größen gemäß der obigen Darstellung entsprechende Angaben vorliegen (n=74), gegenüber, so ergibt sich das in *Abbildung 23* dargestellte Bild. Hier ist freilich zu beachten, dass in einigen Fällen die Anordnungsdauer gerade deswegen verlängert wurde, weil bis zu einem gewissen Zeitpunkt wegen des Nichtgelingens der Installation der technischen Mittel eine Abhörung noch nicht möglich war. Insofern spiegelt die Anordnungsdauer nicht vollumfänglich die faktisch mögliche Abhördauer wider.

Abbildung 23: Anordnungs- und tatsächliche Abhördauer von Verfahren, in denen zu beiden Größen Angaben vorliegen (n=74[229])

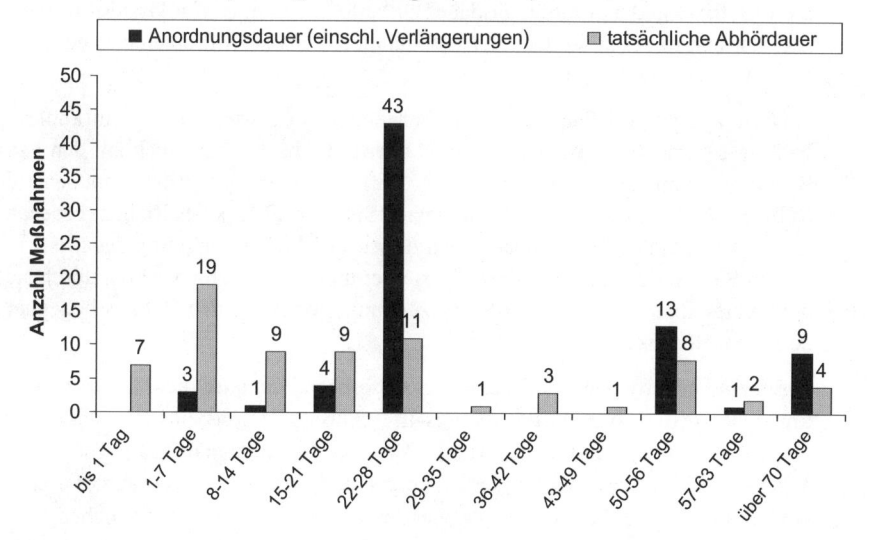

---

[229] Von den 77 Maßnahmen, bei denen die Abhördauer festgestellt werden konnte, fehlen somit nur drei Maßnahmen in der Darstellung, bei denen keine Angaben zur Anordnungsdauer vorliegen. Es sind dies Maßnahmen mit einer Abhördauer von 11, 19 und 62 Tagen (es handelte sich um Verfahren mit beschränkter Akteneinsicht, in denen durch die Staatsanwaltschaft zwar die Abhördauer mitgeteilt wurde, die Beschlussvorgänge jedoch nicht zur Einsicht zur Verfügung standen).

Die Anordnungsdauer konnte bei 107 Maßnahmen festgestellt werden, von ihnen sind somit 33 Maßnahmen, bei denen keine Angaben zur tatsächlichen Abhördauer vorliegen, nicht in der Darstellung enthalten. Hier handelt es sich um weitere 20 Maßnahmen mit 28 Tagen Anordnungsdauer sowie eine Maßnahme mit 7 Tagen, zwei Maßnahmen mit 14 Tagen, zwei Maßnahmen mit 17 Tagen, vier Maßnahmen mit 56 Tagen, drei Maßnahmen mit 84 Tagen und eine Maßnahme mit 140 Tagen.

Insgesamt zeigt sich jedoch, dass nur bei einem Teil der Maßnahmen die ihnen gesetzte Anordnungsdauer (in den weitaus meisten Fällen sind dies die für eine Erstanordnung gesetzlich zulässigen vier Wochen) auch tatsächlich ausgeschöpft wird.

In Zahlen bedeutet dies, dass einer Summe von 3066 durch eine Anordnung gedeckten Überwachungstagen 1802 Tage und somit 59 % tatsächlich durchgeführter Überwachung gegenüber stehen[230].

3.5 Schwierigkeiten mit der Vierwochenfrist

Im Zusammenhang mit der Vierwochenfrist des § 100d Abs. 4 StPO waren Probleme festzustellen. Dies betraf zum einen die Frage, zu welchem Zeitpunkt diese Befristung der Anordnungsdauer zu laufen beginnt (mit Erlass des Beschlusses oder erst mit dem Vollzug der Maßnahme)[231] als auch Probleme in der praktischen Umsetzung.

Die Frage des Fristlaufes ist zwischenzeitlich höchstrichterlich – im konkreten Fall zwar für § 100c Abs. 1 Nr. 2 StPO aber mit Ausstrahlung auch auf den gar in Bezug genommenen § 100c Abs. 1 Nr. 3 StPO – durch den dritten Strafsenat des BGH geklärt[232]: Der Fristlauf beginnt nach Sinn und Zweck des Richtervorbehaltes mit dem Erlass des Beschlusses. Auch die ausdrückliche Knüpfung des Fristlaufes an den Beginn des Maßnahmenvollzugs oder die Ausdehnung der Frist durch Nennung eines späteren vom Anordnungszeitpunkt abweichenden Datums begegneten demnach Bedenken[233].

Bei einem Vergleich des Datums der Abhörbeendigung mit dem des letzten legitimierenden (Erst- oder Verlängerungs-)Beschlusses[234] ergaben sich sechs Verfahren, bei denen aufgrund eines späteren Beginns der Maßnahme zum Teil deutlich außerhalb des ab dem Beschlusserlass berechneten Vierwochenzeitraumes abgehört wurde, auch wenn die Abhörungsdauer selber deutlich unter vier Wochen lag. In zwei Fällen, in denen die Abhörung mehr als drei Monate nach dem Beschlusserlass begann, wurde in dem Beschluss die Maßnahme explizit auf vier Wochen „ab Schaltung" der Überwachung befristet. In den anderen Fällen war die „Fristüberschreitung" deutlich geringer, es wurde etwa ausgeführt, dass die Maßnahme aufgrund nicht ausreichenden Personals zur Voraufklärung sowie technischer Schwie-

---

230 Auch hier bei n=74 Maßnahmen mit vollumfänglichen Feststellungen.
231 Vgl. hierzu schon die Fallschilderung in der Anlage 5 der BT-Drs. 14/8155, 43.
232 Urteil vom 11.11.1998 BGHSt 44, 243 = BGH NJW 1999, 959; vgl. Anmerkung ASBROCK, StV 1999, 187 f.
233 BGH a.a.O. unter Verweis auf BVerfG 96, 44 und BT-Drs. 5/1880; ASBROCK a.a.O.
234 Eine graphische Darstellung hierzu findet sich im nächsten Abschnitt (*Abbildung 24*).

rigkeiten erst zu einem späteren Zeitpunkt durchgeführt werden konnte. Vier der genannten sechs Fälle waren im Zeitraum vor 1998 bis ins erste Halbjahr 1999 angesiedelt, so dass die genannte Rechtsprechung noch nicht bekannt war und der Beginn des Fristlaufes von einer verbreiteten Meinung im Schrifttum mit dem Vollzugsbeginn gleichgesetzt wurde[235]. Zwei Fälle datieren jedoch aus den Jahren 2000 und 2001: während in ersterem der Beginn der Maßnahme im Beschluss explizit auf einen drei Wochen nach dessen Erlass liegenden Zeitpunkt datiert wurde, ab welchem die Maßnahme dann drei Wochen durchgeführt wurde, finden sich im zweiten Fall im Beschluss keine zeitlichen Angaben. Die Maßnahme wurde dort als Begleitmaßnahme zu einem VE-Einsatz an einem Tag 30 Tage nach Beschlusserlass durchgeführt.

Die Problematik des Beginns des Fristlaufes findet sich, auch wenn es letztlich zu keiner „Überschreitung" in der Abhördauer kommt, allerdings in mehreren Anordnungsvorgängen. Anordnungen für den Abhörbeginn zu einem nach dem Beschlusserlass datierten Zeitpunkt finden sich auch in Vorgängen des Jahres 2001. In einem Fall wurde durch die Staatsanwaltschaft mit Hinweis auf die erst spät mögliche Installation der technischen Mittel beantragt, den Erstbeschluss dahingehend zu ergänzen, dass die Vierwochenfrist erst ab Beginn der Maßnahme laufe. Dies wurde durch die zuständige Kammer mit Hinweis auf die o.g. Rechtsprechung abgelehnt, der Antrag aber in einen regulären Verlängerungsantrag umgedeutet. Die Formulierung „die Maßnahme wird für die Dauer von vier Wochen ab Schaltung angeordnet" ist jedoch vor allem bis zum Bekanntwerden der o.g. Rechtsprechung durchaus häufig und wurde in vielen Fällen bereits seitens der Staatsanwaltschaft explizit beantragt. Danach ist man vermehrt dazu übergegangen, dass die Kammer gebeten wird, den Beschluss erst an einem bestimmten Tag, an dem die Vorbereitungen für die Durchführung der Maßnahme abgeschlossen sind, auszufertigen. Entsprechende Vorgänge finden jedoch nur sporadisch schriftlichen Niederschlag und waren daher auch bei den Expertengesprächen zu thematisieren.

Neben diesen Fällen der Problematik des Beginns des Fristlaufes finden sich jedoch auch Fälle echter Fristüberschreitung. Eine solche konnte in neun Fällen festgestellt werden. Die Abhördauer im Falle von Erstanordnungen bzw. die Differenz zwischen dem in den Akten vermerkten Datum der Beendigung der Abhörung und dem des letzten Verlängerungsbeschlusses betrug hier dreimal 29 Tage, zweimal 30 Tage, einmal 31 Tage, zweimal 32 Tage und einmal 34 Tage. Während die Fälle mit Dauern von 29 Tagen noch mit einer zum Datumswechsel um 0.00 Uhr abgebrochenen Überwachung erklärbar wären, deuten die weiteren Fälle eher darauf hin, dass dem Abhörzeitraum in der Durchführung missverständlich eine Monats-

---

[235] Vgl. SCHNARR, NStZ 1988, 48 ff.; KLEINKNECHT/MEYER-GOßNER 43. Aufl., § 100b Rn 4.

frist denn eine Vierwochenfrist zugrunde gelegt wurde. Diesen Befund stützt auch eine genauere Betrachtung der Daten, bei denen sich herausstellt, dass Beginn und Ende der Maßnahme auf das jeweils gleiche Datum verschiedener Monate fallen. Fälle, in denen es inhaltlich just auf Erkenntnisse aus dem Überschreitungszeitraum ankam, konnten ebensowenig festgestellt werden wie Fälle, in denen diese Fristüberschreitung – etwa seitens der Verteidigung – moniert wurde.

3.6 Die Beendigung der Maßnahmen

Wie bereits bei der Gegenüberstellung von Anordnungs- und Abhördauer dargestellt, wird in den meisten Fällen der Anordnungszeitraum nicht vollumfänglich für die tatsächliche Abhörung ausgenutzt. Ein Vergleich zwischen dem Datum der Beendigung der Abhörung und dem des Anordnungsbeschlusses bzw. des letzten Verlängerungsbeschlusses unterstreicht dies und zeigt, dass bereits durchschnittlich rund 19 Tage nach dem Erlass des letzten legitimierenden Beschlusses die Überwachung eingestellt wird. Die genauere Verteilung ist in *Abbildung 24* dargestellt.

Abbildung 24: Zeitraum zwischen Erst- oder letztem Verlängerungsbeschluss bis zur Beendigung der Abhörung – absolut (n=72[236])

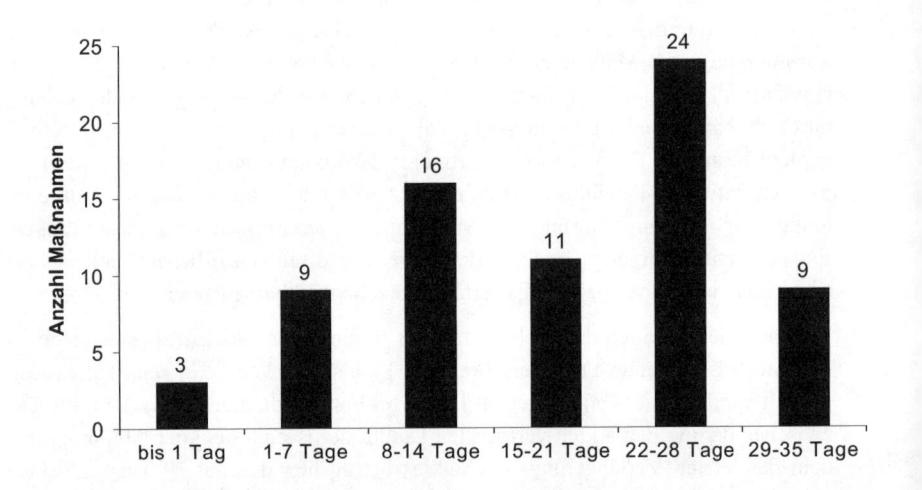

Eine nähere Betrachtung des Bereiches von 22 bis 28 Tagen mit insgesamt 24 Maßnahmen ergibt, dass hiervon zwölf bei exakt 28 Tagen lagen, während sich die

---

[236] Die Darstellung enthält nicht die oben geschilderten sechs Fälle mit dem mißverständlichen Fristbeginn; bei den neun Fällen mit einer Dauer über 28 Tagen handelt es sich um die geschilderten Fristüberschreitungen.

anderen zwölf auf darunter liegende Zeiträume ab 22 Tagen verteilen. Die neun mehr als 28 Tage seit dem letzten legitimierenden Beschluss andauernden Überwachungsmaßnahmen wurden im vorhergehenden Abschnitt „Probleme mit der Vierwochenfrist" ausführlich dargestellt.

Dies richtet das Augenmerk auf die Abbruchsgründe der Maßnahmen. Entsprechende Angaben hierzu fanden sich bei 75 Maßnahmen: 22 Maßnahmen liefen demnach planmäßig mit Ablauf der Anordnungsdauer aus, woraus sich keine Folgerungen auf ihr inhaltliches Ergebnis ableiten lassen[237]. In 13 Fällen wird die Maßnahme allerdings vorzeitig eingestellt, weil kein ermittlungsrelevantes Ergebnis mehr erwartet wird. In elf Fällen erfolgt die Abschaltung wegen der Verhaftung des oder der Beschuldigten. Dies heißt nicht, dass die Wohnraumüberwachungsmaßnahme immer die entsprechenden Erkenntnisse geliefert hat oder gar für die Verhaftung kausal war, unterstreicht aber, dass sie am Ende einer längeren Ermittlungskette steht und in Verfahren, in denen der Zugriff („Aufschlag" – dies betrifft vor allem BtM-Verfahren) längerfristig geplant wird, mit diesem als „letzte Ermittlungsmaßnahme" oftmals in Zusammenhang steht. Fünf Maßnahmen werden aufgrund nicht behebbarer technischer Probleme und unbefriedigender Sprachqualität abgebrochen, wobei hier darauf zu verweisen ist, dass technische Probleme in weitaus mehr Maßnahmen eine Rolle spielten, auch wenn sie nicht zum vorzeitigen Abbruch der Maßnahme führten. Sechs Maßnahmen werden durch die Beschuldigten bzw. Wohnungsinhaber – zum Teil bereits nach relativ kurzer Überwachungsdauer – entdeckt (in einem weiteren nicht eingesehenem Verfahren wurde durch die Staatsanwaltschaft mitgeteilt, dass ein mit der Maßnahme kombinierter VE-Einsatz „aufgeflogen" sei). Hinzu kommen drei Maßnahmen, die vorzeitig abgebrochen werden, da die Beschuldigten die Abhöranlage zwar nicht entdeckt haben, aber mit einer Überwachung offenkundig rechnen. Zu nennen sind weitere Einzelfälle, wie die Abwesenheit der Beschuldigten (Umzug, längerfristige Urlaubsreisen oder zwischenzeitliche ausländerrechtliche Abschiebung), zwischenzeitliche Geständnisse oder die aus Subsidiaritätsgründen von vornherein auf wenige Tage geplante Maßnahme.

Die Beendigungsgründe sind nochmals übersichtlich in *Abbildung 25* zusammengefasst.

---

[237] Siehe hierzu erst unten Kapitel H.

Abbildung 25: Beendigungsgründe der Wohnraumüberwachungsmaßnahmen (n=73)

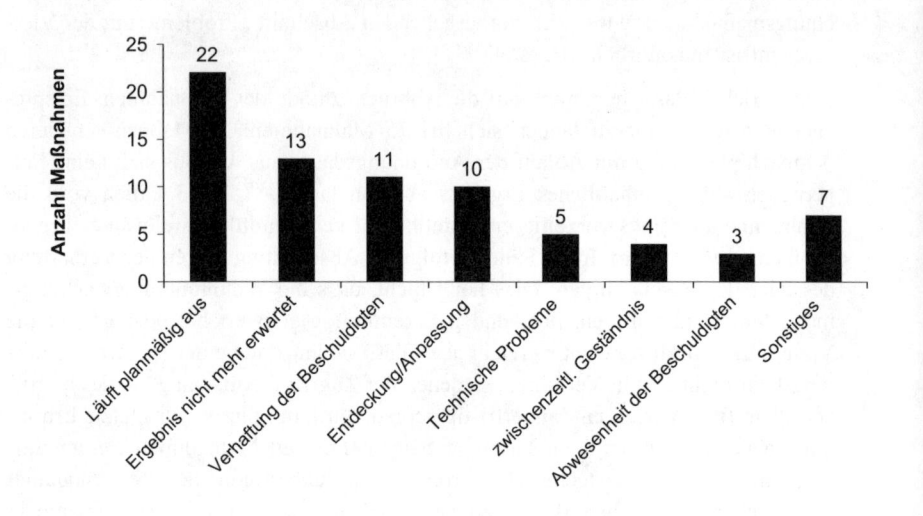

[Bar chart – Anzahl Maßnahmen:
- Läuft planmäßig aus: 22
- Ergebnis nicht mehr erwartet: 13
- Verhaftung der Beschuldigten: 11
- Entdeckung/Anpassung: 10
- Technische Probleme: 5
- zwischenzeitl. Geständnis: 4
- Abwesenheit der Beschuldigten: 3
- Sonstiges: 7]

4. Der Abhörvorgang

4.1 Installation und Entfernung der Abhöreinrichtungen

Die Durchführung der Wohnraumüberwachung ist maßgeblich abhängig von der Möglichkeit ihrer technischen Umsetzung. Diese verlangt unter Umständen nach weiteren über die eigentliche Abhörung hinausgehenden Begleitmaßnahmen. Letztlich müssen die technischen Mittel so eingebracht werden, dass sie einerseits nicht sogleich entdeckt werden, andererseits aber auch Sprachaufzeichnungen in hinreichender Qualität ermöglichen. Hierbei mögen sich – abhängig vom Einzelfall – gar Fragen von Substanzeingriffen stellen. Die Begleitmaßnahmen werfen somit sowohl in tatsächlicher aber auch rechtlicher Hinsicht Fragen auf. Die Akten waren auch auf diese Problematik hin zu untersuchen.

a. Tatsächliche Ebene

Hinsichtlich der Umstände für die tatsächliche Durchführung der Wohnraumüberwachungsmaßnahmen ist jedoch zunächst festzuhalten, dass hierzu die Akten in aller Regel keine oder nur wenigstmögliche Angaben enthalten. Es war kein Einzelfall, dass sich in den Akten nach dem mit dem Beschluss endenden Anordnungsvorgang etwa lediglich eine Bemerkung im polizeilichen Abschlußbericht fand, in der festgestellt wurde, dass die Maßnahme „erfolglos" verlaufen sei bzw. „für die Ermittlungen keine Erkenntnisse" erbracht habe, ohne dass weitere Gründe und Umstände hierfür mitgeteilt wurden. In einigen Fällen ließen sich diese allenfalls weiteren Zusammenhängen entnehmen. Auch bei erfolgreich durchgeführten und im weiteren Verlauf des Verfahrens relevanten Maßnahmen ergeben sich Art und Weise der Installation zumeist nur inzidenter. Dies hängt damit zusammen, dass diese Umsetzungsfragen in den Bereich der Polizeitaktik fallen. Auf diesen Punkt wurde im Rahmen der Expertengespräche im Polizeibereich besonderes Gewicht gelegt, dort aber auch gleichzeitig die Sensibilität dieser Fragen für die in diesem Bereich auf Heimlichkeit angewiesene polizeiliche Arbeit deutlich.

Regelmäßig relativ unproblematisch stellt sich die Installation dann dar, wenn sie mit Einverständnis des Hausrechtsinhabers erfolgen kann (z.B. in Hotelzimmern oder VE-/VP-Wohnungen). Sehr einzelfallabhängig gestalten sich aber die Installationsbedingungen, wenn – wie im Regelfall – nur ein heimliches Vorgehen in Betracht kommt. Das unbemerkte Betreten der Räumlichkeiten stellt sich geradezu als wichtigste Durchführungsdeterminante dar[238], es wird im Zusammenhang etwa mit Verlängerungsanträgen vor Beginn der Abhörung oder wegen Installationsproblemen letztlich nicht umsetzbaren Maßnahmen immer wieder genannt. Feststellbar waren auch Installationen im Rahmen von gegen die Beschuldigten gerichteten weiteren strafprozessualen Maßnahmen. Dies war insbesondere etwa bei den Tötungsdelikten der Fall, bei denen die Tatsache von Ermittlungen bereits bekannt war[239] und diese auch dazu dienten, tatrelevante Gespräche zu provozieren.

Die bereits geschilderten Installationsprobleme treten ebenso bei Maßnahmen auf, bei denen schließlich noch eine Umsetzung gelingt. Sie sind dann etwa, wie dargelegt, zum Teil Ursache für mehrere Verlängerungsanordnungen. Zusätzlich mag die Problematik durch folgende Einzelfälle illustriert werden: marode Bausubstanz mit unübersichtlicher, nicht fachmännischer Elektroinstallation; mangelnde Erfahrung, welche Abhörgeräte wo und wie zu installieren; schnatternde Gänseherde auf dem Grundstück; Beobachtung durch Nachbarn; falsche Hotelzimmerzuweisung durch die Rezeption bei Eintreffen des Beschuldigten; trotz Legende Erregung von Misstrauen des Beschuldigten.

---

[238] Vgl. dazu auch die in dieser Hinsicht exemplarische Fallschilderung in der Anlage 5 zur BT-Drs.14/8155. Hierzu sei angemerkt, dass es sich um eine reguläre Mietwohnung handelt. Dass sich die Zutrittsproblematik in Fällen von durch Täter mit entsprechender Polizeierfahrenheit eigens gesicherten Räumlichkeiten in nochmals anderer Weise stellt, dürfte auch ohne weitere Detailerläuterungen nachvollziehbar sein.

[239] Vgl. hierzu auch die ebenfalls öffentlich zugängliche Fallschilderung in DER SPIEGEL 26/1999, 55 f.

b. Rechtliche Ebene

In rechtlicher Hinsicht wird auch in den Anordnungsvorgängen immer wieder die Frage aufgeworfen, inwieweit Begleitmaßnahmen vom Anordnungsbeschluss gedeckt sind bzw. dort eigens aufgeführt werden müssen. Zwar wird in der Kommentarliteratur zumindest ein heimliches Betretensrecht durchweg als Annexkompetenz bejaht[240]. Jedoch sind hier Grenzfälle – etwa was Taktiken zur Erlangung eines Schlüssels[241] oder andere mit Eingriffen für den Betroffenen verbundene Maßnahmen angeht – denkbar. So kam es in Einzelfällen vor, dass eine Mit-Anordnung von durch die Staatsanwaltschaft dargelegten Begleitmaßnahmen mangels Rechtsgrundlage seitens der Staatsschutzkammer abgelehnt wurde. Gelegentlich wurden zur Installation auch weitere auf andere strafprozessuale Grundlagen gestützte Beschlüsse erwirkt (etwa die zeitgleiche Anordnung einer Durchsuchung beim Amtsgericht). Problematisch erscheint in dieser Hinsicht aber dann der geschilderte Ablehnungsbeschluss einer Staatsschutzkammer, soweit dieser damit begründet wurde, dass aufgrund einer angeordneten aber noch nicht durchgeführten Durchsuchungsmaßnahme der Subsidiaritätsgrundsatz offensichtlich nicht erfüllt sei.

Die Problematik von Begleitmaßnahmen ist in der Rechtsprechung etwa auch im Zusammenhang mit § 100c Abs. 1 Nr. 2 StPO aufgetreten und hat dort zum Teil für erhebliche Unsicherheit auf Seiten der Ermittlungsbehörden gesorgt[242].

Nicht lediglich in Einzelfällen wurde die Staatsschutzkammer durch die beantragende Staatsanwaltschaft ausdrücklich ersucht, in dem Beschluss das mehrmalige Betreten des Grundstücks „zur Anbringung, Wartung und Entfernung" der technischen Mittel im Beschluss klarstellend zu erwähnen. Entsprechende Erwähnungen zu Begeleitmaßnahmen fanden sich in 33 Beschlüssen. Sie bestehen zumeist in einem Satz wie „Mit der Erlaubnis und dem damit verbundenem Vollzug der Norm sind auch jene Maßnahmen erfasst, die typischerweise unerlässlich mit der erlaubten Anordnung verbunden sind." Eine Kammer ist pauschal dazu übergegangen, in ihren Beschlüssen auf „BGH NStZ 1998, 157" zu verweisen.

---

[240] KARLSRUHER KOMMENTAR-NACK, § 100c Rn 13, der aber auch das Fehlen einer ausdrücklichen einfachgesetzlichen Erlaubnis hierzu als nicht unproblematisch bezeichnet; MEYER-GOßNER, § 100c Rn 12 und 8; zum Ganzen auch SK-RUDOLPHI, vor § 94 Rn 35; a.A. jedoch HEGER, JR 1998, 162 (165).

[241] Vgl. auch dieser Stelle wieder exemplarisch die Fallschilderung in der Anlage 5 zur BT-Drs. 14/8155 S. 45.

[242] Entzündet hat sich die Debatte im Bereich des § 100c Abs. 1 Nr. 2 StPO vor allem daran, ob zur Installation von technischen Mitteln ein PKW in eine Werkstatt verbracht werden darf, BGH NStZ 1998, 157; nun aber BGHSt 46, 266. Vgl. auch KARLSRUHER KOMMENTAR-NACK, § 100c Rn 13f.; Anm. SCHNEIDER NStZ 1999, 388; SCHAIRER/KROMBACHER, Kriminalistik 1998, 119.

Als weiteres im Schnittpunkt zwischen rechtlicher und tatsächlicher Ebene stehendes Problem ist hier der Beginn des Laufes der Vierwochenfrist zu nennen.

c. Ausbau der technischen Mittel

Eine gesonderte Erwähnung oder gar datumsmäßige Feststellung der Entfernung der installierten technischen Mittel findet sich in nur 18 Fällen und meistens nur dann, wenn es hier zu Problemen kam. Aktenmäßig dokumentiert ist in der Regel allenfalls das Datum der Abhörbeendigung. Ob und inwieweit dieses mit dem tatsächlichen Ausbau der technischen Mittel zusammenfällt, ließ sich nach Aktenlage regelmäßig nicht feststellen. Auch hier ist allerdings zu berücksichtigen, dass es sich um den Bereich polizeitaktischen Vorgehens handelt. Dabei stellen sich, jedenfalls in den Fällen, in denen die Wohnraumüberwachung nicht mit der Verhaftung der Beschuldigten endet und wegen weiterer andauernder Ermittlungen dem Beschuldigten noch nicht bekannt gemacht werden kann, ähnliche Probleme wie bei deren Installation[243]. Aber auch in einem Fall, in dem die technischen Mittel mit Kenntnis der Betroffenen ausgebaut wurden, ergab sich etwa das Problem, diese für die Dauer des Ausbaus ihrer eigenen Räumlichkeiten zu verweisen. Unproblematisch ist die Deinstallation freilich dann, wenn sie im Einverständnis mit dem Hausrechtsinhaber erfolgen kann. Die Rechtsfrage lautet hier, ob der Ausbau der technischen Mittel innerhalb der Anordnungsdauer geschehen muss.

In den Fällen, in denen aufgrund einer besonderen Problematik ein Datum der Deinstallation der technischen Mittel genannt ist, erfolgte diese in der Hälfte der Fälle innerhalb eines Tages nach dem in der Akte vermerkten Datum der Abhörbeendigung, in Fällen mit diesbezüglich längeren Zeiträumen handelte es sich etwa auch um eine VP-Wohnung, in der zu Beginn des Anordnungszeitraumes ein Gespräch überwacht wurde, die Abhöreinrichtung aber erst zum Ende des Anordnungszeitraumes wieder ausgebaut wurde oder auch eine Wohnung, in der der Beschuldigte nicht mehr aufhältig, mit seiner Rückkehr jedoch zunächst noch zu rechnen war. Entscheidendes Bezugsdatum ist daher nicht die Abhörbeendigung, sondern das Datum des letzten legitimierenden Beschlusses[244]. Hier ergibt sich, dass bei insgesamt neun Maßnahmen der dokumentierte Ausbau außerhalb des Anordnungszeitraumes erfolgte, bei einer weiteren Maßnahme in einem Verfahren mit lediglich beschränkter Akteneinsicht konnte dies nicht sicher festgestellt werden. Bei acht dieser Fälle lag dieser im Zeitraum von 28 bis 35 Tagen nach Erlass des letzten ermächtigenden Beschlusses; hier ist auf die bereits im Zusammenhang mit Schwierigkeiten mit der Vierwochenfrist dargestellten Konstellationen und Fälle zu

---

243 In rechtlicher Hinsicht – wiederum für den Bereich von § 100c Abs. 1 Nr. 2 StPO – vgl. hierzu auch SCHNEIDER NStZ 1999, 388 (390).

244 Vgl. oben 3.6.

verweisen[245]. Bei lediglich einer Maßnahme verstrich ein noch längerer Zeitraum (40 Tage); hier stellte sich eine der Installation analoge Zutrittsproblematik im Zusammenhang mit der Frequentierung der Wohnung, die einen unbemerkten Ausbau nicht früher erlaubte.

Besondere Probleme traten dann auf, wenn die technischen Mittel durch die Betroffenen entdeckt wurden (insgesamt sieben festgestellte Fälle, einer davon lediglich im Auskunftswege mitgeteilt). In einem Fall war dann etwa ein Notzugriff erforderlich, in anderen Fällen wurden die technischen Mittel entweder dem Verteidiger übergeben oder durch diesen ein Ultimatum zum Ausbau durch die Ermittlungsbehörden gestellt. In einem Fall sollte durch den Verteidiger ein Zurückbehaltungsrecht zur Sicherung von Entschädigungsansprüchen geltend gemacht werden, woraufhin seitens der Staatsanwaltschaft, welche Ansprüche nach dem StrEG im Falle einer Nichtverurteilung nicht in Abrede stellte, die Einleitung eines Verfahrens wegen Unterschlagung angedroht wurde. In einem weiteren Fall musste tatsächlich zunächst ein Verfahren wegen schweren Diebstahls eingeleitet werden[246]. Auch in einem nochmals weiteren Fall gab es längere Verhandlungen um die Rückgabe der technischen Mittel.

Anekdotisch sei noch ein zusätzlicher Fall erwähnt, in dem eine Maßnahme anlässlich der Deinstallation der technischen Mittel entdeckt wurde, woraufhin der Beschuldigte – offensichtlich von einer illegalen oder außergesetzlichen Abhörung durch die Polizei ausgehend – anbot, im Gegenzug für die Einstellung des gegen ihn gerichteten Strafverfahrens von einer Anzeige gegen die in seine Wohnung eingedrungenen Polizeibeamten zu verzichten.

d. Hinzuziehung Dritter

Die Hinzuziehung von polizeiexternen Dritten[247] zur Ermöglichung von Wohnraumüberwachungsmaßnahmen konnte lediglich in sieben Fällen positiv festgestellt werden. Auch hier ist zu anzumerken, dass dieser Bereich vor allem polizeitaktischer Natur ist und damit in den Strafverfahrensakten oftmals wie die weiteren näheren Installationsumstände nur einzelfallabhängig Niederschlag findet. Die festgestellten Fälle betrafen die Einbindung eines Sicherheitstechnikunternehmers, eines Schlüsseldienstes, verschiedenen Hausverwaltern und in einem Fall die Stadtwerke zwecks Legendenverschaffung. Just in diesem Fall werden aber auch

---

[245] S.o. 3.5.
[246] Vgl. auch DER SPIEGEL 23/2001 S. 34.
[247] Vgl. BT-Drs. 14/8155 S. 13.

Personen aus diesem Personenkreis des Weitergebens entsprechender Informationen an die Betroffenen verdächtigt[248].

Es dürfte jedoch in weiteren Fällen, auch wenn dies nicht explizit niedergelegt ist, etwa an Hauseigentümer und Vermieter herangetreten worden sein[249]. Gleichzeitig war etwa, wenn die Abhörung in einem Hotel erfolgte, von einer Einbindung des Hotelmanagements auszugehen, ebenso selbstverständlich die Anstaltsleitung der jeweiligen JVA, wo auch einige Maßnahmen stattfanden. Dies ergibt sich für die Fälle, in denen die Maßnahme mit Einverständnis des Hausrechtsinhabers durchgeführt wurde, von selbst.

Ob und inwieweit Maßnahmen, die an der praktischen und technischen Durchführung gescheitert sind, unter Umständen hätten durchgeführt werden können oder andere mit der Durchführung verbundene Probleme besser hätten gelöst werden können, wenn man verpflichtender Weise auf die Hilfe Dritter hätte zurückgreifen können, lässt sich anhand der Aktenlage nicht feststellen.

Auf die Thematik wurde auch in den Expertengesprächen eingegangen[250].

4.2 Anpassungstendenzen bei den Beschuldigten

Voraussetzung für eine zielführende Durchführung der Wohnraumüberwachung ist, dass diese gegenüber der Zielperson heimlich verläuft. Ihr Sinn und Zweck kann daher als vereitelt betrachtet werden, wenn die Zielperson mit einer Überwachung rechnet oder diese entdeckt. Die bereits erwähnten sieben von den Zielpersonen während des Abhörzeitraumes entdeckten Maßnahmen resultieren dabei jedoch nicht unbedingt aus besonderer Vorsicht oder gar einer gezielten Suche der Beschuldigten nach Abhörmitteln, sondern sind zum Teil auch einfachen Zufällen geschuldet. In anderen Fällen lässt sich eine gezielte Suche aber auch nicht ausschließen bzw. erscheint diese wahrscheinlich. Die festgestellten Entdeckungen betrafen etwas mehr als hälftig ein hochkriminelles Milieu, in anderen Fällen fanden sie bei Tötungsermittlungen im sozialen Nahfeld statt.

Interessant erscheint in diesem Zusammenhang vor allem die Frage, inwieweit auf Beschuldigtenseite mit einer Überwachung gerechnet wurde, oder gar in welchem Umfang bei den Beschuldigten (präventive) Gegenmaßnahmen gegen eine (potentielle) Überwachung festgestellt werden konnten.

Hinweise darauf, dass die Zielpersonen mit einer Abhörung rechneten, ergaben sich abgesehen von den dargestellten Fällen der Entdeckung in verschiedenen

---

[248] Vgl. DER SPIEGEL 23/2001 S. 34.
[249] Vgl. Anlage 5 zu . BT-Drs. 14/8155 S. 45.
[250] S.u. II./4.2.

Konkretisierungsgraden bei weiteren 14 Maßnahmen. Dieses Gefühl mag bei den Beschuldigten aber auch durch andere vorangegangene Ermittlungshandlungen (etwa Durchsuchung oder Vernehmung, welche zur Installation der technischen Mittel genutzt wurde) ausgelöst worden sein. So erwähnen zwei Beschuldigte eines Tötungsverfahrens bei Wiederbetreten ihres Hauses, dies sei doch alles „eine Masche der Polizei", oder aber konkreter in einem anderen ähnlich gelagertem Fall rufen sie, nachdem sie gemutmaßt hatten, dass die Wohnung abgehört würde, laut „Guten Tag, wir sind wieder da!". In einem anderen Tötungsfall mit vorhergegangenen intensiven Ermittlungen heißt es in einem Überwachungsprotokoll: „Nicht dass die mithören", woraufhin von einem Familienmitglied geäußert wird, dass dieses es auch glaube. Im Falle eines hochkonspirativ handelnden BtM-Täters reichte die mit dem Tatvorwurf eines anderen Verfahrens begründete Durchsuchung aus, den Ort für diesen „zu verbrennen": auch durch Observationen wurde in der Folge festgestellt, dass die relevanten Kontaktpersonen „umgeleitet" wurden. In dem Überwachungsprotokoll fällt dann eine Bemerkung des Beschuldigten: „wie bei FBI und CIA". In einem weiteren Fall der Überwachung einer in einen Tötungsfall verwickelten Flüchtlingsfamilie äußert der Dolmetscher den subjektiven Eindruck, dass mit einer Abhörung gerechnet werde, da dies im Heimatland der Beschuldigten gängig wäre.

In lediglich zwei Fällen sind sog. „Wanzendetektoren" festgestellt worden (in beiden Fällen ist die Maßnahme jedoch augenscheinlich nicht detektiert worden). In einem anderen Fall wurde von der Polizei beim Einbau offenbar eine „Falle" übersehen, anhand derer die Beschuldigten eines Tötungsverfahrens feststellten, dass die Wohnung betreten worden war. Die Folge waren zum Teil offenbar gestellte Dialoge.

Auf die Problematik wurde auch in den Expertengesprächen eingegangen, dort wurde von einer gewissen „Dunkelziffer" detektierter Zutritte ausgegangen.

4.3 Schwierigkeiten beim Abhörvorgang

Neben der Installationsproblematik stellen die sich auf den Abhör- und Aufzeichnungsvorgang auswirkenden technischen Probleme die zweite maßgebliche Durchführungsdeterminante der Maßnahme dar. Aber auch hier finden sich wenig detaillierte Angaben in den Akten, da ebenfalls polizeitaktische Belange berührt sind. Der Vermerk beschränkt sich auf die Feststellung „fehlender Sprachqualität" oder „aufgrund technischer Defekte diverser Systemausfälle". Auch an dieser Stelle sind die Fälle zu nennen, in denen die aktenmäßige Erwähnung der Maßnahme mit dem Anordnungsbeschluss endet und – jedenfalls wenn das Verfahren dann nach § 100e StPO berichtet wurde und sich somit der Rückschluss auf eine tatsächliche Durchführung der Maßnahme ergibt – nur gemutmaßt werden kann, dass technische Probleme während des Abhörvorganges zu einer Ergebnislosigkeit der Maßnahme führten. Das Vorliegen technischer Schwierigkeiten ergab sich oftmals vor allem aus entsprechenden Verlängerungsanträgen[251].

Auch hier war die Thematik nur sporadischer Aktenerkenntnisse aufgrund zu den Ursachen der technischen Probleme vor allem Gegenstand der Expertengespräche.

a. Sprach- und Aufzeichnungsqualität

Bei 36 (40 %) der 91 durchgeführten Maßnahmen konnten sich zum Teil massiv auf das Abhörergebnis auswirkende technische Probleme festgestellt werden. Genannt werden schlechte Sprachqualität aufgrund zu schwacher Tonsignale, lückenhafte, lediglich wortfetzenhafte Aufzeichnung aufgrund von Übertragungsproblemen (zum Teil tagelange Ausfälle) und starke Nebengeräusche. Die Nebengeräusche konnten einerseits übertragungs- bzw. aufzeichnungstechnisch bedingt sein oder real wie etwa Haushaltsgeräte (insb. Fernseher), Bau- oder Straßenlärm oder ein ununterbrochen krächzender Wellensittich.

In einigen Fällen konnten die technischen Probleme im Laufe der Abhörung noch behoben oder zumindest minimiert werden. Auch traten sie in unterschiedlichen Graden auf. Bei elf Maßnahmen führen sie jedoch letztlich zu der aktenmäßigen Feststellung, dass aufgrund der technischen Probleme keine ver- oder auswertbaren Aufzeichnungen gewonnen werden konnten bzw. die Auswertung einen unzumutbaren Aufwand bedeutet hätte.

Einzelfallillustratorisch im Hinblick auf bei der Abhörung auftretenden Problemen sei noch folgender Fall erwähnt, in dem bei dem Beschuldigten aufgrund von diesem nicht bezahlter Stromrechnungen seitens des Elektrizitätsversorgers der Strom abgestellt wurde und erst – nachdem die den Ermittlungsbehörden zunächst unbekannte Ursache ermittelt war – aufgrund einer Kostenübernahmezusage der Staatsanwaltschaft gegenüber dem Elektrizitätsversorger für die Laufzeit der Maßnahme wieder eingeschaltet wurde, so dass die Überwachung fortgesetzt werden konnte.

b. Technische Sprachverbesserung

In sechs festgestellten Fällen war für qualitativ unzureichende Aufzeichnungen die Anwendung technischer Sprachverbesserungsmaßnahmen aktenmäßig dokumentiert. Je nach notwendiger und angewandter Methode konnte sich diese auf das gesamte Aufzeichnungsmaterial (z.B. Geräuschpegelfilterung) oder nur auf als be-

---

[251] Vgl. oben 3.2.

sonders relevant eingeschätzte Passagen erstrecken. Die Sprachverbesserungsmaßnahmen hatten teilweise Erfolg, konnten aber insgesamt die technischen Probleme nicht kompensieren (vor allem wenn die Ursache in einem zu schwachen Primärsignal lag) und stellten sich überdies als sehr zeitintensiv dar. Insbesondere wenn die Sprachverbesserungsmaßnahmen nicht in der Anwendung einer einheitlichen technischen Prozedur für das gesamte Aufzeichnungsmaterial bestehen, sondern in der individuellen Bearbeitung einzelner Passagen, kann sich der erforderliche Zeitaufwand für eine Nachbearbeitung (ein Vielfaches der tatsächlichen Aufzeichnungsdauer) auch als unverhältnismäßig erweisen. In zumindest einem Fall führte dies dazu, dass die Maßnahme im Großen und Ganzen unverwertbar war.

c. Zuordnungsprobleme des gesprochenen Wortes

Im Hinblick auf die immer wieder erhobene Forderung auch nach einer optischen Überwachung, welche erforderlich sei, um das gesprochene Wort einer konkreten Person zuordnen zu können[252], wurden die Akten auch auf diesen Aspekt hin untersucht.

Konkret dokumentierte Probleme mit der Zuordnung des gesprochenen Wortes zu bestimmten Personen ergaben sich aus den Akten nur in vier Fällen. Dies hängt wohl auch damit zusammen, dass die tatrelevanten Gespräche, auf die die Abhörung zielte, meist von bestimmten bekannten Personen erwartet wurden – dies gilt insbesondere für die zahlreichen Maßnahmen bei den Tötungsermittlungen, in denen die gesamte Maßnahme geradezu auf eine bestimmte geständnisgleiche oder -ähnliche Äußerung des Beschuldigten ausgerichtet ist. Die Problematik steht also mit dem bereits geäußerten Befund[253], dass im Fokus der Maßnahme der Beschuldigte steht, in einer Wechselwirkung: Selbstverständlich wurden in überwachten Wohnungen zum Teil eine Vielzahl von nicht identifizierten Personen festgestellt, die Stimme des oder der Beschuldigten waren aber zumeist etwa über eine vorangegangene Telefonüberwachung bekannt. In anderen Fällen erwies sich eine zeitgleiche Videoüberwachung der Wohnungseingangstür als sehr hilfreich und überdies wichtiges Beweismittel, da so festgestellt und nachgewiesen werden konnte, wer sich jeweils in der Wohnung befand. Ein weiterer Grund für die aktenmäßig unerwartet geringe Relevanz von Zuordnungsproblemen ergibt sich mutmaßlich auch aus der im Vordergrund stehenden Vielzahl von anderen technischen Problemen, welche für eine zielführende Durchführung der Überwachung primär zu lösen sind: wenn die Sprachqualität für die Auswertung einer Maßnahme insgesamt unzureichend ist, gelangt man auch nicht zu der Problematik einer Stimmidentifizierung. Des weiteren ist denkbar, da in den Akten oftmals nur relevante Erkenntnisse festgehalten werden (s.u.), dass aufgrund nicht abgesicherter Zuordnung, entspre-

---

[252] Vgl. etwa BT-Drs. 14/8155 S. 11.
[253] Vgl. oben 3.2.

chende Sachverhalte nicht aktenkundig werden. Bei drei der genannten vier Fälle mit festgestellten und dokumentierten Sprachzuordnungsproblemen spielte sich die Überwachung in Räumlichkeiten mit hoher Personenfrequentierung ab; in einem Fall findet sich ein Vermerk, dass die genaue Anzahl von Personen nicht eingeschätzt werden könne, „nur" 41 der Personen seien namentlich bekannt. In dem vierten Fall bereitete maßgeblich der Fernseher Probleme, da nicht eingeschätzt werden konnte, ob die Äußerungen Teil des Films oder der Personen waren.

In anderen Fällen spielte die fehlende optische Überwachungsmöglichkeit in dem Sinne eine Rolle, dass Handlungen identifizierter Personen akustisch nicht beweiskräftig wahrgenommen werden konnten. Dies betraf vor allem Herstellungs- oder Abpack- oder Übergabeprozesse von Drogen. In einem bereits mehrfach geschilderten Fall führte die Problematik zu größeren rechtlichen Auseinandersetzungen, da die Staatsanwaltschaft eine optische Überwachung auf der Grundlage von § 100c Abs. 1 Nr. 1 StPO in einer von ihr nicht als Wohnung angesehenen Räumlichkeit (Lagerhalle) durchführen wollte, der Ermittlungsrichter diese aber unter Berufung auf Art. 13 GG für unzulässig hielt. In einem anderen Fall, in dem Tatverdächtige im Körper von Südamerika eingeschmuggeltes Rauschgift ausgeschieden hatten, konnte diese Vermutung durch einen direkt anschließenden Zugriff bestätigt werden.

Auf die Problematik wurde auch im Rahmen der Expertengespräche eingegangen.

5. Umfang der Protokolle, erfasste Gespräche und Kommunikationsvorgänge

Von 53 Maßnahmen konnten bei den Akten befindliche Protokolle oder Abschriften ausgewertet werden, in 33 Fällen befanden sich diese gemäß § 101 Abs. 4 StPO in entsprechenden Sonderbänden. Bei 28 durchgeführten und in Verfahren mit vollumfänglicher Akteneinsicht befindlichen Maßnahmen konnten keinerlei Protokolle festgestellt werden; es handelte sich hier überwiegend um ergebnislos verlaufene Maßnahmen. In einigen Fällen dürften die Unterlagen aber auch bereits nach §§ 100d Abs. 4 Satz 3 i.V.m. 100b Abs. 6 StPO vernichtet worden sein.

Zuweilen ließen sich die Auswertungsprotokolle der Maßnahmen kaum von TÜ-Auswertungen unterscheiden, da sie offenbar mit dem gleichen Auswertungsprogramm erstellt wurden. Einziges äußerliches Unterscheidungskriterium war dann, dass keine Ausgangs- und Zielrufnummer angegeben war; von einer klaren Kennzeichnung der aus einer Maßnahme nach § 100c Abs. 1 Nr. 3 StPO erlangten

Kenntnisse[254] ließ sich dann kaum mehr sprechen, wenn diese Unterlagen einfach unter anderen TÜ-Protokollen abgeheftet waren.

Die Auswertungsprotokolle umfassten durchschnittlich rund 60 Seiten, in der Hälfte der Fälle nur 19 Seiten. Einen Ausreißer stellte die Verschriftlichung einer technisch erfolgreichen rund einmonatigen Maßnahme mit 2000 durch die Dolmetscher handschriftlich protokollierten Seiten dar, der maschinenschriftliche zusammenfassende Auswertungsvermerk umfasste sodann lediglich 82 Seiten. An diesem Beispiel wird deutlich, dass sich kaum allgemeingültige Werte aufstellen lassen: der Umfang der Aufzeichnungen hängt von deren Art der Protokollierung ab und davon, wie ergiebig die Maßnahme inhaltlich verläuft (Technik, Anwesenheit von Personen mit Tatbezug). Es fanden sich sowohl lückenlose Verschriftlichungen, anhand derer und der darin befindlichen Zeitangaben sich die gesamte Maßnahme auch inhaltlich nachvollziehen ließ, als auch lediglich Auswertungsvermerke, in denen nur als tatrelevant eingestufte Aussagen zusammengestellt wurden. In einigen Fällen wurde in einem Aktenvermerk festgehalten, dass von einer vollumfänglichen Verschriftlichung abgesehen werde, da der hierfür erforderliche Arbeitsaufwand im Verhältnis zum Ertrag unverhältnismäßig erscheine.

Ein Rückschluss auf die tatsächliche Überwachungsintensität kann daher nur in Fällen gezogen werden, in denen sich aus den Protokollen eine ununterbrochene Zeitschiene ergibt. Zuweilen wird die technische Umsetzung auch in der Form realisiert, dass eine Aufzeichnung nur dann erfolgt, wenn Geräusche einen bestimmten Pegel überschreiten, oder es wird ganz zielgerichtet nur bei Anwesenheit bestimmter Personen in der Wohnung abgehört. Art und Anzahl der protokollierten Kommunikationsvorgänge hängen aber auch dann stark vom Einzelfall und der Art der überwachten Örtlichkeit ab, so dass sich auch hier keine verallgemeinernden Aussagen treffen lassen. Ein von einer Großfamilie genutzter Wohnraum ist hier anders zu beurteilen als die Wohnung einer Einzelperson, die sich häufig außerhäusig aufhält, oder eine Wohnung, die nur als Treffpunkt und Lagerort dient.

Generell gilt, dass die Protokolle, wenn sie sich nicht von vornherein lediglich auf Passagen mit Tatbezug beschränken, aufgrund der weitgehend redundanten Alltagskommunikation über weite Strecken zusammenfassende Passagen enthalten. Eine Quantifizierung der aufgezeichneten Kommunikationsvorgänge war nicht möglich, es zeigt sich aber, dass als tatrelevant eingestufte Passagen im Vergleich zum Gesamtkommunikationsanfall quantitativ nur einen verhältnismäßig geringen Stellenwert einnehmen.

Zu beachten ist allerdings, dass bereits die Klassifizierung der Gespräche als tatrelevant oder nicht mitunter schwierig erscheint: in Fällen, in denen eine ganz bestimmte Aussage erwartet wird („Quasi-Geständnis" etwa in Tötungsfällen) ist dies

---

[254] So aber nun BVerfG 1 BvR 2378/98 Absatz 346, 347.

anders zu beurteilen, als wenn die Maßnahme auf Strukturerkenntnisse abzielt (etwa in BtM-Verfahren). Die Problematik berührt somit nicht nur Durchführungs-, sondern auch Effizienzfragen.

6. Fremdsprachen und Dolmetscher

Bei 26 Maßnahmen stellte sich das Erfordernis der Übersetzung von fremdsprachlichen Aufzeichnungen. Bei vier Maßnahmen wurden die gesamten Aufzeichnungen übersetzt, bei acht Maßnahmen nur teilweise, in den verbleibenden Fällen ließ sich jedoch nicht feststellen, wie umfänglich die Übersetzung erfolgte. In einem Fall wurde aufgrund einer Unverhältnismäßigkeit des Arbeitsaufwandes zum Ertrag der Maßnahme von einer Übersetzung abgesehen.

In einigen Fällen waren Probleme mit den Dolmetschern dokumentiert, die sich durch Auswechselung derselben verbessern ließen. Insgesamt ist jedoch festzustellen, dass die Auswertung einer Raumüberwachung auch an den Dolmetscher besondere Anforderungen stellt. In einigen Fällen war es zudem schwierig, für die jeweilige Sprache bzw. Dialekt überhaupt geeignete Dolmetscher zu finden.

Da in fast allen Verfahren gleichzeitig Maßnahmen der Telekommunikationsüberwachung anfielen, welche ebenfalls in zum Teil weitaus größerem Umfang übersetzt werden mussten, ließen sich Dolmetscherkosten speziell für die Wohnraumüberwachungsmaßnahme in den seltensten Fällen ermitteln. Wo festgestellt, lagen sie zwischen 2000 und 84.000 DM und waren somit stark einzelfallabhängig. Der niedrige Wert lag beispielsweise bei einer technisch über weite Strecken erfolglosen Maßnahme bei einem Einzeltäter vor, der hohe Wert trat hingegen in einem Verfahren gegen eine vietnamesische Tätergruppierung auf, und die für die Dauer von drei Wochen überwachte Wohnung wurde von einer Vielzahl von Personen frequentiert. In einem ähnlich gelagerten Fall wurden Dolmetscherkosten von rund 76.000 DM festgestellt, in zwei weiteren Verfahren Beträge von 35.000 DM und 11.000 DM (für 187 Stunden Übersetzungsarbeit). Dass Dolmetscherkosten beträchtliche Ausmaße annehmen können, zeigen auch die nach § 100e StPO vorliegenden Daten, in denen Dolmetscherkosten (allerdings auch nur teilweise) beziffert werden.

In einem Fall wurde die Übersetzung durch die Verteidigung in der Hauptverhandlung angegriffen, was jedoch ebenfalls insbesondere gleichzeitige Telekommunikationsmaßnahmen betraf. Beantragt wurde eine Neuübersetzung und entsprechende Stimmvergleichsgutachten (aus anderen Umständen ergab sich die Absicht der Prozessverschleppung allerdings relativ offensichtlich). Der Prozess konnte schließlich durch eine Absprache beendet werden.

7. Anzahl der Bänder/Aufzeichnungsmedien

Die Anzahl der Aufzeichnungsmedien wurde in 41 Fällen benannt und schwankte zwischen 1 und 120. Aufgrund der unterschiedlichen Speicherkapazität verschiedener heute verfügbarer Medien sind diese Aussagen jedoch von geringer Bedeutung. Die Daten werden in aller Regel digital aufgezeichnet.

Zum Teil war in den Akten die Aufzeichnungsprozedur vermerkt: demnach wird regelmäßig ein Arbeitsmedium zu Auswertungszwecken und ein unverändertes Beweismedium erstellt und letzteres versiegelt. Beide Medien werden von der die technische Aufzeichnung herstellenden Dienststelle an die sachbearbeitende Stelle zur Auswertung und weiteren Verfügung übergeben, worüber sich zum Teil ein Übergabevermerk bei den Akten befindet.

Die Aufbewahrung und der Umgang mit den Medien war auch Gegenstand der Expertengespräche[255].

8. Vernichtung

Bei lediglich 15 Maßnahmen konnten der Akte explizite Hinweise auf eine Vernichtung der Aufzeichnungen nach §§ 100d Abs. 4 Satz 3 i.V.m. 100b Abs. 6 StPO festgestellt werden. Ob und inwieweit die Maßnahme betreffende Unterlagen in weiteren Fällen deswegen nicht zur Einsicht zur Verfügung gestellt werden konnten, weil sie zwischenzeitlich vernichtet worden waren, kann quantitativ nicht genau beziffert werden, wurde aber in einigen Fällen mitgeteilt. Zumeist fanden sich jedenfalls keine entsprechenden Aktenvermerke nach § 100b Abs. 6 Satz 2 StPO.

In nur einem Fall war explizit vermerkt, dass die Maßnahme für die weitere Strafverfolgung i.S. des § 100b StPO noch benötigt werde. Durch sie konnte zwar die unmittelbare Täterschaft eines Tötungsdeliktes im Umfeld einer ethnisch abgeschlossenen kriminellen Organisation nicht aufgeklärt werden, es ergaben sich aber Erkenntnisse über „eine Vielzahl" von weiteren mit dieser Organisation im Zusammenhang stehenden Straftaten; es sollte u.a. die Einleitung eines Verfahrens nach § 129 StGB geprüft werden. In einem weiteren Verfahren mit einer zweiten Wohnraumüberwachung im gleichen Umfeld wurde dann auch auf Erkenntnisse aus der Wohnraumüberwachung des erstgenannten Verfahrens zurückgegriffen.

---

[255] Vgl. zu den nunmehrigen Anforderungen im Hinblick auf eine Kennzeichnungspflicht BVerfG 1 BvR 2378/98 Absätze 328 ff. (insb. 346).

9. Kosten

Wenn sich Kostenhefte oder -einzelabrechnungen bei den Akten befanden, ließen sich aus diesen oftmals nicht spezielle Kosten für die Wohnraumüberwachung isolieren (vgl. bereits hinsichtlich der Dolmetscherkostenproblematik). In einigen Fällen finden sich Schreiben der Staatsanwaltschaft an die Polizei, in der zur Erfüllung der Berichtspflicht nach § 100e StPO um Mitteilung der Kosten gebeten wird. Seitens der Polizei wurde darauf hingewiesen, dass fallbezogene Sachkosten allenfalls als pauschale Gesamtsumme aufzuführen seien, so dass kein Rückschluss auf einsatztaktische und einsatztechnische Maßnahmen möglich ist.

Die Kosten der Maßnahme sind somit aus den Akten nicht ohne weiteres ersichtlich und auch hier wiederum stark einzelfallabhängig. Es können daher nur einige exemplarische Feststellungen ohne Anspruch auf Vollständigkeit oder Repräsentativität wiedergegeben werden – die Berichte nach Art. 13 Abs. 6 GG, § 100e StPO enthalten hier vollständigere Angaben.

So sind für eine mehrtägig durchgeführte Maßnahme inklusive Schlüsseldienst Kosten in Höhe von rund 1700 DM angegeben, in einem anderen Fall einer technisch letztlich sich als nicht umsetzbar erweisenden Maßnahme werden Personalkosten von rund 28.000 DM und Sachkosten von 22.000 DM angegeben. Als Kostenfaktoren werden neben Personaleinsatz und dem Erfordernis der Anschaffung geeigneter Technik etwa die Speichermedien (mit zum Teil über 1.500 DM pro Maßnahme), Nutzungsgebühren für Telefonstandleitungen (in einem Fall rund 11.000 DM) oder die Kosten für die Miete von Räumlichkeiten genannt. Wenn besonders hohe Kosten separat erwähnt werden, handelt es sich zumeist um Dolmetscherkosten. In einem Fall wurde aber etwa auch separat auf hohe Personalkosten für das Wechseln der Aufzeichnungsmedien vor Ort (entsprechende Anfahrt) und die Erstellung der Abhörprotokolle (für eine rund dreiwöchige deutschsprachige Maßnahme 1519 Arbeitsstunden) hingewiesen.

II. Expertengespräche

Wie bereits mehrfach erwähnt, ließen sich einige Fragestellungen anhand des Aktenmaterials nicht oder nur in unzufriedenstellender Weise fragmentarisch evaluieren. Um diese Lücke zu schließen, werden nun die hierzu aus den Expertengesprächen gewonnenen Erkenntnisse dargestellt.

Da es in erster Linie um die Vertiefung und Validierung sachbezogener Fragestellungen aus der Aktenanalyse geht, erfolgt die Darstellung nicht personen-, sondern weiterhin themenorientiert, wobei entsprechende Gliederungspunkte aus der Aktenanalyse wieder aufgenommen werden.

1. Anordnungsfragen

1.1 Umfang informeller Erledigungsstrukturen

Bereits mehrfach stellte sich die Frage, inwieweit der Einsatz der Wohnraumüberwachung auch durch im Rahmen der Aktenanalyse nicht systematisch erfassbare informelle Erledigungsstrukturen determiniert wird.

Denkbar ist etwa, dass in größerem Umfang informelle Voranfragen der Staatsanwaltschaft bei der Staatsschutzkammer gestellt werden, ob ein Wohnraumüberwachungsantrag „überhaupt Aussicht auf Erfolg" hätte und sich eine entsprechende Beantragung dann bereits hierdurch erledigt. Derartige Fälle wurden durch einige Staatsschutzkammervorsitzende erwähnt, andere verneinten indes dieses Phänomen. Auch auf Seiten der Staatsanwaltschaft gab es hier verschiedene Äußerungen, wobei überwiegend mitgeteilt wurde, dass Anträge direkt gestellt würden und allenfalls eine telefonische Ankündigung des Schriftsatzes erfolge. Dies hängt offenbar aber auch von der „Erfahrenheit" im Umgang mit derartigen Ermittlungsmethoden ab und ist in einer großstädtischen OK-Abteilung anders zu beurteilen als im Fall einer einmaligen und erstmaligen Beantragung.

Insgesamt ist hier quantitativ nicht von einer exorbitanten Anzahl derartiger Fälle auszugehen. Sie konnten, wo von ihnen berichtet wurde, zwar zumeist nicht exakt beziffert, aber quantitativ eingegrenzt werden. Ein Kammervorsitzender, der mitteilte, dass seit Bestehen des Gesetzes durch seine Kammer nur ein Antrag abgelehnt wurde, führte hierzu aus: „Die Zahl mag verwundern: Das beruht darauf, dass mehr – wahrscheinlich aussichtslose – Anträge gestellt werden sollten, aber in vorbereitenden Gesprächen zwischen Staatsanwaltschaft und Gericht erledigt, d.h. erst gar nicht gestellt oder zurückgenommen wurden. Mit diesen Zahlen kann ich nicht dienen; es waren aber sicher weniger als zehn." In anderen Fällen wurden noch deutlich geringere Zahlen genannt und betont, dass das Antragsaufkommen insgesamt äußerst gering sei. Lediglich ein Kammervorsitzender gab insbesondere für den Zeitraum direkt nach Einführung der Maßnahme eine höhere Quote an; er habe den Eindruck, dass hier seitens der Staatsanwaltschaft „viele Versuchsballons" gestartet wurden, die einer entsprechenden Prüfung aber „in keiner Weise" standgehalten hätten. Dies sei jedoch zurückgegangen.

Es ist jedoch zu beachten, dass informelle Erledigungsstrukturen vor allem bereits polizeiintern existieren. Im Idealfall wird nämlich vor der Beantragung bzw. Anregung einer Wohnraumüberwachungsmaßnahme seitens der polizeilichen Sachbearbeitung mit den für die technische Umsetzung zuständigen Fachdienststellen (in der Regel die beim Landeskriminalamt oder auf Regierungsbezirksebene angesiedelten Mobilen Einsatzkommandos) Kontakt aufgenommen. Von mehreren in diesem Bereich verantwortlichen Beamten wurde mitgeteilt, dass aufgrund der dann geführten „Beratungsgespräche" viele Anfragen nicht weiterverfolgt würden. Die Zahl wurde von einem Beamten auf grob etwa noch einmal die gleiche Anzahl wie letztlich in einen formalen Antragsvorgang mündende Maßnahmen geschätzt. Die hierfür maßgeblichen Gründe beträfen zumeist faktische Gegebenheiten und die Erörterung des durch die sachbearbeitende Dienststelle zu leistenden Arbeitsaufwandes. Oftmals werde überlegt, welche Ermittlungsmaßnahmen noch vorrangig zu verfolgen seien – auch im Hinblick auf die Subsidiarität. In den Beratungsgesprächen würden auch Rechtsfragen erörtert, auch wenn hier natürlich die Staatsanwaltschaft letztlich maßgebliche Ansprechpartnerin sei.

Auch Staatsanwälte betonten, dass sie Anregungen der Polizei sorgfältig prüften, bevor sie die Maßnahme beantragten. Mit der Möglichkeit einer gerichtlichen Ablehnung wurde allerdings unterschiedlich umgegangen: während einerseits von einer „blutigen Nase" gesprochen wurde und davon, dass man das vor Gericht dann „ausbaden müsse", betonten andere, dass auf diesem Gebiet niemand mit „schnittsicheren Handschuhen" arbeite und man mit gerichtlichen Ablehnungen leben und professionell umgehen müsse.

1.2 Abgrenzung zu § 100c Abs.1 Nr. 2 StPO bei Einverständnis des Wohnungsinhabers

Insbesondere Staatsanwälte und Staatsschutzkammervorsitzende wurden um eine Beurteilung der Rechtsfrage gebeten, ob eine Abhörmaßnahme in einer Wohnung mit Einverständnis des Wohnungsinhabers auf § 100c Abs. 1 Nr. 3 StPO oder § 100c Abs. 1 Nr. 2 StPO zu stützen sei. Die Frage wurde unterschiedlich beantwortet. Sowohl einige Staatsanwälte als auch Kammervorsitzende vertraten die Auffassung, dass ein solcher Fall „ganz klar" nach § 100c Abs. 1 Nr. 2 StPO zu beurteilen sei, da in diesem Fall niemandes Grundrecht auf Unverletzlichkeit der Wohnung zu schützen sei. Andere Staatsanwälte und Kammervorsitzende hielten diesen Fall für problematisch. Eine Beurteilung hänge davon ab, wer sonst noch betroffen sei. Grundsätzlich nehme jeder, der eine Wohnung betrete, den spezifischen Schutz des Art. 13 GG in Anspruch. Insgesamt sei hier sehr genau zu prüfen.

Von polizeilicher Seite wurde ausgeführt, dass subsidiär zu einer Beantragung der Wohnraumüberwachung nach § 100c Abs. 1 Nr. 3 StPO in der Wohnung des Beschuldigten regelmäßig die Möglichkeit einer Durchführung der Maßnahme in einer mit einem Wohnungsinhaber einverständlichen Weise nach § 100c Abs. 1 Nr. 2 StPO geprüft und, wo faktisch und ermittlungstaktisch möglich, durchgeführt werde[256].

---

[256] S.o. 1.5/b. und dort bereits Fußnote 195.

1.3 Verhältnis zu präventiven Maßnahmen

Im Rahmen der Aktenanalyse wurden keine Tendenzen zum Einsatz Wohnraumüberwachung auf präventiv-polizeirechtlicher Grundlage oder gar zur Umgehung der Voraussetzungen nach der StPO festgestellt[257]. Die Problematik wurde allerdings in der Wissenschaft diskutiert[258] und daher auch zum Gegenstand der Expertengespräche gemacht.

Die Polizeipraktiker reagierten größtenteils allerdings eher mit Unverständnis auf eine entsprechende Frage: der präventive und der repressive Bereich seien klar getrennt, ein beliebiges „Umschwenken" nicht denkbar. Dies würde auch unter Beweisverwertungsgesichtspunkten „kein Gericht mitmachen"[259]. Wenn das Ziel einer Maßnahme die Beweismittelgewinnung sei, komme als Rechtsgrundlage nur die StPO in Betracht. Beim Einsatz zum Schutz verdeckt ermittelnder Personen[260] würde durch eine entsprechende Maßnahme nicht das Ziel der Beweismittelgewinnung verfolgt und die Aufzeichnungen auch nicht dahingehend verwertet. Allenfalls im Bereich des Staatsschutzes wurde davon berichtet, dass auch Maßnahmen auf präventivpolizeilicher Grundlage erwogen und durchgeführt würden. Hier ginge es dann aber etwa um die Verhinderung von Anschlägen, für die entsprechend konkrete Anhaltspunkte vorliegen müssten. In diesen Fällen komme unter Umständen eine Einführung der Erkenntnisse über § 100f Abs. 2 StPO in Betracht.

Auch seitens der Staatsanwälte wurde erläutert, dass ein Ausweichen auf polizeirechtliche Grundlagen grundsätzlich keine Rolle spiele. Für die Staatsanwaltschaft verbiete sich dies sowieso von selbst, und die Polizei handele in Strafverfahren sehr ungern in eigener Zuständigkeit und damit einhergehender Eröffnung des Verwaltungsrechtsweges. Im Übrigen gehe es ja immer um die Beweismittelverwertbarkeit, und es sei keinem gedient, wenn diese gefährdet würde. Hier seien allenfalls extreme Ausnahmefälle (etwa im Zusammenhang mit Geiselnahmen oder das Schmuggeln radioaktiven Materials) denkbar, die praktische Relevanz von § 100f Abs. 2 StPO wurde – auch wenn es natürlich wichtig sei, dass es diese Vorschrift gebe – als nicht sehr hoch eingeschätzt.

Von den interviewten Staatsschutzkammervorsitzenden wusste keiner von Erfahrungen mit einem Anwendungsfall des § 100f Abs. 2 StPO zu berichten.

---

[257] Vgl. bereits oben im Ersten Teil D./III.
[258] S.o. Fußnoten 19 und 137.
[259] Dem wäre hier allerdings der „Blockhüttenfall" BGH NStZ 1995, 601 entgegen zu halten; vgl. bereits Fußnoten 19 und 137 m.w.N.
[260] Vgl. hierzu § 161 Abs. 2 StPO, § 16 BKAG.

2. Art der überwachten Lebensbereiche und tatsächliche Überwachungsintensität

Fragen der tatsächlichen Überwachungsintensität ergaben sich aus den Akten regelmäßig nur in unzureichender Form. Eine Beschränkung der Anordnung auf bestimmte Räumlichkeiten innerhalb eines Wohnobjektes, bestimmte Zeiten oder bestimmte Personen lagen regelmäßig nicht vor[261]. Diesen Fragen war somit insbesondere in den Expertengesprächen nachzugehen.

2.1 Räumlichkeiten

Durch die mit der unmittelbaren Umsetzung der Maßnahme betrauten Polizeibeamten wurde dargestellt, wie sehr die genauen Installationsbedingungen vom jeweiligen Einzelfall abhingen und zumeist erst vor Ort entschieden werden könnten. Natürlich mache man sich vorab Gedanken und versuche hier mit der sachbearbeitenden Dienststelle einen Plan zu entwickeln, dieser hänge aber beispielsweise auch davon ab, welche Informationen man über die Wohnung bereits habe und welche weiteren Informationen wie zu erlangen seien. Zu beachten sei, dass mehrere Aufzeichnungsmedien auch einen entsprechenden Auswertungsaufwand nach sich zögen. Man versuche daher, möglichst die Orte zu isolieren, an denen Gespräche und Kommunikation am wahrscheinlichsten erschienen („also nicht gerade die Abstellkammer"). Allgemeine Regeln seien hier nicht aufstellbar. Durch einen MEK-Führer wurde angegeben, dass er etwa grundsätzlich keine technischen Mittel in Schlafzimmern installiere, da dort nach seiner Auffassung keine kriminell relevanten Gespräche geführt würden.

Seitens der Staatsanwälte und der Staatsschutzkammervorsitzenden wurde hinsichtlich der genauen Durchführungsfragen auf die Polizei verwiesen, da sie diese, ohne vor Ort gewesen zu sein, gar nicht beurteilen könnten. Ein Staatsschutzkammervorsitzender führte sinngemäß aus: „Wenn ich eine solche Maßnahme in einer Wohnung anordne, weiß ich, dass es um eine Wohnung geht und dass grundsätzlich alles, was in einer Wohnung passiert, auch aufgezeichnet werden kann. Das hat die Maßnahme so an sich und das ist bei der Anordnung auch abzuwägen." Grundsätzlich mache es wenig Sinn hier Detailregelungen vorzugeben, die sich dann als den Gegebenheiten nicht angemessen erwiesen. Es handle sich ja jeweils um Einzelfallabhängigkeiten.

---

[261] S.o. I./2.1.

2.2 Personen

Hinsichtlich des von einer Wohnraumüberwachungsmaßnahme regelmäßig mitbetroffenen Personenkreises wurde seitens der Polizeipraktiker dargelegt, dass sich dieser ex ante regelmäßig nicht genau abschätzen ließe. Dies hinge jeweils wiederum von der jeweiligen Räumlichkeit und dem Einzelfall ab. Der eine empfange viel, der andere wenig Besuch. Und falle in den Zeitraum der Überwachung etwa Feierlichkeit, seien plötzlich mehr Personen betroffen, als zuvor abschätzbar war. All dies lasse sich nicht vorhersehen. In einem Geschäftsraum sei der Personenkreis noch unüberschaubarer. Auch ob und inwieweit die Kommunikation mit solchen Personen dem Kernbereich persönlicher Lebensgestaltung zuzurechnen sei, ließe sich regelmäßig ex ante nicht beurteilen.

Bestätigt wurde aber vor allem der Befund, dass diese Personen vom polizeilichen Standpunkt aus überhaupt nicht interessieren und – außer aufgrund der Tatsache der laufenden akustischen Aufzeichnung – keinerlei personenbezogene Daten über sie erhoben werden. Auch in der Protokollierung würden diese Personen nicht beziffert, da sie für das Tatgeschehen irrelevant seien. Hinzu kommt das Problem der Identifizierung. Problematisch sei bei der Wohnraumüberwachung generell, dass es zur Feststellung, ob Gesprächsinhalte mit bestimmten Personen tatrelevant seien oder nicht, anders als bei der Telefonüberwachung, wo oftmals schon über die jeweilige Rufnummer auf eine Relevanz geschlossen werden könne, grundsätzlich einer zumindest einmaligen überschlägigen Abhörung dieser Gespräche bedürfe. Auf diese Weise lasse sich in der Auswertung viel aussortieren, aber eben die Abhörung und Aufzeichnung der Gespräche mit diesen Personen nicht von vornherein verhindern. Wenn man feststelle, „dass da gerade nur Kaffeekränzchen ist", werde sich „keiner freiwillig die Mühe machen", die hier beteiligten Personen genauer zu erfassen. Dokumentiert würden diese Personen erst, wenn sich tatrelevante Äußerungen ergäben. Die Bezifferung aller mitbetroffenen Personen wäre im Rahmen der Auswertung natürlich möglich, würde aber einen großen und für die Strafverfolgung „völlig nutzlosen" Zusatzaufwand erfordern, der mit zunehmendem generellen Auswertungsaufwand exponentiell stiege. Zudem könne nicht gewährleistet werden, dass Personen nicht doppelt gezählt würden, da als Identifizierungsmerkmal ja nichts als die Stimme bliebe.

Staatsanwälte und Kammervorsitzende sahen dies ähnlich. Auch hier wurde betont, dass die Anordnung nun mal alle in einer Wohnung stattfindenden – ex ante nicht zu überschauenden – Kommunikationsvorgänge umfasse. Dies sei eine grundsätzliche bei der Anordnung im Rahmen der Verhältnismäßigkeit zu berücksichtigende Frage. Aber § 100c Abs. 3 StPO enthalte ja auch eine entsprechende Klarstellung. Ein Staatsschutzkammervorsitzender formulierte die Erwartung, dass er „über Besonderheiten" bei der Frequentierung der Wohnung durch die Ermittlungsbehörden unterrichtet würde, um diese in seine Beschlussfassung einzubeziehen. Insgesamt wurde allerdings deutlich, dass abgesehen von solchen Besonderheiten, welche im Einzelfall stark mit der Art der zu überwachenden Räumlichkeit zusammenhängen, von der Maßnahme mitbetroffene Personen sowohl in Anordnung als auch Durchführung kaum eine Beachtung finden.

2.3 Überwachungsintensität

Zur Überwachungsintensität wurden insbesondere wiederum die unmittelbar die Maßnahme ausführenden Polizeipraktiker befragt. Auch hier stellte sich nochmals heraus, dass diese einzelfallabhängig ist und keine allgemeinen Aussagen getroffen werden können. So wird die Überwachungsintensität durch eine Vielzahl von Faktoren bestimmt: begonnen bei der durch bestimmte Aufzeichnungsmedien technisch bedingten Aufzeichnungsdauer bis hin zu der ermittlungstaktischen Situation. Sie stellt sich bei der Erwartung eines bestimmten Kommunikationsvorganges zu einem bestimmten Zeitpunkt anders dar, als wenn im Alltagsleben der Zielpersonen tatrelevante Verhaltensweisen dokumentiert werden sollen. In den Fällen, in denen eine Rund-um-die-Uhr-Aufzeichnung stattfindet, hängt die Überwachungsintensität wiederum von der Plazierung der technischen Mittel und letztlich der Frequentierung der jeweiligen Wohnung ab.

3. Anordnungsdauer

Bei Fragen der Anordnungsdauer waren bereits im Rahmen der Aktenanalyse gewisse Probleme mit der Vierwochenfrist des § 100d Abs. 4 StPO festzustellen. Hiermit zusammenhängend stellt sich die Frage nach den Anforderungen an eine Verlängerung der Maßnahme.

3.1 Schwierigkeiten mit der Vierwochenfrist

Als Schwierigkeit im Zusammenhang mit der Vierwochenfrist war in der Aktenanalyse vor allem der Beginn ihres Laufes festgestellt worden. Abgesehen von der – wie dargelegt nunmehr höchstrichterlichen entschiedenen Rechtsfrage – wurden in der Praxis vor allem die hiermit tatsächlich verbunden Probleme thematisiert.

In der Polizeipraxis wurde hier vor allem auf die regelmäßig umfänglich durchzuführenden Vorauſklärungsmaßnahmen und Vorbereitungshandlungen verwiesen. Eine Wohnraumüberwachung sei im Normalfall – auch das hängt freilich vom konkreten Einzelfall ab – innerhalb des durch die Anordnung gesteckten Rahmens von vier Wochen kaum umsetzbar bzw. würde den für die tatsächliche Abhörung zu Verfügung stehenden Zeitraum drastisch verkürzen. Die für die technische Umsetzung der Maßnahme verantwortlichen Dienststellen dringen daher auf eine möglichst frühzeitige Einbindung, was gerade in der Anfangsphase des Bestehens dieses Ermittlungsinstrumentes nicht immer der Fall gewesen sei. Es wurde als „Alptraum" bezeichnet, dass eine sachbearbeitende Dienststelle „fröhlich winkend mit einem Beschluss in der Tür" stehe und dessen Umsetzung verlange. Dies könne nur scheitern und habe auch in der Vergangenheit in mehreren Fällen zum Scheitern von Maßnahmen geführt. Ein Beschluss sei aufgrund des mit ihm beginnenden Laufes der engen Vierwochenfrist für dessen Umsetzung daher erst dann zu erwirken, wenn die Möglichkeit der Umsetzung der Maßnahme auch gewährleistet sei. Dies berge natürlich die Gefahr, dass im Falle seiner Ablehnung die Arbeit „für die Katz" gewesen sei. Freilich hängt diese Betrachtungsweise davon ab, ob man bereits für die entsprechenden Voraufklärungsmaßnahmen das Vorliegen eines entsprechenden Beschlusses verlangt. Dies würde unterschiedlich gehandhabt[262]. Im Rahmen der geführten Gespräche wurde jedoch überwiegend vertreten, dass der Bereich des § 100c Abs. 1 Nr. 3 StPO „an der Schwelle der Wohnungstür" beginne und ein entsprechender Beschluss vorliegen müsse, sobald diese überschritten werde. Die bis zu dieser Schwelle durchgeführten Voraufklärungsmaßnahmen seien aber bereits im Vorfeld des Beschlussantrages – ggf. mit einer entsprechenden Anordnung nach § 163f StPO, wie sie auch in mehreren Akten festgestellt werden konnte – zulässig. Als Zeitraum für den erforderlichen Vorlauf wurden – einzelfallabhängig – „mindestens zwei Wochen" bis zu einem halben Jahr genannt.

Der bereits der Aktenanalyse entnommene Befund, dass die Staatsschutzkammer, nachdem ihr der Antrag entsprechend rechtzeitig zugestellt wurde, zuweilen den Beschluss auf Bitte der Staatsanwaltschaft erst an dem Tag ausfertigt, an dem durch die Polizei die Installation vorgenommen werden soll, wurde in den Gesprächen mit mehreren Staatsschutzkammervorsitzenden bestätigt.

3.2   Beurteilung der Vierwochenfrist

Im Hinblick auf die oben geschilderten Installationsschwierigkeiten und Notwendigkeit von zeitintensiven Vorbereitungsmaßnahmen wurde die Vierwochenfrist von Polizei und Staatsanwälten durchweg als problematisch bezeichnet. Mit einem auf vier Wochen beschränkten tatsächlichen Abhörungszeitraum könne man – so jedenfalls die überwiegende Meinung – leben, die Installationsproblematik beinhalte allerdings zu viele Unwägbarkeiten. Zum Teil habe sich die Maßnahme dadurch bereits „erledigt, bevor sie überhaupt begonnen" habe. Favorisiert wurde der Beginn des Fristlaufes „ab Schaltung" der Maßnahme oder „ab Beginn der

---

[262] Ein Gesprächspartner berichtete hier von unterschiedlichen Sichtweisen in den verschiedenen Bundesländern.

Aufzeichnungen". Vorgeschlagen wurde daher eine Regelung, die eine Frist für die Umsetzung der Maßnahme setze (etwa drei Monate) und die Abhörung ab diesem Zeitpunkt auf vier Wochen beschränke. Dies ermögliche auch eine flexiblere Reaktion auf etwaige Abwesenheiten des Beschuldigten und andere ermittlungstaktische Entwicklungen.

An dieser Stelle sei anlässlich der Erörterung der Vierwochenfrist noch die inhaltliche Einschätzung eines Polizeipraktikers wiedergegeben[263]: Er führte aus, dass die „Vierwochenfrist als solche schon ganz o.k." sei, mehr sei „auf dem politischen Hintergrund nicht zu bekommen". Man dürfe sich allerdings nicht der Illusion hingeben, dass man damit an die wirklichen Hintermänner organisierter Strukturen herankomme, diese verrieten sich nicht innerhalb von vier Wochen. Hierfür bedürfe es eines strategischen und nicht bloß taktischen Vorgehens.

Durch die Staatsschutzkammervorsitzenden wurde die Problematik der Vierwochenfrist im Hinblick auf die Installationsschwierigkeiten gesehen. Dennoch wurde die Frist, gerade auch im Hinblick auf eine richterliche Kontrolle, überwiegend für „gerade richtig", „insgesamt angemessen" und „sachgerecht" gehalten. Auf der einen Seite stehe der erhebliche Aufwand für eine Wohnraumüberwachung, auf der anderen Seite zwinge die Frist die Polizei dazu, die Sache „auf den Punkt" zu bringen. Sie allein biete überdies die Gewähr für eine Dokumentation des bisherigen Ergebnisses und die regelmäßige Einbindung der Kammer, da der Verlauf der Maßnahme bislang nur über entsprechende Verlängerungsanträge zu kontrollieren sei.

3.3 Anforderung an die Verlängerung einer Maßnahme bei Installationsproblemen

Ein Staatsschutzkammervorsitzender führte aus, dass er im Falle einer Nichtumsetzung der Maßnahme binnen der Vierwochenfrist keine Möglichkeit für eine Verlängerung sähe, da dies der durch den Gesetzgeber den Strafverfolgungsbehörden abschließend eingeräumte Zeitraum für die Realisierung der grundrechtsintensiven Maßnahme sei. Eine Verlängerung sei nur zulässig, wenn sich im Verlauf der Maßnahme inhaltlich herausstelle, dass die Frist für die Abhörung zu kurz bemessen sei. Er räumte ein, dass eine Regelung im oben dargelegten Sinne, welche zwischen einer Umsetzungs- und einer Abhörungsfrist unterscheidet, dieses auch in seinen Augen bestehende Problem beheben würde, und sieht hier den Gesetzgeber aufgerufen.

---

[263] Siehe jedoch hierzu auch unten D./II./2.

Vor allem im Polizeibereich konnte festgestellt werden, dass die Anregung einer Verlängerungsanordnung doch eine gewisse Schwelle darstellt und nicht automatisch ins Kalkül gezogen wird, wobei hier jedoch unterschiedliche Auffassungen bestanden. Es überwog allerdings die Ansicht, dass sich ein Verlängerungsantrag nach aller Möglichkeit auf neue inhaltliche Ergebnisse stützen müsse und – zumindest eine wiederholte – Verlängerungsbeantragung wegen Installationsproblemen „irgendwann kein Richter mehr mitmacht".

4. Durchführungsfragen

Obwohl sich in den Akten zumeist keine oder nur sporadische Angaben über die Gründe faktischer Umsetzungsprobleme fanden, war deren Vorliegen als maßgebliche Determinante für das Ergebnis der Maßnahme offensichtlich. Einerseits dienten die Expertengespräche dazu, die maßgeblichen Probleme in diesem Bereich zu erfassen, um somit die Befunde der Aktenanalyse richtig beurteilen zu können. Andererseits stellt sich das Problem, dass diesbezügliche Details dem Bereich geheimhaltungsbedürftigen polizeitaktischen Vorgehens angehören.

4.1 Faktische Umsetzungsschwierigkeiten

Hiermit ist eine Vielzahl von im tatsächlichen Bereich liegenden Faktoren angesprochen, die in den Gesprächen insbesondere mit den für die technische Umsetzung verantwortlichen Polizeipraktikern vertieft werden konnten. Staatsanwälte und Kammervorsitzende gaben an, hier nur auf das rekurrieren zu können, was sie von der Polizei erführen.

Es wurde dargestellt, wie die Umsetzung einer akustischen Wohnraumüberwachungsmaßnahme auf verschiedenen Ebenen zu bewältigende Probleme mit sich bringt.

Zunächst stelle sich in aller Regel das Problem des Zutritts zu der zu überwachenden Räumlichkeit, um dort die technischen Mittel installieren aber auch wieder bergen zu können[264]. Dieser Zutritt müsse darüber hinaus zumindest bei der Installation so erfolgen, dass er von dem Betroffenen unbemerkt bleibt oder zumindest nicht mit seinem eigentlichen Zweck in Verbindung gebracht wird, um die Maßnahme nicht zu konterkarieren. Bereits hierfür sei ein nicht zu unterschätzendes Maß an Zeit erforderlich.

---

[264] Der Einsatz technischer Methoden, die eine Abhörung des in der Wohnung gesprochenen Wortes von außerhalb ermöglichen (z.B. Richtmikrofone, Körperschall) sind von bestimmten Voraussetzungen abhängig, die nicht immer in erfolgsversprechender Weise gegeben sind. In jedem Fall sei eine solche Vorgehensweise mit deutlichen Qualitätseinbußen behaftet.

Die sodann unmittelbare technische Umsetzung der Maßnahme hänge von vielen Einzelfaktoren ab. Dies lässt sich vielleicht am besten mit den Worten eines Technikers zusammenfassen: „Das ist nicht alles so leicht wie im Film. Im Gegensatz zum Film haben wir es mit realer Physik zu tun. Und die Physik hat einfach Grenzen." Technisch möglich sei zwar vieles, doch brauche es auch hier entsprechende Zeit und entsprechendes Gerät. Wenn etwas im „Laborbetrieb" funktioniere, hieße dies noch lange nicht, dass eine Störungsfreiheit vor Ort gewährleistet sei. Die dortigen physikalischen Einflüsse seien einfach nur bedingt vorhersehbar. Ob und wie die Technik funktioniert, stelle sich dann zumeist erst hinterher heraus, aber regelmäßig hätte man eben nur einen Versuch. Zumeist müsse die Installation zudem ja innerhalb eines kurzen Zeitraumes und unter konspirativen Umständen erfolgen. Auch wenn der Aufzeichnungs- und Übertragungsvorgang als solcher dann technisch einwandfrei funktioniere, sei mit einer Vielzahl weiterer Probleme zu kämpfen. Auch hier erfolge die Aufzeichnung „ja nicht in einem Tonstudio, in dem alle Nebengeräusche ausgeschaltet sind und die Leute direkt ins Mikrofon sprechen". Die Aufzeichnungsqualität hänge wiederum von vielen nicht beeinflussbaren Einzelfaktoren ab. Bei einer technischen Nachbearbeitung müsse dann der Aufwand gegen den möglichen Ertrag abgewogen werden: eine solche lohne sich regelmäßig nur, wenn man einen inhaltlich maßgeblichen Abschnitt eingrenzen könne, die Nachbearbeitung nähme nämlich ein Vielfaches der Zeit der tatsächlichen Aufzeichnungsdauer in Anspruch. Die technischen Fragen seien somit auch immer im Zusammenhang mit dem Ziel und den Einzelfallumständen der Maßnahme zu sehen und stünden mit der kriminaltaktischen Situation in einer Wechselwirkung. Hier gäbe es durchaus Konstellationen, in denen man auch zu dem Schluss kommen müsse, dass eine Überwachung unter den vorliegenden Rahmenbedingungen nicht möglich sei.

Nicht zu unterschätzen sei überdies das Risiko einer Detektion und somit unter Umständen Gefährdung des gesamten Ermittlungserfolges. Es wurde hier von einer gewissen Dunkelziffer detektierter Zutritte oder Installationen ausgegangen, da vom Verhalten des Betroffenen nicht immer auf sein „Wissen" geschlossen werden könne.

Von den Technikern wurde zum Teil auch auf manchmal „überzogene Erwartungen der Sachbearbeitung und Staatsanwaltschaft" hingewiesen.

Die Erfahrungen der jeweiligen Staatsanwälte sind jedoch überwiegend einzelfallgeprägt. So wurde durch eine Staatsanwältin, die mehrere BtM-Verfahren mit Wohnraumüberwachungsmaßnahmen bearbeitet hatte, mitgeteilt, dass sie dieses Ermittlungsinstrument nicht mehr einsetzen wolle, da die Technik offensichtlich „nicht ausgereift genug" sei und dafür der „Riesenaufwand" nicht lohne. Eine andere Staatsanwältin, die ebenfalls in mehreren BtM-Verfahren die Wohnraumüberwachung eingesetzt hatte, beschrieb, wie „grandios" das Ergebnis in einem Verfahren gewesen sei und dass damit eine seit Jahren szenebekannte Person schließlich überführt werden konnte. Dass die Maßnahme in einem anderen Verfahren nicht funktioniert habe, sei „schade", da man auch hier auf dem richtigen Weg gewesen sei; sie würde diese „sehr effektive Maßnahme" trotz des damit verbundenen Aufwandes bei Vorliegen der Voraussetzungen jederzeit wieder einsetzen.

4.2 Insbesondere Hinzuziehung Dritter

In der rechtspolitischen Diskussion wurde die Forderung erhoben, polizeiexterne Dritte (etwa Telekommunikationsdienstleister im Falle einer leitungsgebundenen Abhöranlage oder Schlüsseldienste, Hausmeister, Schornsteinfeger zur Ermöglichung der verdeckten Installation) zur Mithilfe bei der Umsetzung einer Wohnraumüberwachungsmaßnahme „verpflichten" zu können[265].

In den Gesprächen mit der für die Umsetzung der Maßnahme verantwortlichen Polizeipraxis wurde immer wieder angemerkt, dass diese Diskussion in der allgemeinen Wahrnehmung falsch verstanden worden sei: Es ginge nicht um die Begründung aktiver Mitwirkungspflichten für Dritte. Oftmals trete jedoch die Konstellation auf, dass einzelne Personen der Polizei gegenüber Hilfsbereitschaft zeigten, wofür aber kein rechtlich abgesicherter Rahmen bestehe. Bemängelt wurde, dass diese Personen in ihrer freiwilligen Mitwirkungsbereitschaft rechtlich schutzlos gestellt seien. Es bestehe keine Rechtsgrundlage, welche sie dann auch anderen Personen entgegenhalten könnten. Genannt wurde mehrmals etwa das Beispiel des Verhältnisses solcher Personen zu ihrem Arbeitgeber. Dieser könne – wie vorgekommen – von seinem arbeitsrechtlichen Weisungsrecht Gebrauch machen, der Polizei „aus Prinzip" keine Hilfestellungen zu leisten.

Eine Mitwirkungspflicht nicht mitwirkungswilliger Personen sei hingegen nicht nur nicht beabsichtigt, sondern „völlig kontaproduktiv".

4.3 Auswertungsaufwand

Immer wieder hingewiesen wurde von polizeilicher wie auch staatsanwaltschaftlicher Seite auf den mit einer akustischen Wohnraumüberwachungsmaßnahme verbundenen immensen Arbeits- und Auswertungsaufwand. Eine solche Maßnahme sei ohne entsprechendes Personal nicht zu leisten. Eine besonders personalintensive Live-Mithörung komme nur in besonderen kriminaltaktischen Situationen in Betracht, wenn sich die maßgebliche Gesprächssituation vorab genau eingrenzen ließe – beispielsweise etwa bei einer geplanten Drogenübergabe oder in Konstellationen der Unterstützung eines konkreten VE/VP-Einsatzes. Automatisierte Aufzeichnun-

---

[265] Vgl. BT-Drs. 14/8155 S. 13.

gen seien – insbesondere bei mehrere Tage laufenden Wohnraumüberwachungsmaßnahmen – jedoch die Regel. Insgesamt sei mit einem hohen Anteil redundanter Alltagskommunikation zu rechnen. Zu beachten sei dennoch, dass grundsätzlich eine – zumindest überschlägige – 1:1-Auswertung der Aufzeichnungen vonnöten sei. Technische Schaltungen, die die Aufzeichnung nur starten, wenn auch eine bestimmte Pegellautstärke erreicht sei, schränkten dieses Problem nur geringfügig ein. Der Arbeitsaufwand potenziere sich, wenn die Aufzeichnungsqualität entsprechend schlecht sei. Bei der Erstellung von Wortprotokollen steige der zeitliche Auswertungsaufwand naturgemäß nochmals deutlich an. So wurde etwa von der Einführung eines Schichtbetriebes auf Kommissariatsebene für die Dauer einer solchen Maßnahme und durchweg von einer entsprechenden Anhäufung von Überstunden berichtet (in einem Fall wurden auf Kommissariatsebene im Zusammenhang mit der Durchführung einer Maßnahme insgesamt 700 Überstunden genannt, ein anderer Beamter bezifferte seine im Zusammenhang mit der Durchführung einer Wohnraumüberwachung abgeleisteten Überstunden auf 120). Zudem sei die Auswertungsarbeit auch extrem anstrengend.

Ebenfalls erwähnt wurde in einigen Fällen aber auch der psychologische Stress, der mit der Auswertung von verdeckten Ermittlungsmaßnahmen einhergehe. Es wurde sich entschieden gegen die oftmals unterschwellig unterstellte Befriedigung voyeuristischer Bedürfnisse gewandt. Man bekomme den Menschen – gerade in den entsprechenden Milieus – ganz unmittelbar in seinen abgründigsten Verhaltensweisen mit. Dies sei streckenweise sehr belastend, und auch nicht jeder der eingesetzten Beamten halte dies aus.

4.4 Möglichkeit der optischen Überwachung

Auf dem Hintergrund erhobener Forderungen und der im Zuge des Gesetzgebungsverfahrens ebenfalls geführten rechtspolitischen Diskussion um das Erfordernis auch einer optischen Überwachungsmöglichkeit wurde auch eine diesbezügliche Fragestellung zum Gegenstand der Expertengespräche gemacht. Während einige Stimmen sowohl bei Polizei als auch Staatsanwaltschaft das Fehlen dieser Möglichkeit beklagten, da gerade im BtM-Bereich die maßgeblichen Dinge über die Akustik nicht wahrnehmbar seien, äußerten sich auch Stimmen vor allem bei der Polizei dahingehend, dass dadurch Beweisprobleme nicht generell gelöst seien. Insgesamt hänge dies wiederum von einer Einzelfallwürdigung ab.

In technischer Hinsicht sei die optische Überwachung allerdings nicht direkt mit der akustischen Überwachung zu vergleichen. Es stellten sich hier andere Probleme. Der Rückschluss, dass angesichts der Schwierigkeiten im akustischen Bereich eine optische Überwachung kaum technisch sinnvoll zu realisieren sei, ließe sich daher so nicht ziehen.

Die meisten Staatsschutzkammervorsitzenden erklärten, dass sie sich eine optische Wohnungsüberwachung unter grundrechtlichen Gesichtspunkten kaum vorstellen könnten.

4.5 Der Umgang mit den Aufzeichnungsmedien

Hinsichtlich des Umgangs mit den Aufzeichnungsmedien konnte in den Expertengesprächen in Erfahrung gebracht werden, dass diese regelmäßig durch Verwaltungsvorschriften geregelt ist. Diese sind bundeslandabhängig, über entsprechende Arbeitsgruppen wurden jedoch einheitliche Standards erarbeitet.

Die Primärdaten werden mit der heute verwandten Technik oftmals gleichzeitig auf zwei Medien gespielt, von denen eines als „Mutter-" oder „Beweisband" in der Folge unangetastet bleibt oder gar versiegelt wird. Das zweite Medium dient zu Auswertungszwecken. Kopien werden etwa dann gefertigt, wenn das Gericht bestimmte Passagen in die Hauptverhandlung einführen will oder solche zu Sprachverbesserungszwecken an Sachverständige übersandt werden. Die Fertigung von Kopien und der jeweilige Verbleib werden dokumentiert. Die Aufbewahrung erfolgt zumeist gemeinsam mit und in gleicher Weise wie bei den TÜ-Bändern des Verfahrens[266]. Nach Auswertung gehen die Medien an die Staatsanwaltschaft, wo sie als Asservate behandelt werden; sie entscheidet dann über die Vernichtung. Dort wird auch über die Weiterverwendung wegen „weiterer Ermittlungsansätze" gemäß § 100d Abs. 5 Satz 2 StPO entschieden.

5. Das Urteil des Bundesverfassungsgerichtes

Das Urteil des Bundesverfassungsgerichtes vom 3. März 2004[267] – so wurde von den Gesprächspartnern (insbesondere Polizeipraktikern), mit welchen die Expertengespräche nach diesem Zeitpunkt geführt wurden, dargelegt – werfe im Hinblick auf praktische Durchführungsfragen fast unlösbare Probleme auf.

Insbesondere wurde bemängelt, dass die Entscheidung über eine Verletzung des persönlichen Kernbereiches und des daraufhin erforderlichen Abschaltens oder der unverzüglichen Löschung nun dem einzelnen Polizeibeamten – in vielen Fällen gar einem Dolmetscher – überlassen sei (wobei insbesondere „bei der Frage des Wiedereinschaltens offenbar hellseherische Fähigkeiten verlangt" würden) und somit der Möglichkeit einer richterlichen Überprüfung entzogen sei. Die Angreifbarkeit des Beweismittels und der Vorwurf der Beweismittelunterdrückung seien vorprogrammiert. Letztlich seien damit aber gar Grundsätze der Gewaltenteilung tangiert, indem der Exekutive eine derartige Entscheidung aufgebürdet werde. Insbesondere

---

[266] Vgl. jedoch jetzt BVerfG 1 BvR 2378/98 Absätze 328 ff. (346).
[267] BVerfG 1 BvR 2378/98.

von den mit der technischen Umsetzung der Maßnahme betrauten Polizeibeamten wurde ausgeführt, dass sie ihre Aufgabe vor allem in der Beibringung eines lückenlos dokumentierten, unmanipulierten Beweismittels sähen und die Technik gerade daraufhin ausgerichtet sei, dass punktuelle Löschungen und Eingriffe in den Aufzeichnungsvorgang gar nicht möglich seien. Ein Beamter merkte an, dass es ihn „schon mit großen Bedenken" erfülle, dass nun das höchste Gericht gewissermaßen eine „Beweismittelmanipulation" verlange, wobei diese Bemerkung nicht als eine Infragestellung der Schutzwürdigkeit des persönlichen Kernbereiches zu verstehen sei. Diesen Schutz aber einer Justiziabilität zu entziehen, könne – auch im Hinblick auf die für die polizeiliche Arbeit unverzichtbare justizielle Kontrolle – jedenfalls keine Lösung sein. Etwa auch im Falle von Tagebuchaufzeichnungen[268] müsse – wie bei sämtlichen etwa bei einer Durchsuchung sichergestellten Unterlagen – eine zumindest überblicksartige Kenntnisnahme des Inhaltes erfolgen, um die Frage der Verwertbarkeit klären zu können, dies sei grundsätzlich unvermeidbar und ein unauflösbares Dilemma. Grundsätzlich wurde seitens der Polizeipraktiker die Notwendigkeit hoher verfahrensrechtlicher Sicherungen zur Eingriffsminimierung anerkannt und auch gefordert, gleichzeitig aber darauf gedrungen, eine Durchführbarkeit der Maßnahme zu gewährleisten[269]. In vielen Gesprächen mit Polizisten und Staatsanwälten kam zum Ausdruck, dass insbesondere die Rechtsunsicherheit in diesem Bereich als problematisch empfunden und nach einer „klaren Regelung" verlangt wurde.

Ein Staatsschutzkammervorsitzender reagierte auf das Urteil dahingehend, dass man sich ja nun „genau angucken muss, ob man eine solche Maßnahme überhaupt noch anordnen kann".

III. Zusammenfassung

In Bezug auf die Anordnung von Wohnraumüberwachungsmaßnahmen war festzustellen, dass es sich im Wesentlichen um gegenüber der staatsanwaltschaftlichen Beantragung antragsgemäße Entscheidungen handelte und diese kaum die Durchführung determinierende weitere Bestimmungen enthielten.

---

[268] Vgl. hierzu BVerfGE 80, 367; AMELUNG, NJW 1990, 1753.

[269] In den Gesprächen wurden hierzu teilweise auch Lösungsmöglichkeiten angedacht (freilich ohne den Anspruch deren Vereinbarkeit mit dem Urteil abschließend beurteilen und aufgeworfene Folgeprobleme gelöst haben zu können): Ein Vorschlag lautete etwa dahingehend, ein mit einem bei der anordnenden Kammer hinterlegten Schlüssel digital verschlüsseltes ununterbrochenes Beweisband „mitlaufen" zu lassen und auch dieses sodann der Kammer zu übergeben, um so später Manipulationsvorwürfen unter richterlicher Aufsicht begegnen zu können. Die Entschlüsselung dieses Beweisbandes könnte dann etwa auch von der Einwilligung des Betroffenen abhängig gemacht werden. Ein anderer Vorschlag beinhaltete etwa die Auswertung unter richterlicher Aufsicht bei besonderer Vereidigung.

Eilmaßnahmen im Wege der Anordnung durch den Vorsitzenden (§ 100d Abs. 2 Satz 2 StPO) spielen mit lediglich drei festgestellten Fällen kaum eine Rolle. Aus den Expertengesprächen ergab sich, dass dies auch mit den regelmäßig längerfristigen für die Umsetzung einer Wohnraumüberwachungsmaßnahme erforderlichen Vorlaufzeiten zusammenhängt[270].

Schwierigkeiten bereitet offensichtlich zuweilen die Abgrenzung zur Anordnungsgrundlage des § 100c Abs. 1 Nr. 2 StPO; dies betrifft einerseits Zweifel über den verfassungsrechtlich auszulegenden Wohnungsbegriff, andererseits den Umgang mit Maßnahmen bei Einverständnis des Wohnungsinhabers mit der Abhörung. In letzterem Fall sind vor allem Konstellationen des Einverständnisses eines (u.U. tatgeschädigten) Zeugen oder der Polizei als Wohnungsinhaberin einer VE- oder VP-Wohnung zu unterscheiden. Ein Einverständnis des Wohnungsinhabers als Tatopfer lag in vielen der Raub- und Erpressungsfälle vor. In den Fällen der Anordnung einer Überwachung in einer VE- oder VP-Wohnung nach § 100c Abs. 1 Nr. 3 StPO dürfte es sich auf dem Hintergrund der Expertengespräche allerdings um „Anfangserscheinungen" gehandelt haben und insgesamt von einer erheblich höheren Anzahl von Fällen der Durchführung solcher Maßnahmen auf der Grundlage von § 100c Abs. 1 Nr. 2 StPO auszugehen sein.

Die gerichtliche Ablehnungsquote von nach § 100c Abs. 1 Nr. 3 StPO beantragten Maßnahmen liegt bei 13 %. Anhand der Ablehnungsgründe lassen sich bereits Strukturunterschiede zwischen den prävalenten Mord-/Totschlags- und BtM-Verfahren festmachen: während eine Ablehnung wegen eines nicht ausreichend mit Tatsachen begründeten Verdachts ausschließlich bei Tötungsfällen vorlag, war in BtM-Fällen regelmäßig eine Nichtausschöpfung des durch die Subsidiarität und Ultima-ratio-Funktion der Maßnahme vorgegebenen Rahmens der maßgebliche Ablehnungsgrund. Bei der im Einzelfall durch die Beschreitung des Beschwerdeweges festgestellten obergerichtlichen Rechtsprechung konnte eine grundsätzlichere Hinwendung zum allgemeinen Verhältnismäßigkeitsgrundsatz festgestellt werden.

Der Umfang informeller Erledigungsstrukturen (Nichtdurchführungsentscheidungen ohne förmliches Antragsverfahren) zwischen Staatsanwaltschaft und Staatsschutzkammer dürfte als insgesamt nicht sehr hoch eingeschätzt werden. „Informelle Erledigungen" finden jedoch – wie die Expertengespräche ergaben – offenbar in einem erheblichen Ausmaß bereits polizeiintern bei Besprechungen zwischen den mit der tatsächlichen Umsetzung der Maßnahme zuständigen Dienststellen (MEK's) und der sachbearbeitenden Ebene statt.

19 % aller bzw. 23 % der festgestellten Maßnahmen mit positivem Anordnungsbeschluss wurden trotz Vorliegens der rechtlichen Befugnis tatsächlich nicht durchgeführt. Die Gründe hierfür liegen insbesondere in faktischen Umsetzungsschwierigkeiten (Installationsproblemen).

---

270 Vgl. auch unten E./II./2.4.

Vor allem in den Expertengesprächen konnten solche faktischen Umsetzungsschwierigkeiten weiter eruiert werden. Sie spielen eine große Rolle und determinieren maßgeblich die Durchführung sowie den Einsatz der Maßnahme insgesamt. Neben Zutritts- und Installationsproblemen sind hier auch weitere mit der Durchführung verbundene einzelfallabhängige technische Probleme und sich auf den Aufzeichnungsvorgang auswirkende Faktoren (z.B. Nebengeräusche) zu nennen. Mit solchen Schwierigkeiten waren 40 % aller festgestellten tatsächlich durchgeführten Maßnahmen belastet; 12 % der durchgeführten Maßnahmen führten deswegen nur zu vollends unauswertbaren Ergebnissen, welche auch durch technische Sprachverbesserungsmaßnahmen nicht nutzbar gemacht werden konnten.

Die abgehörten Räumlichkeiten waren überwiegend Privatwohnungen im engeren Sinne. Auch hier ist jedoch wieder ein Strukturunterschied zwischen den Mord-/Totschlagsverfahren und den BtM-Verfahren zu konstatieren: bei ersteren sind Privatwohnungen in einem weit höheren Ausmaß betroffen als bei den BtM-Verfahren. Insgesamt ergibt sich bei den Mord-/Totschlagsverfahren aufgrund der Zielrichtung der Maßnahme, einen Tatnachweis in der Kommunikation mit engsten Vertrauten zu finden, somit eine deutlich höhere „persönliche Kernbereichs-Relevanz" als bei den BtM-Verfahren, bei denen die Maßnahme zur Überwindung eines zwar konspirativen aber letztlich nicht in einem intimen Beziehungsgeflecht wurzelnden Verhaltens eingesetzt wird.

Die Befristung der Maßnahme erfolgt unabhängig von der ihr zugrundeliegenden Katalogtat zumeist auf die gesetzliche Höchstdauer von vier Wochen. Ein erheblicher Teil dieses Zeitraumes wird für die Installation der technischen Mittel benötigt; Schwierigkeiten – inzwischen jedoch höchstrichterlich geklärt[271] – bereitet dabei der Beginn des Fristlaufes. Hinsichtlich der Verlängerungen ist eine „Selbstregulation" festzustellen. (Nichtbeantragung weiterer Verlängerungen nach zumeist der zweiten Verlängerungsanordnung). Insgesamt ist auch hier auf eine große Bedeutung faktischer Umsetzungsprobleme hinzuweisen.

Die tatsächliche Abhördauer liegt deutlich unter der von einem Anordnungsbeschluss gedeckten Zeitspanne, sie ist bei den Mord-/Totschlagsverfahren allerdings geringer als bei den BtM-Verfahren.

Feststellungen zu Umfang der Protokolle, Vernichtung und Kosten konnten nur fragmentarisch getroffen werden.

Seitens der Praktiker wurde immer wieder auf den enormen Aufwand, den die Durchführung und vor allem die Auswertung einer Wohnraumüberwachungsmaßnahme verursache, hingewiesen.

Zusammenfassend ist festzuhalten, dass vor allem Fragen der faktischen Umsetzung und Durchführung den Einsatz des Ermittlungsinstrumentes der akustischen Wohnraumüberwachung maßgeblich determinieren.

---

[271] BGHSt 44, 243, vgl. oben Fußnote 232.

C. Subsidiarität und der Einsatz der akustischen Wohnraumüberwachung im Ablauf des Verfahrens

Maßgebend für die Beurteilung der Maßnahme der akustischen Wohnraumüberwachung ist – gerade im Hinblick auf ihre gesetzliche Subsidiarität und ihren Ultima-ratio-Charakter – vor allem auch, wie sie im Verhältnis zu anderen Ermittlungsmaßnahmen eingesetzt wird. Dabei darf sie nur bei einem durch Tatsachen begründeten vorliegenden „konkretisierten"[272] Verdacht hinsichtlich einer Katalogtat angeordnet werden. Neben der Frage nach diesen verdachtsbegründenden Tatsachen stellt sich somit zum einen die Frage nach den neben bzw. vor der Wohnraumüberwachung im betreffenden Verfahren angewandten weiteren Ermittlungsmaßnahmen, zum anderen, wie die Wohnraumüberwachungsmaßnahme zu diesen anderen Maßnahmen in zeitlicher Hinsicht und im Ablauf des Verfahrens steht. Schließlich sind der unmittelbare Ermittlungsstand vor der Beantragung der Wohnraumüberwachung und die konkreten Erwartungen, die sich über andere zu Gebote stehenden Maßnahmen hinaus mit ihr verbinden, zu betrachten.

In diesem Kapitel sollen die verschiedenen Maßnahmen der untersuchten Verfahren daher in ihrem Umfang und in ihren zeitlichen Abläufen im Verhältnis zum Einsatz der akustischen Wohnraumüberwachung analysiert werden. Es dient gleichzeitig dazu, die untersuchten Verfahren zu veranschaulichen.

I. Aktenanalyse

1. Tatverdacht und Anlasstat

Voraussetzung für die Anordnung einer Wohnraumüberwachungsmaßnahme nach § 100c Abs. 1 Nr. 3 StPO ist, dass bestimmte Tatsachen den Verdacht einer der genannten Katalogtaten begründen. Bevor sich der Konkretisierung der Verdachtslage durch weitere Ermittlungen zugewendet werden kann, muss zunächst die am Beginn des jeweiligen Verfahrens stehende Verdachtsauslösung betrachtet werden.

---

[272] Vgl. KARLSRUHER KOMMENTAR-NACK, § 100c Rn 39; BVerfG 1 BvR 2378/98 Absatz 246 ff.

Subsidiarität und der Einsatz der akustischen Wohnraumüberwachung   145

1.1 Verfahrensauslösung

Die Art der Kenntniserlangung des verfahrensauslösenden Sachverhaltes wurde in Form von Mehrfachnennungen erhoben, für zwölf Verfahren konnte sie aufgrund beschränkter Akteneinsicht nicht festgestellt werden (k.A./n.f.). Angaben liegen somit für 104 Verfahren vor, welche sich wie folgt verteilen:

Abbildung 26: Art der Kenntniserlangung des verfahrensauslösenden Sachverhalts – in % (Mehrfachnennungen prozentuiert auf 104 Verfahren; die Summe beträgt daher mehr als 100 %)

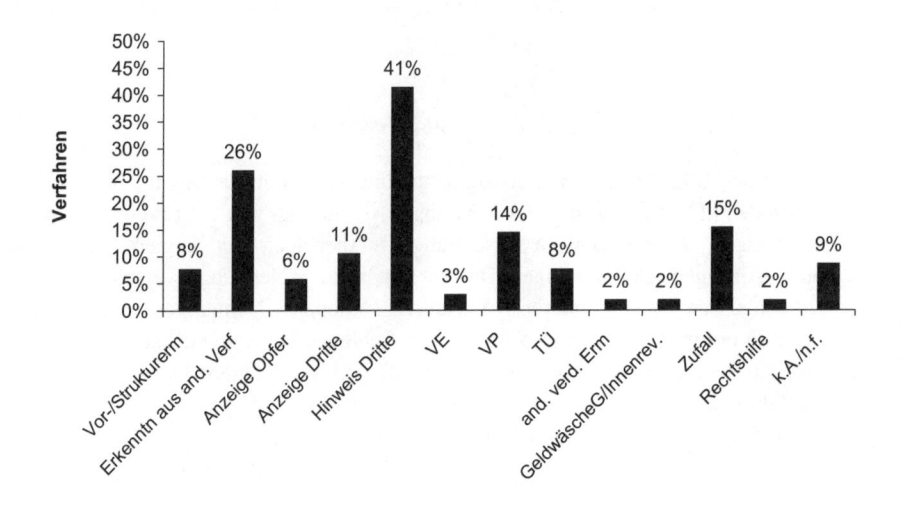

Kategorie	%
Vor-/Strukturerm	8%
Erkenntn aus and. Verf	26%
Anzeige Opfer	6%
Anzeige Dritte	11%
Hinweis Dritte	41%
VE	3%
VP	14%
TÜ	8%
and. verd. Erm	2%
GeldwäscheG/Innenrev.	2%
Zufall	15%
Rechtshilfe	2%
k.A./n.f.	9%

Mit zusammengenommen 52 % stellen die Erkenntnisse aufgrund eines Hinweises/einer Anzeige Dritter den deutlich größten Anteil dar, gefolgt von in halb so vielen Fällen Erkenntnissen aus anderen Verfahren. Die Nennungen erscheinen einzelfallbezogen in verschiedenen Kombinationen, hinsichtlich der Erkenntnisse aus anderen Verfahren sind hier aber schwerpunktmäßig Kombinationen vor allem mit VP- und TÜ-Erkenntnissen zu nennen (insb. bei BtM-Verfahren). Nicht immer klar trennen lassen sich auch Hinweise Dritter und Zufallsfunde, wie das Beispiel des vorliegend bei den Tötungsdelikten durchaus häufigen Leichenfundes zeigt. Hier waren dann oftmals etwa Spaziergänger die hinweisgebenden Dritten. Die Verfahrensauslösung ist folgend deliktsspezifisch differenziert zu betrachten.

a. Mord-/Totschlagsverfahren

Bei den Mord-/Totschlagsfällen überwiegt erwartungsgemäß die „konventionelle" Kenntniserlangung aufgrund von Mitteilungen durch Hinweisgeber oder Anzeigeerstattern (43 von 62 Nennungen). Eine besondere Rolle spielen hier – wie bereits vermerkt – Leichenfunde durch unbeteiligte Dritte (15 Nennungen); teilweise handelte es sich hier um zum Auffindungszeitpunkt offensichtlich bereits länger zurückliegende Tötungsdelikte. In sieben Fällen wurden im Vorfeld eines Verfahrens wegen Tötung bereits zum Teil umfangreiche Ermittlungen als Vermisstensache geführt. Aber auch bei den Tötungsdelikten entstammten, wenn auch nicht die Kenntniserlangung der Leichensache selber, so doch die dem Tatverdacht gegen die Beschuldigten zugrundeliegenden Tatsachen primär Erkenntnissen aus anderen Verfahren. Hinzu kommt eine Kenntniserlangung aufgrund eines Rechtshilfeersuchens.

b. BtM-Verfahren

Bei den BtM-Verfahren überwog insgesamt die Kenntniserlangung aus anderen Verfahren (22 von insgesamt 67 Nennungen)[273], gefolgt von VP-Erkenntnissen (13 Nennungen, VE dagegen nur 3 Nennungen). Aber auch hier rangierten Hinweise oder Anzeigen aktenkundiger Dritter mit zehn Nennungen noch vor TÜ-Erkenntnissen aus anderen Verfahren (sieben Nennungen) und Vor-/Strukturermittlungen (sechs Nennungen). Echte Zufallserkenntnisse (Feststellung von 53 bzw. 25 kg Ecstasy-Pillen bei Zollkontrollen) führten in zwei Fällen zur Verfahrensauslösung. Weitere Nennungen (etwa Verdachtsmeldung nach dem Geldwäschegesetz) beschränken sich auf Einzelfälle.

c. Sonstige Katalogtaten

Die Verfahren mit den Katalogtaten Raub, Erpressung und Bandendiebstahl begannen alle mit einer Anzeige des Opfers. Die Bestechungsverfahren begannen zum Teil mit einer Anzeige des Versprechensempfängers, weiteren Hinweisen (in einem Fall auch einer VP) sowie einer Innenrevision der zuständigen Oberfinanzdirektion. Beide Verfahren mit einer Anordnung nach der Katalogtat Geldwäsche wurden durch Erkenntnisse aus andereren Verfahren bzw. durch TÜ-Erkenntnisse ausgelöst. Die Verfahren mit der Anordnung nach §§ 129/129a BtMG und wegen Verstößen gegen das Ausländergesetz begannen beide im Rahmen von Strukturermittlungen.

---

[273] Zu „proaktivem" polizeilichen Ermittlungsverhalten in diesem Zusammenhang vgl. ALBRECHT/DORSCH/KRÜPE (2003), 155.

d. „Proaktive" Kenntniserlangung

Will man eine Unterscheidung nach konventioneller und proaktiver (also Erkenntnisse aus anderen Verfahren, unabhängige Vor- und Strukturermittlungen, VP, VE, TÜ und andere verdeckte Ermittlungen) Kenntniserlangung vornehmen[274], so zeigt sich, dass „proaktive" Informationsbeschaffung rund 42 % der Nennungen zugrunde liegen. Hierbei ist freilich die vorgenommene deliktsspezifische Unterscheidung zu beachten, da das hohe Aufkommen insbesondere von Mord-/Totschlagsverfahren diese Quote maßgeblich beeinflusst.

1.2 Erste Einschaltung der Staatsanwaltschaft

Die deliktsspezifische Verteilung der Grundgesamtheit spiegelt sich auch im Grund der ersten Einschaltung der Staatsanwaltschaft wider. Nennenswerte Häufungen liegen mit rund 35 % der Fälle – vorwiegend bei den Tötungsdelikten (§ 159 StPO) – bei der allgemeinen Anzeige und mit rund 32 % der Fälle – vorwiegend im BtM-Bereich – bei der Anregung einer TÜ nach §§ 100a, 100b StPO[275]. Weitere Einzelfälle verteilen sich etwa auf die Anregung einer Anordnung zur Feststellung der Verbindungsdaten nach § 100h StPO[276], eines Durchsuchungsbeschlusses oder die Bitte um Einleitung eines förmlichen Ermittlungsverfahrens aufgrund von Strukturerkenntnissen. In durchaus einigen Fällen wurden Verfahren jedoch auch von vornherein in unmittelbarer Zusammenarbeit mit der Staatsanwaltschaft geführt. In einem Fall erfolgte eine Zuweisung nach § 145 Abs.1 GVG durch den Generalstaatsanwalt.

In immerhin zwei Fällen bestand die erste aktenmäßig dokumentierte Kontaktierung der Staatsanwaltschaft auch in der Anregung der akustischen Wohnraumüberwachung. In einem Fall geschah dies aufgrund von konkreten VP-Hinweisen, dass seit Jahren polizeibekannte und im Zusammenhang mit der Einfuhr von Heroin in hohen Kg-Mengen mit bis zu zehnjährigen Haftstrafen vorbestrafte Täter in einer bestimmten Räumlichkeit konkrete Handelstätigkeiten absprechen werden und hierdurch die Möglichkeit bestand, den Verbleib großer Heroinmengen zu erfahren. Im zweiten Fall geht es um die Dokumentation eines unmittelbar bevorstehenden, 4 kg Kokain umfassenden Scheingeschäftes mit einer VP in einer Art. 13 GG unterfallenden Räumlichkeit. Zu erwähnen ist ein weiterer Fall, in dem die Staatsanwaltschaft direkt im Rechtshilfewege von den Behörden eines anderen Landes ersucht wird, im Zusammenhang mit dortigen Mafia-Ermittlungen (Drogeneinfuhr aus Kolumbien nach Europa) zu einem bestimmten Zeitpunkt an einem

---

[274] Vgl. in diesem Zusammenhang ALBRECHT/DORSCH/KRÜPE (2003), 155.
[275] Vgl. hierzu auch ALBRECHT/DORSCH/KRÜPE (2003), 158.
[276] Früher § 12 FAG.

bestimmten Ort eine entsprechende Überwachung Staatsangehöriger des betreffenden Landes vorzunehmen.

2. Das Verhältnis zu anderen Ermittlungsinstrumenten

Für die Verortung der Maßnahme im Verfahrensablauf und die Darstellung des Ermittlungsstandes vor deren Beantragung sind zwei Vorfragen von besonderer Bedeutung: nämlich erstens, in welchem Verhältnis die Maßnahme zu anderen Ermittlungsmaßnahmen steht und wie sie sich in den zeitlichen Ablauf des Verfahrens einbettet. Hierauf ist im Folgenden genauer einzugehen: Während zunächst das Vorliegen der weiteren Ermittlungsinstrumente in den Verfahren mit Wohnraumüberwachungsanträgen untersucht wird, werden diese in einem zweiten Schritt mit der Anordnung (oder Ablehnung) und Durchführung der Maßnahme in Beziehung gesetzt.

Um Verzerrungen zu vermeiden, liegen diesem Abschnitt nur die 101 Verfahren zugrunde, in die vollumfänglich Akteneinsicht genommen werden konnte, da in den anderen Fällen eine vollständige Erfassung der sonstigen in ihnen zur Anwendung gekommenen weiteren Ermittlungsmaßnahmen nicht gewährleistet werden kann. Damit bleiben 15 Verfahren für die folgenden Betrachtungen unberücksichtigt[277].

2.1 Das Vorliegen anderer Ermittlungsinstrumente in den Verfahren

Betrachtet man alle Verfahren, in denen das Vorliegen anderer Ermittlungsinstrumente im Rahmen der vollumfänglichen Akteneinsicht festgestellt werden konnte, so zeigt sich zunächst, wie sich aus *Abbildung 27* anschaulich ergibt, dass es kein Ermittlungsinstrument gab, welches neben der Wohnraumüberwachungsmaßnahme in jedem Verfahren festgestellt werden konnte. Den höchsten Stellenwert hat hier jedoch mit 91 Nennungen die Telefonüberwachung, gefolgt von Zeugenvernehmungen (88 Nennungen) und Durchsuchungsmaßnahmen (85 Nennungen). Der Einsatz weiterer Ermittlungsinstrumente ergibt sich ebenfalls aus der nachfolgenden *Abbildung 27*:

---

[277] S.o. A./I./4.

Subsidiarität und der Einsatz der akustischen Wohnraumüberwachung 149

Abbildung 27: Ermittlungsmaßnahmen neben der akustischen Wohnraumüberwachung in allen Verfahren – absolut[278] (n=101, durch die gestrichelte Linie gekennzeichnet)

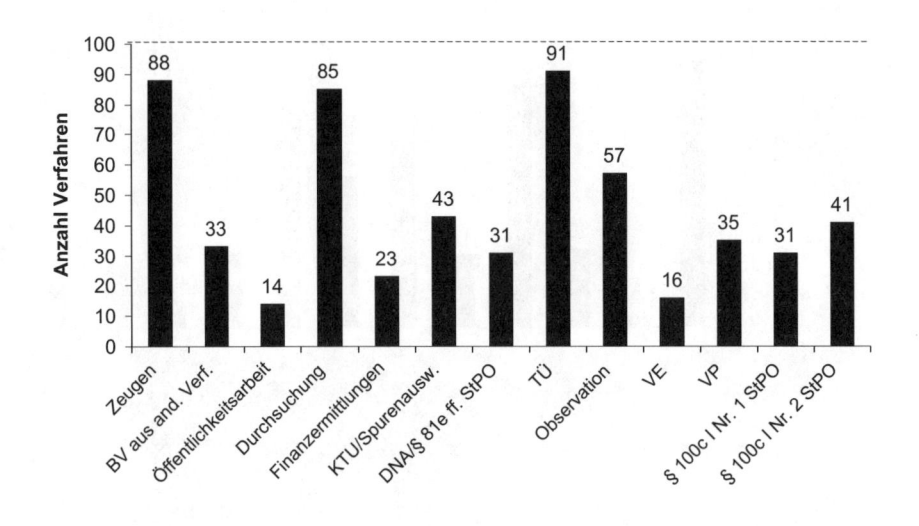

Beachtenswert erscheint jedoch vor allem auch die deliktsspezifisch nähere Betrachtung dieser Verteilung, wie sie in der *Abbildung 28* für Verfahren mit Wohnraumüberwachungsanordnungen wegen Mordes oder Totschlags (n=46), in der *Abbildung 29* für solche aufgrund einer BtMG-Katalogtat (n=43) und der *Abbildung 30* für die Verfahren wegen Raubes, Erpressung oder Bandendiebstahl (n=7) dargestellt ist. Es zeigt sich hier, dass hinsichtlich der Anwendung verschiedener Ermittlungsinstrumente ermittlungsdeliktsspezifische Unterschiede bestehen. Während bei den Mord-/Totschlagsfällen neben offenen und kriminaltechnischen Ermittlungsmethoden hauptsächlich noch die Telefonüberwachung einen prominenten Stellenwert einnimmt, zeigt sich, dass bei den BtM-Fällen Maßnahmen zur verdeckten Informationsgewinnung im Vordergrund stehen.

---

[278] Die Maßnahmen liegen in der Regel selbstverständlich pro Verfahren in Kombinationen vor, vgl. sogleich unten 2.2.

150 Ergebnisse der rechtstatsächlichen Untersuchung

Abbildung 28: Ermittlungsmaßnahmen neben der akustischen Wohnraumüberwachung in Verfahren mit der Katalogtat „Mord/Totschlag" – absolut (n=46, durch die gestrichelte Linie gekennzeichnet)

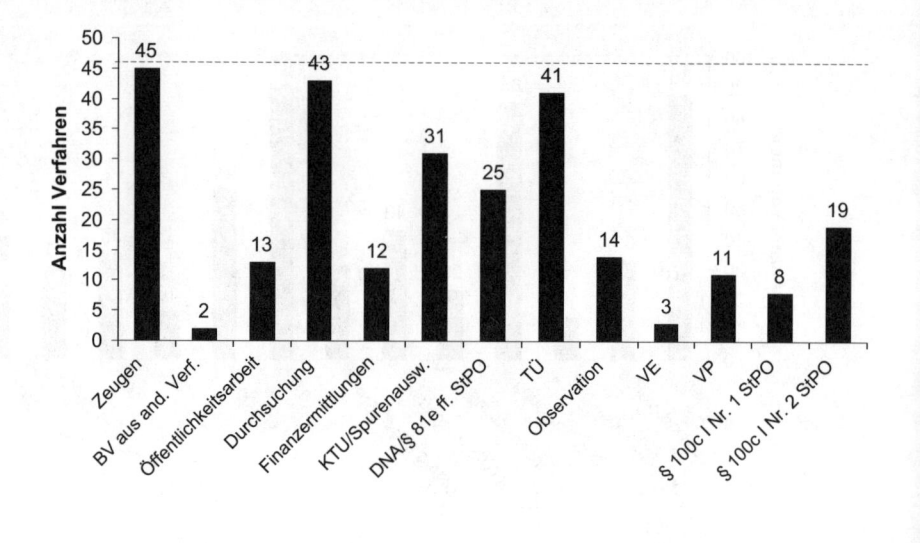

Abbildung 29: Ermittlungsmaßnahmen neben der akustischen Wohnraumüberwachung in Verfahren mit der Katalogtat „BtMG" – absolut (n=43, durch die gestrichelte Linie gekennzeichnet)

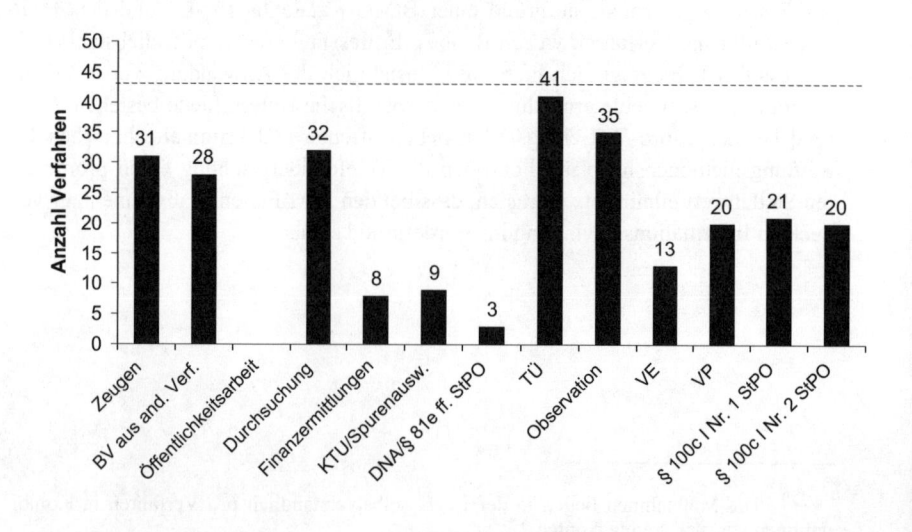

Abbildung 30: *Ermittlungsmaßnahmen neben der akustischen Wohnraumüberwachung in Verfahren mit der Katalogtat „Raub, Erpressung und schwerer Bandendiebstahl" – absolut (n=7, durch die gestrichelte Linie gekennzeichnet)*

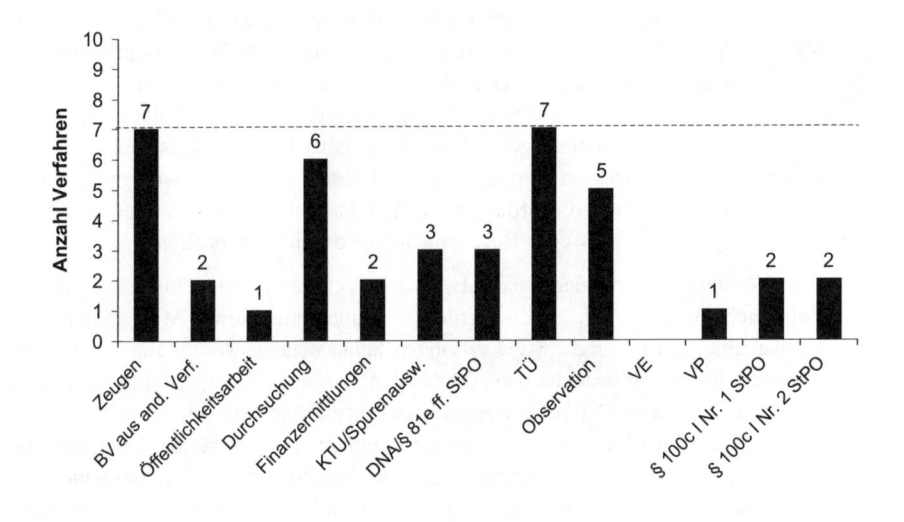

Bei den in den gesonderten graphischen Übersichten der *Abbildungen 28 bis 30* nicht enthaltenen Verfahren mit Anordnungen auf der Grundlage von Geldwäsche (n=1), Bestechlichkeit/Bestechung (n=2), §§ 129/129a StGB (n=1) und Verstößen gegen das AuslG (n=1) als Katalogtaten waren die weiteren Ermittlungsinstrumente einzelfallabhängig bzw. aufgrund der geringen Fallzahlen nur bedingt aussagekräftig. Während in allen diesen Verfahren Zeugenvernehmungen und Durchsuchungen stattfanden, kam es in den Bestechungsverfahren im Gegensatz zu den anderen Verfahren zu keiner Observation. VP-Informationen spielten in allen Verfahren außer einem der beiden Bestechungsfälle und dem AuslG-Verfahren eine Rolle. In letzterem und dem §§ 129/129a StGB-Verfahren kam es auch zum Einsatz der TÜ, was bei Bestechungsverfahren aufgrund einer im Katalog von § 100a StPO fehlenden (im Katalog von § 100c Abs. 1 Nr. 3 StPO aber enthaltenen) Anlasstat aus rechtlichen Gründen nicht möglich ist und bei dem Geldwäscheverfahren deswegen entbehrlich war, weil TÜ-Erkenntnisse aus anderen im gleichen Komplex geführten Verfahren vorlagen.

152   Ergebnisse der rechtstatsächlichen Untersuchung

2.2   Kombinationen der Ermittlungsinstrumente

Zu untersuchen ist weiter, in welchen Kombinationen die einzelnen Ermittlungsinstrumente vor oder neben der Wohnraumüberwachung eingesetzt wurden. Unterscheidet man zunächst offene (Vernehmungen, Öffentlichkeitsarbeit, Durchsuchung und sich daraus ergebende Sachbeweise) und verdeckte (TÜ, Observation, VE, VP, Maßnahmen nach § 100c Abs. 1 Nrn. 1 und 2 StPO) Ermittlungsmaßnahmen[279], so zeigt sich, dass lediglich fünf Verfahren mit ausschließlich verdeckten Ermittlungen und vier Verfahren mit ausschließlich offenen Ermittlungen neben der Wohnraumüberwachung geführt wurden. Dabei fällt auf, dass sämtliche Verfahren mit nur verdeckten Ermittlungen BtM-Verfahren waren, während die Verfahren mit nur offenen Ermittlungen in drei Fällen Verfahren wegen eines Tötungsdeliktes und eines wegen Bestechlichkeitsvorwürfen darstellten.

Auch weitere Differenzierungen, etwa nach Vernehmungen, Durchsuchung und Folgesachbeweisen, TÜ, andere verdeckte Maßnahmen sowie Maßnahmen nach § 100c Abs. 1 Nrn. 1 und 2 StPO erbringen keine nennenswerten anderen Kombinationen. Insgesamt bedeutet dies, dass in den Verfahren die verschiedenen Ermittlungsinstrumente in allen möglichen – wohl einzelfallabhängigen – Kombinationen vorliegen und sich hier keine eindeutigen Gruppen isolieren lassen. Über den zeitlichen Einsatz der Ermittlungsinstrumente im Verhältnis zu der Wohnraumüberwachung ist hiermit freilich noch nichts gesagt. Dazu bedarf es weiterer Untersuchungen unter Einbeziehung dieses Aspektes (s.u.)

In lediglich einem Verfahren konnten neben der Wohnraumüberwachungsbeantragung keinerlei weitere Ermittlungsmaßnahmen festgestellt werden: es handelte sich um die im Rahmen der Verfahrensauslösung schon dargestellte Rechtshilfesache, welche im Rahmen von in einem anderen Land geführten Mafiaermittlungen die Bitte um die Durchführung einer Abhörung von Staatsbürgern des betreffenden Landes in Deutschland beinhaltete. Eine entsprechende Anordnung wurde hier aber durch die zuständige Kammer gerade mit dem Hinweis nicht erlassen, dass für eine entsprechende Prüfung der Anordnungsvoraussetzungen nicht genügend Anhaltspunkte vorlägen und wenigstens entsprechende TÜ-Erkenntnisse aus dem dortigen Verfahren, auf die sich das Rechtshilfeersuchen bezog, hätten zugänglich gemacht werden müssen.

2.3   Intensität und Häufigkeit anderer Ermittlungsinstrumente

Jedoch ist nicht nur der Einsatz der Ermittlungsinstrumente als solcher, sondern dieser auch hinsichtlich seiner Intensität und Häufigkeit zu betrachten.

---

[279] So ALBRECHT/DORSCH/KRÜPE (2003), 298.

a. Vernehmungen

Pro Verfahren fanden durchschnittlich 31 Zeugenvernehmungen statt, wobei die Spannweite hier von lediglich einem bis 150 Zeugen reicht; der Median liegt bei 25 Vernehmungen. Auffallend ist hier die Abweichung in den Mittelwerten zwischen Mord-/Totschlagsverfahren und BtM-Verfahren: während erstere durchschnittlich 49 Zeugen pro Verfahren aufwiesen, waren in letzteren durchschnittlich lediglich knapp elf Zeugen festzustellen. Eine richterliche Vernehmung fand in 32 Verfahren statt (davon 19 Mord-/Totschlagsverfahren, 12 BtM-Verfahren und eine in dem Verfahren nach §§ 129/129a StGB). Gesondert erfasst wurden noch nicht als förmliche Zeugenvernehmungen durchgeführte aber dennoch als Hinweis-, Personen- und Alibiüberpüfungen aktenkundige Befragungen. Diese lagen nur in 50 Verfahren (fast ausschließlich solche wegen Tötungsdelikten) vor und beliefen sich auf durchschnittlich 98. In diesem Zusammenhang ist jedoch anzumerken, dass bei den Mord-/Totschlagsverfahren selten sämtliche Spurenakten, in die entsprechende Ermittlungen oftmals „ausgelagert" sind, zur Auswertung vorlagen. Die meisten dieser Spuren sind für die Ermittlungen ergebnislos und werden nur in die Hauptakten aufgenommen, wenn sich weitere Anhaltspunkte ergeben. Von einem noch laufenden Mord-/Totschlagsverfahren, welches deshalb nicht zur Einsicht zur Verfügung stand, wurde etwa mitgeteilt, dass dort 1755 Spuren ermittelt würden; das vorliegend festgestellte Maximum liegt bei 800.

Die Einbeziehung von Beschuldigtenvernehmungen aus anderen Verfahren wurde ebenfalls gesondert festgestellt, da diese oftmals gerade für BtM-Verfahren (28 von 33 Nennungen) eine erhebliche Rolle spielten. Auf die Gesamtzahl der Verfahren bezogen, liegt der Durchschnitt hier jedoch nur bei 1,6 Vernehmungen, auch wenn sich in Einzelfällen bis zu 22 solcher Vernehmungen in einem Verfahren befinden. Inwieweit freilich gegen Personen, die in den vorliegenden Verfahren als Zeugen (Belehrung nach § 57 und nicht nach § 136 StPO) vernommen wurden, dennoch ein Ermittlungsverfahren vorliegt oder eingeleitet wurde, konnte nicht festgestellt werden. Insofern sind qualitativ jedoch unbeteiligte klassische Wahrnehmungszeugen bei Tötungsdelikten von oftmals milieuangehörigen Personen bei BtM-Verfahren zu unterscheiden.

Öffentliche Aufrufe zur Unterstützung der polizeilichen Ermittlungsarbeit, eine Aussetzung zur Belohnung und Veröffentlichung nach § 131b StPO (Plakate, Pressearbeit oder oftmals auch im Rahmen einer Fernsehsendung wie „Aktenzeichen XY ungelöst") fand in 14 Verfahren statt. Hier handelte es sich mit Ausnahme eines Raubverfahrens ausschließlich um Verfahren wegen Tötungsdelikten.

b. Durchsuchungsmaßnahmen

Zur Erlangung eines Sachbeweises ist die Durchsuchung das vorherrschende Beweismittel. Zu berücksichtigen ist allerdings, dass sie, da sie offen und unter Hinzuziehung von Zeugen erfolgen muss, ein Verfahren dem Betroffenen gegenüber in aller Regel bekannt macht. Insbesondere im BtM-Bereich findet sie daher erst dann statt, wenn durch verdeckte Informationsgewinnung ihr Erfolg hinreichend wahrscheinlich erscheint. Sie markiert dann zumeist für das ganze Verfahren den Übergang zu offenen Ermittlungen, zu dem es in einigen Verfahren mangels entsprechender Erfolgsaussichten gar nicht kommt. Im Bereich der Tötungsverbrechen erfüllt die Durchsuchung eine andere Funktion, sie soll in der Regel möglichst früh ggf. noch vorhandene Tatspuren sichern, die Tatsache eines Ermittlungsverfahrens ist in diesen Fällen ohnehin zumeist bekannt. Es zeigt sich daher, dass sie auch in nahezu jedem der vorliegenden Mord-/Totschlagsverfahren zum Einsatz kam. Die drei Fälle, in denen dies nicht der Fall war, betrafen in zwei Fällen Tötungen im Umfeld von größeren kriminellen Gruppierungen, gegen die zunächst ausschließlich verdeckt vorgegangen wurde, und im dritten Fall die Konstellation, dass der Beschuldigte eines länger zurückliegenden Tötungsdeliktes sich bereits aufgrund anderer Umstände in Haft befand.

Pro Verfahren fanden durchschnittlich sieben Durchsuchungsmaßnahmen statt (in Mord-/Totschlagsverfahren durchschnittlich fünf, in BtM-Verfahren durchschnittlich acht). Das Maximum liegt hier allerdings bei 66 Durchsuchungen (bundesweite Durchsuchungsaktion) in einem Verfahren, in dem neben den der Überwachungsanordnung zugrundeliegenden BtM-Delikten vor allem auch wegen Menschenhandels ermittelt wurde. Aber auch in einem – allerdings milieubezogenem – Mord-/Totschlagsverfahren kam es zu immerhin 40 Durchsuchungen. Der Median liegt bezogen auf die Gesamtzahl der Verfahren bei vier Durchsuchungen.

Finanzermittlungen, kriminaltechnische Untersuchungen, insb. die im Rahmen der Ermittlungen von Tötungsdelikten wichtigen und daher gesondert erfassten molekulargenetischen Untersuchungen können als Unterfälle der Durchsuchung bzw. des Sachbeweises angesehen werden. Ihre festgestellte Verteilung ergibt sich aus den oben dargestellten *Abbildungen 27 ff*. Gerade hinsichtlich der kriminaltechnischen und molekulargenetischen Untersuchung ist jedoch darauf hinzuweisen, dass ihre Vornahme natürlich von dem Vorliegen entsprechenden (ggf. DNA-fähigen) Spurenmaterials abhängt. Viele der vorliegenden Tötungsdelikte wiesen sich aber gerade dadurch aus, dass eben diese Voraussetzung nicht gegeben war.

c. Telefonüberwachung

Wie bereits erwähnt, handelte es sich bei der Telefonüberwachung um das in den Verfahren am häufigsten auftretende Ermittlungsinstrument. Beachtet man noch die Tatsache, dass in Bestechungsverfahren aufgrund der im Katalog von

§ 100a StPO fehlenden (im Katalog von § 100c Abs. 1 Nr. 3 StPO aber enthaltenen) Anlasstat die Anordnung einer Telefonüberwachung regelmäßig nicht möglich ist, so verbleiben lediglich fünf Verfahren, in denen von diesem Ermittlungsinstrument kein Gebrauch gemacht wurde. Es handelt sich hier mit einer Ausnahme durchweg um Tötungsdelikte im engeren Familienzusammenhang, bei denen keinerlei Anhaltspunkte für eine ggf. tatrelevante fernmündliche Kommunikation bestanden, da die betreffenden Personen alle in einer Wohnung lebten. In einem weiteren Fall ging es um ein Tötungsdelikt im Umfeld einer größeren kriminellen Gruppierung, bei dem VP-Hinweise auf eine Wohnung als Treffpunkt für entsprechende Absprachen vorlagen, sich jedoch keinerlei Ansatzpunkt für eine Telefonüberwachung bot.

Durchschnittlich wurden zwölf Anschlüsse pro Verfahren überwacht, in der Hälfte der Verfahren noch sieben Anschlüsse (Median). Auch hier gibt es jedoch eine deutliche Abweichung zwischen den Mord-/Totschlagsverfahren mit durchschnittlich acht Anschlüssen und den BtM-Verfahren mit durchschnittlich 18 Anschlüssen. Das Maximum lag in einem BtM-Verfahren gegen eine europaweit agierende Heroinschmuggelbande bei 92 Anschlüssen. In einem weiteren BtM-Verfahren mit internationalem Bezug wurden ebenfalls 91 Anschlüsse überwacht. In diesem Zusammenhang ist, wie im BtM-Bereich häufig, jedoch darauf hinzuweisen, dass die Zielpersonen oftmals innerhalb von kurzen Abständen ihre telefonische Erreichbarkeit änderten, was den Erlass immer neuer TÜ-Beschlüsse zur Folge hatte.

Insgesamt wurde in den Verfahren, in denen genaue Feststellungen hierzu getroffen werden konnten, durchschnittlich über eine Dauer von 214 Tagen eine Telefonüberwachung durchgeführt, in der Hälfte der Verfahren immerhin noch an 154 Tagen. In den Durchschnittswerten unterscheiden sich die Mord-/Totschlagsverfahren und BtM-Verfahren hier nicht so wesentlich: 205 Tage bei ersteren, 241 Tage bei letzteren. Lediglich ein Blick auf die Median-Werte offenbart, dass aufs Ganze gesehen bei den BtM-Verfahren von der TÜ auch in zeitlicher Hinsicht ein extensiverer Gebrauch vorliegt: während bei den Mord-/Totschlagsverfahren in der Hälfte der Verfahren bis zu 91 Tagen eine Fernmeldeüberwachung stattfand, war dies bei den BtM-Verfahren noch für bis zu 203 Tage der Fall.

Somit lässt sich festhalten, dass die TÜ nicht nur was ihre Verteilung über die untersuchten Verfahren betrifft, sondern auch in ihrer zeitlichen Anwendung – in einigen Verfahren, wenn auch durchaus nicht immer auf den gleichen Anschluss bezogen, über mehrere Jahre – einen prominenten Stellenwert einnimmt.

d. Observation

Eine relativ große Rolle spielten – wie sich ebenfalls aus obigen *Abbildungen 27 ff.* ergibt – auch Observationen, in vielen Fällen wurden Anordnungen nach § 163f StPO erlassen. Sie dauerten durchschnittlich 134 Tage, in der Hälfte der

Verfahren immerhin noch 70 Tage (selbstverständlich handelt es sich hier nicht immer um durchgängige Observationen, sondern um die Zeiträume, in denen Observationseinsätze stattfanden). Bei den BtM-Verfahren betrug die durchschnittliche Observationsdauer gar 169 Tage, in der Hälfte der Fälle noch 145 Tage. Bei den Mord-/Totschlagsverfahren, bei denen bereits das relativ hohe Aufkommen dieses Ermittlungsinstrumentes in diesem Zusammenhang bemerkenswert ist, wurde durchschnittlich im Zeitraum von 61 Tagen observiert, der Median lag hier allerdings bei nur neun Tagen.

Es ist jedoch zu bemerken, dass die der Zeitraumberechnung zugrundeliegende datumsmäßige Erfassung der tatsächlichen Observationsdurchführung oft Schwierigkeiten bereitete. Zum einen waren Observationen – zumal wenn sie in größerem Umfang stattfanden – als polizeitaktische Maßnahmen oftmals in eigene Observationssonderbände ausgelagert, und es flossen dann nur relevante punktuelle Erkenntnisse in die Hauptakte ein (z.b. „in der Observation vom Tag XY wurde festgestellt, dass..."). Zum anderen ist die Observation oft ein punktuell (z.b. nur für einige Stunden) eingesetztes und „ureigenstes" – i.ü. sehr personalintensives – polizeiliches Ermittlungsinstrument. Soweit es zu keiner Anordnung nach § 163f StPO kam, sondern die Observationen im punktuellen Bereich verblieben, dürfte die aktenmäßige Dokumentation entsprechend noch lückenhafter ausfallen. Entsprechende datumsmäßige Berechnungen können daher nur unter Vorbehalt erfolgen.

e. VE und VP

In sieben Fällen fanden sich sowohl Hinweise auf einen VE als auch auf eine VP innerhalb eines Verfahrens (allesamt BtM-Verfahren), in den weiteren Fällen handelte es sich entweder um einen VE oder eine VP, wobei die VP – wie sich schon aus den *Abbildungen 27 ff.* ergibt – hier quantitativ den höheren Stellenwert einnimmt. In zwei größeren BtM-Verfahren kamen jedoch auch einmal vier bzw. fünf verdeckte Ermittler zum Einsatz, bei den VPen konnten in insgesamt zehn Verfahren mehr als eine VP (maximal jedoch vier VPen) pro Verfahren festgestellt werden. Auch hier waren aufgrund naturgemäß fehlender Identifizierung genaue Feststellungen jedoch teilweise erschwert.

Die Angabe der Dauer eines VE-Einsatzes, zum Teil dessen tatsächliche Durchführung überhaupt, stößt auf große Schwierigkeiten[280] (hier ist zu vermerken, dass die betreffenden Akteile aufgrund des zu gewährleistenden Personenschutzes oftmals als Verschlusssache eingestuft waren). Meistens findet sich zwar der Genehmigungsvorgang gem. § 110b StPO bei den Akten, manchmal sind auch Vernehmungen des VE dokumentiert. Häufig fehlt jedoch ein Vermerk über die Been-

---

[280] Vgl. hierzu auch ALBRECHT/DORSCH/KRÜPE (2003), 157.

digung des Einsatzes bzw. ergibt sich diese nur mittelbar aus Ermittlungsvermerken (etwa: „nachdem der VE aus ermittlungstaktischen Gründen abgezogen werden musste"). Ob im Falle keiner weiteren Vermerke von einer Nichtdurchführung oder einer Erfolglosigkeit des Einsatzes auszugehen war, ließ sich oftmals nicht feststellen. In den Fällen, in denen entsprechende Feststellungen getroffen werden konnten, dauerte der VE-Einsatz durchschnittlich 130 Tage (Median 141 Tage).

Bei VPen – die Problematik ist die Gleiche wie beim VE – findet sich dagegen in aller Regel gar kein Vermerk über deren gezielten Einsatz oder förmliche Verpflichtung. Hier heißt es in den Akten regelmäßig: „Durch eine Person, der durch die Staatsanwaltschaft Vertraulichkeit zugesichert wurde, wurde mitgeteilt ..." (auf eine Abgrenzung zum lediglichen Informaten wird hier verzichtet). Entsprechend datierte Vermerke und Vernehmungen fanden sich durchschnittlich über einen Zeitraum von 306 Tagen.

Neben der sich bereits aus der *Abbildung 28* ergebenden Verteilung, wonach in insgesamt 14 Mord-/Totschlagsfällen ein VE- oder VP-Einsatz erfolgte, erscheint bemerkenswert, dass durch die Auskünfte der Staatsanwaltschaften hinsichtlich der nicht für eine vollumfängliche Akteneinsicht zur Verfügung stehenden Verfahren[281] mitgeteilt wurde, dass hier in weiteren Verfahren wegen Tötungsdelikten derartige Einsätze vorliegen.

f. Maßnahmen nach 100c Abs. 1 Nrn. 1 und 2 StPO

Während das Herstellen von Lichtbildern und Bildaufzeichnungen sowie der Einsatz weiterer technischer Mittel nach § 100c Abs. 1 Nr. 1 StPO schon dem Wortlaut der Vorschrift nach eher als observationsunterstützende oder -begleitende Maßnahmen anzusehen sind, kommt § 100c Abs. 1 Nr. 2 StPO, dem Abhören des nichtöffentlich gesprochenen Wortes außerhalb von Wohnungen, eine eigenständige Bedeutung zu. Im Hinblick auf die Eingriffstiefe lässt sich in gewisser Weise von einer „Vorstufe" zu der akustischen Wohnraumüberwachung sprechen, gleichzeitig ergeben sich im Hinblick auf die jeweilige Einzelfallgestaltung jedoch eine ggf. andere Zielrichtung und Erfolgswahrscheinlichkeit. Beispielsweise sind die Übergänge fließend, wenn es um den Einsatz eines Körpermikrofons bei einer VP oder einem VE geht, und die Möglichkeit besteht, dass die Wohnung der Zielperson betreten wird bzw. es vom Zufall abhängt, ob bestimmte Gespräche in einer Wohnung oder an einem anderen Ort geführt werden. Eine andere Zielrichtung liegt hingegen vor, wenn konkrete Anhaltspunkte dafür bestehen, dass für Straftaten speziell der Schutz einer Wohnung in Anspruch genommen wird und somit die Geschehnisse just an diesem Ort von Relevanz sind (etwa die Nutzung einer BtM-Bunkerwohnung oder als Treffpunkt und Ort entsprechender Besprechungen). Die

---

[281] S.o. A./I./4.

Grenze zwischen § 100c Abs. 1 Nr. 2 StPO und § 100c Abs. 1 Nr. 3 StPO ist hier mit der Bejahung des Wohnungsbegriffes i.S. des Art.13 GG überschritten. Dass hier Grenz- und Zweifels- und somit Streitfälle vorliegen, wurde bereits erörtert[282]. Wie dargelegt markiert diese Grenze auch die Zulässigkeit von gleichzeitigen Bildaufzeichnungen in Kombination mit § 100c Abs. 1 Nr. 1 StPO, welche in einer nicht als „Wohnung" i.S. des Art. 13 GG anzusehenden Räumlichkeit möglich sind. Ein häufig festgestellter Anwendungsbereich des § 100c Abs. 1 Nr. 2 StPO ist das Überwachen von Gesprächen in Fahrzeugen. Jedoch kamen auch Maßnahmen an verschiedenen öffentlich zugänglichen Orten (z.b. „Gastraumgespräche" oder die „klassische Parkbank") vor.

Maßnahmen nach § 100c Abs. 1 Nr. 1 StPO wurden in insgesamt 31 der 101 Verfahren festgestellt und dauerten durchschnittlich 94 Tage (hierin sind freilich so unterschiedliche Maßnahmen wie punktuelle Observationsfotos, stationäre Videoanlagen zur Überwachung etwa von Hauseingängen oder der GPS-Einsatz in Zielfahrzeugen enthalten), Maßnahmen nach § 100c Abs. 1 Nr. 2 StPO wurden in insgesamt 41 Verfahren eingesetzt und dauerten durchschnittlich 95 Tage.

3. Die Wohnraumüberwachung im zeitlichen Ablauf des Verfahrens

Von besonderem Interesse erscheint jedoch nicht nur der Einsatz anderer Ermittlungsinstrumente als solcher, sondern vor allem auch, wie sich der (beabsichtigte)[283] Einsatz der Wohnraumüberwachung hierzu zeitlich einordnen lässt. Dazu ist zunächst die Verfahrensdauer als zugrundeliegende Zeitschiene darzustellen, anhand derer die verschiedenen Ermittlungsmaßnahmen dann eingeordnet und in ein zeitliches Verhältnis zueinander gesetzt werden können. Schließlich sollen die spezifischen, den Einsatzzeitpunkt der Wohnraumüberwachungsmaßnahme determinierenden Umstände aufgezeigt werden.

Im Hinblick auf die den hierzu erforderlichen Berechnungen zugrundeliegenden Grundgesamtheiten ist darauf hinzuweisen, dass freilich nur Verfahren berücksichtigt werden können, in denen sich genaue derartige datumsmäßige Feststellungen haben treffen lassen können. Diese Feststellbarkeit unterlag einigen der bereits oben dargestellten Restriktionen und unterscheidet sich je nach Fragestellung. Die Grundgesamtheit wird daher jeweils gesondert angegeben.

---

[282] S.o. B./I./1.5.
[283] Nicht alle Beantragungsvorgänge führten auch zu einer tatsachlichen Durchführung der Maßnahme. Berücksichtigt in der Darstellung werden vorliegend auch gerichtlich abgelehnte und an faktischen Gegebenheiten gescheiterte Maßnahmen.

3.1 Verfahrensdauer (Ermittlungsverfahren)

Ein datumsmäßiger Verfahrensbeginn konnte für 105 Verfahren festgestellt werden. Es wurde hier die oben bereits dargelegte Kenntniserlangung der Ermittlungsbehörden vom verfahrensauslösenden Sachverhalt zugrunde gelegt; soweit diese nicht festgestellt werden konnte, die in den Akten niedergelegte Einleitung des förmlichen Ermittlungsverfahrens, spätestens aber die erste Einschaltung der Staatsanwaltschaft. Als Ende der Ermittlungen wurde das Datum der Anklageerhebung bzw. der staatsanwaltlichen Abschlussverfügung (Einstellung) gewählt. Da in der Aktenerhebung zum Teil noch nicht abgeschlossene Verfahren enthalten waren, liegen entsprechende Angaben nur für 96 Verfahren vor. Die Verfahrensdauer konnte somit für 96 Verfahren errechnet werden. Sie betrug durchschnittlich 713 Tage (= knapp 2 Jahre)[284] und stellt sich nach den der Beantragung der Wohnraumüberwachungsmaßnahme zugrundeliegenden Katalogtaten wie folgt dar:

---

[284] Bundesweit konnten zwischen 1998 und 2002 jeweils zwischen 96 und 97 % aller anhängigen Verfahren durch die Staatsanwaltschaften binnen eines Jahres erledigt werden (vgl. STATISTISCHES BUNDESAMT, Destasis Online-Publikation, Geschäftsentwicklung bei Gerichten und Staatsanwaltschaften seit 1998, Tabelle 4.1, lfd.-Nr. 16; http://www.destatis.de/download/d/veroe/fach_voe/gerichte.pdf); Verfahrensdauern von mehr als 12 bis 18 Monaten lagen noch vor bei 1 %, mehr als 18 bis 24, 24 bis 36 und mehr als 36 Monaten bei jeweils noch 0,4 % der von den Staatsanwaltschaften in den Jahren 1998-2001 erledigten Verfahren (vgl. STATISTISCHES BUNDESAMT, Fachserie 10, Reihe 2, Tabelle 5.2 lfd.-Nrn. 23-26, 1998-2001). Dies zeigt, dass es sich bei den Verfahren mit Wohnraumüberwachungsmaßnahmen bereits auch im Hinblick auf ihre Dauer um herausragende Verfahren handelt. Vgl. zum Ganzen auch DÖLLING/TÖRNIG U.A. (2000), 71 f., 103 ff..

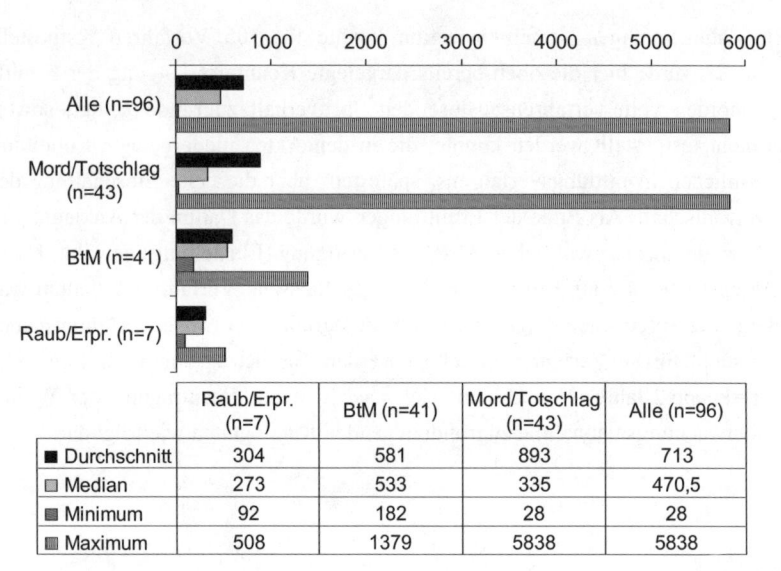

160 Ergebnisse der rechtstatsächlichen Untersuchung

Abbildung 31: Dauer der Verfahren im Durchschnitt, Median, Minimum und Maximum in Tagen

	Raub/Erpr. (n=7)	BtM (n=41)	Mord/Totschlag (n=43)	Alle (n=96)
Durchschnitt	304	581	893	713
Median	273	533	335	470,5
Minimum	92	182	28	28
Maximum	508	1379	5838	5838

Auffällig erscheint insbesondere das große Maximum in der Dauer der Mord-/Totschlagsverfahren von nahezu sechzehn Jahren. Auch wenn es sich hier – wie die Angabe des Durchschnittswertes zeigt – um ein besonderes Extrem handelt, so ist doch festzustellen, dass weitere der Tötungsdeliktsverfahren sich durch eine sehr lange Dauer auszeichnen: immerhin elf der 43 Verfahren wegen Mordes oder Totschlags dauerten über drei Jahre, insgesamt 16 über zwei Jahre. Weitere Spitzen liegen bei fast zwölf Jahren (4265 Tage) und zwei Mal rund neun Jahren (3321 und 3124 Tage). Während es sich im ersten Fall um eine Tötung Mitte der 80er Jahre handelte, bei der bestimmte Bezüge zu einem bestimmten Milieu lange Zeit „zu phantastisch" erschienen und sich erst aufgrund neuer Hinweise in den 90er Jahren verdichteten, so hatten die weiteren Verfahren etwa einen zunächst über längere Zeit als Vermisstensache geführten Fall zum Gegenstand, in dem sich die Suche nach einer Leiche aufgrund sich verschiedentlich verdichtender Hinweise über Jahre hinzog. Oder es ließ sich der Tatverdacht gegen eine Person zwar nicht gerichtsfest beweisen, jedoch angesichts weiterer schwer belastender Tatsachen auch nicht ausräumen, so dass die Ermittlungen nach gewissen „Ruhepausen" bei zufälligem Bekanntwerden weiterer Details (in einem Fall etwa auch dem Auffinden der in einem Wald verscharrten Leiche) wieder aufgenommen werden. In anderen Fällen richten sich die Ermittlungen sukzessive gegen verschiedene Tatverdächtige, es kann aber die finale Ausführungshandlung nicht zugeordnet werden. Von weiteren derartigen Verfahren wurde auch im Rahmen der Auskünfte von Staatsanwaltschaften berichtet, die ihre Akten aufgrund noch laufender Verfahren (und dies zum Teil eben seit mehreren Jahren) nicht zur Einsicht zur Verfügung stellen konnten[285] und somit nicht in den vorliegenden Berechnungen enthalten sind. Hinsichtlich der sieben in diesem Vergleich durch ihre besonders kurze Verfahrensdauer (unter 200 Tagen) auffälligen Mord-/Totschlagsverfahren ist zu bemerken, dass diese mit der Wohnraumüberwachungsmaßnahme nicht im Zusammenhang steht, da in allen diesen Fällen die Maßnahme ergebnislos verlief.

Die BtM-Verfahren weisen im Median (d.h. in der Hälfte der Fälle) eine noch höhere Dauer als die Mord-/Totschlagsverfahren auf und sind in ihren Ausprägungen weniger weit gestreut (d.h. weisen eine deutlich geringere Standardabweichung auf: 273 Tage gegenüber 1199 Tagen bei den Mord-/Totschlagsverfahren). Das Minimum liegt hier bei einem halben Jahr, über knapp zwei Jahre dauerten immerhin noch zehn der 41 Verfahren.

Die zusammengefassten Verfahren wegen schweren Raubes, schwerer Erpressung und Bandendiebstahls zeichnen sich dazu im Vergleich durch eine verhältnismäßig kurze Verfahrensdauer aus. Die Dauer der in der Übersicht nicht enthaltenen Fälle mit vorliegenden Angaben stellen sich wie folgt dar: Verfahren wegen Geldwäsche 375 Tage, zwei Verfahren wegen Bestechung/Bestechlichkeit 296 und 1904 Tage (ein weiteres nur im Auskunftswege berücksichtigtes und zum Anfragezeitpunkt vier Jahre altes Verfahren wurde als „Mammutverfahren" bezeichnet, welches in absehbarer Zeit kaum abgeschlossen werden dürfte, ein Oberstaatsanwalt ist allein für dieses Verfahren abgestellt), das Verfahren wegen §§ 129/129a StGB 592 Tage und das Verfahren wegen Verstößen gegen das AuslG 882 Tage.

3.2 Zeitlicher Einsatz der Wohnraumüberwachung und anderen Ermittlungsinstrumente

Um nun verschiedene Ermittlungsmaßnahmen in ein vergleichbares zeitliches Verhältnis miteinander setzen zu können und aufgrund der großen Spannweite in der soeben dargestellten Verfahrensdauer, wird diese in ein Zeitintervall zwischen 0 und 1 umgewandelt, wobei 0 die Kenntniserlangung des verfahrensauslösenden Sachverhaltes und 1 die staatsanwaltliche Abschlussverfügung (bzw. die dargelegten ersatzweise für die Berechnung der Verfahrensdauer herangezogenen Daten, s.o.) markiert. Auf diese Art und Weise lassen sich nun anhand einer Mittelwertberechnung die Verfahrensverläufe der verschiedenen Gruppen übersichtsartig in der folgenden *Abbildung 32* darstellen. Wiedergegeben ist jeweils der erste Einsatz des jeweiligen Ermittlungsinstrumentes:

---

[285] S.o. A./I./4.

162 Ergebnisse der rechtstatsächlichen Untersuchung

Abbildung 32: Ermittlungsmaßnahmen im Verfahrensverlauf – Mittelwertvergleich[286]

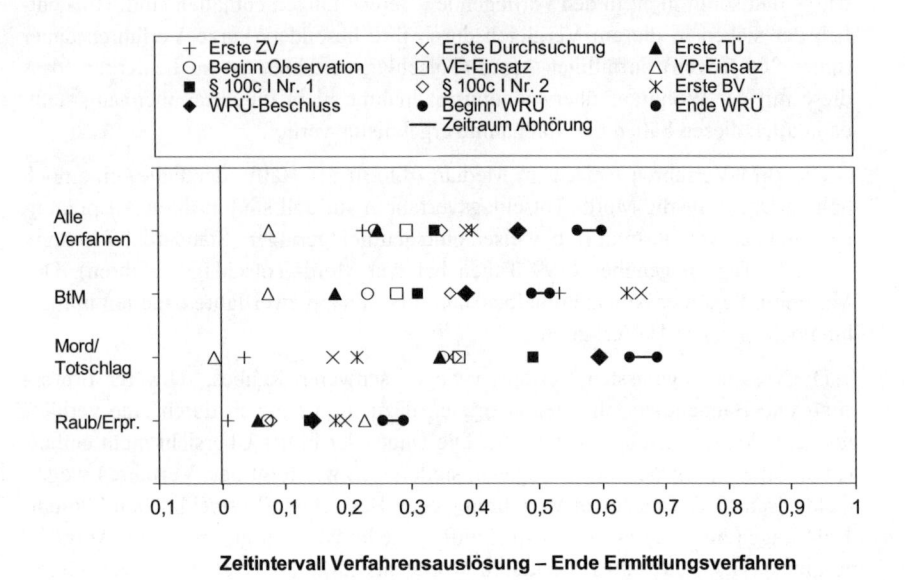

```
+  Erste ZV              ×  Erste Durchsuchung    ▲  Erste TÜ
○  Beginn Observation    □  VE-Einsatz            △  VP-Einsatz
■  § 100c I Nr. 1        ◇  § 100c I Nr. 2        ✳  Erste BV
◆  WRÜ-Beschluss         ●  Beginn WRÜ            ●  Ende WRÜ
                         —  Zeitraum Abhörung
```

Zeitintervall Verfahrensauslösung – Ende Ermittlungsverfahren

Es fällt sofort auf, dass, außer bei den BtM-Verfahren, die Wohnraumüberwachung am Ende der Reihe der jeweils erstmalig eingesetzten Ermittlungsinstrumente steht. In der Kategorie Raub/Erpressung, in welcher auch das Verfahren aufgrund der Katalogtat Bandendiebstahl einbezogen ist, ist allerdings zudem auffällig, dass zwischen dem Wohnraumüberwachungsbeschluss und dessen Umsetzung einige Ermittlungen stattfinden. Hier sind jedoch die geringen Fallzahlen in dieser Gruppe (n=7) zu beachten. Bei diesen Verfahren kam es lediglich in drei der sieben Fälle zu einer Durchführung der Wohnraumüberwachung, wovon zwei in einem

---

[286] Hierzu ist zu anzumerken, dass selbstverständlich nicht für alle Verfahren entsprechende Daten vorlagen, dies allein deshalb, weil nicht in jedem Verfahren jede dargestellte Ermittlungsmaßnahme zum Einsatz kam (vgl. oben *Abbildungen 27 ff.*). Durch das Erfordernis, nicht nur Angaben über das Vorliegen als solches, sondern auch den datumsmäßigen Einsatz weiterer Ermittlungsinstrumente zu erfassen sowie diese statistisch in Beziehung zu setzen, sind weitere geringfügige Ausfälle bedingt. Dementsprechend konnte der Zeitpunkt der ersten Zeugenvernehmung für insgesamt 87, der ersten Durchsuchung für 81, der Beginn der TÜ für 85, der Beginn der Observation für 43, der Beginn eines VE-Einsatzes für 13, der Beginn eines VP-Einsatzes für 30, der Beginn von § 100c I Nr. 1-Maßnahmen für 27, der Beginn von § 100c I Nr. 2-Maßnahmen für 35 und die datumsmäßige erste Vernehmung der Beschuldigten für 80 Verfahren festgestellt werden. Der Zeitpunkt des ersten Wohnraumüberwachungsbeschlusses im Verhältnis zur Verfahrensdauer lag für 95, der Zeitraum der tatsächlichen Ausführung für 63 bzw. 61 dieser Verfahren vor.

sehr frühen Verfahrensstadium erfolgten, da der Täter ein Wiedererscheinen in der Wohnung des Opfers – mit dessen Einverständnis oder gar auf dessen Anregung die Maßnahme durchgeführt wurde – angekündigt hatte. In diesen Fällen fanden die Hauptermittlungen erst nach Beschlusserlass statt. Gleiches gilt freilich für die Verfahren, in denen es zu keiner Umsetzung der Maßnahme kam. Maßgeblich beeinflusst wird die obige Darstellung jedoch ebenfalls von den anderen Verfahren, in denen der Wohnraumüberwachungsbeschluss erst in einem späteren Verfahrensstadium erging. Insofern kommt es aufgrund der geringen Fallzahlen zu Überlappungen in der Darstellung.

Hinsichtlich der Mord-/Totschlagsverfahren und BtM-Verfahren liegen jedoch Verteilungen vor, die deutlichere Schlüsse zulassen. Jedenfalls wird der grundsätzliche Strukturunterschied deutlich[287], dass am Anfang der Verfahren wegen Tötungsverbrechen in aller Regel offene Ermittlungen (Vernehmungen und Durchsuchung) stehen und es dann (wohl erst nach deren Erfolglosigkeit) im weiteren Verfahrensverlauf zu verdeckten Maßnahmen kommt. Ganz anders bei den BtM-Verfahren: hier findet sich im Mittelwertvergleich das gesamte Arsenal verdeckter Maßnahmen, einschließlich der Wohnraumüberwachung, vor dem Übergang zu offenen Ermittlungen.

Interessant erscheint aber vor allem die auf dem Hintergrund der zeitlichen Einordnung der Maßnahmen nun mögliche Auswertung dahingehend, wie viele verschiedene und welche Ermittlungsinstrumente auch in Einzelfällen tatsächlich vor der Beantragung der Wohnraumüberwachungsmaßnahme eingesetzt wurden. Hier ist festzustellen, dass in lediglich 13 Fällen weniger als zwei Ermittlungsinstrumente vorliegen. Bis auf zwei Bestechungsverfahren (in einem Falle Anzeige und Zeugenvernehmung des Versprechensempfängers und sodann einverständliche Überwachung in dessen Räumlichkeiten, im anderen Fall VP-Angaben) handelt es sich hier durchweg um BtM-Verfahren, in denen vor der Wohnraumüberwachung lediglich VPen bzw. VE oder die TÜ zum Einsatz kamen. Eine genauerer Blick auf diese Verfahren zeigt jedoch, dass hier verallgemeinernde Aussagen schwierig sind: In fast allen Verfahren lagen bereits weitere Erkenntnisse aus anderen Verfahren vor (auf die Problematik insb. bei der Austrennung aus Strukturermittlungsverfahren wurde bereits hingewiesen). In anderen Fällen ging es um konkrete durch eine VP oder einen VE angebahnte BtM-Scheingeschäfte größeren Umfangs (in einem Fall gar um die kontrollierte Lieferung in der Größenordnung von mehreren 100 kg). Ebenso ist zu bemerken, dass auch nicht in allen diesen Fällen die Wohnraumüberwachung antragsgemäß genehmigt wurde. Der Antrag im Rahmen einer Rechtshilfesache wurde ebenfalls bereits geschildert.

Bezüglich der Verfahren mit einem Wohnraumüberwachungsbeschluss aufgrund der Katalogtat Geldwäsche liegen zeitliche Angaben nur für ein Verfahren vor:

---

[287] Vgl. hierzu auch ALBRECHT/DORSCH/KRÜPE (2003), 315 f.

deutlich vor der Wohnraumüberwachung finden hier Durchsuchungen und ein VP-Einsatz statt. Die Bestechungsverfahren lassen sich aufgrund ihrer großen Divergenz in Inhalt und Struktur nicht sinnvoll gemeinsam betrachten, überdies sind die Zeitangaben hier lückenhaft. Letzteres gilt vor allem auch für das Verfahren mit der Anordnung aufgrund des Ausländergesetzverstoßes. Es wurde jedoch mitgeteilt, dass die Wohnraumüberwachung auch erst gegen Ende des Verfahrens eingesetzt wurde, wo es neben dem bereits hinreichend bewiesenen § 92a AuslG vor allem um den Beweis der bandenmäßigen Begehung nach § 92b AuslG ging. In dem Verfahren mit der Anordnung nach §§ 129/129a StGB erfolgten vor Einsatz der Wohnraumüberwachung sowohl offene als auch verdeckte Maßnahmen. Das Verfahren war aufgrund von Strukturerkenntnissen eingeleitet worden.

Einer besonderen Erläuterung bedürfen auf dem Hintergrund der obigen *Abbildung 32* noch die VPen, die im Vergleich zu den anderen Ermittlungsinstrumenten auch im zeitlichen Ablauf eine gewisse Sonderrolle einnehmen. Sie finden sich sowohl bei den BtM-Verfahren als auch bei den Mord-/Totschlagsverfahren zu einem sehr frühen Verfahrenszeitpunkt. Dies hängt damit zusammen, dass VPen oft oder zumeist verfahrensunabhängig etwa zur Milieu- oder Szenebeobachtung geführt werden. Die VP berichtet dann regelmäßig über anfallende Straftaten, und die entsprechenden Erkenntnisse fließen in die entsprechenden Verfahren ein. Die Tatsache, dass bei den Mord-/Totschlagsverfahren der erste VP-Einsatz im Durchschnitt bereits vor dem offiziellen Verfahrensbeginn liegt, hat ihren Grund darin, dass in einem Verfahren bereits ein Jahr vor dem dann zufälligen Leichenfund, mit dem die Ermittlungen begannen, eine VP mitteilte, dass in dem Milieu, in dem die VP eingesetzt war, eine Person vermisst werde. Diese VP-Erkenntnisse, wegen derer zum Mitteilungszeitpunkt noch kein Verfahren eingeleitet wurde, da weder eine offizielle Vermisstenanzeige noch konkrete Hinweise auf ein Tötungsdelikt vorlagen, flossen dann nach dessen Beginn in beweiserheblicher Weise in das Verfahren ein. In einem anderen Mord-/Totschlagsverfahren aus dem Umkreis des durch ausländische Tätergruppierungen organisierten illegalen Zigarettenhandels lagen noch am Tag des Leichenfundes entsprechende VP-Erkenntnisse vor. VP-Einsätze wurden in neun der für die *Abbildung 32* berücksichtigten Mord-/Totschlagsverfahren festgestellt; neben den beiden bereits geschilderten Verfahren lagen in zwei weiteren Verfahren die VP-Angaben innerhalb der nächsten zwei Tage nach der Tat, in zwei weiteren Fällen innerhalb der ersten zwei Monate vor. In drei Verfahren wurde eine VP erst nach längerer Ermittlungsdauer – zeitlich bereits eher näher zur dann eingesetzten Wohnraumüberwachung – gezielt auf die Tatverdächtigen „angesetzt".

Auch bei den BtM-Verfahren liegt die Erlangung einiger erster VP-Erkenntnisse teilweise vor dem offiziellen Verfahrensbeginn. Hinzu kommen die Verfahren, in denen die offenbar ausreichend konkreten VP-Erkenntnisse zu dessen Einleitung führten[288]. Bei der Durchschnittsbildung können sich diese Fälle aber nicht gegen die Fälle durchsetzen, in denen der Einsatz später erfolgt und in der Regel hier ebenfalls zeitlich eher im Zusammenhang mit der Wohnraumüberwachungsmaßnahme zu sehen ist.

Eine andere Zielrichtung scheinen die VE-Einsätze zu haben. Sie erfolgen in der Regel ausschließlich gezielt zu einem späteren Verfahrenszeitpunkt.

Durch die *Abbildung 32* wird desweiteren der Befund bestätigt, dass die TÜ, jedenfalls dort wo verdeckte Maßnahmen eingesetzt werden, als erstes Instrument (bei Mord-/Totschlagsverfahren nach dem Scheitern der offenen Maßnahmen und in Raubverfahren nach der Einvernahme der Geschädigten) genutzt wird.[289]

Verwundern mag, dass in der *Abbildung 32* zwischen Wohnraumüberwachungsbeschluss und dem Beginn der tatsächlichen Abhörung ein zum Teil längerer Zeitraum zu liegen scheint. Hier ist zum einen anzumerken, dass der Abbildung auch Verfahren zugrunde liegen, in denen es zu gar keiner Abhörung kam (entweder da dies von der Staatsschutzkammer abgelehnt wurde oder der Beschluss aus tatsächlichen Gründen nicht umgesetzt werden konnte)[290]. Die Werte dieser Verfahren beeinflussen selbstverständlich die zeitliche Darstellung des Beschlusszeitpunktes, aber nicht den der tatsächlichen Abhörung. Zum anderen liegt zwischen Anordnung der Wohnraumüberwachung und deren Ausführung insbesondere aufgrund von Installationsproblemen zum Teil wirklich ein gewisser Zeitraum.

3.3 Zeitpunkt des Wohnraumüberwachungsbeschlusses

Nachdem nun der Zeitpunkt des Einsatzes der Wohnraumüberwachung mit den weiteren Ermittlungsinstrumenten in eine durchschnittliche zeitliche Relation gesetzt wurde, erscheinen auf dem Hintergrund der bereits dargelegten Verfahrensdauern allerdings noch die absoluten Zeitpunkte des Wohnraumüberwachungseinsatzes von Interesse.

Hier ergibt sich folgender Befund: Der Beschluss zur Wohnraumüberwachung (anordnend oder ablehnend) erfolgte bezogen auf alle Verfahren durchschnittlich 416 Tage nach Kenntniserlangung des verfahrensauslösenden Sachverhaltes (bzw. den dargelegten ersatzweise für die Berechnung des Verfahrensbeginnes herangezogenen Daten, s.o.). Ein entsprechendes Datum konnte in 104 Verfahren festge-

---

[288] Vgl. bereits oben I./1.1/b.
[289] ALBRECHT/DORSCH/KRÜPE (2003), 315 f.
[290] Vgl. schon Fußnote 286: Der Zeitpunkt des ersten Wohnraumüberwachungsbeschlusses im Verhältnis zur Verfahrensdauer lag für 95, der auf dieser Basis festgestellte Zeitraum der tatsächlichen Ausführung für 63 bzw. 61 Verfahren vor.

stellt werden. Die deliktsspezifische Verteilung nach den dem Beschluss zugrundeliegenden Katalogtaten ergibt sich analog zur obigen *Abbildung 31* aus der folgenden *Abbildung 33*:

Abbildung 33: Durchschnittlicher Zeitraum bis zum Wohnraumüberwachungsbeschluss (einschl. Median, Minimum und Maximum) in Tagen

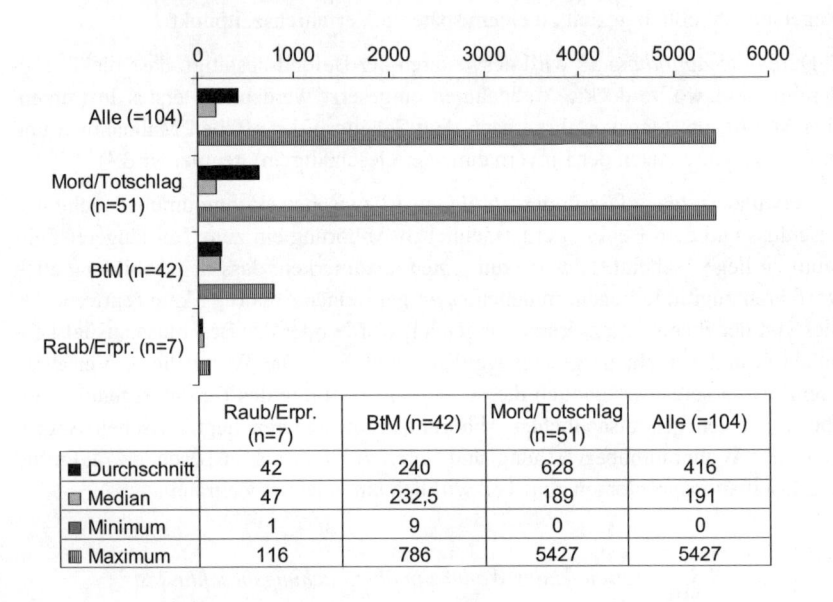

	Raub/Erpr. (n=7)	BtM (n=42)	Mord/Totschlag (n=51)	Alle (=104)
■ Durchschnitt	42	240	628	416
▫ Median	47	232,5	189	191
■ Minimum	1	9	0	0
▥ Maximum	116	786	5427	5427

Hier fällt auf den ersten Blick eine große Ähnlichkeit zur *Abbildung 31* (Verfahrensdauer) auf: auch hier liegt bei den Mord-/Totschlagsverfahren ein großes Maximum vor, welches stellvertretend für insgesamt elf Verfahren steht, in denen der Wohnraumüberwachungsbeschluss mehr als zwei Jahre nach dem verfahrensauslösenden Datum erging (davon noch sieben Verfahren mit einem Zeitraum von über drei Jahren). Dies könnte damit zusammenhängen, dass in vielen der oben erwähnten sehr langen Verfahren der Wohnraumüberwachungsbeschluss entsprechend spät – nämlich erst nach jahrelangen Ermittlungen – beantragt wurde. Dies trifft jedoch nicht in allen Fällen zu: Betrachtet man die oben erwähnten[291] elf Fälle mit mehr als dreijähriger Verfahrensdauer (mehr als 1092 Tage), so zeigt sich, dass sich hierunter neben sieben Fällen, in denen der Wohnraumüberwachungsbeschluss nach durchschnittlich 2666 Tagen erging und welche somit tatsächlich für das auch in *Abbildung 33* hohe Maximum bei den Mord-/Totschlagsverfahren verantwort-

---

[291] S.o. 3.1.

lich sind, vier Fälle befinden, in denen der Beschluss nach bereits durchschnittlich 171 Tagen erging. Umgekehrt befinden sich unter den Verfahren, in denen der Zeitraum zwischen Verfahrensbeginn und Wohnraumüberwachungsbeschluss mehr als 2 Jahre (728 Tage) beträgt, vier Fälle, die bei den obigen Berechnungen zur Verfahrensdauer mangels eines Verfahrensabschlussdatums nicht berücksichtigt werden konnten, aber einen entsprechend langen Zeitraum zwischen Verfahrensbeginn und Anordnung der Maßnahme aufweisen. Bei diesen Verfahren liegen jedoch mit einer Ausnahme gegenüber den oben bereits erwähnten lang andauernden Mord-/Totschlagsverfahren keine strukturellen Besonderheiten vor. Die Ausnahme betrifft einen der beiden Fälle, in dem die Wohnraumüberwachung durch die in der Hauptsache zuständige Schwurgerichtskammer angeordnet wurde[292].

a. Mord-/Totschlagsverfahren

Neben dem hohen Maximum bei den Mord-/Totschlagsverfahren ist jedoch vor allem auch das dortige Minimum von „0 Tagen" besonders erwähnenswert: es handelt sich um ein Verfahren, in dem die Wohnraumüberwachung noch am Tag der Kenntniserlangung des Sachverhaltes auf Antrag des staatsanwaltlichen Bereitschaftsdienst im Eilwege durch den Vorsitzenden der zuständigen Staatsschutzkammer angeordnet wurde. Aufgrund weiterer Umstände besteht nach der Beweislage der massive Verdacht der Aussageabsprache. Unter diesen Umständen und auf dem Hintergrund der im Erstzugriff erfolgten umfangreichen Ermittlungen wird die Wohnraumüberwachung als der einzig erfolgversprechende Ermittlungsansatz angesehen, da es nahe liege, dass die Familie sich nach Entlassung von den Zeugenvernehmungen in der Wohnung über die Tat und das künftige Verhalten abstimmen wird.

Insgesamt wird in sechs der 51 Mord-/Totschlagsverfahren die Wohnraumüberwachung innerhalb der ersten drei Wochen der Ermittlungen beantragt (neben oben geschildertem Fall jeweils 6, 15, 17, 18, 15 und 27 Tage nach Ermittlungsbeginn), in insgesamt 17 der Mord-/Totschlagsverfahren noch innerhalb der ersten drei Monate. In allen diesen Fällen wurden bis zu diesem Zeitpunkt intensive Ermittlungen geführt, meistens gar bereits die ersten verantwortlichen Vernehmungen der Beschuldigten durchgeführt.

Der Zeitraum bis zum Beschlusszeitpunkt ist für die Mord-/Totschlagsverfahren in *Abbildung 34* graphisch zusammengefasst dargestellt:

---

[292] S.o. B./I./1.3.

168 Ergebnisse der rechtstatsächlichen Untersuchung

Abbildung 34: Anzahl Verfahren mit Wohnraumüberwachungsbeschlüssen im jeweiligen Monat der Ermittlungstätigkeit bei Mord-/Totschlagsverfahren – absolut (n=51)

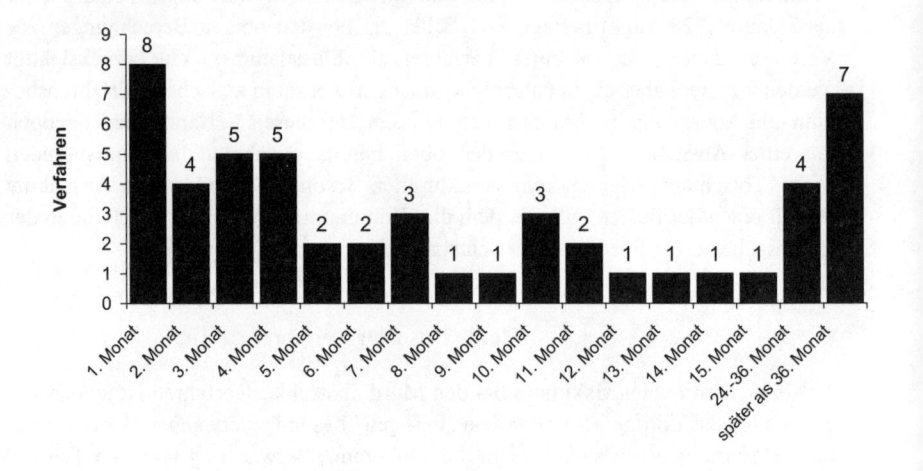

Es zeigt sich somit, dass bei den Mord-/Totschlagsverfahren die Häufung des Einsatzes der Wohnraumüberwachung absolut gesehen nach relativ kurzer Zeit vorliegt. Dies mag u.a. durch die nach Bekanntwerden eines Tötungsdeliktes unmittelbar sehr intensiven Ermittlungen zu erklären sein, wie sie oben dargestellt wurden. Ebenso ist jedoch zu konstatieren, dass zu einem beträchtlichen Teil die Maßnahme auch erst nach zum Teil jahrelangen Ermittlungen zum Einsatz kommt.

b. BtM-Verfahren

Bei den BtM-Verfahren sieht diese Verteilung, wie sie in *Abbildung 35* wiedergegeben ist, ein wenig anders aus. Hier fällt auf, dass zwar auch ein beträchtlicher Teil der Maßnahmen in den ersten drei Monaten beantragt wird (wobei das Minimum hier bei neun Tagen liegt, die weiteren Werte betragen 14, 15, 16, 23 und 48 Tage), jedoch findet sich eine erneute Häufung vom siebten bis zum zehnten Monat. Als Gemeinsamkeit der Verfahren, in denen die Maßnahme bereits im ersten Monat beantragt wurde, lässt sich festhalten, dass es sämtlich um Fälle ging, in denen ein bestimmtes Drogengeschäft oder eine Drogenübergabe bereits zu Verfahrensbeginn ziemlich genau, zum Teil durch daran in der Planung beteiligte Personen konkretisiert war: in drei Fällen waren dies VPen, in je einem Fall ein VE bzw. ein Zeuge (Anzeigeerstatter) und im sechsten Fall konnten TÜ-Erkenntnisse aus einem anderen Verfahren durch eine Observation bestätigt werden.

Abbildung 35: Anzahl Verfahren mit Wohnraumüberwachungsbeschlüssen im jeweiligen Monat der Ermittlungstätigkeit bei BtM-Verfahren – absolut (n=42)

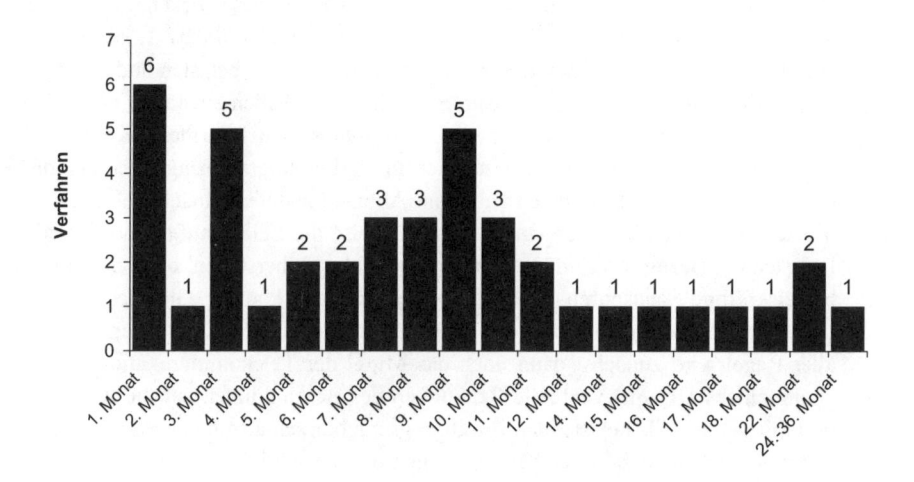

c. Sonstige Katalogtaten

Bei den Raub und Erpressungsverfahren wurde der Wohnraumüberwachungsbeschluss jeweils nach 1, 4, 22, 48, 56 und 116 Tagen erlassen, wobei die ersten beiden Fälle, in denen der Täter ein Wiedererscheinen in der Wohnung des Tatopfers schon bei der Tathandlung angekündigt hatte, bereits erwähnt wurden. In dem Verfahren mit der Anordnung nach der Katalogtat Bandendiebstahl erging der Beschluss nach 47 Tagen Ermittlungen. Entsprechende Angaben liegen des weiteren für ein Verfahren mit der Katalogtat Geldwäsche (345 Tage) und zwei Bestechlichkeitsverfahren vor (87 und 143 Tage). In dem Verfahren mit der Anordnung nach §§ 129/129a StGB erging der Wohnraumüberwachungsbeschluss nach 318 Tagen.

3.4 Ermittlungsstand vor der Beantragung

Angesichts der vielgestaltigen Einzelfallkonstellationen fällt es schwer, den Ermittlungsstand vor der unmittelbaren Wohnraumüberwachungsbeantragung zu kategorisieren. Ohne damit also jedem Einzelfall gerecht werden zu können, lassen sich jedoch, wie sich im Rahmen der obigen Ausführungen bereits abgezeichnet haben mag, einige katalogtatspezifische Gemeinsamkeiten und Tendenzen aufzeigen.

a. Mord-/Totschlagsverfahren

In den Mord-/Totschlagsfällen liegen aufgrund der hohen Ermittlungsintensität zu Beginn des Verfahrens relativ schnell viele Erkenntnisse vor. Die Wohnraumüberwachung kommt meist dann ins Spiel, wenn keine dieser Erkenntnisse geeignet sind, einen hinreichenden Tatverdacht im Sinne der §§ 170 Abs. 1, 203 StPO zu begründen, gleichzeitig einen Beschuldigten jedoch massiv belasten und durch diesen aber bestritten werden[293]. So waren dies in vielen Fällen etwa über einen Telefonverbindungsnachweis bewiesene, vom Beschuldigten bestrittene Kontakte zu weiteren ebenfalls mit dem Tatgeschehen in Verbindung zu bringenden Personen oder widersprüchliche Angaben zu einem Alibi. In anderen zunächst als Vermisstensache begonnenen Fällen wurde beispielsweise die Leiche aufgefunden, und es ließ sich ein Bezug des Fundortes zum Beschuldigten herstellen, ohne dass jedoch beweiskräftige Sachspuren hätten festgestellt werden können. Gleiches gilt etwa über vom Beschuldigten bestrittene Erkenntnisse, die eine Motivlage begründen. In aller Regel wird zunächst dann noch das Mittel der Telekommunikationsüberwachung eingesetzt, um eventuelle Reaktionen des Beschuldigten auf die Konfrontation mit den jeweils belastenden Ermittlungsergebnissen abzufangen. In einer nicht unbeträchtlichen Anzahl der Fälle ist gegen den Beschuldigten auf der Grundlage des Ermittlungsstandes bereits ein Haftbefehl erlassen worden, welcher jedoch in einer Haftprüfung entweder wieder außer Vollzug gesetzt oder aufgehoben wird. So standen in vielen Fällen nach der Verhaftung etwa noch kriminaltechnische Untersuchungsergebnisse aus, welche aufgrund ihrer Ergebnislosigkeit dann aber auch nicht geeignet waren, einen unmittelbaren Tatnachweis gegen den Beschuldigten zu erbringen, und woraufhin der Haftbefehl mangels dringendem Tatverdacht wieder aufgehoben werden musste, ohne dass die ergebnislosen Untersuchungen andere massive Verdachtsmomente entkräftet hätten.

Die Wohnraumüberwachung in Mord-/Totschlagsverfahren wird somit regelmäßig in einer äußerst „verfahrenen" Beweissituation beantragt, in der deutliche, aber in ihrer Gesamtschau allein nicht beweiskräftige Indizien die Zielperson schwer belasten. Es liegen sogar Fälle vor, in denen lediglich die ausführende Tathandlung keinem von mehreren nachweislich in Betracht kommenden Tatverdächtigen nachgewiesen werden kann und somit beide nach dem „In-dubio-pro-reo-Grundsatz" freizusprechen wären. Da es sich oftmals um Taten im sozialen Nahraum handelt, spielen auch Zeugnisverweigerungsrechte oder offensichtliche Falschaussagen von dem Tatverdächtigen nahestehenden Personen eine Rolle. An die Wohnraumüberwachung wird dann oftmals die Hoffnung geknüpft, mit ihr eine letzte Beweislücke zu schließen. Sie lässt sich im Tötungsdeliktsbereich regelmäßig mit dem Ausschöpfen aller Ermittlungsmöglichkeiten begründen, so dass der Subsidiaritäts-

---

[293] Vgl. exemplarisch auch hier die Fallschilderung in der Anlage 5 zur BT-Drs. 14/8155 S. 42.

grundsatz dort zumeist keine Hürde darstellt. Naheliegender erscheint hier die Gefahr, dass aufgrund fehlender weiterer Anhaltspunkte Indizien für den Tatverdacht überbewertet werden. So wurden die sieben Ablehnungen von Maßnahmen bei einem Tötungsvorwurf von der Staatsschutzkammer auch durchweg mit einem nicht ausreichend starken Tatverdacht begründet[294]; dieser sei in einigen Fällen nicht ausreichend durch Tatsachen, sondern lediglich „auf spekulative Erwägungen" gestützt.

Gewissermaßen als ein kritischer Extremfall in die andere Richtung soll hier jedoch noch ein Fall aus dem Jahr 2002 erwähnt werden: dort wurde ein Pädophiler von seiner erwachsenen Tochter wegen sexuellen Missbrauchs angezeigt, man könne sich aufgrund verschiedener Indizien auch vorstellen, dass der Vater mit einem spektakulären seit rund zehn Jahren ungeklärtem Vermisstenfall eines kleinen Mädchens zu tun habe. Nach Feststellung offensichtlich tatsächlich pädophiler Handlungsweisen wird ein Gespräch, in dem die Tochter sich bereiterklärt, den Vater in dessen Wohnung „zur Rede zu stellen", sodann (inhaltlich ergebnislos) aufgrund eines Beschlusses nach § 100c Abs. 1 Nr. 3 StPO überwacht.

Abweichend sind die wenigen Fälle zu beurteilen, in denen die Tötung nicht in einer wie auch immer gearteten sozialen Nahfeldkonstellation geschah, sondern im Umfeld hochkriminell agierender Gruppierungen. Hier wird die Wohnraumüberwachung dazu eingesetzt, entsprechende konspirative Strukturen („Mauer des Schweigens") aufzubrechen. Sie ist deshalb ihrer Funktion nach eher dem Einsatz im Rahmen von OK-Ermittlungen zuzuordnen[295].

b. BtM-Verfahren

Der Ermittlungsstand vor Einsatz der Wohnraumüberwachung in BtM-Verfahren zeichnet sich dagegen regelmäßig durch hochkonspirative Strukturen und entsprechende Polizeierfahrenheit auf Straftäterseite aus. Es liegt oftmals eine Vielzahl von Hinweisen (VP-Angaben oder Erkenntnisse aus anderen Verfahren) vor, die sich aufgrund des auf Konspiration angelegten Handelns der Beschuldigten nicht „gerichtsfest" beweisen lassen. In einigen Fällen wurden auch größere Sicherstellungen getätigt, die nun den entsprechenden „Hintermännern" zugeordnet werden sollen. Grundsätzlich ist hierbei ist zu beachten, dass über die bereits abgewickelten Transaktionen in Täterkreisen kaum noch gesprochen wird und die Erkenntnisgewinnung damit notgedrungen auf laufende Transaktionsprozesse abzielt. Die regelmäßig in großem Umfang durchgeführte Telefonüberwachung vermochte in den vorliegenden Fällen zwar oftmals Strukturerkenntnisse in der Form zu erbringen, dass handelnde und koordinierende Personen isoliert werden konnten,

---

[294] Vgl. bereits B./I./1.6.
[295] S.u. D./I./1.

enthält aber aufgrund der konspirativen Kommunikationsstrukturen oftmals keine beweiskräftig belastenden Aussagen. Die Abwicklung von Geschäften ist offensichtlich, die Angaben sind aber nicht konkret genug, um Ansatzpunkte für eine Sicherstellung im erwarteten Umfang zu bieten. Hinzu kommen entsprechende Verhaltensmuster der Beschuldigten, wie das regelmäßige Wechseln der Telefonanschlüsse oder Gegenobservationen.

Die Tatsache der konspirativen Geschäftsabwicklung im entsprechenden Milieu steht zum Zeitpunkt der Beantragung der Wohnraumüberwachung regelmäßig eindeutig fest. Die Begründung eines durch Tatsachen konkretisierten Tatverdachtes war somit bei den vorliegenden BtM-Ermittlungen zumeist unproblematisch. Das Ziel der Ermittlungen ist jedoch regelmäßig eine den Beschuldigten beweiskräftig zuzuordnende Sicherstellung in der in Rede stehenden Größenordnung und die Offenlegung von Lieferstrukturen. Entweder erfolgt dies über die Anbahnung eines Scheingeschäftes, welches beweisfest dokumentiert werden soll, oder Treffen und Zusammenkünfte der Beschuldigten mit (oftmals ausländischen) Lieferanten werden bekannt und sollen überwacht werden, um so eine Kommunikation abzufangen, wie sie über das Telefon nicht geführt wird. In einer dritten Konstellation soll ein Ort, an dem mutmaßlich Drogen aufbewahrt, abgepackt oder hergestellt werden, überwacht werden, um so erfahren zu können, wer in welcher Funktion an den Prozessen beteiligt ist und woher und wann das Rauschgift geliefert und an wen es verteilt und vertrieben wird. Die Wohraumüberwachung kommt regelmäßig dann ins Spiel, wenn aufgrund entsprechender Anhaltspunkte (vertrauliche Angaben, TÜ-Erkenntnisse, Observationen, VE-Einsätzen) größere Lieferungen von BtM erwartet werden oder – über TÜ nicht erlangbare – Hinweise darauf wahrscheinlich sind. Bis auf die Fälle, in denen bereits zu Verfahrensbeginn – etwa aufgrund von zufälligen Zollkontrollen – Sicherstellungen großer Mengen BtM erfolgt sind, zielt die Wohnraumüberwachung somit regelmäßig auf beweiskräftige BtM-Sicherstellungen bei für den Lieferprozess zentralen Personen und wird dann beantragt, wenn durch sie ein entsprechender Zugriff erfolgsversprechend erscheint. Fraglich erscheint im Hinblick auf den für die Anordnung zu beachtenden Subsidiaritätsgrundsatz dann lediglich, ob zuvor alle anderen Möglichkeiten hierzu ausgeschöpft wurden. Dies wurde lediglich in einem BtM-Fall durch die Staatsschutzkammer verneint. Dass offene Ermittlungsmethoden in diesem Milieu regelmäßig ausscheiden, ist allgemein anerkannt[296].

c. Sonstige Katalogtaten

Bei den sonstigen Katalogtaten ist auf die jeweiligen Einzelfälle abzustellen. Im Bereich der Eigentumsdelikte wurde bereits darauf hingewiesen, dass es sich oftmals um eine einverständliche Durchführung der Maßnahme in den Räumlichkei-

---

[296] Vgl. bereits BGHSt 32, 115.

ten des Opfers handelte. In diesen Fällen stand nicht die Tathandlung als solche in Zweifel, sondern sollten die Täter identifiziert werden. Dies war auch im Falle des Bandendiebstahls so: hier waren Diebstahlshandlungen zu Lasten des Arbeitgebers in Höhe von rund 1,5 Mio DM offensichtlich, es konnte bloß durch konventionelle Ermittlungsmethoden nicht ermittelt werden, wer genau diese Taten ausführte. In anderen Raub-Fällen wurde die Anordnung der Maßnahme unter Berufung auf ihre Ultima-ratio-Funktion gerichtlich abgelehnt: In einem Fall lagen dem Antrag im Wesentlichen TÜ-Erkenntnisse und im anderen Fall vertrauliche Hinweise zugrunde.

In den Geldwäschefällen ergab sich eine konkretisierte Verdachtslage durch Observationen und andere Ermittlungen.

Die Bestechungsfälle weisen verschiedene Konstellationen auf: Hier ist u.a. zu beachten, dass aufgrund einer im Katalog von § 100a StPO fehlenden (im Katalog von § 100c Abs. 1 Nr. 3 StPO aber enthaltenen) Anlasstat aus rechtlichen Gründen eine Telefonüberwachung nicht möglich ist und dies vorrangige Ermittlungsmöglichkeiten im Hinblick auf die Subsidiarität erheblich einschränkt. Auch in einem Bestechungsfall wurde die einverständliche Abhörung eines Versprechensempfängers zur Klärung des genauen Sachverhaltes eingesetzt, wobei die Bestechungshandlung als solche klar feststand.

Im Falle des Verstoßes gegen das AuslG stand der Tatvorwurf des § 98a AuslG fest. Mit der Wohnraumüberwachung verband sich die Hoffnung, auch die Gewerbs- und Bandenmäßigkeit i.S. des § 92b AuslG beweiskräftig dokumentieren zu können.

Das Verfahren mit der Katalogtat nach §§ 129/129a StGB wurde aufgrund einer Vielzahl von Strukturerkenntnissen geführt. Es lagen unmittelbar vor Beantragung der Wohnraumüberwachungsmaßnahme TÜ-Erkenntnisse und die Angaben eines „Aussteigers" sowie mehrere festgestellte Einzelstraftaten vor.

4. Verdachtsgrad

Auf dem Hintergrund der entsprechenden rechtspolitischen Diskussion, in welcher stellenweise auch die Schwelle eines „dringenden Tatverdachtes" für die Anordnung einer Wohnraumüberwachungsmaßnahme gefordert wurde[297], wurden die Anordnungsvorgänge auch auf den zum Zeitpunkt der Beantragung vorliegenden Verdachtsgrad untersucht (soweit sich dieser dem Aktenmaterial – etwa im Rahmen eines zeitgleichen Haftbefehlantrages oder einer expliziten Erwähnung in den Anordnungsvorgängen – entnehmen ließ).

---

[297] KRAUSE (1999), 234; MOMSEN, ZRP 1998, 459; vgl. im ersten Teil C./III.

Hierbei ergibt sich folgendes Bild:

Abbildung 36: Verdachtsgrad bei Beantragung der Wohnraumüberwachungsmaßnahme (n=143)

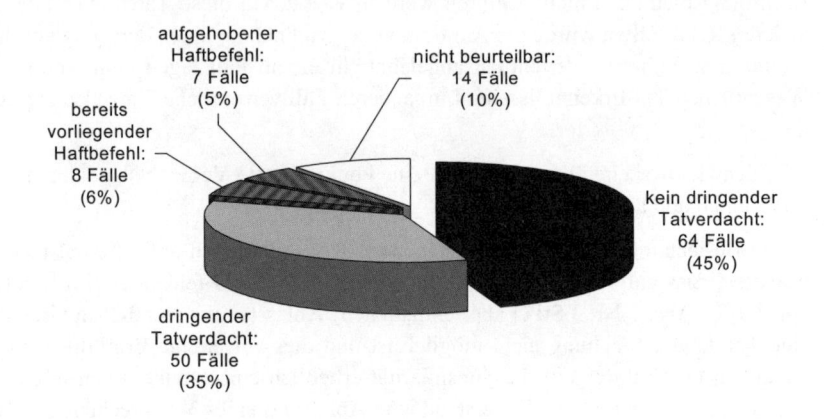

- bereits vorliegender Haftbefehl: 8 Fälle (6%)
- aufgehobener Haftbefehl: 7 Fälle (5%)
- nicht beurteilbar: 14 Fälle (10%)
- kein dringender Tatverdacht: 64 Fälle (45%)
- dringender Tatverdacht: 50 Fälle (35%)

Die meisten Fälle, in denen sich im Rahmen des Wohnraumüberwachungsbeantragungsvorganges auf einen dringenden Tatverdacht gestützt wurde, lagen bei BtM-Katalogtaten vor (hier wurde in 50 % der Fälle von einem dringenden Tatverdacht ausgegangen). Dies hängt damit zusammen, dass zum Zeitpunkt der Wohnraumüberwachungsbeantragung die Tatsache des Handeltreibens oftmals relativ offensichtlich feststand (etwa aufgrund der Probenübergabe im Rahmen eines Vertrauenskaufes), die Überwachungsmaßnahme aber zwecks Sicherstellung einer größeren Menge oder Feststellung der Lieferstrukturen eingesetzt werden sollte. In drei BtM-Fällen lag zum Zeitpunkt der Wohnraumüberwachung schon ein Haftbefehl vor. Die anderen Fälle des bereits vorliegenden Haftbefehls betreffen allesamt Mord-/Totschlagsverfahren, ebenso wie alle Fälle eines wieder aufgehobenen Haftbefehls. In den letzteren wurde die Wohnraumüberwachung oftmals direkt nach der U-Haftentlassung beantragt; der Haftbefehl konnte etwa wegen der Ergebnislosigkeit einer noch ausstehenden kriminaltechnischen Untersuchung nicht aufrecht erhalten werden, wobei aber dennoch weiterhin die gleichen stark belastenden Indizien vorlagen, die zu seinem Erlass geführt hatten.

In einigen Fällen wurde durch die Staatsschutzkammer für die Anordnung der Maßnahme (über die Anforderungen des Gesetzes hinausgehend) explizit ein dringender Tatverdacht verlangt. Allerdings wurde in diesen Fällen die Ablehnung der Maßnahme neben dessen Nichtvorliegen auch noch auf andere Gründe (etwa nicht ebenfalls vorliegende Subsidiarität) gestützt.

Wie ausgeführt, hat das Bundesverfassungsgericht klargestellt, dass ein „dringender Tatverdacht" i.S.d. § 112 StPO für die Anordnung einer akustischen Wohnraumüberwachung nicht zu fordern ist[298].

5. Parallel zur Wohnraumüberwachung eingesetzte Ermittlungsinstrumente

Die akustische Wohnraumüberwachung wird so gut wie niemals als alleiniges Ermittlungsinstrument eingesetzt. Vor ihr bereits eingesetzte Instrumente werden in aller Regel begleitend fortgeführt, andere Instrumente dienen insbesondere zu ihrer Unterstützung. Allein zur Umsetzung der Maßnahme sind Erkenntnisse aus anderen Ermittlungsmaßnahmen vonnöten. So muss insbesondere ermittelt werden, wann und unter welchen Umständen die technischen Mittel in der Räumlichkeit installiert werden können. In den Akten konnten einige Fälle festgestellt werden, in denen explizit zur Vorbereitung der Maßnahme eine Anordnung nach § 163f (längerfristige Observation des Beschuldigten) beantragt wurde.

Parallel zur Wohnraumüberwachung liefen beispielsweise in den meisten Fällen weitere Maßnahmen der Telefonüberwachung, in einigen Fällen auch Maßnahmen nach § 100c Abs. 1 Nr. 2 StPO in Kraftfahrzeugen. In den Mord-/Totschlagsverfahren wurden weiterhin begleitende offene Ermittlungen durchgeführt. Oftmals wurde der Beschuldigte und dessen Umfeld zu Beginn der Maßnahme zur Vernehmung vorgeladen, um Gespräche über den Tatgegenstand anzustoßen[299]. Einen weiteren gesondert zu erwähnenden Fall betreffen begleitende Observationen der Wohnungszugänge (auch in Form von Videoüberwachungen), um die Örtlichkeit frequentierende Personen identifizieren zu können. Auch die Kombination der Wohnraumüberwachung mit VE- oder VP-Einsätzen war durchaus häufig.

6. Ziele und Erwartungen an die Wohnraumüberwachung

§ 100c Abs. 1 Nr.3 StPO nennt als mögliche Ziele der Maßnahme die Sachverhaltserforschung und die Aufenthaltsermittlung des Täters. Wie bereits dargelegt, konnten im Erhebungszeitraum nur zwei Maßnahmen festgestellt werden, welche explizit zu Fahndungszwecken dienten.

Da es sich gemäß den obigen Ausführungen bei der Wohnraumüberwachung regelmäßig um ein Mittel handelt, zu welchem in spezifischen Verfahrenssituationen als Einzelmaßnahme gegriffen wird, hängt das speziell mit ihr verfolgte Ziel stark mit dem jeweiligen Ermittlungsstand zusammen[300]. Gemäß der gesetzlichen Vor-

---

[298] BVerfG 1 BvR 2378/98 Absatz 244 ff.
[299] Vgl. auch hier die Fallschilderung in der Anlage 5 zur BT-Drs. 14/8155 S. 46.
[300] Vgl. oben 3.4; Eine statistische Zielkategorisierung wie bei der Studie zu Telekommunikationsüberwachung, vgl. ALBRECHT/DORSCH/KRÜPE (2003), 160 ff., erschien daher vorliegend nicht sinnvoll. Anders als bei der Telefonüberwachung, bei der die Ziele anschlussspezifisch divergieren mögen, liegt hier regelmäßig nur ein einmaliger Anordnungsvorgang pro Verfahren vor.

gabe, dass sich die Maßnahme zur Ermittlung des Sachverhaltes nur gegen den Beschuldigten richten darf (§ 100c Abs. 1 Nr.3, Abs. 2 Satz 1 StPO)[301], war Ziel immer, in der Kommunikation[302] des Beschuldigten mit anderen Personen oder der Kommunikation Beschuldigter untereinander erwartete Aussagen zum Tatgeschehen zu dokumentieren. Maßnahmen, die de facto auf die Kommunikation anderer Personen abzielten, waren – von den Maßnahmen zu Fahndungszwecken abgesehen – als solche nicht festzustellen. Gerade in BtM-Fällen waren dies jedoch oftmals mehrere Beschuldigte, so dass der Übergang zur beabsichtigten Erlangung von Strukturerkenntnissen hier fließend ist. Bei mindestens 35 der insgesamt 52 Maßnahmen auf der Grundlage einer BtM-Katalogtat richtete sich das Erkenntnisinteresse auch auf die Identifizierung von Mittätern (etwa Lieferanten), bei weiteren 13 BtM-Fällen wurde dieses Ziel auch explizit formuliert.

In aller Regel findet sich in den Anregungen, Anträgen und Anordnungsbeschlüssen der Maßnahme als Zielangabe die Erforschung des Sachverhalts, die in einigen Fällen präzisiert wird (etwa: „Erlangung originärer Beweismittel", „Erlangung weiterer verfahrensrelevanter Erkenntnisse", „Verifizierung des Tatvorwurfes", „konkreter Beweis der Täterschaft" im Bereich der Tötungsdelikte und „unmittelbarer Nachweis des BtM-Handels", „beweiskräftige Verifizierung von TÜ-Erkenntnissen", „Ermittlung von Absprachen über ankommende BtM-Lieferung sowie zur Überführung von Lieferanten und Abnehmern", „Aufzeichnung der Absprachen anlässlich des bevorstehenden Vertrauenskaufes, um auch die Hintermänner überführen zu können", „Auffinden und Sicherstellung der gebunkerten Drogen" im BtM-Bereich).

II. Expertengespräche

Im Rahmen der Ausführungen zur Aktenanalyse zeigten sich in vorliegendem Kapitel deutliche strukturelle Unterschiede im Einsatz der Wohnraumüberwachung je nach zugrundeliegender Katalogtat. Es wird somit deutlich, dass hiermit im Zusammenhang stehende Fragen nicht losgelöst von der Verfahrensphänomenologie zu erörtern sind. Um damit die Darstellung der Erkenntnisse aus den Expertengesprächen nicht künstlich auseinanderzureißen, soll an dieser Stelle auf das folgende Kapitel, in welchem die Fragestellungen des Einsatzes der Wohnraumüberwachung dann zusammenhängend auch auf einem vertieft dargestellten verfahrensphänomenologischen Hintergrund dargestellt werden können, verwiesen werden.

III. Zusammenfassung

Bereits bei der Verfahrensauslösung besteht ein deutlicher Unterschied zwischen den prävalenten Mord-/Totschlagsverfahren und BtM-Verfahren dahingehend, dass der „konventionellen" Kenntniserlangung durch Hinweisgeber und An-

---

301 Vgl. KARLSRUHER KOMMENTAR-NACK, § 100c Rn 46 und 50.

302 In einem Tötungsfall wurde die Maßnahme allerdings auch mit der Begründung beantragt, dass der Beschuldigte zu Selbsgesprächen neige. Sie wurde von der Staatsschutzkammer allerdings u.a. mit Hinweis auf die geringen Erfolgsaussichten in Relation zur Eingriffstiefe abgelehnt.

zeigenerstattung bei den Mord-/Totschlagsverfahren eine überwiegende Kenntniserlangung aus anderen Verfahren und durch VP-Angaben, mithin primär eine „proaktive" Kenntniserlangung bei den BtM-Verfahren gegenübersteht. Während bei den Tötungsdelikten sodann unmittelbar umfangreiche offene Ermittlungen (Zeugen- und Nachbarschaftsbefragungen, Spurenauswertung) im Vordergrund stehen, findet bei den BtM-Verfahren nach der ersten Einschaltung der Staatsanwaltschaft der proaktive Ermittlungsansatz in der Anordnung von Telefonüberwachungsmaßnahmen seine Fortsetzung. Insgesamt zeigt sich, dass bei den Tötungsdelikten offene Ermittlungen eher am Anfang, bei den BtM-Delikten eher am Ende der Ermittlungstätigkeit stehen[303].

Dieses Bild bestätigt sich dann auch beim Einsatz der Wohnraumüberwachung, welche in Mord-/Totschlagsverfahren – wie anhand eines Mittelwertvergleiches anschaulich darzulegen ist – regelmäßig das letzte überhaupt eingesetzte Ermittlungsinstrument darstellt („ultima ratio"), während sie bei den BtM-Verfahren als letztes Mittel der verdeckten Informationsgewinnung eingesetzt wird, bevor das Verfahren in die offenen Ermittlungen übergeht.

Die Verfahrensdauern indizieren, dass es sich um offensichtlich hervorgehobene Fälle handelt. Während bei den Mord-/Totschlagsverfahren allerdings regelmäßig eine sehr hohe Ermittlungsaktivität nach Bekanntwerden der Leichensache einsetzt und sich hier der Einsatz der Wohnraumüberwachungsmaßnahme innerhalb weniger Monate nach Ermittlungsbeginn häuft (neben anderen Extremfällen über Jahre ungeklärter Tötungsfälle), ist bei den BtM-Verfahren der Einsatz der Wohnraumüberwachungsmaßnahme nach regelmäßig auch längeren Ermittlungen zu verzeichnen (ein früher Einsatz der Maßnahme liegt jedoch etwa bei bereits angebahnten Vertrauenskäufen oder Erkenntnissen aus anderen Verfahren vor)[304].

Bei 50 % der BtM-Verfahren war zum Zeitpunkt der Wohnraumüberwachung überdies bereits ein „dringender Tatverdacht" gegeben. Die Maßnahme richtete sich hier zumeist darauf, den Umfang der Handelstätigkeit und Lieferstrukturen zu dokumentieren und umfängliche Sicherstellungen zu tätigen. In den Mord-/Totschlagsverfahren resultierte der Einsatz der Maßnahme hingegen zumeist aus einer zur Begründung oder Aufrechterhaltung des dringenden Tatverdachtes durch noch so intensive Ermittlungen nicht zu schließenden Beweislücke. Der Einsatz der Wohnraumüberwachung unterscheidet sich zwischen den Mord-/Totschlagsverfahren und BtM-Verfahren somit auch nach seiner Zielrichtung, auch wenn diese regelmäßig gleichlautend mit der „Erforschung des Sachverhaltes" angegeben wird.

Insgesamt ist für den Einsatz der Maßnahme die Bedeutung des Subsidiaritätsgrundsatzes auch in seiner faktischen Ausprägung festzuhalten. Auf kritisch zu betrachtende „Ausreißer" wurde anhand eines Falles außerhalb des Erhebungszeitraumes hingewiesen.

---

[303] Vgl. auch ALBRECHT/DORSCH/KRÜPE (2003), 342.

[304] Insgesamt anders hier die TÜ, die im Verlauf der Ermittlungenschon zu einem sehr frühen Zeitpunkt eingesetzt wird, vgl. ALBRECHT/DORSCH/KRÜPE (2003), 342.

D. Verfahrensphänomenologie und Einsatzbereiche

Auf dem Hintergrund der gesetzgeberischen Intention, mit der Möglichkeit der strafprozessualen akustischen Wohnraumüberwachung ein wirksames Instrument zur Bekämpfung der Organisierten Kriminalität[305] zu schaffen, war vor allem auch die OK-Relevanz der festgestellten Verfahren genauer zu untersuchen.

Im Rahmen der bisherigen Erörterungen wurden immer wieder Strukturunterschiede zwischen den hauptsächlich vorliegenden Mord-/Totschlags- und BtM-Verfahren deutlich, die sich in geradezu idealtypisierender Weise[306] beschreiben lassen. Der phänomenologische Hintergrund der Verfahren, in denen eine Wohnraumüberwachung beantragt wurde, ist daher näher auszuleuchten.

Nach einer Erklärung verlangen überdies die allgemein geringen Zahlen des Einsatzes der akustischen Wohnraumüberwachung – dieser Frage war vor allem in den Expertengesprächen nachzugehen, wobei hier bereits auf eine Wechselwirkung mit der Subsidiarität der Maßnahme hinzuweisen ist.

I. Aktenanalyse

Wie dargelegt[307], konnten – bis auf das Verfahren im Zuständigkeitsbereich des Generalbundesanwaltes – zu allen festgestellten Verfahren des Erhebungszeitraumes Informationen erlangt werden, die eine grundsätzliche phänomenologische Einordnung ermöglichen. Diese soll im Folgenden genauer dargestellt werden.

1. OK-Bezug

Der OK-Bezug[308] der untersuchten Verfahren wurde auf zweifache Weise erhoben. Zum einen wurden die Akten auf Hinweise untersucht, ob der Verfahrensge-

---

305 Vgl. MEYER/HETZER, NJW 1998, 1017 ff.; auf Kritik am Begriff und phänomenologischen Hintergrund – vgl. etwa in diesem Zusammenhang LEUTHEUSSER-SCHNARRENBERGER, ZRP 1998, 87; HIRSCH (2000), XVI f.; SEIFERT, KJ 1992, 355 ff.; grundsätzlich ALBRECHT, P.-A., KritV 80 (1997), 229. – kann vorliegend allerdings nicht eingangen werden; vgl. auch BVerfG 1 BvR 2378/98 Absatz 209 ff.; zur „Weichheit" des Begriffes der „Organisierten Kriminalität" bereits BVerfG, NJW 2002, 1782. Zum Ganzen eingehend KINZIG (2004), der im Fazit vorschlägt, eher von „schwer ermittelbarer Kriminalität" zu sprechen, wie hier auch auf den zu den neuen besonderen Ermittlungsmaßnahmen zu schlagenden Bogen verweist (a.a.O. S. 779). Vgl. überdies ALBRECHT, H.-J., (1998), 1 ff. und (1999), 277 ff.
306 Vgl. dazu grundsätzlich BOCK (1994), 29 ff.
307 A./I./4.
308 Der Terminus „OK" wird vorliegend trotz berechtigter Kritik aus der Wissenschaft aufgrund der immer wieder in Bezug genommenen Begrifflichkeit und seiner Funktion in der Praxis (beispielsweise als Grundlage für die Schaffung spezialisierter Ermittlungseinheiten, OK-Lagebilderstellung etc.) zur Kennzeichnung eines Kriminalitätsphänomens

genstand von den Ermittlungsbehörden selber als der Organisierten Kriminalität im Zusammenhang stehend eingestuft wurde (etwa durch die Bearbeitung in einer besonderen OK-Dienststelle). Gleichzeitig wurde der sich aus der Akte ergebende Sachverhalt anhand eines sich an der OK-Indikatorenaufzählung im Anhang der Anlage E der Gemeinsamen Richtlinien für das Straf- und Bußgeldverfahren (RiStBV)[309] orientierenden Fragenkatalogs überprüft. Gerade hier stellte sich jedoch heraus, dass eine solchermaßen den Akten entnehmbare Bewertung mit großen Unsicherheiten behaftet ist[310]. Zum anderen wurden daher unabhängig von den Erkenntnissen aus der Aktenanalyse alle für die OK-Lagebilderstellung[311] zuständigen Stellen bei den Landeskriminalämtern in den Ländern angeschrieben und um einen Abgleich der Aktenzeichen der vorliegend untersuchten Verfahren mit Wohnraumüberwachungsmaßnahmen dahingehend gebeten, ob diese Verfahren auch für die OK-Lagebilderstellung in den jeweiligen Ländern gemeldet wurden[312] und eine Rolle spielten. Es liegen diesbezüglich aus allen Bundesländern entsprechende Antworten vor. Diese werden nach einer Erörterung der aus den Akten entnommenen OK-Relevanz dargestellt.

1.1 Aus der Akte entnommene OK-Relevanz

Setzt man die aus der Aktenanalyse entnommenen Informationen zum OK-Bezug (hier maßgeblich zum Kriterium, ob Hinweise bestehen, dass der Verfahrensgegenstand durch die Ermittlungsbehörden selber – d.h. etwa bei einer spezialisierten Dienststelle – als „OK" bearbeitet wird) mit den Katalogtaten in Beziehung, ergibt sich hier ein eindeutiges Bild, welches den oben genannten Strukturunterschied zwischen den untersuchten Mord-/Totschlagsverfahren und BtM-Verfahren erneut unterstreicht: Während eine OK-Relevanz bei 39 (87 %) der 45 BtM-Verfahren (hierzu wird auch das Verfahren mit der Katalogtatenkombination Geldfälschung/Hehlerei/BtM gezählt) festgestellt werden konnte, lag sie nur bei

---

verwandt, welches ggf. auch „schlicht als schwer ermittelbare Kriminalität" bezeichnet werden könnte, so KINZIG (2004), 779; ALBRECHT, H.-J. (1998), 5.

[309] MEYER-GOßNER, RiStBV A 15 Anlage E Punkt 2.4. und Anlage.

[310] Die Erhebung kann daher keinerlei Anspruch auf eine Evaluation des „materiellen OK-Gehaltes" für sich in Anspruch nehmen. Zu diesbezüglichen – bereits auf Definitionsebene bestehenden – Schwierigkeiten und Kritik vgl. m.w.N. nochmals eingehend KINZIG (2004), insb. S. 771 ff.; vgl. in diesem Zusammenhang ebenfalls BVerfG 1 BvR 2378/98 Absatz 209 ff.

[311] Zur Entstehung des Lagebildes vgl. ebenfalls KINZIG (2004), 275 ff., 352; auch hier erfolgt die Einordnung anhand des in der Anlage E der RiStBV niedergelegten Kriterienkataloges, auf welchen sich die Bundesländer geeinigt haben.

[312] Die Schwierigkeit bestand hier oftmals darin, dass die justiziellen (staatsanwaltschaftlichen) Aktenzeichen nicht mit den polizeilichen, unter welchen eine solche Meldung vorgenommen wurde, identisch sind.

sieben (12 %) der 56 Mord-/Totschlagsverfahren vor. Auch die beiden Verfahren mit der Katalogtat Geldwäsche und das je eine Verfahren mit der Katalogtat § 129/129a StGB und der Katalogtat nach dem AuslG wiesen einen solchen Bezug auf.

Die sieben Tötungsfälle, bei denen eine OK-Relevanz anzunehmen war, betrafen in einigen Fällen „Quasi-Hinrichtungen" im Umfeld bekannter Kriminalitätsphänomene größerer Gruppierungen, in anderen Fällen legten sich die Umstände eines milieubedingten Auftragsmordes durch andere Umstände nahe. In einem Fall ereignete sich ein Tötungsdelikt im Zusammenhang mit einem überfallartig ausgetragenen Bandenkrieg. In zwei Fällen ist auch ein im weiteren Sinne politischer Hintergrund zu nennen. Diese Tötungsfälle zeichnen sich auch durch eine deutlich überdurchschnittliche Anzahl von Beschuldigten aus (durchschnittlich zehn, im Maximum bis zu 30 Beschuldigten).

In den BtM-Verfahren war in rund 13 Fällen ein Tätigkeitsfeld der Beschuldigten nur im regionalen Umkreis festzustellen, in 14 Fällen lagen jedoch eindeutig internationale Bezüge vor; es konnten durchschnittlich zwölf und in der Hälfte der Fälle immer noch zehn am Tatgeschehen beteiligte Gruppenmitglieder (welche allerdings nicht immer auch Beschuldigte desselben Verfahrens, sondern oftmals auch „gesondert Verfolgte" waren) festgestellt werden. Durchweg war ein äußerst konspiratives Täterverhalten gegeben, oft lag ein auffälliges Finanzgebaren vor. In fünf der BtM-Verfahren wurde ein Zeugenschutzprogramm durchgeführt.

1.2. Berücksichtigung für das OK-Lagebild

Betrachtet man sodann die Verfahren, welche von den in den Bundesländern für die OK-Lagebilderstellung zuständigen Stellen als in diesem Zusammenhang relevant[313] gemeldet wurden, so reduziert sich die Anzahl der jeweiligen Verfahren (d.h. nicht alle Verfahren, bei denen die Aktenlage eine OK-Relevanz nahelegte, fanden auch tatsächlich Eingang in die OK-Lagebilderstellung). Es verbleiben aber immerhin noch 22 (49 %) der BtM-Verfahren und zwei Mord-/Totschlagsverfahren (4 %), welche auch „offiziell" in dem jeweiligen Bundesland als OK-Verfahren in die Statistik einflossen. Hinzu kommen ebenfalls wiederum die Verfahren mit der Katalogtat nach § 129/129a StGB und dem AuslG sowie ein Geldwäscheverfahren, bei dem dies allerdings nicht zweifelsfrei festgestellt werden konnte.

---

[313] Anhand Anlage E der RiStBV.

2. Mord-/Totschlagsverfahren

Außer in den sieben bereits erwähnten Fällen ist bei den restlichen 49 Mord-/Totschlagsverfahren regelmäßig keinerlei Bezug zu organisierten kriminellen Strukturen oder einem entsprechenden Milieu feststellbar. Es handelt sich hingegen zumeist um soziale Nahfeldermittlungen, oftmals im familiären Umfeld des Opfers. Es konnten – im Gegensatz zu den sieben Tötungsfällen mit OK-Hintergrund, in denen durchschnittlich 10 Beschuldigte gegeben waren – lediglich durchschnittlich 2,3 Beschuldigte (zum Teil in unterschiedlichem Maße am Tatgeschehen beteiligt) festgestellt werden. Exemplarisch lassen sich hier verschiedene Konstellationen unterscheiden.

Einen nicht unbeträchtlichen Teil der Fälle betreffen als Vermisstensache begonnene Konstellationen (in einigen Fällen betrafen diese auch Kinder). Es folgen umfängliche Ermittlungen. Im sozialen oder familiären Umfeld der vermissten Personen sind – allerdings für sich letztlich nicht beweiskräftige – Unstimmigkeiten, zum Teil auch eine offensichtliche Motivlage festzustellen. Der Verdacht konzentriert sich regelmäßig auf wenige Personen, es liegen aber regelmäßig keine dem unmittelbaren Tatnachweis dienlichen Spuren vor. In den Fällen, in denen später – oftmals durch Zufall und teilweise erst nach Jahren – eine Leiche gefunden wird, sind an dieser ebenfalls keine als Beweis für die Täterschaft tauglichen Spuren mehr feststellbar. In einigen dieser Fälle brachte das Auffinden der Leiche allerdings die Lösung des Falles, die Wohnraumüberwachung war dann zumeist vor diesem Zeitpunkt beantragt worden und diente nicht zuletzt etwa dem Zweck, den Ablageort der Leiche zu ermitteln[314].

Einen anderen Teil der Fälle stellt gewissermaßen die gegenteilige Konstellation dar, nämlich dass durch Zufall eine Leiche mit eindeutigen Spuren eines gewaltsamen Todes aufgefunden wird, welche teilweise erst durch umfängliche Ermittlungen identifiziert werden kann. Weitere Ermittlungen stoßen oftmals an Grenzen – dies sind dann etwa auch Fälle, in denen pro Verfahren, oftmals nach zunächst „gegen Unbekannt" geführten Ermittlungen – mehrere sukzessive Beschuldigte geführt werden, da sich der Tatverdacht gegen wechselnde Personen richtet. Bei einem dieser Beschuldigten mögen die Belastungsmomente so groß sein, dass zu dem Mittel der Wohnraumüberwachung gegriffen wird.

Sodann sind die Fälle zu nennen, in denen – oftmals durch Familienmitglieder oder dem Opfer nahestehende Personen – ein Todesfall gemeldet wird und sich durch die Tatortspuren und/oder die Motivlage dann der Verdacht gegen diese Familienmitglieder richtet, welche jedoch versuchen, diesen aktiv von sich wegzulenken. Bei diesen Fällen spielen als Motiv – gerade in bestimmten ethnischen Zusammenhängen – oftmals Fragen der „Familienehre" eine große Rolle. Die Wohn-

---

314 Vgl. etwa die Fallschilderung in der Anlage 5 zur BT-Drs. 14/8155.

raumüberwachung soll in diesen Fällen etwa mögliche bzw. wahrscheinliche Aussageabsprachen beweiskräftig offenlegen.

In zwei Fällen lag lediglich eine versuchte Tötung vor, welche jeweils mittels Schusswaffe aus einem Hinterhalt begangen wurde. In diesen Fällen wurde der Tatverdacht sogleich durch das Opfer geäußert, da eine Person mehrfach mit dessen Ermordung gedroht habe. Trotz entsprechender gewichtiger weiterer Indizien fehlen allerdings zum Tatnachweis taugliche Tatspuren.

Festgestellt wurden schließlich auch zwei Sexualmorde und ein Raubmord, bei denen keinerlei Beziehung zwischen Täter und Opfer bestand und die Ermittlungen darauf abzielten, eine geständnisgleiche Äußerung des Tatverdächtigen in seinem Umfeld zu erlangen.

Der derart umrissene Anwendungsbereich der Maßnahme dürfte allerdings insgesamt beschränkt sein. Ausweislich der Polizeilichen Kriminalitätsstatistik liegen rund 1000 vollendete Tötungsdelikte pro Jahr vor, wobei die Aufklärungsquote rund 95 % beträgt[315]. Kriminologische Untersuchungen belegen, dass die meisten Tötungen auf einer bereits existierenden Täter-Opfer-Beziehung basieren und eine entsprechende Zugriffsmöglichkeit auf den Verdächtigen besteht, wovon die Aufklärung der Tat maßgeblich abhängt[316]. Die für die Aufklärung besonders problematischen Fälle – für die dann der Einsatz der Wohnraumüberwachungsmaßnahme in Betracht kommt – stellen dabei eine kleinere anhand verschiedener Parameter (zeitlicher Abstand zur Tat, Rolle des Verdächtigen, Motivlage), in die sich die obigen Ausführungen einordnen lassen, abgrenzbare Gruppe dar[317]. Symptomatisch mag hier auch nochmals auf den hohen Anteil der zunächst mit Ermittlungen „gegen Unbekannt" begonnenen Verfahren (23 der insgesamt 56 Mord-/Totschlagsverfahren) verwiesen werden[318].

3. BtM-Verfahren

Anders stellt sich, wie oben bereits bemerkt, die Situation bei den insgesamt 45 BtM-Verfahren (einschließlich des Verfahrens mit der Katalogtatenkombination aus Wertpapierfälschung/Hehlerei/BtM) dar. Hier liegt zumeist der Hintergrund einer größeren Tätergruppierung vor. Dieser war auch in Verfahren feststellbar, die sich formal gegen nur einen Beschuldigten richteten. Es bestätigt sich hier der aus den Expertengesprächen erhobene Befund, dass es im BtM-Bereich oftmals eine taktische Frage des Akten- und Verfahrensaufbaus ist, ob mehrere Beschuldigte in

---

[315] Vgl. PKS für den Erhebungszeitraum 1998 bis 2003 Straftatenschlüssel 0100 und 0200
[316] SESSAR (1981); vgl. auch KOSLOWSKI (1999).
[317] Vgl. SESSAR (1981), 125.
[318] Vgl. oben A./I./9.

Verfahrensphänomenologie und Einsatzbereiche 183

einem Verfahren oder mehrere Verfahren gegen formal jeweils gesondert Beschuldigte geführt werden[319]. „Gesondert Verfolgte" spielten in den BtM-Verfahren jedenfalls durchweg eine große Rolle[320]. Fälle, in denen sich der Hintergrund einer größeren Gruppierung aus der Akte nicht unmittelbar ergab, betrafen oftmals „Gebietsfürsten", hinsichtlich derer eine Vielzahl von Hinweisen vorlag, dass diese als Lieferanten den gesamten Kokain- oder Heroinhandel einer bestimmten Region „beherrschten".

In 14 der BtM-Verfahren wurde neben den BtM-Straftaten noch wegen anderer Straftaten ermittelt. Es handelte sich hier zweimal um Fälschungsdelikte (in einem Fall war die Geldfälschung dann auch Katalogtat im Wohnraumüberwachungsbeschluss), in vier Verfahren wurde gleichzeitig umfänglich wegen Menschenhandels ermittelt. In mehreren Fällen lagen ebenfalls Gewalt- und Körperverletzungsdelikte vor, in weiteren Fällen ebenfalls Verstöße gegen das Waffengesetz oder gar Kriegswaffenkontrollgesetz.

1.1 Heterogenität

Die Fälle sind dennoch heterogen: Während einige Verfahren europaweit agierende Netzwerke mit „Residenten" an verschiedenen Orten betrafen und ein zum Teil erhebliches Maß an internationaler polizeilicher Zusammenarbeit (internationale Lagebesprechungen, grenzüberschreitende Observationen, zum Teil Planung von kontrollierten Transporten) festzustellen war, stand in anderen Fällen der regionale Charakter („Gebietsfürst") im Vordergrund. In mehreren Verfahren konnte ein dahingehendes Täterverhalten festgestellt werden, für persönliche Treffen mit „Geschäftspartnern" Anreisewege von mehreren hundert Kilometern in Kauf zu nehmen.

In 15 Verfahren konnte eine dauerhaft grenzüberschreitende Struktur festgestellt werden, in weiteren zwölf Verfahren gab es offenbar Kontakte zu festen Lieferanten im Ausland. In einigen dieser Verfahren bestand ein direkter Bezug nach Südamerika. Nur drei Verfahren beschränkten sich auf das Erscheinungsbild typischer Einkaufsfahrten ins europäische Ausland. In weiteren 15 Verfahren war kein Auslandsbezug festzustellen. Insgesamt ließ sich die verfahrensgegenständliche Handelstätigkeit in 21 Verfahren als „Großhandel" und in 18 Verfahren immerhin noch als „Zwischenhandel" qualifizieren. „Kleinverteiler" lagen in zwei Fällen vor[321], in

---

[319] Zu den Strukturermittlungs- und Sammelverfahren s.o. A./I./7.; vgl. auch unten H./I./3.2/b. und H./II./3.
[320] Vgl. zu Beschuldigtenvernehmungen aus anderen Verfahren bereits C./I./2.3/a.
[321] Vgl. zur Unterscheidung beispielsweise auch den Rauschgiftjahresbericht 2001 des BKA, S. 173 (http://www.bka.de/lageberichte/rg/2001/rg_jahresbericht2001.pdf)

vier Verfahren war eine derartige Einordnung strukturell nicht möglich, aber auch hier wurde wegen BtM-Mengen im Kilogrammbereich ermittelt.

1.2 BtM-Mengen

Entsprechend der Heterogenität der Verfahren variierten auch die in Rede stehenden BtM-Mengen. Aufgenommen wurden vorliegend die Mengen, auf die sich der begründete Verdacht und die Ermittlungen und somit die Beantragung der Wohnraumüberwachung bezogen – dies heißt nicht, dass diese Mengen immer auch tatsächlich sichergestellt oder Grundlage einer Verurteilung wurden, wenn auch in einigen Fällen erhebliche Sicherstellungen erfolgten. Ebenfalls nicht systematisch erhoben werden konnte vorliegend der Wirkstoffgehalt. In mehreren Fällen wurden allerdings Wirkstoffgehalte von bis zu 80 % festgestellt. In allen Fällen handelte es sich – wie sich auch bei den folgenden Ausführungen zeigt – jeweils um ein Vielfaches der „nicht geringen Menge" i.S.d. §§ 29a BtMG ff.[322].

In 21 Fällen wurde wegen des Handeltreibens mit oder der Einfuhr von Kokain ermittelt. Der Durchschnittswert der in Rede stehenden Mengen wird stark verzerrt durch ein Verfahren, welches im Zusammenhang mit der geplanten Einfuhr 1000 kg Kokain betraf, von welchem 330 Kilogramm sichergestellt werden konnten; ohne dieses Verfahren liegt er allerdings immer noch bei rund 47 Kilogramm. In den meisten Fällen lagen die Mengen zwischen einem und 10 Kilogramm Kokain; der Median liegt bei 6750 Gramm. Zu nennen sind aber weitere Fälle mit verfahrensgegenständlichen 20, 56, 78 und 100 Kilogramm; in einem Verfahren konnte etwa die sich auf 82 Kilogramm summierende wöchentliche Lieferung jeweils eines Kilogramms Kokain dokumentiert und zur Grundlage einer Verurteilung gemacht werden. In nur drei Verfahren handelte es sich um Mengen von jeweils unter einem Kilogramm (wobei in einem Verfahren neben der BtM-Handelstätigkeit noch umfänglich wegen Menschenhandels ermittelt wurde).

In zehn Fällen betrafen die Verfahren eine Handelstätigkeit mit oder die Einfuhr von Heroin. Hier handelte es sich mit Mengen von durchschnittlich 62 Kilogramm (Median 40,5 Kilogramm) ebenfalls um erhebliche Größenordnungen. Das Maximum liegt hier bei 260 Kilogramm Heroin im Zusammenhang mit einer europaweit agierenden, mehrstufig hierarchisch aufgebauten Heroinschmuggelbande. Besonders zu erwähnen ist ein weiterer Fall mit 100 Kilogramm Heroin, welche im Rahmen eines kontrollierten Transportes eingeführt werden sollten.

---

[322] Vgl. KÖRNER, § 29a Rn 41 ff.

In vier Fällen war Gegenstand des Verfahrens eine Handelstätigkeit sowohl mit Kokain als auch Heroin. Hier handelte es sich aber eher um kleinere Mengen im Ein-Kilogramm-Bereich und um Personen, die eher als „Lokalgrößen" zu bezeichnen waren und ihr regionales Umfeld sowohl mit Kokain als auch Heroin versorgten. In nur einem Verfahren in einem ländlichen Gebiet geht es um deutlich weniger als ein Kilogramm Heroin.

Fünf Verfahren betrafen die Herstellung von und das Handeltreiben mit Amphetaminprodukten und Ecstasy. In einem Fall, welcher jedoch mit erheblichen Gewalttätigkeiten im Rahmen von Verteilungskämpfen auf dem regionalen Ecstasy-Markt gekoppelt war, ging es lediglich um 1,5 Kilogramm (bzw. 8000 Pillen). In den restlichen Fällen handelte es sich jedoch wiederum um Mengen von 40 bis zu 200 Kilogramm.

In nur drei Fällen betraf der Verfahrensgegenstand lediglich Cannabisprodukte. Aber auch hier geht es mit der Einfuhr von jeweils 34 und 37 Kilogramm, in einem Fall gar von 1000 Kilogramm um Mengen einer beträchtlichen Größenordnung[323].

In zwei weiteren – im eher ländlichen bzw. kleinstädtischen Raum angesiedelten – Verfahren, bei denen eine kombinierte Handelstätigkeit mit Haschisch und Marihuana in Rede stand, handelte es sich allerdings jeweils nur um Mengen von rund einem Kilogramm. Die Beschuldigten wurden im Zusammenhang von verschiedenen Sicherstellungen immer wieder als Lieferanten benannt. Als auch die Wohnraumüberwachung keine weiteren Erkenntnisse brachte, wurden sie schließlich zum Schöffengericht angeklagt.

4. Sonstige Verfahren

Schon mangels nennenswerter Verteilungen sind die Verfahren mit sonstigen Katalogtaten als Einzelfälle zu betrachten.

Bei dem Verfahren mit der Katalogtat Bandendiebstahl handelte es sich um offenbar über einen langen Zeitraum begangene Diebstahlshandlungen von Arbeitnehmern im Zusammenwirken mit weiteren zu ihrer Kontrolle eingesetzten Aufsichtspersonen zulasten des Arbeitgebers mit einer Schadenshöhe von rund 1,5 Mio DM. Es ging dabei allerdings offenbar um ein lokales Phänomen, ein OK-Bezug lag nicht vor.

Bei den Raub- und Erpressungsverfahren sind insbesondere die Fälle mit Einverständnis des geschädigten Wohnungsinhabers hervorzuheben (so auch in dem Verfahren mit der Kombination Raub/WaffG, in welchem ein Raubüberfall mittels Maschinenpistole begangen wurde). Des weiteren lag mit der Katalogtat Schwerer

---

[323] Vgl. hierzu phänomenologisch insg. etwa auch DER SPIEGEL 13/2003 S. 90.

Raub noch ein mit erheblichem Gewaltpotenzial ausgeführter Geldtransporterüberfall sowie ein Überfall auf eine innerstädtische Geschäftsfiliale vor. Bei einem weiteren Fall mit der Katalogtat Erpressung im besonders schweren Fall ging es um eine Lebensmittelerpressung. In allen diesen Fällen war allerdings ein OK-Bezug auszuschließen. (Außerhalb des Erhebungszeitraumes ist aus dem Jahre 2002 jedoch noch ein Fall einer mit hohem Professionalisierungsgrad begangenen Überfallserie auf Geldtransporter unter Einsatz von Kriegswaffen zu nennen, der in das OK-Lagebild des betreffenden Bundeslandes einfloss.)

In den beiden Verfahren mit der Katalogtat Geldwäsche handelte es sich in beiden Fällen um Gewinne, die mit dem illegalen Handel unverzollter Zigaretten in erheblichem Umfang erwirtschaftet wurden. Während in dem einen Verfahren die Ermittlungen hauptsächlich wegen gewerbsmäßiger Steuerhehlerei (§§ 373, 374 AO) geführt wurden, betraf das andere Verfahren die Transferierung erheblicher Geldsummen ins ostasiatische Ausland. Beiden Verfahren konnte aktenmäßig eine OK-Relevanz entnommen werden, die Berücksichtigung im OK-Lagebild allerdings nicht zweifelsfrei festgestellt werden[324].

Bei den Bestechungs- und Bestechlichkeitsverfahren handelte es sich in zwei Fällen um äußerst komplexe Großverfahren im Rahmen von öffentlichen Ausschreibungen. In einem Fall wurde die Abhörung in Geschäftsräumen durchgeführt, in dem anderen die Abhörung von sechs Privatwohnungen gerichtlich abgelehnt. In einem weiteren Verfahren im Zusammenhang mit Bestechlichkeitsvorwürfen im Zusammenhang mit der Standplatzvergabe an Schaustellerbetriebe ist der entsprechende Ablehnungsbeschluss veröffentlicht[325]. In einem vierten Verfahren erfolgte die Abhörung einverständlich mit dem anzeigenden Versprechensempfänger in dessen Wohnung.

Das Verfahren mit der Katalogtat §§ 129/129a StGB wurde aufgrund von Strukturerkenntnissen in der äußerst gewalttätigen, streng hierarchisch gegliederten Motorradrockerszene durchgeführt. Das Verfahren floss in das OK-Lagebild ein.

Bei dem Verfahren mit Katalogtaten nach §§ 92a/92b AuslG handelte es sich um das Betreiben sog. „Modellwohnungen". Das Verfahren floss ebenfalls in das OK-Lagebild ein.

II. Expertengespräche

Den Expertengesprächen kommt bei Fragen nach dem Einsatzbereich der Wohnraumüberwachung erhebliche Bedeutung zu, soll mit ihnen doch geklärt

---

[324] Dies war dadurch bedingt, dass die Verfahren teilweise in der Zuständigkeit der Zollbhörden geführt wurden.
[325] StV 1998, 525.

werden, in welchen Konstellationen und aufgrund welcher Faktoren die Durchführung einer solchen Maßnahme in Betracht gezogen und angestrebt wird. Dabei stellt sich gleichzeitig die Frage nach einer Erklärung der insgesamt äußerst niedrigen Einsatzzahlen.

Hierbei spielen Fragen der Subsidiarität der Maßnahme und Fragen der Verfahrensphänomenologie, letztlich aber auch bereits erörterte Durchführungsfragen ineinander, so dass diese vorliegend gemeinsam zu betrachten sind und sich der rechtstatsächliche Einsatzbereich der Wohnraumüberwachung idealtypisch erschließen kann.

1. Verfahrenstypizitäten

Bereits bei der in den Expertengesprächen erörterten Frage, was denn die Merkmale einer „typischen" Konstellation des Einsatzes einer Wohnraumüberwachung seien, zeigt sich die Wechselbezüglichkeit der verschiednen Faktoren. So war natürlich einerseits nach dem Aufgabenbereich des jeweiligen Gesprächspartners zu differenzieren (Bearbeitung von Tötungs-, BtM- oder anderen Delikten), andererseits wurde übereinstimmend von allen Polizisten und Staatsanwälten jedoch immer wieder der Ultima-ratio-Charakter der Maßnahme sowohl in rechtlicher, vor allem aber auch in faktischer Hinsicht beschrieben: Da eine Wohnraumüberwachungsmaßnahme einen „ungeheuren Aufwand" erfordere, komme sie von vornherein nur in Verfahren in Betracht, in denen sich dieser Aufwand auch lohne und andere Maßnahmen nicht greifen würden. Auch die meisten Staatsschutzkammervorsitzenden äußerten sich dahingehend, dass es sich jeweils um Einzelfälle handele, welche als einzige Tatsache miteinander verbinde, dass man offensichtlich anders nicht mehr weiter komme. Ein Staatsschutzkammervorsitzender bemerkte allerdings kritisch, dass in Bestechungsverfahren die Maßnahme teilweise als Instrument des Erstzugriffes eingesetzt würde und sich auch in BtM-Verfahren die Ermittlungen teilweise überstürzten.

Im Hinblick auf die den Verfahren zugrundeliegende Phänomenologie gaben die Gesprächspartner mit Ausnahme der speziell mit Tötungsdelikten befassten Personen zumeist an, dass es sich bei „typischen" Verfahren mit Wohnraumüberwachungsmaßnahmen um solche mit Bezug zur Organisierten Kriminalität und Bandendelikten handele, „jedenfalls um Fälle, in denen Kommunikation erforderlich ist" und in welchen „ein hochkonspiratives Täterverhalten" festzustellen sei. Konfrontiert mit der hohen Einsatzrate bei Mord-/Totschlagsverfahren wurde durch OK- und BtM-Sachbearbeiter (sowohl Polizisten als auch Staatsanwälten) oftmals erwidert, dass dies „bestimmt Milieustraftaten und Auftragsmorde" seien. Über die Tatsache, dass die Maßnahme auch in regulären Mord-/Totschlagsverfahren eine große Rolle spiele, äußerte sich dieser Personenkreis dann oftmals verwundert und überrascht. Von den Sachbearbeitern von Tötungsdelikten wurde hingegen erwidert, dass der OK-Bezug ja keine Tatbestandsvoraussetzung sei und es sich bei Mord und Totschlag schließlich um die schwerste Straftat des StGB handele, der bei der Aufklärung eine hohe Priorität einzuräumen sei; Auftragsmorde oder Tötungsdelikte mit Milieubezug spielten phänomenologisch hingegen kaum eine Rolle. (Zwei Oberstaatsanwälte in zwei Großstädten gaben übereinstimmend an, dass sie sich an so gut wie keine milieubezogenen Tötungen und „klassische Auftragsmorde" in den letzten Jahren erinnern könnten.)

Es erscheint allerdings bemerkenswert, dass die Erfahrungen in phänomenologischer Hinsicht sehr unterschiedlich sind. So bezeichnete auch ein Staatsschutzkammervorsitzender einen Überwachungsantrag in einem Mord-/Totschlagsverfahren in seinem Zuständigkeitsbereich als „Ausreißer", bei dem in der Kammer auch lange darüber diskutiert worden sei, ob eine Überwachung in diesem Fall dem Sinne des Gesetzes entspreche. Ein weiterer Staatsschutzkammervorsitzender sah den Schwerpunkt des Anwendungsbereiches der Maßnahme nach seiner Erfahrung ebenfalls „eindeutig im BtM-Bereich", wohingegen andere Staatsschutzkammervorsitzende konstatierten, dass neben den zu erwartenden BtM-Verfahren Anträge „vor allem in Mordverfahren" gestellt würden. Ein Kammervorsitzender gab sogar an, er habe den Eindruck, dass ihm nach Einführung des Gesetzes im Jahre 1998 „sämtliche ungeklärten Mordfälle des ganzen OLG-Bezirks präsentiert" worden seien. Er äußerte den in der Aktenanalyse bestätigten Befund, dass grundsätzlich zwei Konstellationen zu unterscheiden seien: bei den OK-Verfahren (insbesondere BtM) liefen komplett verdeckte Ermittlungen, während bei den Mord-/Totschlagsverfahren der Beschuldigte grundsätzlich von den Ermittlungen wüsste. Daher sei bei letzteren die Wohnraumüberwachung in der Tat ein letztes Mittel, während sie bei den BtM-Ermittlungen eher im Vorfeld greife.

Durch alle Staatsschutzkammervorsitzenden wurde in diesem Zusammenhang jedoch mehrfach betont, dass sich das Fallaufkommen danach richte, was die Staatsanwaltschaft präsentierte und sich somit ihres Einflusses entziehe. Insgesamt ist auch als objektiver Befund festzuhalten, dass in den verschiedenen OLG-Bezirken sowohl phänomenologisch als auch quantitativ ein stark divergierendes Fallaufkommen zu verzeichnen ist[326].

---

326 Vgl. hierzu *Tabelle 3* im Ersten Teil D./II./2. mit einer Üsicht der Anlasstaten pro Bundesland. Eine über diesw nach Art. 13 Abs. 6 GG veröffentlichten Zahlen hinausgehende geographische Aufschlüsselung wird aus Anonymisierungsgründen nicht vorgenommen.

1.1 Mord-/Totschlagsverfahren

Polizeiliche Sachbearbeiter von Mord-/Totschlagsverfahren gaben an, dass der „typische" Einsatzbereich einer Wohnraumüberwachungsmaßnahme dann gegeben sei, wenn ein „deutlicher Verdacht", aber eine „absolute Beweisnot" im Raume stehe. Man mache sich dann „so seine Gedanken", was man noch für Möglichkeiten habe, die Tat aufzuklären, und wenn die Wohnraumüberwachung hier Möglichkeiten biete, so sei die Entscheidung zu treffen, ob man diese ergreife. Angesichts der Schwere der Tat wären grundsätzlich alle rechtlich möglichen Optionen in Betracht zu ziehen. Durch die Staatsanwälte wurde berichtet, dass im Bereich der Tötungsdelikte die diesbezügliche Initiative regelmäßig von der Polizei ausginge.

Ein Oberstaatsanwalt präzisierte den Einsatzbereich von Wohnraumüberwachungsmaßnahmen ebenfalls auf Fälle eines „erheblichen Tatverdachtes", welche aber die Schwelle des dringenden Tatverdachtes nicht erreichten, da dann regelmäßig ein Haftbefehl erwirkt würde.

Ein Mordkommissionsleiter erläuterte exemplarisch den Fall, dass etwa aus nicht verwertbaren Beweismitteln weitere ermittlungsrelevante Details bekannt seien und man darum ringe, die Tat auch gerichtsfest zu beweisen. Insgesamt wurde immer wieder der hohe Ermittlungsdruck im Bereich der Tötungsdelikte konstatiert (pointiert ein Staatsanwalt: „ein ungeklärter Mordfall ist – zumal in einer Kleinstadt – ein echtes Problem!").

1.2 BtM-Verfahren

Bei den BtM-Verfahren wurden hinsichtlich einer Typizität ebenfalls eine faktische Subsidiarität und phänomenologische Kriterien genannt. Ziel der BtM-Verfahren sei regelmäßig, die Tatbegehung in Form einer Sicherstellung konkret zu dokumentieren, da die Gerichte lediglich aufgrund verdeckter Ermittlungsmaßnahmen zu keiner Verurteilung kämen. Es gäbe nun verschiedene „Stufen", relevante Informationen zu erlangen, bei denen die Wohnraumüberwachung schon allein aufgrund ihres Durchführungsaufwandes an letzter Stelle stünde und das Scheitern sämtlicher anderen Ermittlungsansätze voraussetze. Diese lieferten ja auch erst die entsprechenden Anhaltspunkte, weswegen eine Wohnraumüberwachung ohne entsprechend vorgeschaltete weitere Ermittlungsinstrumente ohnehin kaum denkbar sei. Betont wurde immer wieder die große Polizeierfahrenheit und hohe Konspirativität der Täter. Erst wenn sich herausstelle, dass Informationen anders nicht zu erlangen seien – was eben auch eine bestimmte Professionalität und Polizeierfahrenheit auf Täterseite voraussetze –, gleichzeitig aber immer der Hinweis auf tatrelevante Treffen nur an bestimmten Orten falle, dann käme eine Überwachung in Betracht. Ohne entsprechend konkrete Hinweise würden aber „keine Ressourcen verpulvert". Es wurde überdies betont, dass ein solcher Aufwand nur für entsprechend große Fälle in Betracht komme. Ein Staatsanwalt sprach hier von „BtM im Kilobereich", ein Rauschgiftfahnder in einer Großstadt nannte eine Größenordnung von „zweistelligen kg-Mengen"; ein anderer Polizeibeamter orientierte sich (unabhängig vom BVerfG) am zu erwartenden Strafmaß von mindestens fünf Jahren.

1.3 Sonstige Katalogtaten

Auf polizeilicher Seite konnte noch mit zwei Sachbearbeitern von Bestechungsverfahren, einem Kommissariatsleiter für Staatsschutzdelikte und zwei Beamten aus dem Bereich der Zielfahndung ein Expertengespräch geführt werden.

Die Sachbearbeiter von Bestechungs- und Bestechlichkeitsverfahren zeichneten jeweils ein unterschiedliches Bild: während einerseits hervorgehoben wurde, dass „aufgrund einer bestimmten Ermittlermentalität" in diesem Bereich und im Bereich der Wirtschaftskriminalität „viel zu wenig" von verdeckten Ermittlungsmethoden Gebrauch gemacht würde, obwohl diese gerade hier prädestiniert seien, die entsprechenden Unrechtsabsprachen zu dokumentieren, wurde andererseits erläutert, dass die Täterstruktur solche Maßnahmen zumeist auch nicht erfordere, da die Tathandlungen viel eher aus „Buchhaltungstricks" bestünden. Der Einsatz der Maßnahme beschränke sich daher auf außergewöhnliche Konstellationen, in denen es „keine Papierspur" gäbe. Den Fällen sei allerdings immer gemeinsam, dass dann eine vorrangige und gegebenenfalls ausreichende Telefonüberwachung aus rechtlichen Gründen nicht möglich sei. Hier gleich „auf eine akustische Wohnraumüberwachung gehen zu müssen" (aufgrund des Verweises in § 100c Abs. 1 Nr. 2 StPO auf § 100a StPO sei ja nicht einmal ein „kleiner Lauschangriff" möglich), wurde durchweg als „absolut nicht nachvollziehbar" bezeichnet. Problematisch sei überdies, dass man es oft mit Anwälten und Wirtschaftsprüfern und somit Zeugnisverweigerungsberechtigten i.S. von § 53 StPO zu tun habe, da stoße man schon ohne verdeckte Ermittlungsmaßnahmen „relativ schnell und häufig auf Grenzen".

Für den Bereich des Staatsschutzes wurde mitgeteilt, dass sich phänomenologische Typizitäten kaum aufstellen ließen; entscheidendes Kriterium sei hier die den Staatsschutzdelikten eigene Strukturerkenntnisgewinnung. Diese Strukturerkenntnisse seien dann aber für die Aufklärung und Verhinderung schwerer Straftaten (etwa geplante Anschläge) von äußerster Wichtigkeit.

Für den Bereich der Zielfahndung wurde die Maßnahme mit ihrer Beschränkung auf die Abhörung des Wortes des Beschuldigten als ein „stumpfes Schwert" bezeichnet: wenn man wisse, wo man das Wort des Beschuldigten aufzeichnen könne, könne man diesen auch festnehmen; die Beschränkung auf die Aufenthaltsermittlung lediglich von Mittätern sei nicht nachvollziehbar[327].

---

[327] Vgl. zu der diesbezüglichen gesetzgeberischen Wertung BT-Drs. 13/8651 S. 13.

2. Einschätzung der Eignung zur OK-Bekämpfung

Bezüglich der Einschätzung der Wohnraumüberwachung als Aufklärungsmöglichkeit im Zusammenhang mit Organisierter Kriminalität[328] waren bei Polizei und Staatsanwaltschaft Unterschiede nach jeweiligem Aufgabenbereich des Gesprächspartners zu verzeichnen. Während BtM-Sachbearbeiter und OK-Staatsanwälte diese Aufklärungsmöglichkeit durchgehend grundsätzlich bejahten (auch wenn man in der Praxis natürlich Umsetzungsprobleme hätte), wurde durch die Sachbearbeiter von Tötungsdelikten regelmäßig erklärt, dass ihre Fälle mit OK in aller Regel „nichts zu tun" hätten. Durch mehrere mit der technischen Umsetzung betraute Polizeibeamte wurde allerdings dargelegt, dass an die wirklichen Strukturen mit „lediglich vier Wochen mal reinhören" nicht heranzukommen sei. Die wirklichen Drahtzieher machten einen Fehler, mit dem sie sich verrieten, nicht innerhalb von vier Wochen. Hier seien ganz andere Anstrengungen vonnöten, zu denen vor allem auch der politische Wille vorhanden sein müsse. Zur OK-Bekämpfung bedürfe es strategischer, nicht lediglich taktischer Vorgehensweisen. Die Maßnahme in ihrer jetzigen Ausgestaltung sei allerdings ein probates Mittel zur Bekämpfung bestimmter Erscheinungsformen schwerer Kriminalität, die vor allem deswegen wichtig und nicht zu unterschätzen sei, da sie dieser Kriminalität die Gewissheit bestimmter Rückzugsräume entziehe.

In eine ähnliche Richtung argumentierten auch die meisten Staatsschutzkammervorsitzenden: es sei eine „Illusion" mittels der Maßnahme im großen Rahmen OK-Strukturen aufzuklären, zumal in diesen Zirkeln längst mit derartigen Maßnahmen gerechnet würde und diese Art von Kriminalität auch nicht primär in „Hinterzimmern" stattfände, welche man abhören könne. Wichtig sei aber, den Hebel etwa auch bei vorhandenen zentralen Treffpunkten und konspirativen Wohnungen von Straftätergruppierungen ansetzen zu können und hier eine Dokumentation der kriminellen Aktivitäten vornehmen zu können. Es wurde jedoch konstatiert, dass dies nicht immer dem praktischen Anwendungsbereich der Maßnahme entspreche. Ein Staatsschutzkammervorsitzender führte beispielsweise aus: „In der Theorie dient die Maßnahme der OK-Bekämpfung. In der Praxis sehen wir jedoch, dass es sich zu einem großen Teil um Tötungsdelikte handelt, wo ein hoher Aufklärungsdruck besteht." Ein anderer Staatsschutzkammervorsitzender merkte diesbezüglich an: „Statt von Organisierter Kriminalität sollte man lieber von Schwerkriminalität sprechen. Dies umfasst auch andere Formen einschlägiger Kriminalität und wird der Sache gerechter". Durchweg alle Staatsschutzkammervorsitzenden gaben jedoch an, unter Verhältnismäßigkeitsgesichtspunkten bei bandenmäßig und im größeren Rahmen begangenen Straftaten keine grundsätzlichen Schwierigkeiten mit

---

[328] Man vergleiche nochmals das gesetzgeberische Kalkül des „Eindringen[s] in die Kernbereiche der kriminellen Organisationen und somit eine Aufhellung der Strukturen", BT-Drs. 13/8651 S. 1.

der Anordnung der Maßnahme zu haben. Ein Staatsschutzkammervorsitzender gab auf die entsprechende Frage zur Antwort: „Grundsätzlich habe ich mit der Maßnahme keine Probleme, bislang sind mir allerdings nur eher skurrile Einzelfälle präsentiert worden."[329]

3. Vorzüge und Nachteile der Wohnraumüberwachung und das Verhältnis zu anderen Ermittlungsmaßnahmen

Die akustische Wohnraumüberwachung wurde in den Expertengesprächen sowohl seitens der Polizei und Staatsanwaltschaft als auch von den Staatsschutzkammervorsitzenden oftmals mit der TÜ verglichen und zu dieser in Bezug gesetzt. Durchweg wurde die Wohnraumüberwachung dabei gewissermaßen als „Steigerungsform" gegenüber der Telefonüberwachung betrachtet. Dies betraf sowohl die Überwachungsintensität als auch die Möglichkeit, an „ungefilterte" Informationen heranzukommen. So wurde immer wieder bemerkt, dass hier Gespräche in einer deutlich größeren Offenheit als am Telefon geführt würden. Von einem „Gewöhnungseffekt" sei regelmäßig nicht auszugehen, die meisten Täter würden sich in ihrer Wohnung „sicher" fühlen, weswegen die hier zu gewinnenden Erkenntnisse „qualitativ etwas ganz anderes als bei der TÜ" seien. Gleichzeitig wurden jedoch auch strukturelle Unterschiede zur TÜ deutlich. Die TÜ sei – obwohl in bestimmten Täterkreisen grundsätzlich mit ihr gerechnet würde – deswegen ein so unverzichtbares Ermittlungsinstrument, da durch sie ein Netz von Kommunikationsstrukturen aufgedeckt werden könne, ohne dass es um eine primäre Beweismittelgewinnung ginge. Genau hierfür sei die Wohnraumüberwachung allerdings eher ungeeignet, da sie auf das Geschehen an einem bestimmten Ort fixiert sei und ihr Erfolg davon abhinge, ob just an diesem Ort auch die erwarteten relevanten Erkenntnisse aufgezeichnet werden könnten. Der Einsatz und die Erfolgstauglichkeit der Maßnahme seien daher auch immer auf dem Hintergrund ihres Einsatz- und Erkenntniszweckes zu sehen.

Als Vorzug der Maßnahme wurde oftmals auch noch ihre Objektivität in der Dokumentation genannt.

Allerdings – so wurde von polizeilicher Seite im BtM-Bereich mehrfach bemängelt – seien die Gerichte sehr zurückhaltend, wenn es um die Verwertung technischer Aufzeichnungen im Strafprozess gehe, obwohl diese – auch wenn kein Klartext gesprochen würde – oftmals sehr aussagekräftig seien. Es gehe eben darum, auch „zwischen den Zeilen zu lesen". Ein direktes Geständnis bekomme man auf Band allerdings selten geliefert.

---

[329] Als Hintergrund dieser Äußerung ist hier ist nochmals auf das pro OLG-Bezirk phänomenologisch und quantitativ stark divergierende Fallaufkommen hinzuweisen (vgl. oben Fußnote 326).

Ein mit dem Einsatz mehrerer Wohnraumüberwachungsmaßnahmen erfahrener Oberstaatsanwalt und Abteilungsleiter für Tötungsdelikte gab an, dass die Wohnraumüberwachung eine sehr „schwerfällige Maßnahme" sei und es somit bereits „in der Natur der Sache" liege, dass ihr Wirkungsbereich sehr gering sei. Sie stelle im Tötungsbereich jedenfalls keinen „Quantensprung" wie etwa die DNA-Analyse dar, mit Hilfe derer nahezu jeder zweite Tötungsfall sicher bewiesen würde. Sie könne aber in Einzelfällen dazu dienen, an Informationen zu gelangen, die man sonst nie erhielte.

Im Hinblick auf die Eingriffsintensität und die Stellung der Wohnraumüberwachung im Hierarchieverhältnis der Ermittlungsmaßnahmen wurden zwei Positionen vertreten: Einerseits wurde über alle Berufsgruppen hinweg konstatiert, dass es sich bei der Wohnraumüberwachung „sicherlich um den denkbar weitreichendsten Eingriff" handele. Sowohl Polizisten und auch ein Staatsschutzkammervorsitzender gaben aber zu bedenken, dass eine Durchsuchung oder gar eine Verhaftung doch einen wesentlich empfindlicheren Eingriff darstellten, wohingegen die Wohnraumüberwachung oftmals „völlig folgenlos" bleibe. Dies würde auch oftmals von den Betroffenen so empfunden.

4. Gründe des seltenen Einsatzes

Als Grund für den insgesamt seltenen Einsatz der Maßnahme wurde von allen Gesprächspartnern (vor allem seitens der Polizei, aber auch Staatsanwälten und Staatsschutzkammervorsitzenden) an erster Stelle der große mit der Durchführung einer Wohnraumüberwachung verbundene Aufwand genannt. Ein Polizeibeamter drückte dies so aus: „Wohnraumüberwachung? Finger weg! Das tut sich keiner freiwillig an!" Einsatz und Erfolgsaussichten müssten hier gut gegeneinander abgewogen werden und die Abwägung gehe angesichts des großen Aufwandes und Unwägbarkeiten bei der technischen Umsetzung häufig zu Lasten der Wohnraumüberwachung aus. Hinzu komme, dass andere Maßnahmen – insbesondere die Telefonüberwachung, welche mit den entsprechenden Folgeermittlungen das Rückgrat eines jeden Großverfahrens bilde – in den meisten Fällen ausreichten. Es blieben somit nur außergewöhnliche Fälle übrig. Ein Staatsschutzkammervorsitzender sprach hier von einer „faktischen Subsidiarität". Insgesamt – auch dieses wurde von allen Berufsgruppen betont – komme dem Subsidiaritätsgrundsatz aber auch in rechtlicher Hinsicht große Bedeutung zu.

Viele weitere Gesprächspartner aller Berufsgruppen führten aus, dass die rechtlichen Voraussetzungen „zu recht sehr hoch" seien.

Dabei wurde jedoch (insbesondere auf Polizeiseite) konstatiert, dass die Probleme der Maßnahme und, soweit diese als Faktoren für die geringe Anwendungshäufigkeit eine Rolle spielten, nicht im rechtlichen (hohe Hürden), sondern „ganz klar" im faktischen Bereich lägen. Die rechtlichen Voraussetzungen stellten in den betreffenden Fällen regelmäßig kein Hindernis dar, da es sich ohnehin immer um herausgehobene Fälle handele, in denen alle anderen Ermittlungsinstrumente versagten. Ein Polizeibeamter führte im Hinblick auf die rechtlichen Voraussetzungen aus: „Ich würde in diesem Zusammenhang auch nicht von ‚Hürden' sprechen – dies klingt so nach mutwilligen Stolpersteinen – sondern von ‚Voraussetzungen'. Die Voraussetzungen für diese Maßnahme sind hoch, da es sich um eine außergewöhnliche Maßnahme handelt. Und das ist auch völlig richtig so!"

Auf faktischer Ebene bestehe hingegen eine Vielzahl von Faktoren, welche den Anwendungsbereich der Maßnahme einschränkten. So müsse sich zunächst überhaupt eine Räumlichkeit isolieren lassen, in der die abzuhörenden Gespräche zu lokalisieren seien. Dies setze unabhängig von deren Vorhandensein regelmäßig bereits einen hohen Konkretisierungsgrad und umfängliche Vorabklärungen voraus. Entscheidend seien sodann die jeweiligen faktischen Gegebenheiten, welche überhaupt eine Durchführbarkeit der Maßnahme ermöglichen müssten[330]. Hierzu gehöre dann auch die Verfügbarkeit entsprechender Ressourcen. Schließlich sei auf dem Hintergrund der „Qualität des Falles" zu entscheiden, ob dieser den Einsatz der Maßnahme rechtfertige. Durch einen mit der technischen Umsetzung betrauten Beamten wurde erläutert, wie diese Punkte in „Beratungsgesprächen" mit sachbearbeitenden Beamten, die um die Möglichkeit der Durchführung einer Wohnraumüberwachung anfragten, systematisch „abgeprüft" würden und sich dann herausstelle, dass diese faktischen Voraussetzungen oftmals nicht gegeben seien. In einigen Fällen wäre auch noch der Einsatz technischer Mittel außerhalb von Wohnräumen eine „Alternativmöglichkeit".

Überdies wurde polizeilicherseits darauf hingewiesen, dass lediglich Spezialdienststellen und personell leistungsstarke Ermittlungseinheiten in der Lage sein dürften, den für eine Wohnraumüberwachung erforderlichen hohen finanziellen und personellen Aufwand zu leisten. Deren Präsenz spiegele sich natürlich auch in der örtlichen Verteilung der Maßnahmen wieder. Ein Staatsanwalt gab an: „Um eine solche Maßnahme durchzuführen, braucht es einen großen und engagierten Polizeiapparat. Die müssen sagen: ‚Probieren wir!' Letztlich läuft dies auch auf eine Personalfrage bei der Polizei hinaus."

Ein anderer Beamter sekundierte, dass man mit einer Wohnraumüberwachung „ganz schnell gut und gerne das Jahresbudget einer mittleren Dienststelle" verbrauchen könne. Auch dies seien Faktoren, welche bei der Initiierung einer solchen Maßnahme zu bedenken wären. Ansonsten wurde in den Expertengesprächen insbesondere auf Seiten der mit der Durchführung der Maßnahme betrauten Beamten dargelegt, dass die Entscheidung des Einsatzes der akustischen Wohnraumüberwachung nicht von Kostenerwägungen abhängig gemacht würde.

Insgesamt sei allerdings schon aus faktischen Gründen und Begrenzungen die Ultima-ratio-Funktion der Maßnahme gewährleistet. Daraus aber zu folgern, man brauche die Maßnahme nicht, sei jedoch verfehlt. Das Entscheidende sei, dass man

---

[330] Vgl. bereits oben B./II./4.

sie – wenn auch selten und „wohldosiert" – in den entsprechenden Verfahren einsetzen könne. Dies geschehe nur bei besonders schweren Straftaten, bei welchen ohnehin ein erhebliches Potenzial an Ressourcen ausgeschöpft werde.

Von polizeilicher und staatsanwaltschaftlicher Seite wurde zudem angemerkt, dass der zurückhaltende Umgang mit der Maßnahme doch gerade ihren „rechtsstaatlichen und den Intentionen des Gesetzgebers entsprechenden Einsatz" belege. Durch den daraus abgeleiteten Schluss der Überflüssigkeit der Maßnahme würde die Tatsache des rechtsstaatlichen Einsatzes doch ad absurdum geführt.

5. Erklärung der Katalogtatverteilung

In den Expertengesprächen wurde auch nach einer Erklärung der großen Prävalenz von Tötungs- und BtM-Delikten gesucht.

Hinsichtlich der BtM-Delikte wurde darauf verwiesen, dass es sich einerseits um das Hauptbetätigungsfeld der Organisierten Kriminalität handele, und andererseits, dass in diesem Bereich auch substantielle Freiheitsstrafen zu erwarten seien, was wiederum in die Verhältnismäßigkeitsprüfung einfließe. Ein Staatsschutzkammervorsitzender bemerkte, dass, um etwas abzuhören, laufende Straftaten erforderlich seien; dies sei bei BtM-Delikten regelmäßig der Fall.

Wie erwähnt, reagierten viele der Gesprächspartner aus dem Bereich spezialisierter OK-Dienststellen und -Dezernate sowie einige der Staatsschutzkammervorsitzenden auf das hohe Aufkommen der Mord-/Totschlagsverfahren selber überrascht und hatten hierfür keine Erklärung. Im Übrigen wurde von den entsprechenden Sachbearbeitern immer wieder auf die Schwere der Straftat verwiesen. Mehrere Polizeibeamte aus dem Bereich der technischen Umsetzung erklärten hierzu, dass es bei Mord wohl am einfachsten sei, „einen entsprechenden Beschluss zu bekommen".

Ein Kommissariatsleiter aus dem Bereich Staatsschutz gab an, dass das Vorherrschen der Tötungs- und BtM-Delikte auch mit einer gewissen „Gewöhnungsphase" zusammenhinge. Während Mord „einfach durchmarschiere", handele es sich bei BtM-Straftaten um typische Strukturkriminalität. Ein Beamter aus dem Bereich der Korruptions- und Wirtschaftskriminalitätsbekämpfung führte dies auch auf eine gewisse „Ermittlermentalität" zurück – gerade im OK-Bereich sei man gewöhnt, mit verdeckten Methoden zu arbeiten.

6. Beurteilung des Deliktkatalogs

Insgesamt, so wurde in Gesprächen mit allen Berufsgruppen festgestellt, sei augenscheinlich eine gewisse „Selbstregulierung" und Beschränkung auf schwere Straftaten eingetreten. Die daraus gezogenen Konsequenzen wurden allerdings unterschiedlich beurteilt. So wurde einerseits vertreten, dass der Katalog folglich „zusammenzustreichen" sei, andererseits, dass man ihn somit ja auch bestehen lassen könne.

In seiner bestehenden Fassung wurde der Katalog von vielen Staatsschutzkammervorsitzenden, aber auch von Polizisten als zu weit bezeichnet, er beschränke sich eindeutig nicht auf Fälle lediglich besonders schwerer Kriminalität i.S. des Art. 13 GG.

Von staatsanwaltlicher Seite wurde kaum substantielle Kritik am Deliktskatalog geäußert. Als „viel größeres Problem" wurde benannt, dass etwa die Bestechung und Bestechlichkeit nicht im Katalog des § 100a StPO enthalten sei.

Auf polizeilicher Seite wurde vor allem durch einen Beamten darauf hingewiesen, dass man insbesondere bei Strukturermittlungen die Schwere einer Straftat nicht an einem Deliktskatalog festmachen könne und daher eine zu große Rigidität in diesem Bereich als problematisch zu beurteilen sei.

7. Das Urteil des Bundesverfassungsgerichtes

Hinsichtlich des Urteils des Bundesverfassungsgerichtes vom 3. März 2004 wurde – soweit die Expertengespräche nach diesem Zeitpunkt geführt wurden – von mehreren Polizeipraktikern aus dem Bereich der BtM-Bekämpfung angemerkt, dass die dort aufgestellten Voraussetzungen für den Einsatz der Maßnahme ohnehin bereits immer erfüllt gewesen wären. Es wurde immer wieder betont, dass es gar nicht auf Informationen aus dem persönlichen Kernbereich und „irgendwelche Intimitäten" ankomme. Mit den in dem Urteil statuierten Anordnungsvoraussetzungen habe man daher „überhaupt keine Probleme". Als äußerst problematisch und „wenig sachgerecht" wurden hingegen die daraus gefolgerten Restriktionen hinsichtlich der Durchführbarkeit der Maßnahme bezeichnet[331]. Es mache keinen Sinn, zunächst die Notwendigkeit einer Abhörung unter konsentiertermaßen restriktiven Voraussetzungen zuzugestehen, aber dann in der praktischen Durchführung ad absurdum zu führen. Im Übrigen wisse ja nun jeder BtM-Täter, wie er einen Abbruch einer Überwachung erzwingen könne.

Für den Bereich der Tötungsdelikte ergab sich auch in den Expertengesprächen, dass hier hinsichtlich der relevanten Informationen die Grenze zum persönlichen Kernbereich schwerer zu ziehen sei.

III. Zusammenfassung

Auch eine genauere Betrachtung der Verfahrensphänomenologie beleuchtet nochmals den grundlegenden Strukturunterschied zwischen der Mehrzahl der festgestellten Mord-/Totschlagsverfahren und BtM-Verfahren.

---

[331] Vgl. oben B./II./5.

Im Hinblick auf die OK-Relevanz ist festzustellen, dass eine solche zwar in einigen der Tötungsverfahren gegeben ist, es sich bei der weitaus überwiegenden Anzahl jedoch um „klassische" im sozialen Nahfeld anzusiedelnde Mord-/Totschlagsverfahren handelt. Anders bei den BtM-Verfahren: hier waren 87 % der Fälle als OK-relevant einzustufen, die Hälfte aller BtM-Verfahren fand auch Berücksichtigung in der polizeilichen OK-Lagebilderstellung. Es zeigt sich ebenfalls, auch wenn eine gewisse Heterogenität festzustellen ist, dass regelmäßig hohe BtM-Mengen (deutlich im einstelligen, oftmals auch im zwei-, zum Teil gar dreistelligen Kilogrammbereich) in Rede stehen und die verfahrensgegenständliche Handelstätigkeit fast durchweg als Groß- oder Zwischenhandel einzustufen war. Bei den Verfahren mit anderen Katalogtaten lag ein OK-Bezug teilweise vor.

In den Expertengesprächen wurde als typischer Anwendungsbereich der Wohnraumüberwachung ebenfalls von einem OK-Bezug und kommunikationsrelevanten Delikten ausgegangen. Hier ist bemerkenswert, dass die große Anwendungshäufigkeit im Bereich der Tötungsdelikte für einige Gesprächspartner – einschließlich Staatsschutzkammervorsitzender – durchaus überraschend war. Ebenfalls bemerkenswert ist jedoch, dass die Bedeutung der Maßnahme für die OK-Bekämpfung sehr zurückhaltend beurteilt wurde. Ihre Bedeutung liege jedoch darin, dass sie bestimmten Formen „schwerer Kriminalität" (diese Begrifflichkeit wurde als probater erachtet) Rückzugsräume entziehe. Hinsichtlich der Anwendungshäufigkeit bei den Tötungsdelikten wurde vor allem auf die Schwere der Straftat verwiesen, was sich auch auf die Wahrscheinlichkeit, hier einen Beschluss zu erhalten, auswirke.

Übereinstimmend wurde als maßgebliches Einsatzkriterium vor allem der Subsidiaritäts- und Ultima-ratio-Grundsatz genannt, welcher allein schon aufgrund des mit dem Einsatz der Maßnahme verbundenen Aufwandes rein faktisch den Einsatz der Maßnahme beschränke. Grundsätzlich käme ein solcher nur bei besonders schweren Straftaten in Betracht. In den meisten Fällen reichten ohnehin subsidiäre Ermittlungsmittel aus. Überdies müssten bestimmte faktische Voraussetzungen – wie etwa die Konzentrierbarkeit tatrelevanter Gespräche auf einen Ort und eine tatsächliche Umsetzungsmöglichkeiten – gegeben sein.

Insgesamt wurde deutlich, dass die Wohnraumüberwachung nur in besonderen Konstellationen zum Einsatz kommt, welche sich neben einer phänomenologisch vorliegenden besonderen Tatschwere und „deutlichen Verdachtslage" regelmäßig durch Ausschöpfung oder der Aussichtslosigkeit anderer Ermittlungsmöglichkeiten auszeichnet. Bei den Mord-/Totschlagsverfahren sind dies Fälle, die durch besondere aufklärungserschwerende Parameter gekennzeichnet sind. Aber auch bei den BtM-Verfahren dürfte es sich – wie die BtM-Mengen zeigen – um herausgehobene Verfahren handeln, auch wenn sich diese nicht so sehr durch das sich zur Tatnachweiserbringung zusammenzusetzende „kriminalistische Puzzle" der Tötungsdeliktsermittlungen, sondern eher durch das Bedürfnis nach Strukturaufklärungen und konkreten Zugriffsinformationen auszeichnen.

E. Anordnungsvorgang, Begründungsaufwand und richterliche Kontrolle

Nachdem Durchführungsfragen und Einsatzbereiche der akustischen Wohnraumüberwachung genauer beleuchtet wurden, soll in diesem Kapitel der Vorgang ihrer Anordnung genauer untersucht werden.

Dabei stellen sich Fragen der Anordnungsinitiative, der Rolle der Katalogtaten im Anordnungsverfahren, nach dem Zeitrahmen der Entscheidung und vor allem der Begründung der Wohnraumüberwachung. Gleichzeitig sind auf diesem Hintergrund auch Erfahrungen mit der besonderen Anordnungszuständigkeit der pro OLG-Bezirk zentralisierten Staatsschutzkammer auszuwerten.

I. Aktenanalyse

Es standen 128 der 143 Anordnungsvorgänge vollumfänglich zur Auswertung zur Verfügung. Die Ausführungen dieses Kapitels beziehen sich auf diese Grundgesamtheit.

1. Anordnungsinitiative

Der Anordnungsvorgang beginnt in der Regel mit einer polizeilichen Anregung, in der der Ermittlungsstand und die Notwendigkeit der Maßnahme für die Staatsanwaltschaft dargelegt wird, manchmal geschieht dies auch im Fazit längerer Ermittlungsberichte. Eine solche polizeiliche Anregung lag bei 99 (77 %) der 128 Maßnahmen, bei denen entsprechende Feststellungen getroffen werden konnten, vor. In 28 Fällen (22 %) konnte allerdings ein originärer staatsanwaltlicher Antrag ohne vorhergehende polizeiliche Anregung festgestellt werden; in einem Fall bestand der Anordnungsvorgang nur aus einer polizeilichen Anregung und darauf folgendem Beschluss, ein eigener staatsanwaltlicher Antrag fehlte. Insgesamt lagen letztlich für 125 Maßnahmen (98 %) Überwachungsanträge der Staatsanwaltschaft an die Staatsschutzkammer vor. In den verbleibenden Fällen war eine entsprechende Feststellung – etwa aufgrund beschränkter Akteneinsicht – nicht möglich.

Ob und inwieweit vor Verfassung der Anregung oder des Antrages bereits informelle Absprachen zwischen Polizei und Staatsanwaltschaft bezüglich des Einsatzes der Maßnahme stattgefunden haben, ließ sich den Akten nicht systematisch entnehmen, war aber in vielen Fällen – insbesondere auch auf dem Hintergrund der in den Expertengesprächen gewonnenen Erkenntnisse bezüglich für die Durchführung einer Wohnraumüberwachung erforderlicher Vorbereitungen – offensichtlich. In den Fällen eines originären staatsanwaltlichen Antrages ist mithin in der Regel davon auszugehen, dass dieser Resultat einer entsprechend engen Zusammenarbeit zwischen Polizei und Staatsanwaltschaft hinsichtlich des betreffenden Ermittlungsverfahrens ist. Eine entsprechende Fragestellung war vor allem jedoch Gegenstand der Expertengespräche[332].

Abweichend ist die Anordnungsinitiative in den zwei Fällen zu beurteilen, in denen die Maßnahme während der Hauptverhandlung durch die jeweilige Schwurgerichtskammer angeordnet wurde[333]. In einem Fall wurde dabei der Anordnungsbeschluss durch die Schwurgerichtskammer ohne vorherigen Antragsvorgang erlassen, in dem weiteren Fall lag ein dreizeiliger staatsanwaltlicher „pro forma" Antrag vor, der nach Auskunft des betreffenden Staatsanwaltes so entstanden ist, dass die Schwurgerichtskammer in einer Verhandlungsbesprechung gefragt habe, „ob sich die Staatsanwaltschaft die Beantragung einer solchen Maßnahme vorstellen" könne.

2. Nennung und Subsumtion der Katalogtatbestände

Zu untersuchen war, welche der zahlreichen in § 100c Abs. 1 Nr. 3 StPO genannten Tatbestände und Tatbestandsalternativen in den Antrags- und Anordnungsvorgängen tatsächlich genannt wurden und inwieweit sich ggf. die Beurteilung der Katalogtatbestände auf den verschiedenen Stufen des Anordnungsvorganges ändert.

Hier lässt sich feststellen, dass sowohl in polizeilicher Anregung (hier nachvollziehbarer Weise am ausgeprägtesten), jedoch auch in Antrag und Beschluss regelmäßig nur Mindestanforderungen an die rechtliche Subsumtion festgestellt werden und eine genaue Tatbestandsbezeichnung zumeist nicht erfolgt.

Nennenswerte Abweichungen in der Nennung der Vorschriften konnten in den Fällen, in denen eine solche nicht lediglich im Beschluss erfolgt, nicht festgestellt werden. In einem Fall war seitens der Staatsanwaltschaft noch § 27 StGB genannt worden, während die Kammer offenbar von einer Täterschaft ausging und die Katalogtaten ohne Beteiligungsform nannte.

Wie dargelegt, ergingen Ablehnungen nur aufgrund mangels konkretisierten Tatverdachts oder mangelnder Subsidiarität sowie einzelfallabhängig abweichender Tatsachenwürdigungen[334]. In nur einem Fall, in dem die Ablehnung dann allerdings letztlich mit anderer Begründung vom OLG nach Beschreitung des Beschwerdeweges ausgesprochen wurde, spielte die rechtliche Würdigung einer Katalogtat eine Rolle. Nach einem Raubüberfall mit einer Schadenshöhe von rund 1,7 Mio DM konnte die Mitwirkung der Überfallenen nicht ausgeschlossen werden und die Staatsanwaltschaft arbeitete insoweit mit zwei Ermittlungsalternativen. Als

---

[332] S.u. II./1.
[333] S.o. B./I./1.3.
[334] S.o. B./I./1.6.

nach vertraulichen Hinweisen die Wohnraumüberwachung beantragt wird, wendet die zuständige Staatsschutzkammer ein, aufgrund der möglichen Beteiligung der Überfallenen liege nur ein Diebstahl mit Waffen gemäß § 244 Nr.1 StGB und somit keine Katalogtat vor. Das im Beschwerdewege angerufene OLG schließt sich dieser Auffassung aufgrund der insoweit möglichen zweiten Ermittlungsalternative zwar nicht an, lehnt die Anordnung der Maßnahme aber aus Verhältnismäßigkeitsgründen ab.

2.1 Mord-/Totschlagsverfahren

In den Anordnungsvorgängen, welche sich in Verfahren mit einem Tötungsdelikt befinden, kommt als Katalogtat nur § 212 und § 211 StGB in Betracht, wobei hier oftmals nicht zwischen beiden differenziert wird. Eine explizite Beschränkung auf § 212 StGB konnte nur in sechs Fällen festgestellt werden.

In zwei Fällen wird der Antrag auf eine versuchte Tötung (§§ 211, 22, 23 StGB) gestützt.

Beteiligungsformen werden in neun Fällen genannt (in zwei Fällen § 27, in vier Fällen § 26 und in drei Fällen § 25 Abs. 2 StGB).

In einem Fall geht aus dem Antrag neben §§ 211, 212 StGB noch die Verletzung anderer Straftatbestände hervor (§§ 125, 125a StGB).

2.2 BtM-Verfahren

Im Rahmen der BtM-Verfahren wird viel mit Jedenfalls-Schlüssen gearbeitet, in dem etwa zwischen den in § 100c Abs. 1 Nr. 3 Ziff. c StPO genannten Einzelvorschriften kaum differenziert wird, sondern festgestellt wird, dass „jedenfalls" der Verdacht eines Verstoßes nach § 29a Abs. 1 Nr. 2 BtMG vorliege. § 29a Abs. 1 Nr. 2 BtMG wird somit in so gut wie allen auf eine Katalogtat nach dem BtMG gestützten Anordnungen genannt, in nur einem Fall wird eine Anordnung lediglich auf § 29 Abs. 3 Satz 2 Nr. 1 BtMG gestützt. In einigen Fällen wird die Nennung des § 29a Abs. 1 Nr. 2 BtMG durch § 30 Abs. 1 Nr. 4 (sechs Anordnungen) und/oder § 30a Abs. 1 BtMG (weitere sieben Anordnungen) ergänzt. In einigen Fällen fand sich auch lediglich die Wendung: „und somit Katalogtaten nach § 100c Abs. 1 Nr. 3c StPO".

In nur einem Fall wird mit § 25 Abs. 2 StGB eine Beteiligungsform genannt.

2.3 Sonstige Katalogtaten

Bei den Raubtaten liegt in einem Fall ein Versuch vor, in einem anderen Fall wurde die Überwachung aufgrund der Katalogtat „§ 250 Abs. 1 oder 2 StGB" beantragt. Auch in den Erpressungsfällen war eine lediglich Versuchstraftat gegeben. Bei der Geldwäsche wurde § 261 StGB ohne Angabe von Absätzen zitiert. Die Anträge in den Bestechungsfällen nannten § 334, § 332 Abs. 3 und §§ 334 Abs. 1, 332 Abs. 1 StGB. In dem Verfahren mit den Straftaten gegen die öffentliche Ordnung wurde § 129 Abs. 1 i.V.m. Abs. 4 genannt. Der Anordnungsvorgang, welcher sich auf Straftaten nach dem AuslG stützte, lag nicht zur unmittelbaren Auswertung vor.

2.4 Umgehungstendenzen

Zu untersuchen war weiterhin, ob sich Anhaltspunkte dafür finden lassen, dass zur Beantragung von Wohnraumüberwachungen auf Katalogtaten „ausgewichen" wird, die im tatsächlichen Ermittlungsergebnis keinen Niederschlag finden, ob also die genannten Katalogtaten mit den tatsächlichen Ermittlungsdelikten identisch waren.

Dabei zeigt sich in den festgestellten rund zehn Verfahren (zumeist handelt es sich hier um Verfahren mit mehreren gleichzeitigen Wohnraumüberwachungsmaßnahmen), in denen zwischen Ermittlungsdelikten und den für die Beantragung der Wohnraumüberwachung angeführten Katalogtaten keine Vollkongruenz besteht, dass der Ermittlungssachverhalt in diesen Fällen sich oftmals komplexer darstellte und sich die Beantragung der Wohnraumüberwachungsmaßnahme auf einen Teilkomplex beschränkte. In den genannten Verfahren wurde oftmals wegen einer weiteren Anzahl von Delikten ermittelt, von denen die Katalogtat nur eines darstellte. Insofern lässt sich nicht von einer „Umgehung", sondern eher einer „Beschränkung" sprechen. Einige Male anzutreffen waren etwa Kombinationen von BtM-Straftaten und Menschenhandel („Rotlichtmilieustraftaten"), wobei der Überwachungsantrag dann lediglich auf BtM-Straftaten gestützt wurde. In einigen Fällen spielten auch gerade Gewaltdelikte eine Rolle. Wie bereits erwähnt[335], waren die Beschuldigten in vielen Fällen mit ihrer strafrechtlichen Vergangenheit durchaus polizeibekannt und standen teilweise im Zentrum mehrerer strafrechtlich relevanter Aktivitäten und Sachverhalte. Dies galt zum Teil ebenso für noch nicht polizeibekannte Täter, die mit umfänglichen Aktivitäten in mehreren Deliktsbereichen erstmals in Erscheinung traten und namhaft gemacht werden konnten.

Explizit zu erwähnen ist hier etwa auch das Verfahren, in dem sich die Anordnung auf §§ 129/129a StGB stützte. § 129 Abs. 1 und 4 StGB fungierten hier nicht lediglich als „Ermittlungsdelikt", sondern waren auch Gegenstand der Anklage, auch wenn das Urteil aufgrund einer Prozessabsprache letztlich lediglich § 127 StGB umfaßte. Der dem Verfahren zugrunde liegende Sachverhalt beinhaltete gravierende Gewalttätigkeiten.

---

[335] S.o. A./III./1.

Besonders einzugehen ist im vorliegenden Kontext „Umgehungstendenzen" auch nochmals auf die Problematik, dass für Bestechlichkeitsvorwürfe die Anordnung einer Telefonüberwachung nach § 100a StPO nicht möglich ist. In einem Wohnraumüberwachungsantrag in diesem Bereich wurde angeführt, dass die Abhöreinrichtungen in der Nähe des Telefons anzubringen seien, um auch Erkenntnisse über von dem Beschuldigten geführte Telefonate erlangen zu können. Hier handelt es sich freilich um eine rechtlich bedenkliche Umgehung von § 100a StPO, welche allerdings der ebensowenig nachvollziehbaren gesetzlichen Wertung im Rahmen der Kataloge von § 100a und § 100c Abs. 1 Nr. 3 StPO geschuldet ist. Der entsprechende Beschluss wurde durch die Staatsschutzkammer abgelehnt[336].

Zuletzt sind noch die Mord-/Totschlagsverfahren zu erwähnen, welche als Vermisstensache beginnen und in denen bis zur Beantragung der Wohnraumüberwachung keine Leiche auffindbar ist. In diesen Fällen ist eine Tötung (und somit eine Katalogtat nach §§ 212, 211 StGB) zuweilen schwer durch konkrete Verdachtsgründe belegbar, wenn auch aufgrund der Umstände überwiegend wahrscheinlich.

3. Zeitrahmen der Entscheidung

Von Interesse ist der Zeitraum, der zwischen polizeilicher Anregung und staatsanwaltlichem Antrag einerseits und staatsanwaltlichem Antrag und Kammerbeschluss andererseits verstreicht. Hier sind wiederum Erstanordnungen und Verlängerungen zu unterscheiden.

3.1 Erstanordnungen

a. Zeitraum zwischen Anregung und Antrag

Eine datumsmäßige Erfassung und Berechnung der zwischen polizeilicher Anregung und staatsanwaltlichem Antrag verstrichenen Zeitspanne war für 95 Maßnahmen möglich. Es ergibt sich das in *Abbildung 37* wiedergegebene Bild. Wie erwähnt[337] wurde eine besondere Eilbedürftigkeit in lediglich fünf Anregungen betont, in nur einem Fall wurde explizit eine Eilmaßnahme im Sinne des § 100d Abs. 2 Satz 2 StPO angeregt.

---

[336] Vgl. LG Bremen, StV 1998, 525.
[337] S.o. B./I./1.2.

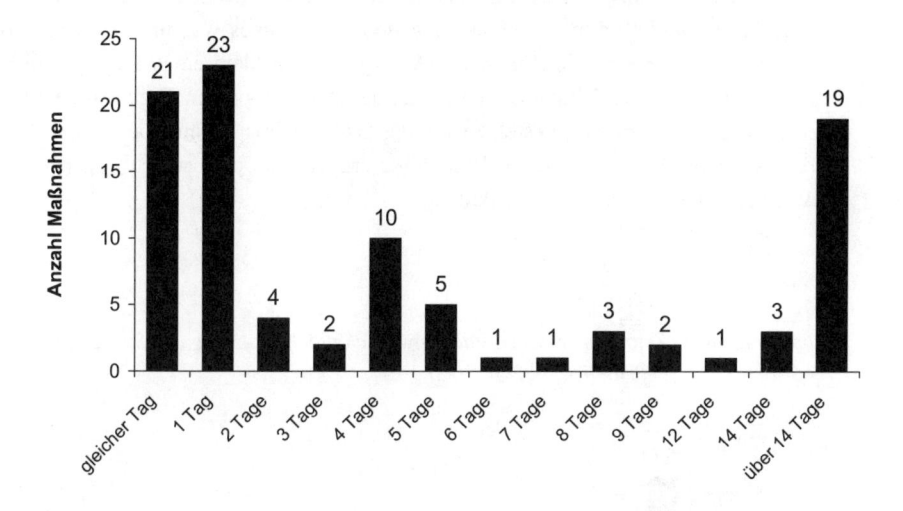

Abbildung 37: Zeitraum zwischen polizeilicher Anregung und staatsanwaltschaftlichem Antrag (n=95)

[Bar chart: Anzahl Maßnahmen nach Tagen — gleicher Tag: 21; 1 Tag: 23; 2 Tage: 4; 3 Tage: 2; 4 Tage: 10; 5 Tage: 5; 6 Tage: 1; 7 Tage: 1; 8 Tage: 3; 9 Tage: 2; 12 Tage: 1; 14 Tage: 3; über 14 Tage: 19]

Insgesamt zeigt sich, dass das Gros der staatsanwaltlichen Anträge innerhalb eines Tages nach Datierung der polizeilichen Anregung gestellt wird.

Bei den 19 Maßnahmen, in denen ein Antrag erst mehr als zwei Wochen nach der Anregung gestellt wurde, splittert sich dieser Zeitraum enorm auf: er reicht von 16 bis 120 Tagen und liegt durchschnittlich bei 46 Tagen (Median 49 Tage). Die Gründe hierfür sind einzelfallabhängig, zumeist handelt es sich um Fälle mit einer besonderen Installationsproblematik. Insbesondere bei dem Fall mit 120 Tagen legen sich jedoch auch rechtliche Bedenken bzw. eine „Bedenkzeit" der Staatsanwaltschaft nahe; die Anordnung wurde in diesem Fall dann auch durch das Gericht mangels konkretisierten Tatverdachtes abgelehnt.

Zusammenfassend ergibt sich aus den Akten der in den Expertengesprächen bestätigte Eindruck[338], dass der Einsatz der Wohnraumüberwachung als solcher zwischen Polizei und Staatsanwaltschaft vorbesprochen ist, die Anregung insoweit nur noch einen formalen Akt und Vorlage für den staatsanwaltlichen Antrag darstellt. Hinsichtlich etwa der oftmals für den Zeitpunkt der Antragstellung maßgeblichen Installationsproblematik finden somit Absprachen außerhalb bzw. neben der schriftlichen Anregung statt.

---

[338] S.u. II./1.

b. Zeitraum zwischen Antrag und Beschluss

Eine datumsmäßige Erfassung und Berechnung des zwischen staatsanwaltlichem Antrag und Kammerbeschluss liegenden Zeitraumes war für 125 Maßnahmen möglich. Dieser ist in *Abbildung 38* dargestellt. In dem einen Fall der durch die Polizei angeregten Eilmaßnahme erging der Beschluss einen Tag nach dem am selben Tag der Anregung gestellten Antrag als regulärer Kammerbeschluss. Alle drei als Eilanordnung erlassenen Beschlüsse ergingen an dem selben Tag wie der jeweilige staatsanwaltschaftliche Antrag.

Abbildung 38: *Zeitraum zwischen staatsanwaltschaftlichem Antrag und Staatsschutzkammerbeschluss (n=125)*

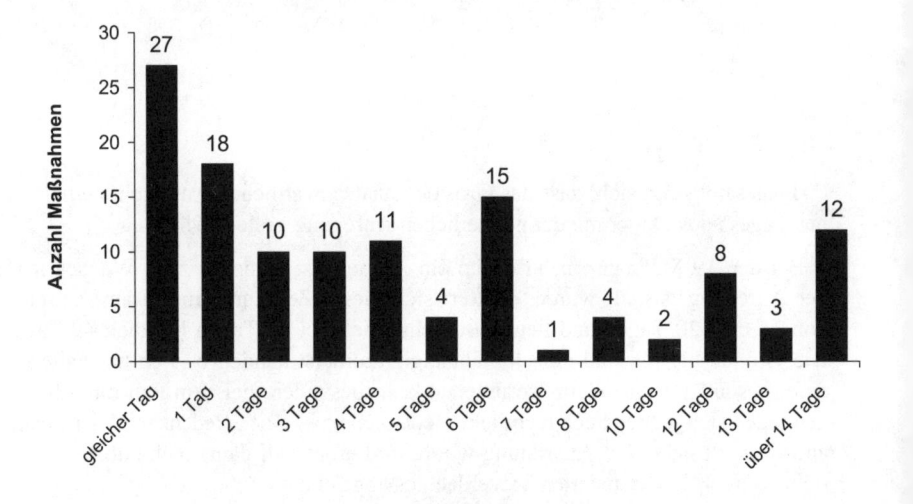

Ein beträchtlicher Teil auch der regulären Anordnungsbeschlüsse erging ebenfalls noch am selben Tag wie der jeweilige staatsanwaltschaftliche Antrag. Insgesamt zeigt sich aber eine breitere Streuung auch über längere Zeiträume. Dies hängt nicht unbedingt mit der zum Teil weiteren Entfernung der pro Oberlandesgerichtsbezirk zentralisierten Staatsschutzkammern vom Sitz der jeweiligen Staatsanwaltschaft zusammen, sondern oftmals damit, dass die Kammer von der Staatsanwaltschaft gebeten wird, wegen des mit Beschlusserlass beginnenden Laufes der Vierwochenfrist des § 100d Abs. 4 StPO den Beschluss erst an einem bestimmten, mit der Polizei im Hinblick auf die Installationsproblematik oder andere Ermittlungshandlungen abgestimmten Datum auszufertigen.

Hinsichtlich der zwölf Maßnahmen, bei denen zwischen Antrag und Beschluss mehr als 14 Tage liegen, ist anzumerken, dass sich, anders als bei dem Zeitraum zwischen polizeilicher Anregung und Antrag, dieser Zeitraum nur wenig auffächert: die Spanne reicht hier nur von 16 bis 26 Tagen. Auch hier hängt dies zumeist mit der erwähnten Abstimmung hinsichtlich ermittlungs- oder installationstaktischer Maßnahmen zusammen.

Anhaltspunkte dafür, dass die zentrale Staatsschutzkammerzuständigkeit Anlass für Verzögerungen des Beschlusserlasses war, konnten nach Aktenlage nicht festgestellt werden. Im Zusammenhang mit zeitlicher Überholung ist lediglich ein Fall eines seitens der Staatsanwaltschaft zurückgenommenen Antrages[339] zu erwähnen, nachdem von der Staatsschutzkammer die Beibringung spezifizierender Angaben verlangt worden war. Hier hat die örtliche Komponente allerdings keine Rolle gespielt, da sich beantragende Staatsanwaltschaft und Staatsschutzkammer in derselben Stadt befanden.

Die Thematik des für den Beschlusserlass benötigten Zeitraumes war insbesondere auch Gegenstand der Expertengespräche.

c. Gesamtzeitraum zwischen Anregung und Beschluss

Die Zeiträume zwischen Anregung und Antrag, Antrag und Beschluss sowie der daraus resultierende Gesamtzeitraum zwischen Anregung und Beschluss sind in ihrer prozentualen Verteilung nochmals in *Abbildung 39* wiedergegeben.

---

[339] S.o. B./I./1.6/b.

Abbildung 39: *Übersicht über die Zeiträume zwischen Anregung und Antrag, Antrag und Beschluss sowie Gesamtzeitraum Anregung und Beschluss im Erstanordnungsvorgang – in %*

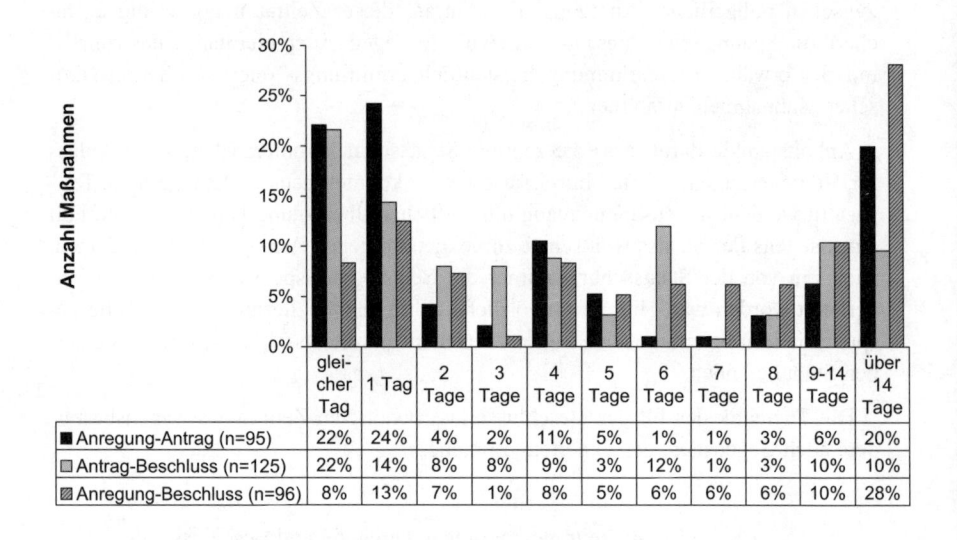

	gleicher Tag	1 Tag	2 Tage	3 Tage	4 Tage	5 Tage	6 Tage	7 Tage	8 Tage	9-14 Tage	über 14 Tage
Anregung-Antrag (n=95)	22%	24%	4%	2%	11%	5%	1%	1%	3%	6%	20%
Antrag-Beschluss (n=125)	22%	14%	8%	8%	9%	3%	12%	1%	3%	10%	10%
Anregung-Beschluss (n=96)	8%	13%	7%	1%	8%	5%	6%	6%	6%	10%	28%

3.2 Verlängerungen

Dieses Bild wandelt sich bei den Verlängerungsanordnungen. Dass hier die Zeiträume nicht so breit gestreut sind, zeigt *Abbildung 40* anschaulich. Die Verlängerungsanregungen, -anträge und -beschlüsse ergehen eher kurzfristig. Dabei ist zu berücksichtigen, dass die Verlängerungsvorgänge vom ihrem Zweck her lediglich auf die zeitliche Ausdehnung einer bereits bestehenden Anordnung gerichtet sind und die grundlegende Frage des „ob" der Anordnung bereits einmal beantwortet wurde. Der Vorgang beschränkt sich dabei regelmäßig auf die Darlegung tatsächlicher Umstände, die eine Verlängerung erforderlich machen, sei es, dass eine Installation im Rahmen des vorhergehenden Anordnungszeitraumes trotz entsprechender Bemühungen immer noch nicht gelungen ist oder die Maßnahme aus anderen Gründen noch keine Ergebnisse erbracht hat.

Die Verlängerungsanregung ergeht durchschnittlich 4,8 Tage, der entsprechende Antrag 3,8 Tage und der Verlängerungsbeschluss der Kammer im Durchschnitt 1,9 Tage vor Ablauf des vorhergehenden Anordnungszeitraumes. Längere Zeiträume (im Maximum bis zu 16 Tage) treten in Einzelfällen dann auf, wenn eine Installation erst relativ spät im Annordnungszeitraum gelang und ab diesem Zeitpunkt quasi ein neuer Fristlauf für die tatsächliche Abhörung angestrebt wird.

Abbildung 40: Übersicht über die Zeiträume zwischen Anregung und Antrag, Antrag und Beschluss sowie Gesamtzeitraum Anregung und Beschluss bei den Verlängerungsvorgängen – in %

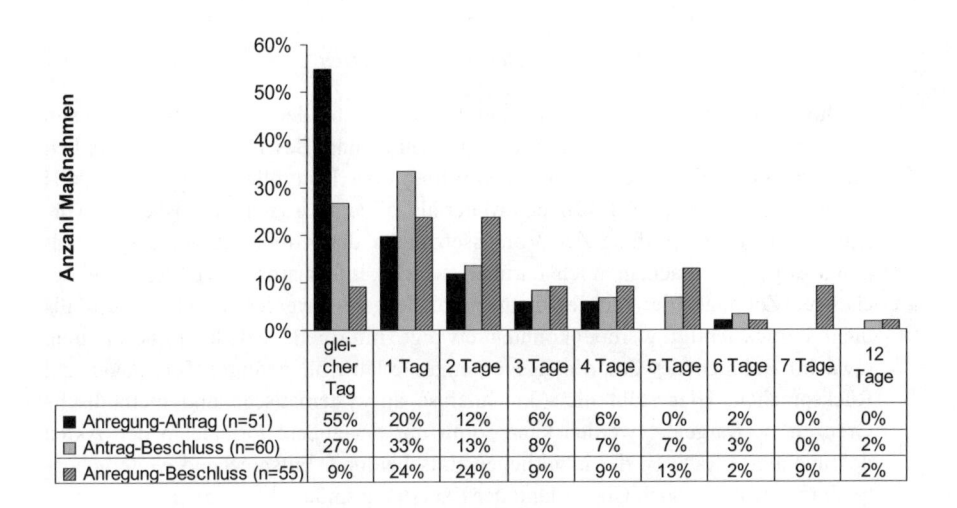

	gleicher Tag	1 Tag	2 Tage	3 Tage	4 Tage	5 Tage	6 Tage	7 Tage	12 Tage
■ Anregung-Antrag (n=51)	55%	20%	12%	6%	6%	0%	2%	0%	0%
□ Antrag-Beschluss (n=60)	27%	33%	13%	8%	7%	7%	3%	0%	2%
▨ Anregung-Beschluss (n=55)	9%	24%	24%	9%	9%	13%	2%	9%	2%

4. Begründungsinhalt und Begründungsumfang

Neben dem zeitlichen Rahmen der Entscheidung zur Anordnung der Wohnraumüberwachung interessiert jedoch ganz maßgeblich, inwiefern die diesbezüglichen inhaltlichen Erwägungen Niederschlag in der Akte finden und die entsprechenden Begründungen dokumentiert sind.

Insbesondere für den Bereich der Telefonüberwachung wird die Erfüllung richterlicher Begründungs- und Dokumentationspflichten kritisiert[340] und berührt Grundfragen des Richtervorbehalts[341]. Zu überprüfen ist damit insbesondere auch, wie sich die Zuständigkeit eines mit drei Richtern besetzten Spruchkörpers auf den Begründungsinhalt und -umfang auswirkt.

---

[340] Vgl. insb. etwa BACKES/GUSY (2003), 44 u.123.
[341] Vgl. ASBROCK, ZRP 1998, 17.

Das Bundesverfassungsgericht hat jüngst die Anforderungen an die richterliche Begründung von Wohnraumüberwachungsmaßnahmen konkretisiert[342]. Zu beachten ist ferner, dass die Begründungsanforderungen auch mit einer Kontrollierbarkeit korrelieren[343].

4.1 Bewertungskriterien

Die Auswertung der den Einsatz der Maßnahme auf den verschiedenen Ebenen begründenden Ausführungen (Anregung, Antrag und Beschluss) konnte freilich nicht im Sinne einer rechtlichen Überprüfung oder Kontrolle erfolgen. Ebenfalls lassen sich anhand des schriftlichen Materials keine Aussagen zur tatsächlich vorgenommenen Überprüfung der Voraussetzungen durch die Akteure des Anordnungsvorganges machen, noch darüber, welche Informationen zu dem entsprechenden Zeitpunkt der Entscheidung zugrunde gelegt werden konnten. Ebenfalls nicht berücksichtigt werden konnten etwaige informelle Erledigungsstrukturen, etwa im Rahmen des Anordnungsvorganges erläuternd geführte Telefonate und Rücksprachen. Hier stößt die Aktenanalyse an systematische und methodische Grenzen[344]. Dargelegt werden kann somit nur der äußere formale in den Akten dokumentierte Rahmen der inhaltlichen Entscheidung. Entsprechend weitergehende Fragen waren jedoch Gegenstand der Expertengespräche[345].

Erfasst wurden die Begründungen zunächst in einer inhaltlich-materiellen Komponente, indem sie durch den Auswerter[346] nach einer gesamtbetrachtenden Wertung alternativ einer der folgend in *Tabelle 14* übersichtlich dargestellten Begründungskategorien zugeordnet wurden (Begründungsinhalt). Maßgebliches Kriterium war hier nicht lediglich die Vollständigkeit der Nennung der Tatbestandsvoraussetzungen des § 100c Abs. 1 Nr. 3 StPO, da auch eine solche formelhaft und ohne niedergelegte Würdigung einzelfallspezifischer Umstände oder unter allgemeinem Verweis auf den Ermittlungszusammenhang erfolgen kann[347]. Gewürdigt wurde vielmehr die Substantiiertheit der jeweiligen Darlegung.

---

[342] BVerfG, 1 BvR 2378/98 Absatz 274 ff.; vgl. jedoch bereits BVerfGE 103, 142 (156 ff.).
[343] KRAUSE (1999), 221, 246; vgl. auch BGH, StV 2003, 2 (3).
[344] S.o. Erster Teil E./I.; vgl. diesbezüglich auch DÖLLING (1984), 272
[345] S.u. II./2.
[346] Dies war in allen Fällen der Autor selbst, so dass jedenfalls eine gewisse Einheitlichkeit der Bewertung und Einbeziehung eines vergleichenden Erfahrungshorizontes gewährleistet ist.
[347] Vgl. zur Vorgehensweise auch ALBRECHT/DORSCH/KRÜPE (2003), 220.

Tabelle 14: *Übersicht über die Kategorien der Begründungen und die Kriterien, die zur Einordnung einer Anordnungsbegründung in die Kategorien herangezogen wurden.*

Begründungskategorie	Kriterien
Formelhaft, ohne Würdigung der Umstände	Etwa wenn nur • Feststellung, dass der Beschuldigte einer Straftat verdächtig sei, ohne dass die verdachtsbegründenden Tatsachen genauer gewürdigt werden • Feststellung, dass die Aufklärung des Sachverhaltes unverhältnismäßig erschwert wäre, ohne dies genauer darzulegen • lediglicher Wiederholung der gesetzlichen Voraussetzungen ohne Mitteilung bisheriger Ermittlungsergebnisse
Verweis auf den Ermittlungszusammenhang	Wenn zwar die Ausführungen selber keine Würdigung des gegenwärtigen Ermittlungsstandes beinhaltet, aber entsprechende Ermittlungsergebnisse/Aktenteile in Bezug genommen werden.
Eigene Würdigung der Umstände	Wenn in den Ausführungen eine über die lediglich Darstellung des bisherigen Ermittlungsergebnisses hinausgehende Stellungnahme zu den Spezifika des Falles erfolgt
Substantiierte explizite Auseinandersetzung mit anderen Ermittlungsmöglichkeiten	Einzelfallbezogene Auseinandersetzung mit der Notwendigkeit des Einsatzes der Maßnahme
Sonstiges	Unter die obigen Kategorien nicht einordbare Sachverhalte (werden gesondert dargestellt)
Beschlussausfertigung	Vorformulierung des Beschlusses durch die Staatsanwaltschaft und lediglich Ausfertigung durch das Gericht (Sonderfall)

Die Übergänge zwischen den dargestellten – bis auf die Sonderfälle „Sonstiges" und „Beschlussausfertigung" (s.u.) in einem Stufenverhältnis stehenden – Kategorien sind freilich zuweilen fließend. Die Kategorie der der „substantiierten Auseinandersetzung" stellt dabei gewissermaßen die Erfüllung eines Maximalstandards hinsichtlich der Nachvollziehbarkeit der Abwägungsentscheidung dar. Eine Einstufung in die Kategorien „eigene Würdigung der Umstände" und „Verweis auf den Ermittlungszusammenhang" indiziert daher nicht notwendig eine Begründungsunzulänglichkeit[348].

Um diese zwangsläufig mit einer wertenden Entscheidung verbundene Kategorisierung um ein formal zu erhebendes Kriterium zu erweitern, wurde auch die Zeilenanzahl der jeweiligen Begründungsausführungen erfasst (Begründungsumfang). Hier ist freilich zu beachten, dass diese keine Aussagen über die inhaltliche Qualität der Begründung impliziert, sondern lediglich Indiz für den Begründungsaufwand sein kann. Diese indizielle Wirkung mag jedoch auch aus der *Tabelle 15*, welche die vorgenommene Begründungskategorisierung mit der jeweils festgestellten durchschnittlichen Zeilenanzahl in Beziehung setzt, hervorgehen.

Tabelle 15: *Durchschnittlich festgestellte Zeilenanzahl der entsprechend kategorisierten Begründungen in polizeilicher Anregung, Antrag und Beschluss*

Begründungskategorie	Durchschnittliche Anzahl Zeilen		
	Polizeiliche Anregung (n=99)	Antrag StA (n=122)	Kammer-Beschluss (n=124)
Formelhaft	10	11	12
Verweis auf Ermittlungszusammenhang	49	22	18
Eigene Würdigung der Umstände	54	21	24
Substantiiert	174	66	56

Gezählt wurden jeweils nur die Zeilen der reinen Begründung (d.h. ohne Rubrum etc., in der Regel der mit „Gründe" entsprechend überschriebene Abschnitt) aus der die inhaltlichen Erwägungen des Maßnahmeneinsatzes hervorgingen[349].

Wie aus *Tabelle 15* hervorgeht, hat der Umfang der Ausführungen innerhalb aller Begründungskategorien im Laufe des Anordnungsverfahrens eine generell abnehmende Tendenz (Ausnahme auf niedrigem Niveau: formelhafte Begründungen).

---

[348] Vgl. auch die bespielhaften Beschlussbegründungen unten unter 4.3.
[349] In Fällen besonders umfänglicher Begründungen wurde die Anzahl auch hochgerechnet, so dass die Werte keine 100%ige Exaktheit für sich in Anspruch nehmen können.

Eine Besonderheit stellen die Fälle dar, in denen ein von der Staatsanwaltschaft vorformulierter Beschluss von der Kammer lediglich ausgefertigt wurde. In diesen Fällen wurde der Kategorisierung des staatsanwaltlichen Antrags die entsprechende Beschlussvorformulierung zugrunde gelegt, während den Kategorien für den richterlichen Beschluss die Begründungskategorie „Beschlussausfertigung" hinzugefügt wurde. Bei der Zeilenanzahl wurden im Rahmen des staatsanwaltlichen Antrags dann sowohl der Umfang des von der Staatsanwaltschaft vorformulierten Beschlusses als auch eventuelle zusätzliche Ausführungen in dem an die Kammer gerichteten Schreiben, welches die „Bitte um Erlass des beigefügten Beschlussentwurfes" begründete, berücksichtigt, während dem ausgefertigten Kammerbeschluss nur dessen tatsächliche Zeilenanzahl zugrunde gelegt wurde.

4.2 Gesamtübersicht

Abbildung 41 gibt eine Übersicht über die Verteilung der Begründungskategorien bei polizeilicher Anregung, staatsanwaltlichem Antrag und Kammerbeschluss. Zu berücksichtigen ist, dass bei den richterlichen Beschlüssen alle Entscheidungsbegründungen, also auch solche von gerichtlich zurückgewiesenen Maßnahmen, enthalten sind.

Abbildung 41: Prozentuale Verteilung der Begründungskategorien bei polizeilicher Anregung (n=99), staatsanwaltlichem Antrag (n=122) und Kammerbeschluss (n=124) im Erstanordnungsvorgang

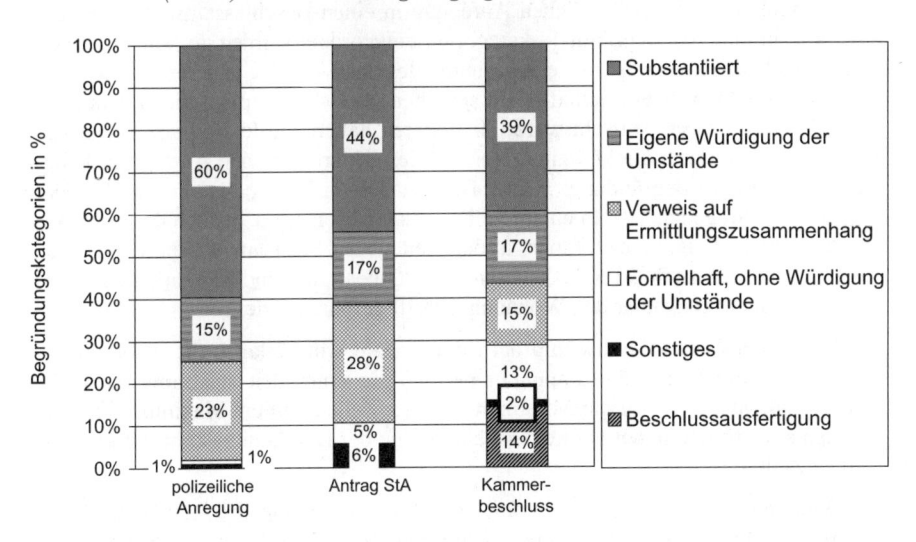

Abbildung 41 zeigt dabei anschaulich, dass nicht nur, wie oben mittels *Tabelle 15* bereits dargelegt, der durchschnittliche Begründungsumfang im Laufe des

Anordnungsverfahrens abnimmt, sondern sich auch der Begründungsinhalt hin zu weniger substantiierten Begründungen verschiebt. Bemerkenswert erscheint auf gerichtlicher Ebene der nicht unerhebliche Anteil an Beschlussausfertigungen. – Wie zu zeigen sein wird, sind für diese Ausprägungen jedoch auch regionale Besonderheiten bzw. ein bestimmter „Kammerusus" von Bedeutung (s.u.).

Im Rahmen der Begründungsumfänge tun sich erhebliche Spannweiten auf (hinsichtlich der durchschnittlichen Zeilenanzahl innerhalb der jeweiligen Begründungskategorie siehe nochmals obige *Tabelle 15*):

Die polizeilichen Anregungen umfassten im Gesamtdurchschnitt 141 Zeilen, die Spannweite reicht von acht bis rund 1600 Zeilen. In der Hälfte der Fälle betrug sie noch 70 Zeilen. Hier ist jedoch zu beachten, dass die Anregung zu einem Wohnraumüberwachungsbeschluss teilweise als Fazit eines längeren Ermittlungsberichtes erfolgte, wie er periodisch immer wieder zu den Akten gegeben wurde. Der unter der Begründungskategorie „Sonstiges" geführte Fall betraf eine persönliche Vorsprache bei der Staatsanwaltschaft zur Erörterung der besonderen Verfahrenskonstellation, dass sich ein Zeuge von sich aus bereiterklärte, von ihm mit dem Tatverdächtigen zu führende Gespräche in seiner Wohnung abzuhören.

Der Gesamtdurchschnitt der Zeilenanzahl der staatsanwaltschaftlichen Antragbegründungen umfasste hingegen nur noch 44 Zeilen, die Spannweite reichte von zwei bis 220 Zeilen. In der Hälfte der Fälle betrug sie noch 36 Zeilen. Die hier unter „Sonstiges" erfassten Fälle betrafen fast ausschließlich die ledigliche Umformulierung der polizeilichen Anregung in einen Beschlussentwurf, ohne dabei klar in eine der Begründungskategorien eingeordnet werden zu können: einerseits ergab sich keinerlei eigene Würdigung des Sachverhalts, andererseits ließ sich auch nicht von einer Formelhaftigkeit sprechen, da sich ja explizit die Begründung der Polizei zu eigen gemacht wurde. In anderen Fällen wurde die polizeiliche Anregung auch einfach direkt weitergereicht (dies erklärt auch den Antrag mit lediglich zweizeiliger Begründung: „Unter Bezugnahme auf den polizeilichen Vermerk vom ... beantrage ich ..."). In einem Fall war unter „Sonstiges" jedoch der mehrfach bereits erwähnte Fall einzuordnen, in dem seitens der Staatsanwaltschaft eigentlich eine Maßnahme nach § 100c Abs. 1 Nr. 2 StPO beantragt und sodann eine längere Auseinandersetzung über den Wohnungsbegriff geführt wurde.

Mit einem Gesamtdurchschnitt der Zeilenanzahl von 37 lagen die Anordnungsbeschlüsse der Staatsschutzkammern geringfügig unter den staatsanwaltschaftlichen Anträgen. Hier war ein Minimum von vier Zeilen und ein Maximum von 153 Zeilen anzutreffen, in der Hälfte der Fälle betrug der Begründungsumfang noch bis zu 27 Zeilen.

Während sich in der Formulierung der Beschlussgründe in vielen Fällen eine starke Anlehnung an die staatsanwaltschaftliche Vorgabe oder auch die Benutzung einer immer wieder verwendeten „Standardformulierung" feststellen ließ, beeindruckten einige Beschlüsse auch durch die ausführliche Abwägung von weder in polizeilicher Anregung noch in staatsanwaltlichem Antrag erwähnten Ermittlungsergebnissen (etwa bestimmten Zeugenaussagen oder TÜ-Gesprächspassagen), deren Kenntnis ein ausführliches Aktenstudium voraussetzten. Gerade hinsichtlich des festgestellten Phänomens der Ausfertigung eines staatsanwaltschaftlichen Beschlussentwurfes müssen auch die mehreren Fälle erwähnt werden, in denen ein solcher dem Antrag beigefügter Beschlussentwurf nicht ausgefertigt, sondern stattdessen ein neu formulierter, sich dezidiert mit den Anordnungsvoraussetzungen auseinandersetzender Anordnungsbeschluss erlassen wurde. Die Beifügung eines Beschlussentwurfes durch die Staatsanwaltschaft lag somit häufiger vor, als sich in obiger *Abbildung 41* im Rahmen der dann auch tatsächlich durch die Kammer ausgefertigten Beschlüsse niederschlägt.

Die Frage, ob sich anhand der festgestellten Begründungsinhalte und -umfänge Auswirkungen der besonderen Landgerichtszuständigkeit in Form einer erhöhten Begründungsintensität feststellen lassen, muß in einigen Fällen somit mit einem klaren Ja, in anderen Fällen mit einem klaren Nein beantwortet werden. Insgesamt freilich ist ein deutlich höherer Anteil ausführlich und substantiiert begründeter Beschlüsse festzustellen als bei der Telefonüberwachung[350], lediglich formelhaft formulierte Anordnungen nehmen einen geringeren Stellenwert ein. Gleichzeitig sei an dieser Stelle auf die noch folgenden Ausführungen und die Expertengespräche verwiesen[351].

4.3 Beispiele für Beschlussbegründungen

Diese gemachten Ausführungen sind (jedenfalls auf Beschlussebene) durch Beispiele zu konkretisieren:

Als ein Beispiel dafür, dass vom Begründungsumfang nicht ohne weiteres auf die tatsächliche Überprüfung geschlossen werden kann, mag gerade die Formulierung einer lediglich vierzeiligen Beschlussbegründung dienen. Hier heißt es:

Zur Begründung des Beschlusses wird auf die von der Staatsanwaltschaft ... in dem Antrag auf obige Anordnung vom ... Bezug genommen. Die Kammer hat diese Begründung anhand der vorgelegten Akte nachvollzogen und für zutreffend und ausreichend für die Anordnung gem. § 100c StPO erachtet.

Als Beispiel für die Begründung eines als formelhaft eingestuften Beschluss mag folgende Formulierung dienen:

Gegen den Beschuldigten besteht der Verdacht einer Straftat nach dem BtMG.

---

[350] Vgl. ALBRECHT/DORSCH/KRÜPE (2003), 232; selbstverständlich sind die Anordnungen bereits in quantitativer Hinsicht nicht zu vergleichen.
[351] Unten II./2.

Nach dem Ermittlungsergebnis ist er im Sinne des § 100c Abs. 1 Nr. 3 StPO verdächtig, eine Straftat gem. § 29a Abs. 1 Nr.2 BtMG begangen zu haben.

Nach dem Ergebnis der bisher durchgeführten Maßnahmen wäre die Erforschung des Sachverhalts auf andere Weise unverhältnismäßig erschwert.

Mit der erteilten Erlaubnis und dem damit verbundenen Vollzug der Norm sind auch jene Maßnahmen erfasst, die typischerweise unerlässlich mit der erlaubten Maßnahme verbunden sind (vgl. BGH NStZ 1998, 157).

Ein als subtantiiert begründet eingestufter Beschluss kann hier in Gänze nicht wörtlich wiedergegeben werden, da er sich detailliert mit dem Einzelfall auseinandersetzt. Ein solcher lautet beispielhaft aber etwa sinngemäß:

Die Ermittlungen begründen den Verdacht, dass der Beschuldigte eine der im § 100c Abs. 1 Nr. 3 Buchstabe c StPO genannten Straftat begangen hat, nämlich eine Straftat nach den §§ 29a Abs. 1 Nr. 2, 30 Abs. 1 Nr. 2 und 4 BtMG. Diese Annahme stützt die Kammer insbesondere auf ... [Es folgt eine ausführliche 27zeilige Würdigung des bisherigen Ermittlungsstandes unter konkreter Bezugnahme auf Aussagen eines Verdeckten Ermittlers, einer weiteren VP, ein kriminaltechnisches Gutachten, der festgestellten Einkommenssituation im Vergleich zum Lebensstil und der Wohnsituation des Beschuldigten und seine strafrechtliche Vorbelastung.]

Nach Überzeugung der Kammer würde die Erforschung des Sachverhaltes, wenn eine Maßnahme nach § 100c Abs. 1 Nr. 3 StPO nicht angeordnet werden würde, unverhältnismäßig erschwert. Der Beschuldigte verhält sich nach dem bisherigen Ermittlungsergebnis und den Angaben des verdeckten Ermittlers und des Informanten äußerst konspirativ, indem er Drogengeschäfte weder am Telefon noch in der Öffentlichkeit, sondern nur ‚unter vier Augen' in seiner Wohnung durchführt. Andere mildere Maßnahmen versprechen deshalb keinen Erfolg, den Beschuldigten der ihm vorgeworfenen Tat zu überführen. Insbesondere wird eine Durchsuchung der Wohnung des Beschuldigten höchstwahrscheinlich keinen Erfolg bringen, da der Beschuldigte (was im übrigen auch der Erfahrung der Kammer entspricht) Betäubungsmittel nicht in seinem Haus bzw. auf diesem Grund in größerem Umfang abbunkert, sondern an unbekannten dritten Orten (dies entspricht auch den Angaben des Informanten). Die angeordnete Maßnahme ist auch verhältnismäßig im engeren Sinne hinsichtlich der Straftat, deren der Beschuldigte verdächtigt wird.

Die Maßnahme erstreckt sich gemäß § 100c Abs. 2 Satz 4 StPO auf die von dem Beschuldigten (allein) genutzte Wohnung.

Die Anordnung der Maßnahme auf das höchstzulässige Maß von 4 Wochen gemäß § 100d Abs. 4 StPO ist nach Überzeugung der Kammer zulässig, da nach der Erfahrung der Kammer Drogenverkäufe in der dem Beschuldigten vorgeworfenen Größenordnung nicht täglich, sondern (unter konspirativen Bedingungen) unregelmäßig in größeren Abständen erfolgen und nur die Anordnung der Maßnahme über 4 Wochen Erfolg verspricht, den Beschuldigten der ihm vorgeworfenen Tat zu überführen.

Die Betretenserlaubnis zum Anbringen und Entfernen der technischen Mittel stützt die Kammer ebenfalls auf § 100c StPO, da es sich um eine Annexkompetenz handelt. Insoweit handelt es sich um eine mit dem Vollzug des § 100c Abs.1 Nr. 3 StPO typischerweise unerlässlich verbundene Vorbereitungsmaßnahme.

Generell ließ sich feststellen, dass auch in ausführlicheren Beschlüssen die Darlegungen zu Tatverdacht und Ermittlungsstand den größeren Stellenwert einnehmen, während Ausführungen zu Subsidiarität und Ultima-ratio-Funktion eher formelmäßig angefügt werden.

4.4 Spezifika (regionaler Usus)

Eine Überprüfung der Fragestellung, ob und wie sich die vorausgegangene Begründung auf die folgende Begründungsinstanz auswirkt, letztlich also die Frage, ob sich die ursprüngliche Begründungsintensität der Polizei bis in die richterlichen Beschlüsse durchzieht[352], ergab keine aussagekräftigen Ergebnisse. Es ließen sich hingegen eher regionale Besonderheiten bzw. ein bestimmter „Kammerusus" feststellen. Hierbei ist freilich zu berücksichtigen, dass die Anzahl der eine Überwachung nach § 100c Abs. 1 Nr. 3 StPO anordnenden Spruchkörper begrenzt ist. Die entsprechenden Ausprägungen mögen daher auch durch eine bestimmte „Rechtskultur" und entsprechende Gepflogenheiten in den jeweiligen Bundesländern bestimmt sein, die sich jedoch nicht in eine einfache Nord-/Süd-Teilung[353] aufspalten lässt.

Im Hinblick auf Ablehnungsquoten und nicht antragsgemäße Entscheidungen lassen sich (auch aufgrund der geringen Fallzahlen) jedoch kaum Besonderheiten feststellen. Sie liegen verstreut bei mehreren Kammern in Einzelfällen vor. Bei zwei Kammern aus dem norddeutschen Raum (mit im Erhebungszeitraum einmal vier und einmal fünf anhängigen Verfahren) liegt die Ablehnungsquote einzelfallbedingt allerdings über 50 %.

Für die folgenden Betrachtungen werden die festgestellten Begründungskategorien und in vier verschiedenen OLG-Bezirken gegenübergestellt. Hierbei ist zu

---

352 So die Feststellungen für den Bereich der Telekommunikationsüberwachung, vgl. ALBRECHT/DORSCH/KRÜPE (2003), 232ff, 244.
353 So allerdings teilweise implizite Äußerungen in den Expertengesprächen.

beachten, dass die ohnehin begrenzte Anzahl der Spruchkörper sich dann nochmals reduziert, wenn man nur Kammern berücksichtigt, in denen Anordnungen nach § 100c Abs. 1 Nr. 3 StPO nicht lediglich Einzelfälle darstellen.

Abbildung 42: *Prozentuale Gegenüberstellung der Begründungen verschiedener Staatsschutzkammern*[354]

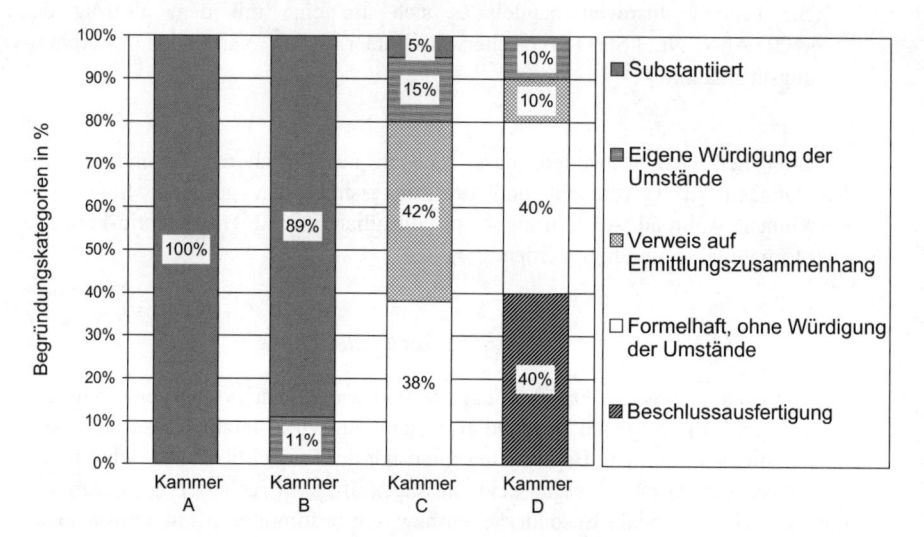

Abbildung 42 stellt den Befund somit anschaulich dar, dass hinsichtlich des Begründungsinhaltes kammerspezifisch teilweise deutliche Unterschiede bestehen (die durchschnittliche Anzahl der Zeilen der Beschlussbegründungen beträgt bei Kammer A 49,5, bei Kammer B 43,1, bei Kammer C 16,3 und bei Kammer D 18,1). Der Usus der Beschlussausfertigung konnte in größerem Umfang nur in einem OLG-Bezirk festgestellt werden (es liegen Einzelfälle in anderen in der Übersicht nicht enthaltenen Bezirken vor).

Von Interesse ist aber jeweils auch der vorangegangene Begründungsaufwand bei Polizei und Staatsanwaltschaft. Dieser ist pro OLG-Bezirk einzeln für die entsprechenden Kammern in den folgenden *Abbildungen 43 bis 46* wiedergegeben.

---

[354] Die jeweilige Grundgesamtheit ‚n' wird hier und in den folgenden *Abbildungen 43 bis 46* aus Anonymisierungsgründen nicht angegeben. Es handelt sich zwar um zwischen den Kammern z.T. stark unterschiedliche Anordnungszahlen, jedoch nur um Kammern, die im Vergleich zu anderen eine gewisse Häufigkeit von Anordnungen aufweisen können.

Anordnungsvorgang, Begründungsaufwand und richterliche Kontrolle 217

Abbildung 43: Prozentuale Verteilung der Begründungskategorien bei polizeilicher Anregung, staatsanwaltlichem Antrag und Kammerbeschluss im Bezirk der Kammer A

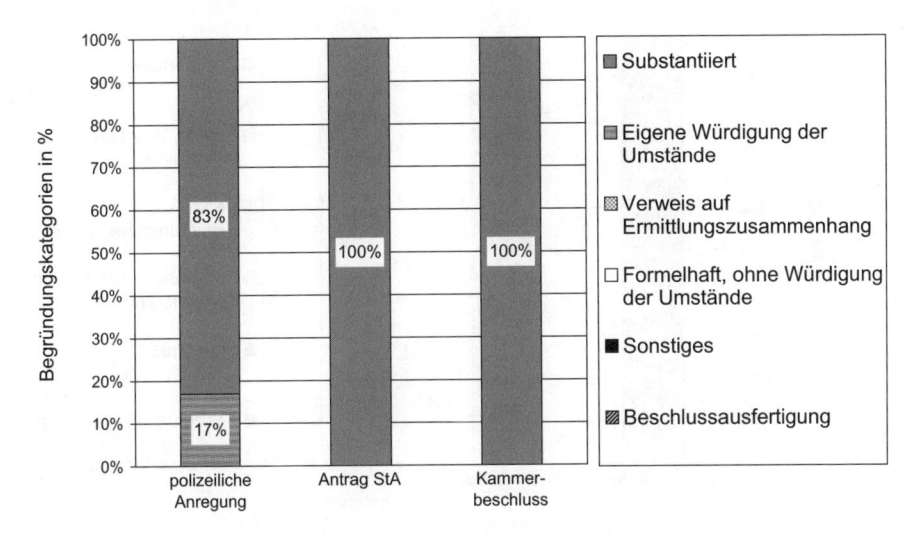

Abbildung 44: Prozentuale Verteilung der Begründungskategorien bei polizeilicher Anregung, staatsanwaltlichem Antrag und Kammerbeschluss im Bezirk der Kammer B

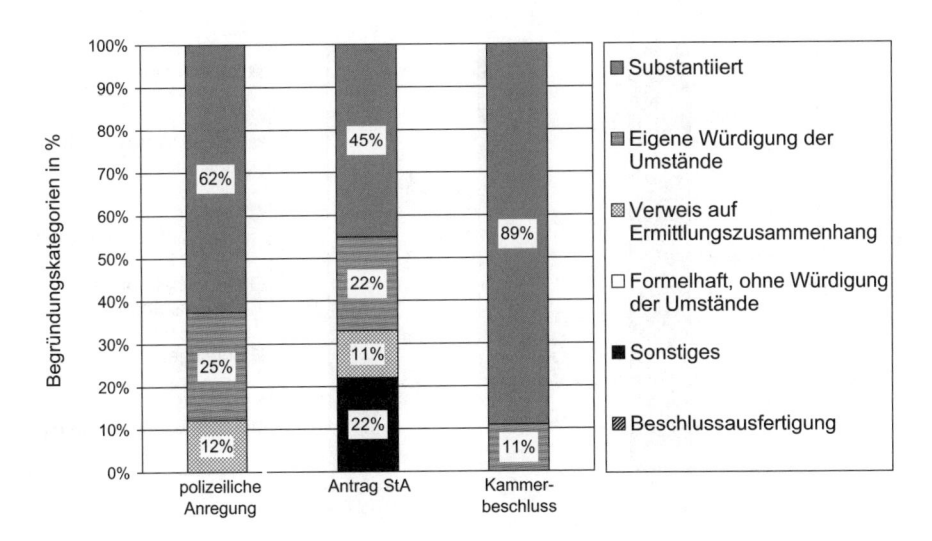

218 Ergebnisse der rechtstatsächlichen Untersuchung

Abbildung 45: Prozentuale Verteilung der Begründungskategorien bei polizeilicher Anregung, staatsanwaltlichem Antrag und Kammerbeschluss im Bezirk der Kammer C

Begründungskategorien in %	polizeiliche Anregung	Antrag StA	Kammerbeschluss
Substantiiert			5%
Eigene Würdigung der Umstände	60%	30%	15%
Verweis auf Ermittlungszusammenhang		20%	42%
Formelhaft, ohne Würdigung der Umstände	25%	42%	38%
Sonstiges			
Beschlussausfertigung	15%	8%	

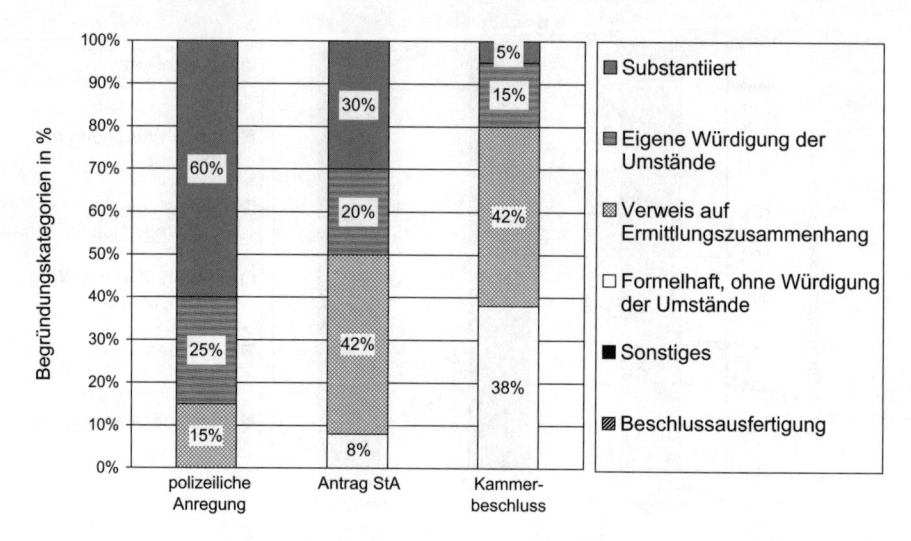

Abbildung 46: Prozentuale Verteilung der Begründungskategorien bei polizeilicher Anregung, staatsanwaltlichem Antrag und Kammerbeschluss im Bezirk der Kammer D

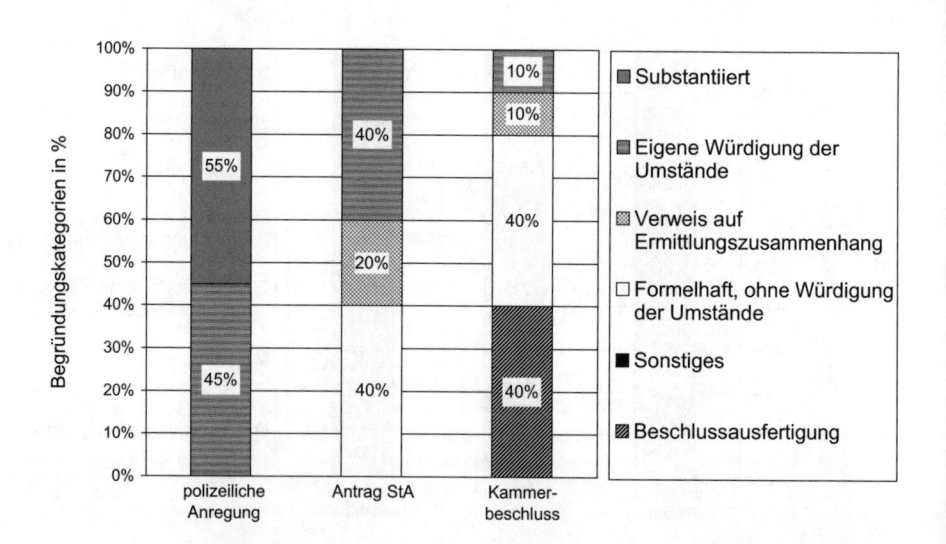

Begründungskategorien in %	polizeiliche Anregung	Antrag StA	Kammerbeschluss
Substantiiert			10%
Eigene Würdigung der Umstände	55%	40%	10%
Verweis auf Ermittlungszusammenhang		20%	40%
Formelhaft, ohne Würdigung der Umstände			
Sonstiges	45%	40%	40%
Beschlussausfertigung			

Während sich aus *Abbildung 43* ergibt, dass den durchweg substantiiert begründeten Kammerbeschlüssen der Kammer A ebenfalls nahezu ausschließlich substantiiert begründete Anregungen und Anträge vorhergehen, zeigt sich in *Abbildung 44*, dass bei dem nahezu gleichen Ergebnis von fast durchweg substantiiert begründeten Kammerbeschlüssen der Kammer B wesentlich heterogenere vorangegangene Begründungsmuster vorliegen. Bei Kammer C in *Abbildung 45* sind relativ heterogene Begründungsmuster auf allen Ebenen zu konstatieren, wobei hier insbesondere der Rückgang von substantiierten Begründungen und spiegelbildlich dazu die Zunahme formelhafter Begründungen ins Auge fällt. Wie sich sodann aus *Abbildung 46* ergibt, bedient sich Kammer D in relativ großem Maße dem Mittel der Beschlussausfertigung (was freilich auch ein entsprechendes Verhalten der Staatsanwaltschaft voraussetzt, auf welches, wie dargelegt, aber nicht notgedrungen eingegangen werden muss[355]) und ansonsten zumeist formelhaft begründeter Antragsbescheidungen. Die regelmäßig substantiierte oder zumindest eine eigene Würdigung der Umstände beinhaltende Begründungsarbeit der Polizei findet somit allenfalls dergestalt Niederschlag, dass sie auf den weiteren Ebenen offenbar zum Teil ohne umfänglichen eigenen Begründungsaufwand rezipiert wird.

Allen Abbildungen gemeinsam läßt sich jedoch wiederum entnehmen, dass auf polizeilicher Ebene eine alles in allem offenbar solide Begründungsarbeit geleistet wird. Inwieweit die Kammer diese aufnimmt und in ihrem Beschluss verarbeitet, divergiert hingegen von Kammer zu Kammer beträchtlich. Eben hieraus leitet sich der Befund des jeweiligen „Usus" ab. Dass hieraus Schlüsse für die tatsächlich vorgenommene Prüfung zunächst nur unter Vorbehalt gezogen werden können, wurde mehrfach dargelegt und war Gegenstand der Expertengespräche[356].

4.5 Begründungen in den Verlängerungsvorgängen

Unter Zugrundelegung der gleichen Begründungskategorien wurden auch die Verlängerungsvorgänge untersucht.

Hier ergibt sich das in *Abbildung 47* wiedergegebene Bild:

---

[355] Wie dargelegt, wurde in einigen Fällen eines beigefügten staatsanwaltschaftlichen Beschlussentwurfes dennoch eine Neuformulierung des Anordnungsbeschlusses festgestellt (s.o. 4.2). Staatsanwaltliche Beschlussentwürfe und z.T. auch entsprechende Ausfertigungen wurden in regional verstreuten Einzelfällen auch bei anderen (in der Gegenüberstellung nicht enthaltenen) Kammern und nicht nur bei Kammer D festgestellt. Auffallend war hier aber die Regelmäßigkeit, was wiederum auf den bestimmten „Usus" schließen lässt. vgl. auch unten II./2.6.
[356] S.u. II./2.

Abbildung 47: Prozentuale Verteilung der Begründungskategorien bei polizeilicher Anregung (n=56), staatsanwaltlichem Antrag (n=61) und Kammerbeschluss (n=63) in den Verlängerungsvorgängen

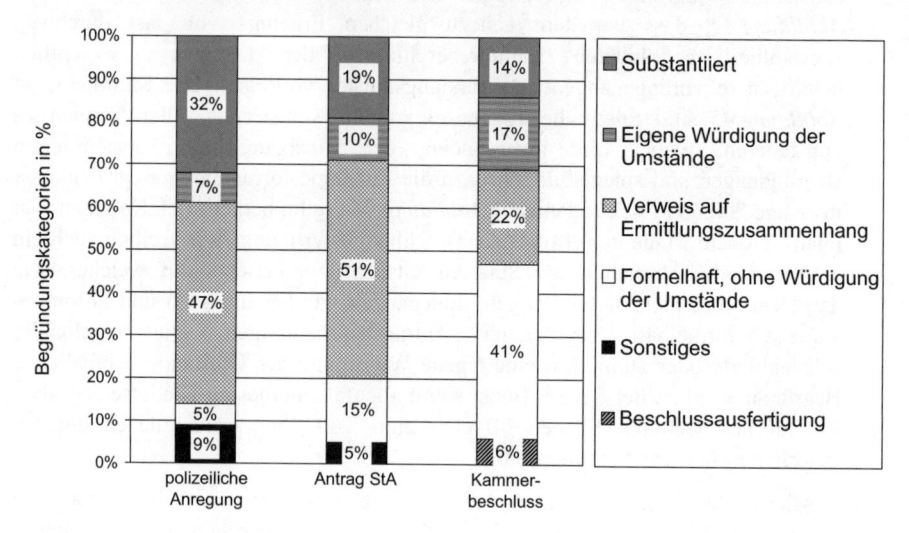

Es zeigt sich generell eine gegenüber den Erstanordnungsvorgängen deutliche Abnahme substantiierter Begründungen auf allen Ebenen sowie eine spiegelbildliche Zunahme von Verweisen auf den Ermittlungszusammenhang. Auf richterlicher Ebene wird sich oftmals auf eine formelhafte Feststellung des „Fortbestehens der Anordnungsvoraussetzungen" beschränkt.

Die durchschnittliche Zeilenanzahl umfasst bei den polizeilichen Verlängerungsanregungen 47 (Minimum 3, Maximum 340, Median 20) Zeilen, bei den staatsanwaltschaftlichen Verlängerungsanträgen 15 (Minimum 2, Maximum 111, Median 10) Zeilen und bei den Verlängerungsbeschlüssen ebenfalls 15 (Minimum 2, Maximum 58, Median 13) Zeilen.

II. Expertengespräche

1. Anordnungsinitiative

Bereits im Rahmen der Durchführungsfragen wurde dargelegt, dass die Umsetzung einer Wohnraumüberwachungsmaßnahme regelmäßig einen längeren zeitlichen Vorlauf benötigt. Der sich bereits aus der Aktenanalyse nahelegende Befund, dass der schriftlichen polizeilichen Anregung entsprechende Erörterungen zwischen Polizei und Staatsanwaltschaft vorausgehen, bestätigte sich auf ganzer Linie. Die Zusammenarbeit zwischen Polizei und Staatsanwaltschaft wurde von beiden Seiten als gut, unproblematisch und regelmäßig sehr eng beschrieben.

Hier mag sich allerdings auch die Situation der vorliegend regelmäßig in OK-Abteilungen bearbeiteten BtM-Verfahren von zumindest einem Teil der Mord-/Totschlagsverfahren unterscheiden, die bei der Staatsanwaltschaft in regulären Buchstabenabteilungen mit durchschnittlich höherer Personalfluktuation bearbeitet werden. Letzteres wurde polizeilicherseits jedenfalls zuweilen beklagt. Gerade im OK-Bereich wurde aber betont, dass dort ohnehin eine sehr enge Zusammenarbeit üblich sei und ein oftmals über Jahre gewachsenes Vertrauensverhältnis bestehe.

Im Rahmen der größeren BtM- und OK-Verfahren setze man sich regelmäßig zusammen und erstelle eine entsprechende Ermittlungskonzeption, welche in periodischen (teilweise täglichen) Besprechungen erweitert werde. Auf dem Hintergrund der jeweiligen Ermittlungssituation werde ab einem bestimmten Zeitpunkt dann gemeinsam auch die Möglichkeit einer akustischen Wohnraumüberwachung „angedacht". In diesem Sinne lasse sich also nicht von einer polizeilichen Anordnungsinitiative sprechen, wobei aber natürlich die Abklärung der Durchführungsmöglichkeiten bei der Polizei liege.

Anders wurde dies zuweilen in Konstellationen beschrieben, in denen die Ermittlungen schwerpunktmäßig durch die Polizei geführt werden und die Rückkoppelung an die Staatsanwaltschaft hauptsächlich durch die Mitteilung entsprechender Ermittlungsberichte erfolgt. Hier sei dann auch möglich, dass die Polizei von sich aus mit der Idee einer Wohnraumüberwachung bei der Staatsanwaltschaft vorstellig werde. Insgesamt sei die Staatsanwaltschaft aber immer „nah dran".

Während polizeiliche Sachbearbeitung und Staatsanwaltschaft also regelmäßig eng zusammenarbeiten, wurde von Koordinierungsschwierigkeiten eher innerpolizeilich zwischen Sachbearbeitung und Technik berichtet. So wurde von den Technikern erläutert, dass sie zuweilen viel zu spät eingebunden worden wären und kurzfristig die zufriedenstellende Umsetzung der Maßnahme dann nicht möglich gewesen sei.

Bei den staatsanwaltlichen Anträgen war bereits in der Aktenanalyse oft eine Vorlage an den Behördenleiter festgestellt worden. Die Expertengespräche ergaben hier eine uneinheitliche Vorgehensweise: während bei einigen Staatsanwaltschaften in der internen Geschäftsverteilung eine Vorlagepflicht an den Behördenleiter oder den Leiter der OK-Abteilung bestand, war bei anderen Staatsanwaltschaften eine Zentralisierung nicht vorgesehen. Von allen Staatsanwälten wurde jedoch angegeben, dass man eine solche Maßnahme nicht ohne Rücksprache (je nach Größe der Behörde) zumindest mit dem Abteilungsleiter beantrage.

2. Antragsbearbeitung der Staatsschutzkammer

Angesichts der in der Aktenanalyse festgestellten Befunde zu Begründungsinhalt und Umfang der Kammerbeschlüsse wurden die Staatsschutzkammervorsitzenden zu der Prüfungsintensität bei der Antragbearbeitung und der hierbei von ihnen in Anspruch genommenen Zeit und den sie leitenden Erwägungen befragt.

Hierbei ist zu berücksichtigen, dass die erwähnte These des „Kammerusus" natürlich neben der „regionalen Rechtskultur" und den Gepflogenheiten auch stark von der Person des Vorsitzenden bestimmt sein dürfte. Während sich über die Jahre des Erhebungszeitraumes, wie anhand der Unterzeichnungen der Beschlüsse nachzuvollziehen war, bei den Kammerbeisitzern durchaus mehrere Wechsel ergaben, bildete der Vorsitzende den konstanten Faktor und die Person mit dem entsprechenden Erfahrungswissen[357].

2.2 Stellenwert der Wohnraumüberwachung in der Tätigkeit

Alle Kammervorsitzenden berichteten, dass die Beschäftigung mit Fragen der Wohnraumüberwachung nur einen sehr kleinen Stellenwert in ihrer Gesamttätigkeit einnehme. Entsprechende Anträge seien einfach sehr selten. Wenn aber ein solcher Antrag vorliege, mache er allerdings sehr viel Arbeit und nehme alle Kräfte der Kammer in Anspruch. Zwei Kammervorsitzende erklärten allerdings, dass sich auch dann die Arbeit ihres Erachtens in Grenzen hielte, da zumeist bereits eine sehr gute Vorarbeit durch Polizei und Staatsanwaltschaft geleistet sei.

2.3 Die zur Beschlussfassung vorgelegten Unterlagen

Einige Staatsschutzkammervorsitzende gaben an, zur Beschlussfassung grundsätzlich die gesamte Akte zur Verfügung haben zu wollen und diese auch entsprechend durchzuarbeiten. Andere Kammervorsitzende erklärten allerdings, dass zum Teil ein Sonderheft „mit den maßgeblichen Unterlagen" vorgelegt werde („ähnlich der Haftbeschwerde"). Rückfragen bei der Polizei – entweder telefonisch oder direkt bei den oftmals die entsprechenden Unterlagen überbringenden sachbearbeitenden Polizeibeamten – schilderten fast alle Kammervorsitzenden als durchaus die Regel.

---

[357] Zu der gesetzgeberischen Erwägung, die Erkenntnisse und Erfahrungen zu bündeln und eine gleichmäßige Rechtshandhabung zu gewährleisten, siehe BT-Drs. 13/9661, S. 6; bei der Staatsschutzkammer dürfte es sich nochmals um besonders erfahrene Richterpersönlichkeiten handeln (wie auch gleich drei Pensionierungen im Zeitraum der laufenden Studie illustrieren). Die meisten der Gesprächspartner hatten einen Kammervorsitz seit rund zehn Jahren inne, in mehreren Fällen handelte es sich um die Vizepräsidenten des Landgerichtes.

2.4 Für die Beschlussfassung in Anspruch genommene Zeit

Unterschiedliche Erledigungsstrukturen spiegeln sich auch in der für die Beschlussfassung in Anspruch genommenen Zeit wieder (wobei auch diese letztlich natürlich einzelfallabhängig ist). Alle Staatsschutzkammervorsitzenden betonten jedoch, die Zeit zu haben, die sie bräuchten (Entsprechend ein Kammervorsitzender: „Der Vorteil am Landgericht ist natürlich: wir haben schon mehr Zeit als der Ermittlungsrichter"). Während ein Kammervorsitzender angab, in unter zwei bis drei Tagen sei ein Beschluss bei ihm nicht zu haben, wurde zumeist ein Zeitraum zwischen einer Stunde und einem halben Tag genannt. Dies gebiete sich gerade in den Fällen, in denen durch die überbringenden Polizeibeamten eine längere Anfahrt erforderlich sei – dann müsse man „halt mal alles stehen und liegen lassen". Ein Kammervorsitzender sagte, dass ein Beschluss grundsätzlich in maximal einer Stunde fertig sei, da aufgrund der guten Vorarbeit dem Antrag inhaltlich nichts hinzuzufügen sei.

Auch im Hinblick auf die Kammerberatungen sind offenbar Unterschiede zu vermerken. Hier reichten die Angaben einiger Vorsitzender von einem kurzen Ins-Benehmen-Setzen mit den Beisitzern bis hin zu von mehreren Kammervorsitzenden erwähnten ausgiebigen und durchaus auch kontroversen Diskussionen. Während dabei ein Kammervorsitzender mitteilte, letztlich immer zu einstimmigen Ergebnissen zu kommen, führte ein weiterer aus: „Ohne hier in das Beratungsgeheimnis eingreifen zu wollen: hier gibt es doch durchaus kontroverse Diskussionen, auch wenn diese im Beschluss nicht ihren Niederschlag finden. Aber man kann davon ausgehen, dass es in vielen Fällen auch Gegenargumente der Kammermitglieder und eine entsprechend harte Diskussion gegeben hat."

Hinsichtlich einer Notdienstproblematik im Zusammenhang mit der Eilkompetenz gaben jedoch alle Vorsitzenden an, dass zwar Vorkehrungen für eine außerdienstliche Erreichbarkeit getroffen seien, diese angesichts der regelmäßig aber ohnehin langen Vorlaufzeit so gut wie keine Rolle spiele.

2.5 Die für die Beschlussfassung maßgeblichen Erwägungen

Während einige Kammervorsitzende eher von einer „Plausibilitäts-" oder „Schlüssigkeitsprüfung" der vorgelegten Anträge sprachen, betonten andere, dass sie auf die Erörterung bestimmter Fragen besonderen Wert legten, wobei hier die Gewichtung unterschiedlich verteilt wurde. Ein Kammervorsitzender erläuterte beispielsweise: „Das entscheidende Kriterium ist der durch bestimmte Tatsachen belegte Verdacht. Diese ‚bestimmten Tatsachen' prüfe ich ganz genau. Der Tatverdacht ist dann in Relation zur Eingriffstiefe zu setzen." Ein anderer Vorsitzender führte hingegen aus: „Die Subsidiarität ist der Dreh- und Angelpunkt, der über die Anwendbarkeit der Maßnahme entscheidet, denn ansonsten liegen die Voraussetzungen meist unproblematisch vor. Der Antrag steht und fällt mit der Subsidiaritätsbegründung, hierzu erwarte ich Ausführungen. Dem wurden Anträge bisher oftmals nicht gerecht, so dass Nachfragen bei der StA unvermeidlich waren. Zum Teil wurde nachgebessert, zum Teil wurden auch Anträge wieder zurückgenommen." Ein dritter Kammervorsitzender erläuterte, dass die umfassende Verhältnismäßigkeitsabwägung den Kern der Anordnungsentscheidung darstelle.

Der OK-Bezug spielte für die Beschlussfassung bei allen Staatsschutzkammervorsitzenden allenfalls als Hintergrundinformation eine Rolle. Dieser sei keine Tatbestandsvoraussetzung.

Mit den Durchführungsfragen betreffenden Begleitmaßnahmen beschäftigten sich die Kammern hingegen eher nicht. Es wurde betont, dass Aufgabe der Kammer die Schaffung einer Rechtsgrundlage, die Durchführung hingegen Sache der Polizei sei. Ein Kammervorsitzender: „Ich möchte hierüber auch gar nicht zu viel wissen, denn für die rechtmäßige Durchführung bin ich nicht verantwortlich."

Alle Vorsitzenden erklärten, dass so etwas wie eine „Routinisierung" nicht eintrete, jeder Antrag stelle einen Einzelfall dar.

2.6 Zur Beschlussbegründung

Zu der Ausführlichkeit der Beschlussbegründung wurden – wie sich auf dem Hintergrund der aus der Aktenanalyse gewonnenen Erkenntnisse bereits vermuten lässt – unterschiedliche Auffassungen vertreten. Ein Kammervorsitzender, der bereits ausgeführt hatte, dass der Beschlussfassung eine intensive Kammerberatung vorausgehe, auch wenn sich diese nicht im Beschluss niederschlage, erläuterte, dass die Beschlussformulierung deswegen knapp gehalten sei, weil die Antragswiederholung keinen Sinn mache. Eine ausführliche Begründung sei allerdings in einem etwaigen Beschwerdeverfahren erforderlich: „Dem Betroffenen gegenüber müssen wir unsere Entscheidung dann rechtfertigen". Speziell zu der Frage der Ausfertigung von durch die Staatsanwaltschaft formulierten Beschlüssen erklärte ein Vorsitzender, dass dies allgemein so üblich sei, während ein anderer eine solche Vorgehensweise weit von sich wies. Wiederum ein anderer Vorsitzender erklärte, dass man sich zwangsläufig an der staatsanwaltlichen Vorlage orientiere. Ob man diese nochmals umformuliere oder gleich übernehme, mache doch keinen Unterschied. Ein Kammervorsitzender führte aus, dass man aufgrund der Laufbahndurchlässigkeit in seinem Bundesland die „Nöte der anderen Seite" ja kenne und einzuordnen wisse.

Zu dieser Problematik sei auch noch die mehrfache Äußerung einiger Staatsanwälte wiedergegeben, welche erklärten, dass es ja kein Geheimnis sei, dass man einen Beschluss eher bekäme, wenn man ihn vorformuliere.

3. Fragen richterlicher Kontrolle

3.1 Ergebnisunterrichtung

Durchweg bemängelt wurde von fast allen Staatsschutzkammervorsitzenden, dass außer in Einzelfällen keine Erkenntnisse über das Ergebnis oder den Erfolg einer Maßnahme vorlägen. Die nach spätestens vier Wochen erforderlichen Verlängerungsanträge seien die einzige Möglichkeit, die Maßnahme begleitend zu kontrollieren. Mitteilungen nach § 100d Abs. 4 i.V.m. § 100b Abs. 4 Satz 2 StPO würden regelmäßig nicht gemacht. In Fällen, in denen es besonders interessiere, greife man zuweilen selber zum Telefon, einen formalisierten Ablauf gebe es hier nicht. Leider gelte hier oftmals das Prinzip „aus den Augen aus dem Sinn". Es wurde insofern von vielen Kammervorsitzenden für sehr wünschenswert gehalten, regelmäßig mehr über den Verlauf und das inhaltliche Ergebnis der Maßnahme zu erfahren. Nur so könne man ja auch Erfahrungen für zukünftige Entscheidungen sammeln.

Ein Kammervorsitzender führte hierzu allerdings aus: „Eine begleitende Kontrolle durch das Gericht findet nicht statt, und das ist auch richtig so. Das Gericht schafft eine Rechtsgrundlage, die Ermittlungen führt die Exekutive, die die Beweise für die Hauptverhandlung sammeln muss." Erteilt würde somit nur eine „Genehmigung zur Aufgabenwahrnehmung", die Ermittlungstätigkeit und richterliche Tätigkeit zu trennen.

3.2 Möglichkeiten stärkerer Einbindung

Auf dem Hintergrund der rechtspolitischen Diskussion um eine Verstärkung der richterlichen Kontrolle äußerten die meisten Kammervorsitzenden, dass sie sich dies gut vorstellen könnten bzw. entsprechende Aufgaben gerne wahrnehmen würden. Allerdings sei dies dann auch in der Geschäftsverteilung zu berücksichtigen, was bislang oftmals nicht der Fall sei: ein Wohnraumüberwachungsantrag müsse derzeit ohne Kompensation zusätzlich zu der regulären Kammertätigkeit bearbeitet werden.

Hinsichtlich der Aufbewahrung etwa des Beweisbandes bei Gericht wurde darauf verwiesen, dass hierzu regelmäßig die faktischen Voraussetzungen gar nicht gegeben seien.

Insgesamt wurde betont, dass eine stärkere richterliche Kontrolle auch entsprechende Rahmenbedingungen erfordere.

3.3 Beurteilung der Staatsschutzkammerzuständigkeit

Hinsichtlich der besonderen Staatsschutzkammerzuständigkeit gab es zwar verschiedene Stimmen, sie wurde aber überwiegend positiv beurteilt.

Die meisten Polizeibeamten, vor allem diejenigen, welche aufgrund ihrer Aufgabe der technischen Umsetzung regelmäßig mit dem Ermittlungsinstrument umgehen, begrüßten die Zuständigkeit der Staatsschutzkammer ausdrücklich. Zum einen habe man die Erfahrung gemacht, dass dort auch wirklich kritisch geprüft und nachgefragt werde, so dass in diesem sensiblen Bereich eine angemessene Kontrolle für die polizeiliche Arbeit gewährleistet sei. Zum anderen werde diese Zuständigkeit aber auch ihrer Bündelungsfunktion gerecht und sorge für entsprechende Rechtssicherheit, welche beim Ermittlungsrichter nicht immer gegeben sei. Ebenfalls positiv hervorgehoben wurde die Tatsache, dass es sich regelmäßig um sehr erfahrene Vorsitzende handele. Etwa durch längere Anfahrtswege begründete Effektivitätsprobleme seien nicht wirklich gegeben und der erhöhte Aufwand der Eingriffsintensität geschuldet, wobei dieser in Anbetracht des ohnehin für die Durchführung der Maßnahme erforderlichen Aufwandes auch nicht ins Gewicht falle.

Andere Stimmen vor allem auf sachbearbeitender Ebene bezeichneten die besondere Zuständigkeit als „Augenwischerei" für die Öffentlichkeit, die die Arbeit nur unnötig verkompliziere.

Bei der Staatsanwaltschaft überwogen teilweise die Stimmen, die sich für eine Ansiedlung der Anordnungskompetenz beim Ermittlungsrichter oder zumindest dem jeweils vor Ort befindlichen Landgericht aussprachen. Angeführt wurden hierzu unnötig aufwändigere Arbeitsabläufe, die in Einzelfällen doch „deutlich spürbar" sein könnten. Auch die Staatsanwälte gaben durchweg an, dass ihrer Erfahrung nach die Staatsschutzkammer „schon sehr genau" prüfe und keinesfalls einen Antrag „einfach absege". In zeitlicher Hinsicht sei jedoch nichts zu bemängeln, auch das Landgericht arbeite sehr zügig. Die Erwägung, den Antrag beim höherinstanzlichen Landgericht stellen zu müssen, stelle dabei jedoch keine „höhere Hürde" dar.

Durch die Staatsschutzkammervorsitzenden selber wurde die Zuständigkeit des Landgerichtes zum größten Teil positiv beurteilt und gegen die Zuständigkeit der Staatsschutzkammer im Besonderen sei nichts einzuwenden. Es liege in der Natur der Sache, dass eine Kammer andere Prüfungsmöglichkeiten als ein Einzelrichter habe. Der Vorteil des Landgerichtes etwa gegenüber dem Oberlandesgericht sei dabei, dass gleichzeitig noch ein Praxisbezug vorliege. Die Erfahrung zeige überdies, „auch wenn dies keiner wahr haben" wolle (so ein Staatsschutzkammervorsitzender), dass die Anträge beim Landgericht besser begründet seien.

Die besondere Staatsschutzkammererfahrung prädestiniere allerdings nicht in besonderer Weise, da sich die Anträge in aller Regel auf Mord-/Totschlags- und BtM-Verfahren bezögen. Ein Staatsschutzkammervorsitzender führte hierzu aus: „Unter dem Aspekt der Zuständigkeitskonzentration kann ich das Prinzip der besonderen Strafkammer schon verstehen, aber es hätte genauso gut die Wirtschaftsstrafkammer sein können."

In einem Fall äußerte sich ein Staatsschutzkammervorsitzender allerdings dahingehend, dass er es für völlig überzogen halte, die Maßnahme in dieser Form beim Landgericht aufzuhängen. Er würde sich dies eher für Haftbefehle wünschen, denn da würden oft „mit drei Zeilen Existenzen vernichtet", bei der Wohnraumüberwachung handele es sich dagegen um einen vergleichsweise geringen Eingriff, der überdies oftmals völlig folgenlos bleibe. Das Grundproblem sei nicht durch eine möglichst hohe Instanz, sondern nur durch die wirkliche Gewährleistung richterlicher Unabhängigkeit zu lösen.

IV. Zusammenfassung

Eine Analyse des Anordnungsvorganges zeigt, dass in den Verfahren mit Wohnraumüberwachungsmaßnahmen zumeist eine enge Zusammenarbeit zwischen Polizei und Staatsanwaltschaft vorliegt. Hinsichtlich der Zuständigkeit der Staatsschutzkammer lassen sich keine Verzögerungen im Anordnungsvorgang feststellen.

Bezüglich des Begründungsinhaltes lässt sich zunächst sagen, dass die intensivste Begründungsarbeit durch die Polizei geleistet wird und die Begründungsintensität hin zu den Beschlüssen abnimmt, wobei hier das Phänomen der Beschlussausfertigung gesondert zu berücksichtigen war. Bemerkenswert erscheint, dass ein Zusammenhang zwischen der Begründungsintensität der Beschlüsse und den polizeilichen und staatsanwaltschaftlichen Vorbegründungen nicht festzustellen war[358],

---

[358] Anders als bei der Telefonüberwachung, vgl. hier ALBRECHT/DORSCH/KRÜPE (2003), 266; vgl. auch BACKES/GUSY (2003), 37 ff.

sondern vielmehr wohl von einem bestimmten „Usus" abhängig ist, welcher maßgeblich durch regionale Gepflogenheiten und die Person des Vorsitzenden geprägt sein dürfte. Hier waren einerseits äußerst detaillierte und die Abwägung umfänglich dokumentierende, andererseits aber auch sich im Wesentlichen auf die Anordnungsformel beschränkende Beschlüsse festzustellen. Aus den Expertengesprächen mit den Staatsschutzkammervorsitzenden ergab sich allerdings, dass aus der schriftlichen Begründungsintensität kein direkter Rückschluss auf tatsächliche Überprüfungsintensität zu ziehen war[359]. Jedoch wurden auch hier unterschiedliche Erledigungsstrukturen offensichtlich.

Insgesamt ist aus der Staatsschutzkammerzuständigkeit eine – in den Expertengesprächen insbesondere auch von Polizeiseite bestätigte – positive Bilanz zu ziehen. Die Prüfungsintensität wird in den Expertengesprächen überwiegend als intensiv bezeichnet. Die Rahmenbedingungen seien mit den Erledigungsstrukturen des regulären Ermittlungsrichters nicht zu vergleichen. Die zentrale Staatsschutzkammerzuständigkeit dürfte insbesondere auch auf dem Hintergrund der geringen Fallzahlen dem vom Gesetzgeber beabsichtigten Bündelungseffekt gerecht werden.

Durch die Staatsschutzkammervorsitzenden selbst wurde mehrmals ein mangelnder Erkenntnisrücklauf beklagt. Eine mögliche Intensivierung einer richterlichen Einbindung wurde überwiegend positiv beurteilt, wobei dann allerdings auch entsprechende Rahmenbedingungen zu schaffen seien. Dagegen könne allerdings eine grundsätzliche Trennung richterlicher und ermittlungsführender Tätigkeit sprechen.

---

[359] So allerdings BIZER, KrimJ 2003, 280 (286): „was nicht dokumentiert ist, hat auch nicht stattgefunden". In diesem Zusammenhang sei hier nochmals auf die methodischen Implikationen einer Strafverfahrensaktenanalyse verwiesen (s.o. Erster Teil E./I.). Eine andere, wertend zu beantwortende Frage mag dann sein, ob einem verfassungsrechtlich oder bereits durch § 34 StPO gebotenem Dokumentationserfordernis ausreichend Genüge getan wurde.

F. Betroffene der Maßnahme

An den Status des „Beteiligten" der Wohnraumüberwachung knüpft sich eine Reihe von evaluierungsbedürftigen Folgefragen.

Zum einen wird in § 101 StPO die Benachrichtigung der Beteiligten einer getroffenen Maßnahme binnen sechs Monaten vorgeschrieben, soweit nicht einer der dort aufgezählten Ausnahmetatbestände eingreift und durch die Staatsschutzkammer oder nach Klageerhebung das in der Sache zuständige Gericht festgestellt wird. Die Benachrichtigung ist ein Erfordernis des effektiven Grundrechtsschutzes und das Tor zum Rechtsschutz[360].

Auch der Beteiligte, der nicht Beschuldigter, sondern in den Fällen des § 100c Abs. 2 Satz 5 StPO Wohnungsinhaber ist, ist bezüglich der Herbeiführung einer nachträglichen Rechtmäßigkeitskontrolle nach § 100d Abs. 6 StPO aktivlegitimiert[361]. Ferner ist das Bestehen von Zeugnisverweigerungsrechten von Interesse.

Zum anderen stellt sich rechtstatsächlich die Frage nach dem Umfang des faktisch von einer Maßnahme in seinen Grundrechten aus Art. 13 GG tangierten Personenkreises.

Da hier eine im Hinblick auf Art. 13 GG materielle Betrachtungsweise zugrunde gelegt werden soll, der Qualifizierung als „Beteiligter" i.S. der §§ 101 und 100e StPO aber offensichtlich normative Erwägungen vorausgehen[362], wird vorliegend der Begriff „Betroffener" benutzt. Auf die diesbezügliche bereits erörterte Definitionsproblematik[363] wird hier nochmals ausdrücklich verwiesen. Die Betroffenen sind folglich gesondert von dem weiteren Kreis der im Verfahren insgesamt geführten Beschuldigten zu betrachten[364].

Innerhalb der Betroffenen sind „beschuldigte Betroffene" (d.h. Personen, welche gleichzeitig Beschuldigte des Verfahrens sind und gegen die sich die Maßnahme richtet) und „nicht beschuldigte Betroffene" (d.h. mit einem Beschuldigten des Verfahrens gemeinsam in einer Wohnung lebende Personen) zu unterscheiden.

---

[360] BVerfGE 100, 313 (361 ff.); BVerfGE 65, 1 (70); vgl. auch HIRSCH (2000), XIX f.
[361] Daraus kann nach BVerfG 1 BvR 2278/98 Abs. 319 ff. im Umkehrschluss allerdings nicht hergeleitet werden, dass andere Betroffene von der Möglichkeit nachträglichen Rechtsschutzes ausgeschlossen bleiben sollen.
[362] KARLSRUHER KOMMENTAR-NACK, § 101 Rn 3; vgl. auch Anlage 4 zur BT-Drs. 14/8155 (S. 32).
[363] A./IV./1.
[364] Vgl. hierzu auch unten G./1.1.

I. Aktenanalyse

1. Erhebungsunsicherheiten

Auf die Schwierigkeiten, den Kreis der Betroffenen genau zu umreißen und zu erfassen, wurde bereits hingewiesen[365]. Grundlage ihrer vorliegenden Erhebung waren zumeist die Überwachungsprotokolle bzw. entsprechende Auswertungsvermerke oder sich aus den Akten inzident ermöglichende Rückschlüsse über die Wohnverhältnisse des Beschuldigten. Im Rahmen des Anordnungsvorgangs beschränken sich die Ausführungen meistens auf die Personen, mit denen tatrelevante Gespräche erwartet werden. Zwar ist möglich, dass es sich dabei um die einzigen Betroffenen handelt. Entsprechende Feststellungen waren in der Regel in Mord-/Totschlagsverfahren eher zu treffen (etwa wenn explizit Gespräche mit dem jeweiligen Lebenspartner oder Familienmitgliedern erwartet werden), wo zumeist im Rahmen der intensiven vorangegangenen auch offenen Ermittlungsmaßnahmen (insbesondere etwa vielen extensiven Zeugenvernehmungen) schon relativ viel über die Verhältnisse des oder der Beschuldigten bekannt und in den Akten niedergelegt ist. Anders stellt sich dies vor allem bei den BtM-Verfahren dar, wo oftmals bis zum Zeitpunkt des Einsatzes der Wohnraumüberwachung nur verdeckte Erkenntnisse vorliegen und jedenfalls die sozialen Verhältnisse des Beschuldigten nur insoweit Gegenstand der Ermittlungen sind, als sie einen Tatbezug aufweisen. Auch wenn ein solcher Tatbezug hinsichtlich der mit dem Hauptbeschuldigten zusammenlebenden Personen vorliegen mag, so sind diesbezügliche Feststellungen mit den gleichen Unsicherheiten belastet wie bei den Beschuldigten selber (wenn etwa zwei Angehörige einer ausländischen Großfamilie im Verdacht stehen, mit Drogen Handel zu treiben, und sich dabei verzweigter familiärer Strukturen bedienen, lässt sich aus den Akten nicht unbedingt feststellen, wie viele Personen tatsächlich in der betreffenden Wohnung leben).

In mehreren Fällen wurde im Rahmen der Auswertung der Maßnahme darauf hingewiesen, dass in der Wohnung neben dem Beschuldigten „weitere Personen" aufhältig gewesen seien, die jedoch nicht identifiziert werden konnten. Hier war vorliegend dann weder eine Bezifferung noch eine Einordnung als Betroffene oder Drittbetroffene möglich. Die Problematik sei durch den Auswertungsvermerk einer Maßnahme im Zusammenhang mit einer kriminell agierenden Organisation exemplarisch illustriert, dort heißt es: „Insgesamt hielten sich im Überwachungszeitraum 41 mit Namen angesprochene Personen in der Wohung auf, von denen vier weiblich waren. Wie viele Personen sich während der Maßnahme tatsächlich in der Wohnung befanden, kann nicht eingeschätzt werden. Bis auf wenige Ausnahmen, bei denen die eingesetzten Dolmetscher die Stimmen von ihnen bekannten Personen wiedererkennen konnten, sind die tatsächlichen Personalien der meisten Perso-

---

[365] S.o. A./IV. und B./I./2.3.

nen derzeit nicht bekannt." Zwar schildert der Vermerk die Identifizierungsproblematik, darüber hinaus stellt sich allerdings nach wie vor das Problem, wie viele Personen hier nun als „materielle Wohnungsinhaber" und somit Betroffene i.S. der Definition anzusehen sind.

Neben den Personen, gegen die sich der Überwachungsbeschluss als Beschuldigte richtete („beschuldigte Betroffene"), wurden als Betroffene daher nur alle diejenigen aufgrund verschiedenster Umstände in den Akten feststellbaren Personen aufgenommen, hinsichtlich derer einigermaßen sichergestellt werden konnte, dass diese die betreffende Örtlichkeit materiell als *ihre* Wohnung in Anspruch nehmen. Andere nicht klar identifizierte in der Wohnung aufhältige Personen wurden als Drittbetroffene erfasst. Angesichts der Unsicherheiten in der Erhebung kann sich hieraus freilich kein Anspruch auf Vollständigkeit ergeben. Die Angaben sind insoweit als Mindestangaben zu verstehen.

Hinzu kommt das Problem aufgrund von zwei in einem Verfahren durchgeführten Maßnahmen doppelt Betroffenen, was in vorliegendem Kapitel für Zwecke der Darstellung zum Teil wechselnde und schwierig zu handhabende Grundgesamtheiten mit sich bringt.

2. Festgestellte Daten zu Art und Anzahl der Betroffenen

Wie im Kapitel Grundgesamtheiten bereits erwähnt, konnten insgesamt 307 Betroffene[366] festgestellt werden, von denen 210 (68 %) zugleich Beschuldigte des jeweiligen Verfahrens waren (beschuldigte Betroffene). 97 Personen (32 %) wurden somit in ihrer Eigenschaft als nicht beschuldigte Betroffene Personen überwacht. 13 Personen (neun beschuldigte und vier nicht beschuldigte Betroffene) waren dabei von mehreren Maßnahmen innerhalb eines Verfahrens betroffen. Dies war etwa dann der Fall, wenn zwei Maßnahmen bezüglich des gleichen Objektes hintereinander beantragt wurden, weil die erste Maßnahme fehlgeschlagen ist. In anderen Fällen nutzte der entsprechende Beschuldigte mehrere Wohnraumobjekte, die gleichzeitig überwacht wurden.

2.1 Betroffene pro Maßnahme

Pro Maßnahme wurden anhand der oben dargelegten Definition insgesamt durchschnittlich 2,4 Betroffene festgestellt. Die genauere Verteilung ergibt sich aus *Abbildung 48*. Bei zehn Maßnahmen konnten aufgrund beschränkter Akteneinsicht keine entsprechenden Feststellungen getroffen werden (bei einer Maßnahme war nicht klar, ob und inwieweit sie in der Wohnung des Beschuldigten stattfand).

---

[366] Ab einem Alter von 14 Jahren, s.o.A./IV./2. und dort Fußnote 180.

Abbildung 48: *Anzahl der festgestellten Betroffenen pro Maßnahme insgesamt – absolut (n=320[367])*

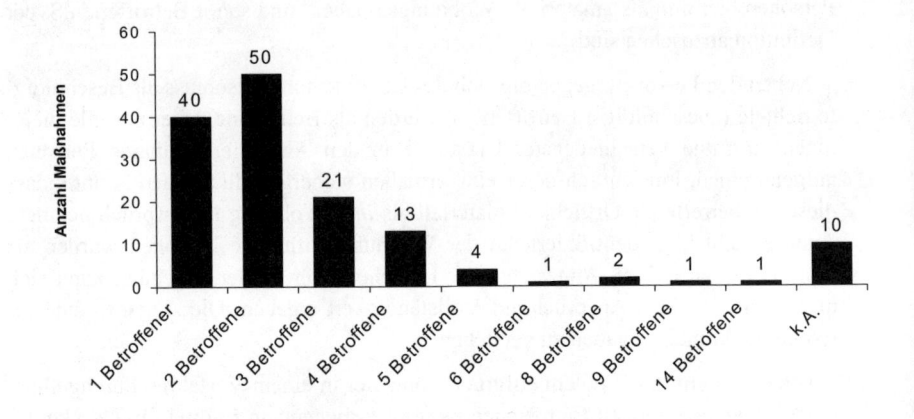

Zu unterscheiden sind jedoch wie dargelegt beschuldigte Betroffene und nicht beschuldigte Betroffene.

Während von den beschuldigten Betroffenen, die somit die Zielpersonen der Maßnahme waren, durchschnittlich 1,7 pro Maßnahme festgestellt werden konnten[368], beliefen sich die aktenkundigen nicht beschuldigten Betroffenen auf durchschnittlich nur 0,7 pro Maßnahme, was sicherlich auch auf die erläuterte Erhebungsproblematik zurückzuführen ist.

In der folgenden *Abbildung 49* wird hinsichtlich der in obiger *Abbildung 48* dargestellten Verteilung nach beschuldigten Betroffenen und nicht beschuldigten Betroffenen unterschieden, was den Befund unterstreicht. *Tabelle 16* gibt entsprechende prozentuale Verteilungen wieder.

---

[367] Hierin sind auch die für Zwecke der Darstellung doppelt gezählten 13 Personen enthalten, die Betroffene von zwei Maßnahmen innerhalb eines Verfahrens sind.

[368] Dies sind deutlich weniger als Beschuldigte pro Verfahren festgestellt wurden (dort nämlich 4,4). Es zeigt sich somit nochmals, dass längst nicht alle Beschuldigten eines Verfahrens auch als Betroffene der Maßnahme zu qualifizieren waren. Vgl. auch oben A./III. und dort *Abbildung 20*.

Betroffene der Maßnahme 233

Abbildung 49: *Anzahl der festgestellten Betroffenen pro Maßnahme unterschieden in beschuldigte Betroffene und nicht beschuldigte Betroffene – absolut (n=320[369])*

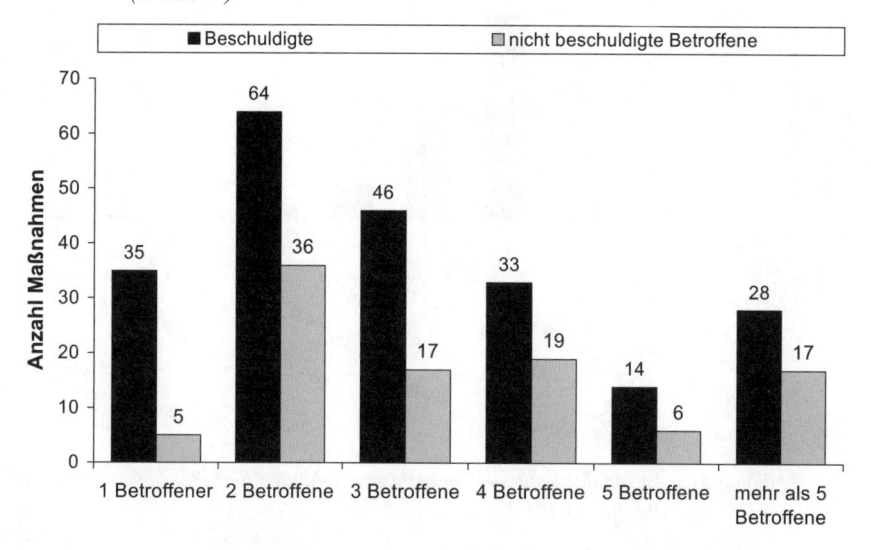

Tabelle 16: *Prozentuale Verteilung der beschuldigten Betroffenen und nicht beschuldigten Betroffenen pro Maßnahme (n=320[370])*

Maßnahme mit ...	Betroffene insgesamt	davon Beschuldigte		davon nicht beschuldigte Betroffene	
1 Betroffenem	40	35	88%	5	12%
2 Betroffenen	100	64	64%	36	36%
3 Betroffenen	63	46	73%	17	27%
4 Betroffenen	52	33	63%	19	37%
5 Betroffenen	20	14	70%	6	30%
mehr als 5 Betroffenen	45	28	62%	17	38%

---

[369] Hierin sind auch die für Zwecke der Darstellung doppelt gezählten 13 Personen enthalten, die Betroffene von zwei Maßnahmen innerhalb eines Verfahrens sind.

[370] Hierin sind auch die für Zwecke der Darstellung doppelt gezählten 13 Personen enthalten, die Betroffene von zwei Maßnahmen innerhalb eines Verfahrens sind.

234 Ergebnisse der rechtstatsächlichen Untersuchung

Abbildung 50: Anzahl der festgestellten beschuldigten Betroffenen pro Maßnahme – absolut (n=219[371])

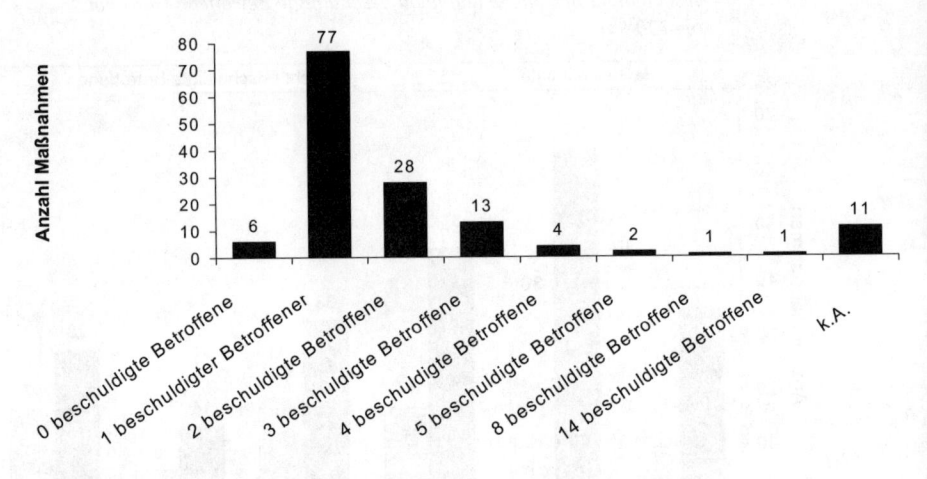

Anzahl beschuldigte Betroffene	Anzahl Maßnahmen
0 beschuldigte Betroffene	6
1 beschuldigter Betroffener	77
2 beschuldigte Betroffene	28
3 beschuldigte Betroffene	13
4 beschuldigte Betroffene	4
5 beschuldigte Betroffene	2
8 beschuldigte Betroffene	1
14 beschuldigte Betroffene	1
k.A.	11

Abbildung 51: Anzahl der festgestellten nicht beschuldigten Betroffenen pro Maßnahme – absolut (n=101[372])

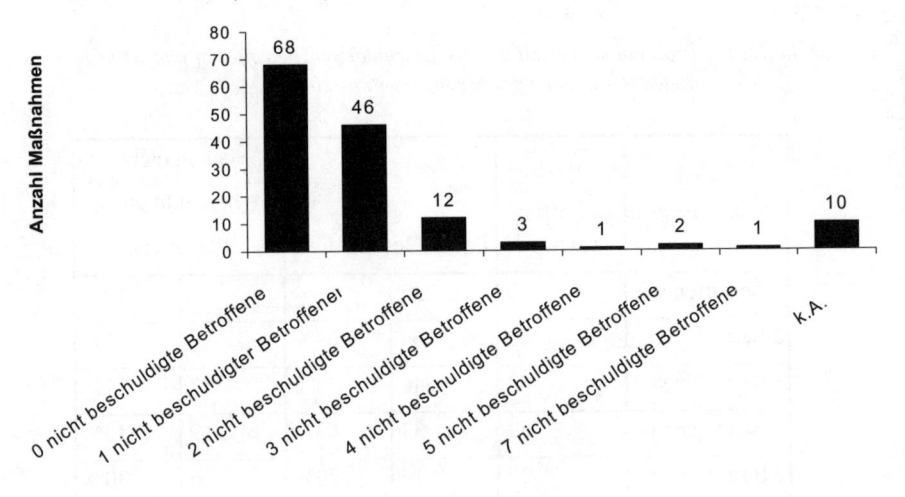

Anzahl nicht beschuldigte Betroffene	Anzahl Maßnahmen
0 nicht beschuldigte Betroffene	68
1 nicht beschuldigter Betroffener	46
2 nicht beschuldigte Betroffene	12
3 nicht beschuldigte Betroffene	3
4 nicht beschuldigte Betroffene	1
5 nicht beschuldigte Betroffene	2
7 nicht beschuldigte Betroffene	1
k.A.	10

---

[371] Enthalten sind neun doppelt betroffene beschuldigte Betroffene.
[372] Enthalten sind vier doppelt betroffene nicht beschuldigte Betroffene.

Beschränkt man die Betrachtung einmal nur auf die beschuldigten Betroffenen und dann nur auf die nicht beschuldigten Betroffenen, so ergibt sich das in *Abbildungen 50 und 51* wiedergegebene Bild.

Hierzu ist erläuternd auszuführen: Bei sechs Maßnahmen konnten keine beschuldigten Betroffenen festgestellt werden. Es handelte sich um die zwei erwähnten Maßnahmen zu Fahndungszwecken sowie um die in einem Raubfall vorliegende Konstellation, dass die zum Zeitpunkt der Anordnung der Maßnahme unbekannten Beschuldigten eine Rückkehr in die Wohnung des Opfers ankündigten, was jedoch nicht eintrat (die Beschuldigten konnten hier erst später aufgrund anderer Umstände ermittelt werden). Ebenfalls fallen hierunter die Fälle, in denen pro Verfahren mehrere Maßnahmen gleichzeitig durchgeführt wurden und der Beschuldigte Wohnungsinhaber einer anderen ebenfalls überwachten Wohnung war, gleichzeitig aber Anhaltspunkte dafür bestanden, dass der Beschuldigte tatrelevante Gespräche auch in den Wohnungen anderer Betroffener führen würde, in denen er regelmäßig lediglich als Nichtwohnungsinhaber verkehrte.

Festzuhalten ist des weiteren der Befund, dass bei 77 Maßnahmen unter den Betroffenen nur ein beschuldigter Betroffener feststellbar war.

Bemerkenswert ist gleichzeitig, dass in 68 Maßnahmen keine nicht beschuldigten Betroffenen festgestellt werden konnten. Hier waren nur ein oder mehrere Beschuldigte als Wohnungsinhaber aktenkundig. Fälle mit mehr als zwei festgestellten nicht beschuldigten Betroffenen bewegen sich im Einzelfallbereich.

Zu betrachten bleibt die Verteilung der Betroffenen pro Maßnahme im Hinblick auf die der jeweiligen Anordnung zugrunde liegende Katalogtat.

Während die meisten der Maßnahmen mit der Katalogtat Mord/Totschlag zwei Betroffene und somit die typische Konstellation des Beschuldigten (beschuldigten Betroffenen) und einer Person (nicht beschuldigter Betroffener), gegenüber der sich tatbezogene Gespräche erwarten lassen (oftmals der Lebenspartner), aufwiesen, konnte bei den meisten der Maßnahmen mit Katalogtaten nach dem BtMG nur ein Betroffener festgestellt werden. Dabei ist jedoch zu beachten, dass es sich hier zu einem großen Teil um letztlich nicht durchgeführte oder inhaltlich fehlgeschlagene Maßnahmen handelte, so dass letztlich nur der beschuldigte Betroffene als Person, gegen den sich die Maßnahme richtete, festgestellt werden konnte. Hinzu kommen Fälle, in denen es um die Dokumentation eines Scheingeschäftes mit einer Vertrauensperson oder einem Verdeckten Ermittler ging, an dem als Gegenüber nur der beschuldigte Betroffene beteiligt war. Zum anderen schlagen hier wiederum die erwähnten Erhebungsunsicherheiten zu Buche, die keine genaue Bezifferung ermöglichten.

Die auf der vorliegenden Datenbasis festgestellte Verteilung ist in *Tabelle 17* wiedergegeben.

Tabelle 17: Verteilung der Betroffenen pro Maßnahme über die Katalogtatengruppen
– absolut und im Durchschnitt aufgegliedert

		Anzahl der Maßnahmen mit den entsprechenden Katalogtaten					Gesamt 373
		Mord/ Totschlag	Raub, Erpress. etc.	BtMG	Geldwäsche	Bestech.	§§ 129, 129a StGB	
Betroffene pro Maßnahme	1		13	1	19		7	40
	2		35	1	11	1	1	1	50
	3		7	1	12		1		21
	4		9	2	2				13
	5			1	3				4
	6				1				1
	8				1	1			2
	9		1						1
	14			1					1
Gesamt		65	7	49	2	9	1	133
ø Besch.		1,4	3,7	1,7	5,0	1,1	k.A.	1,7
ø nicht Besch.		0,9	1,0	0,6	0	0,2	k.A.	0,7
ø Betr. insg.		2,2	4,7	2,3	5,0	1,3	k.A.	2,4

Eine besondere Problematik stellte sich in Fällen, in denen eine stark frequentierte Räumlichkeit (etwa Clubräume) überwacht wurde. Hier konnten dann als Betroffene ebenfalls oftmals lediglich die als „Wohnungsinhaber" auftretenden Personen, gegen die sich der Beschluss richtete, aufgenommen werden (zumeist eben lediglich die beschuldigten Betroffenen). Exemplarisch deutlich wird dies in dem Verfahren mit der sich auf §§ 129/129a StGB stützenden Anordnung. In diesem Verfahren wurden zeitweilig 44 Beschuldigte geführt, von denen sicherlich einige auch die entsprechende Örtlichkeit frequentierten. Mangels entsprechender Dokumentation in der Akte und aufgrund der Tatsache, dass die Maßnahme letzt-

---

[373] Bei zehn Maßnahmen konnten aufgrund beschränkter Akteneinsicht keine entsprechenden Feststellungen getroffen werden.

lich keine Erkenntnisse erbrachte, konnten als Betroffene hier aber nur die Beschuldigten aufgenommen werden, gegen die sich der Beschluss richtete und im Fokus der Maßnahme standen.

Insgesamt ist also nochmals auf die dargelegten Erhebungsunsicherheiten zu verweisen.

2.2 Beschuldigte des Verfahrens (beschuldigte Betroffene)

Insgesamt 210 Betroffene waren gleichzeitig Beschuldigte des Verfahrens (beschuldigte Betroffene).

136 beschuldigte Betroffene, gegen die sich der jeweilige Überwachungsbeschluss richtete, waren dabei Inhaber der betreffenden Wohnung, in einem Fall war ein beschuldigter Betroffener auch ein in der Wohnung lebender Beschuldigter, der in dem Beschluss jedoch nicht genannt war. 60 beschuldigte Betroffene waren in einem Beschluss genannt, der Wohnungen betraf, deren Inhaber sie nicht waren: Entweder zielte hier die Überwachung auf die Wohnung eines anderen Mitbeschuldigten, in der sie ebenfalls verkehrten, oder die Maßnahme gegen sie wurde in der Wohnung eines Anderen i.S. des § 100c Abs. 2 Satz 5 StPO ausgeführt. Gesondert zu erwähnen sind weitere 14 beschuldigte Betroffene eines Verfahrens, die als Arbeitnehmer in der mit Einverständnis des Arbeitgebers überwachten Räumlichkeit verkehrten und im Verdacht standen, dort gegen den Arbeitgeber gerichtete Diebstahlshandlungen zu begehen (Bandendiebstahl mit einer Schadenshöhe von ca. 1,5 Mio DM).

2.3 Nicht beschuldigte Betroffene

Die insgesamt 97 in den vorliegenden Verfahren nicht als Beschuldigte geführten Betroffenen waren in den meisten Fällen Angehörige des Haushaltes des jeweiligen beschuldigten Betroffenen (insg. 56 Personen und zusätzlich 14 hier nicht weiter berücksichtigte Kinder unter 14 Jahren) oder Wohnungsinhaber einer Wohnung, in der die Maßnahme nach § 100c Abs. 2 Satz 5 StPO „in der Wohnung eines Anderen" durchgeführt wurde (23 Personen). 15 Personen standen mit dem Verfahrensgegenstand zwar offenbar im Zusammenhang, ohne allerdings formal in dem Verfahren, in dem die Wohnraumüberwachung angeordnet wurde, als Beschuldigte erfasst zu sein (hauptsächlich in BtM-Verfahren, teilweise als „gesondert verfolgt" vermerkt) und mussten daher ebenfalls als nicht beschuldigte Betroffene aufgenommen werden. In drei Fällen konnten aufgrund fehlender Akteneinsicht keine genaueren Informationen über die Betroffeneneigenschaft erlangt werden.

2.4 Das Verhältnis nichtbeschuldigter Betroffener zu den beschuldigten Betroffenen

Als das Verhältnis zwischen den nicht beschuldigten Betroffenen und den beschuldigten Betroffenen lassen sich in nennenswertem Umfang v.a. lebenspartnerschaftliche (rund 14 %) und weitere verwandtschaftliche Beziehungen isolieren (7 %). In Einzelfällen konnten noch Bekanntschaftsverhältnisse oder etwa Szene-/Milieubeziehungen festgestellt werden, oder – insb. in Fällen der mit dem Wohnungsinhaber einverständlich durchgeführten Überwachung – die Betroffenen waren eine VP oder das Opfer der Beschuldigten[374].

Insgesamt konnten allerdings nur in rund 40 % der Fälle überhaupt positive Feststellungen zum Verhältnis zwischen beschuldigten Betroffenen und nicht beschuldigten Betroffenen aus den Akten entnommen werden. In diesem Zusammenhang ist erneut auf den Befund zu verweisen, dass in den Strafverfahrensakten der Fokus regelmäßig allein auf den Beschuldigten und deren tatrelevante Beziehungen gerichtet ist. In diesem Sinne unbeteiligte Personen, die dennoch Betroffene oder Mitbetroffene der Maßnahme sein können, finden daher in der Akte kaum Niederschlag.

Bezieht man auch das Verhältnis der beschuldigten Betroffenen untereinander in die Betrachtung ein, so kommt neben den Verwandtschafts- bzw. Lebenspartnerschaftsverhältnissen noch die Milieubekanntschaft als weiterer Schwerpunkt hinzu.

2.5 Betroffene nicht angeordneter Maßnahmen

Mit erfasst wurden auch die „potentiell" Betroffenen von Maßnahmen, die dann allerdings gerichtlich abgelehnt wurden. Diesen Personen könnte man ihre materielle Betroffeneneigenschaft absprechen, da in Bezug auf sie gar kein tatsächlicher Grundrechtseingriff erfolgte. Sie wurden vorliegend aber dennoch als „potentielle" Betroffene aufgenommen, da auch sie zumindest Ziel einer entsprechend seitens der Strafverfolgungsbehörden beabsichtigten Maßnahme waren und ebenfalls von Interesse ist, wieviele potentielle Betroffene in Verfahren zu verzeichnen waren, in denen die Staatsschutzkammer eine Überwachungsanordnung ablehnte.

Diese Feststellungen unterliegen neben den dargestellten generellen Erhebungsschwierigkeiten der Betroffenen allerdings noch zusätzlich den an anderer Stelle dargelegten Restriktionen im Hinblick auf eine Ex-ante-Sicht auf die Maßnahme[375]. Überwachungsprotokolle standen aufgrund der Nichtdurchführung naturgemäß nicht zur Verfügung. Im Rahmen der hier angewandten Betroffenendefiniti-

---

374 Vgl. oben B./I./1.5./b.
375 Vgl. oben B./I./2.3.

on waren somit vor allem die Beschuldigten der entsprechenden Verfahren und die potentiellen Gesprächspartner der Gespräche aufzunehmen, auf die die Überwachung abzielte. Insgesamt wurden hier 32 Personen festgestellt (durchschnittlich 1,9 pro Maßnahme); bei drei der insgesamt 20 Maßnahmen waren allerdings keinerlei Feststellungen möglich. In den vier weiteren Fällen, in denen eine Maßnahme wegen der Nichtbeantragung bzw. Rücknahme des Antrags seitens der Staatsanwaltschaft nicht angeordnet wird, wurden einmal eine und einmal vier Personen als potentielle Betroffene festgestellt, bei zwei Maßnahmen waren keine Feststellungen möglich. Es zeigt sich jedoch insgesamt, dass die Erfassung in einigen Fällen nicht angeordneter Maßnahmen sehr fragmentarisch ausfällt: so ergaben sich etwa in dem Bestechlichkeitsverfahren, in dem die Staatsanwaltschaft die Überwachung von sieben Privatwohnungen beantragte, bis auf die Beschuldigten keinerlei Hinweise auf die dort sonst wohnhaften Personen. In diesem Fall mag die Ablehnung des Beschlusses durch die Staatsschutzkammer und den Beschwerdesenat des OLG auch auf eine diesbezügliche Unverhältnismäßigkeit zurückzuführen sein. Gleichzeitig lassen sich in den anderen Fällen gegenüber den Fällen mit positiver Überwachungsanordnung keine Besonderheiten in Bezug auf die Betroffenenanzahl feststellen.

2.6 Betroffene durchgeführter und nicht durchgeführter Maßnahmen

Ein durch eine akustische Wohnraumüberwachung tatsächlicher Eingriff in Art. 13 GG setzt deren tatsächliche Durchführung voraus[376]. Wie dargelegt, wurden 27 zwar angeordnete Maßnahmen letztlich nicht durchgeführt.

Bei 83 der 91 tatsächlich durchgeführten Maßnahmen konnten insgesamt 227 Betroffene (bei Berücksichtigung der doppelt betroffenen Personen durchschnittlich 2,7 pro Maßnahme, davon 1,9 beschuldigte Betroffene und 0,8 nicht beschuldigte Betroffene) festgestellt werden, während 43 Betroffene (durchschnittlich 1,6 pro Maßnahme, jeweils 0,8 beschuldigte Betroffene und nicht beschuldigte Betroffene) auf angeordnete, aber nicht durchgeführte Maßnahmen entfallen. Freilich stellen sich bei diesen gleiche Erhebungsprobleme wie bei Betroffenen von gerichtlich abgelehnten Maßnahmen.

Analog zur obigen *Abbildung 48* für die Betroffenen aller Maßnahmen ist nachfolgend mit *Abbildung 52* die Verteilung der Betroffenen lediglich auch tatsächlich durchgeführter Maßnahmen wiedergegeben.

---

[376] § 101 StPO spricht von „getroffenen Maßnahmen".

240　　　　　Ergebnisse der rechtstatsächlichen Untersuchung

Abbildung 52: Anzahl der festgestellten Betroffenen pro tatsächlich durchgeführter Maßnahme – absolut (n=235[377])

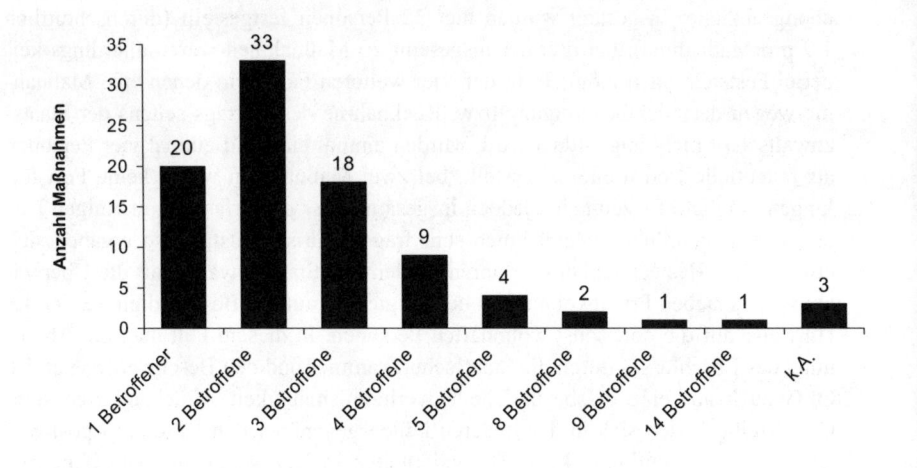

2.7 Betroffene bei Maßnahmen in Wohnungen Anderer (§ 100c Abs. 2 Satz 5 StPO)

Als Betroffene von Maßnahmen in Wohnungen Anderer i.S. von § 100c Abs. 2 Satz 5 StPO konnten insgesamt 66 Personen festgestellt werden (durchschnittlich 2,9 pro Maßnahme, 1,6 beschuldigte Betroffene und 1,3 nicht beschuldigte Betroffene).

2.8 Betroffene bei Maßnahmen zu Fahndungszwecken

Beide Verfahren mit den Maßnahmen zu Fahndungszwecken standen nur eingeschränkt zur Einsicht zur Verfügung. In einem der Fälle wurde durch die Staatsanwaltschaft mitgeteilt, dass es sich bei dem abzuhörenden Objekt um das Reihenhaus des im Rahmen der Zielfahndung ausgeschriebenen Beschuldigten handelte, in dem seine Ehefrau, deren Mutter und seine beiden minderjährigen Kinder lebten und mit diesem unter konspirativen Umständen Kontakt hielten. Im anderen Fall wurden keine genauen Mitteilungen gemacht, außer dass auch die Benachrichti-

---

[377] Enthalten sind acht doppelt Betroffene.

gung der Betroffenen aus Gefährdungsgründen mit Zustimmung der Staatsschutzkammer zurückgestellt sei.

2.9 Betroffene bei Maßnahmen mit Einverständnis des Wohnungsinhabers

Hinsichtlich der Maßnahmen mit Einverständnis der Betroffenen ist anzumerken, dass das Einverständnis regelmäßig bei einem nicht beschuldigten Betroffenen vorliegt, in dessen Räumlichkeiten ein nicht über die Maßnahme informierter Beschuldigter verkehrt. In dieser Eigenschaft konnten 13 Personen festgestellt werden.

Auch bei diesen Maßnahmen ergeben sich in Hinblick auf die Betroffenenzahlen pro Maßnahme bis auf den bereits erwähnten Fall der 14 Beschuldigten, die wegen bandenmäßiger Diebstahlshandlungen in den Räumen des Arbeitgebers abgehört wurden, keine Besonderheiten. In der Regel handelt es sich um ein bis zwei mit der Maßnahme einverstandene Betroffene als Wohnungsinhaber und einen Beschuldigten. Der genannte Fall mit 14 beschuldigten Betroffenen schlägt sich jedoch freilich auf die durchschnittliche Beschuldigtenzahl der insgesamt elf Maßnahmen deutlich nieder: es wurden insgesamt 37 Betroffene festgestellt (durchschnittlich 3,7 pro Verfahren, davon 2,4 beschuldigte Betroffene und 1,3 nicht beschuldigte Betroffene).

3. Mögliches Tatwissen der Betroffenen

Bei 81 % der aktenkundigen Betroffenen bestanden Anhaltspunkte dafür, dass diese etwas über die verfolgten Straftaten eines beschuldigten Betroffenen wissen könnten. Diese hohe Quote erklärt sich zunächst daraus, dass die meisten der festgestellten Betroffenen selbst Beschuldigte bzw. Mitbeschuldigte des jeweiligen Verfahrens (und somit beschuldigte Betroffene) waren. Jedoch auch bei 63 % der nicht beschuldigten Betroffenen lagen entsprechende Anhaltspunkte vor.

Bei den Mord-/Totschlagsfällen bestand diese Möglichkeit jeweils aufgrund der Vermutung, dass die Personen, mit denen der beschuldigte Betroffene zusammenlebte, ebenfalls einen Bezug zum Tatgeschehen hatten. Zu nennen sind etwa Tötungen mit familiärem Hintergrund oder dem Hintergrund einer zwischenmenschlichen Affäre. Oftmals standen diese nicht beschuldigten Betroffenen ebenfalls in einem bestimmten Bekanntschaftsverhältnis zum Opfer. In einigen Fällen bestand gerade der Verdacht der Aussageabsprache. Die Abhörung zielte hier zumeist gerade auf die Kommunikation zwischen dem beschuldigten Betroffen und diesen nicht beschuldigten Betroffenen.

Bei den BtM-Fällen war aufgrund der Wohnung als „Drogenumschlagplatz" und Ort entsprechender Verabredungen in den Fällen, in denen sie noch von nicht beschuldigten Betroffenen bewohnt wurde, davon auszugehen, dass diese von den

Aktivitäten wußten, wenn sie sich auch nicht unbedingt aktiv daran beteiligten. In Fällen, in denen etwa eine „Bunkerwohnung" von Tatbeteiligten aufgesucht wurde, war dieser Bezug von vornherein offensichtlich.

4. Zeugnisverweigerungsrechte

Anders als ein Zeugnisverweigerungsrecht nach § 53 Abs. 1 StPO, bei welchem nach § 100d Abs. 3 Satz 1 StPO ein – gewissermaßen bereits ortsbedingtes – Beweiserhebungsverbot besteht[378], begründen Zeugnisverweigerungsrechte nach den §§ 52, 53a StPO i.V.m. § 100d Abs. 3 Satz 3 StPO regelmäßig nur ein etwaiges Beweisverwertungsverbot[379]. Dieses kann sich nur aus einer interpersonalen Beziehung der Betroffenen ergeben. Bereits im vorbereitenden Verfahren kann durch die Staatsschutzkammer eine Verwertbarkeitsentscheidung getroffen werden (§ 100d Abs. 2 Satz 5 StPO).

4.1 Das Vorliegen von Zeugnisverweigerungsrechten bei Betroffenen

Ein mögliches Zeugnisverweigerungsrecht aufgrund eines Verwandtschaftsverhältnisses konnte bei insgesamt 45 Betroffenen festgestellt werden. Gemäß den obigen Ausführungen handelte es sich bei den Betroffenen überwiegend um Lebensgefährten – eine das Zeugnisverweigerungsrecht aus § 52 Abs. 1 Nr. 1, Nr. 2 StPO begründende Verlobung oder Eheschließung war in vielen Fällen allerdings nicht positiv feststellbar – und in der Wohnung ebenfalls wohnhafte engere Familien- und Verwandtschaftsangehörige. Davon waren allerdings in mindestens sechs Fällen die Personen gleichzeitig Beschuldigte des Verfahrens (beschuldigte Betroffene). Die Quote von positiv festgestellten Zeugnisverweigerungsrechtsinhabern unter den nicht beschuldigten Betroffen aufgrund eines verwandtschaftlichen Verhältnisses zu einem beschuldigten Betroffenen liegt auf dem Hintergrund dieser Datenlage bei rund 40 %. Aber auch bei als nicht beschuldigte Betroffene geführten Personen lag zumindest eine Tatbeteiligung im weiteren Sinne nahe (insbesondere in den BtM-Fällen; bei den Tötungsdelikten war die Grenze eines Anfangsverdachts im Hinblick auf eine mögliche Beteiligung bei der vorliegenden Tatsachengrundlage oft schwer zu ziehen, in vielen Fällen aber nicht fernliegend).

Ein mögliches Zeugnisverweigerungsrecht aus beruflichen Gründen wurde nur in einem Fall festgestellt: es handelt sich um den bereits erwähnten Fall[380], in dem ein als „Lebensberater" praktizierender Psychologe der Polizei anbot, eine Abhö-

---

[378] Vgl. bereits oben B./I./2.4.
[379] KARLSRUHER KOMMENTAR-NACK, § 100c Rn 25.
[380] S.o. B./I./2.4.

rung seiner Privat- (nicht Praxis-)räume durchzuführen, während er ein eindringliches Gespräch mit dem Verdächtigen eines Tötungsverbrechens führen wollte, zu dem er privat ein Verhältnis hatte. Im Anordnungsbeschluss der Staatsschutzkammer wird festgehalten, dass Anhaltspunkte dafür, dass der Zeuge in seiner Eigenschaft als Psychologe im Sinne des § 53 Nr. 3 StPO in Anspruch genommen würde, nicht ersichtlich seien.

Zu erwähnen wäre schließlich der weitere Fall eines Hausbesuches durch den Verteidiger[381]. Hier handelt es sich allerdings streng genommen nicht um eine Betroffenen-, sondern allenfalls um eine Drittbetroffenenproblematik. Das entsprechende Gespräch wurde nicht aufgezeichnet, dem Verteidiger wurden die Überwachungsprotokolle der Maßnahme vollumfänglich zugänglich gemacht.

Weitere Fälle, denen ein Bezug zur Problematik des berufsbedingten Zeugnisverweigerungsrechts hätte entnommen werden können, konnten nicht festgestellt werden.

4.2 Die Verwertbarkeitsentscheidung nach § 100d Abs. 3 Satz 5 StPO

Eine nach Erhebung der Daten (ex post) eigenständig beantragte Verwertbarkeitsentscheidung im Sinne des § 100d Abs. 3 Satz 5 StPO konnte in keinem Fall festgestellt werden. In lediglich drei Fällen wurden durch die Staatsschutzkammer im Rahmen des Anordnungsbeschlusses (ex ante) Ausführungen zur Verwertbarkeit erwartbarer Aufzeichnungen gemacht. Dies betrifft zum einen den soeben erwähnten Fall des die Gesprächsaufzeichnung anbietenden Psychologen. In einem anderen Fall eines Tötungsverbrechens bestand bei dem nicht beschuldigten Betroffenen, mit dem seitens des beschuldigten Betroffenen tatrelevante Gespräche erwartet wurden, ein Zeugnisverweigerungsrecht aufgrund eines Verlöbnisses. Hier wurde seitens der Staatsschutzkammer festgestellt, dass eine Verwertbarkeit im Hinblick auf die Schwere des Tatvorwurfes dennoch gegeben sei, u.a. auch deswegen, da das Verlöbnis erst nach Aufnahme der polizeilichen Ermittlungen im betreffenden Sachverhalt eingegangen worden sei. Überdies war aufgrund von Äußerungen des Beschuldigten und der betreffenden Person offensichtlich, dass eine möglichst schnelle Heirat zwecks Erlangung eines Zeugnisverweigerungsrechtes beabsichtigt war. Auch im dritten Fall – ebenfalls ein Tötungsdelikt – wurde durch die anordnende Kammer mit Hinweis auf einschlägige Rechtsprechung[382] und die Schwere des Tatvorwurfes im Anordnungsbeschluss die Überwachung von Gesprächen im zeugnisverweigerungsberechtigten Familienkreis, bei dem gewichtige Anhaltspunkte für eine Tatverstrickung vorlagen, für zulässig befunden.

---

[381] Vgl. ebenfalls bereits B./I./2.4.
[382] BGH NJW 1998, 3284 (3285).

5. Benachrichtigung

Die Benachrichtigung nach § 101 StPO steht mit der erörterten Definitionsproblematik[383] in einer Wechselwirkung[384].

Hinzu kommen wiederum Erhebungsschwierigkeiten: Als problematisch erweist sich diesbezüglich, dass die Benachrichtigung offenbar zumeist über die Akteneinsicht des Verteidigers nach § 147 StPO erfolgt, diese aber nicht systematisch in den Akten dokumentiert ist.

Auch wird die Benachrichtigung von der Wohnraumüberwachung in der Regel – soweit diese nicht in der Wohnung eines Anderen durchgeführt wurde – an den aktenkundigen beschuldigten Betroffenen adressiert und nicht an jedes weitere in der Wohnung lebende Familienmitglied einzeln. In derartigen Fällen ist eine Benachrichtigung der nicht beschuldigten Betroffenen als solche dann nicht explizit aktenkundig, obwohl diese von der Maßnahme über den beschuldigten Hauptwohnungsinhaber Kenntnis erhalten haben dürften.

Auch hier wurde die Auswertung ohne Rückgriff auf die Mitteilungen nach § 100e StPO durchgeführt. Berücksichtigt werden konnte daher nur eine in der Akte anderweitig positiv dokumentierte Benachrichtigung.

5.1 Positiv dokumentierte Benachrichtigung

Eine aktenmäßig positiv dokumentierte Möglichkeit zur Kenntniserlangung von der Maßnahme konnte bei insgesamt 142 Personen festgestellt werden.

Die positiv dokumentierte direkte Benachrichtigung lag bei 94 Betroffenen vor (zumeist durch Schreiben an Verteidiger und/oder Beschuldigten, vereinzelt explizite Vorhalte in Vernehmungen). Bei 39 Personen ergibt sich aus den Akten eine anderweitige Kenntniserlangung durch die Strafverfolgungsbehörden (dies sind vor allem die Fälle der positiv dokumentierten Akteneinsicht des Verteidigers, ohne dass jedoch etwa in Form eines an diesen oder den Beschuldigten adressiertes Schreiben ein expliziter Hinweis auf die Maßnahme erfolgte – bei nicht beschuldigten Betroffenen sind hier vor allem die Fälle deren vorherigen Einverständnisses mit der Abhörung zu nennen). Neun Betroffene erlangten Kenntnis von der Maßnahme ohne Mitwirkung der Strafverfolgungsbehörden, so dass dererseits eine explizite Benachrichtigung entbehrlich war (dies sind vor allem die Fälle der Entde-

---

[383] S.o. A./IV./1.
[384] Vgl. BT-Drs. 14/8155, Anlage 4 S. 32 ff. Nach dem BVerfG sind grundsätzlich allerdings nicht nur die Betroffenen, sondern – u.U. nach einer Abwägung – auch die Drittbetroffenen zu benachrichtigen, BVerfG 1 BvR 2378 Absatz 295 ff. Auf die – auch in dem Urteil angesprochene Identifizierungsproblematik, welche durch das zusätzliche Erheben personenbezogener Daten den Grundrechtseingriff noch vertiefen könnte – wurde bereits hingewiesen.

ckungen der Maßnahme durch die Zielpersonen). Bei den restlichen Personen fanden sich in den Akten keinerlei Hinweise, aus denen sich die positive Feststellung der Benachrichtigung hätte ableiten lassen. Negativ lässt sich daraus jedoch auch nicht unbedingt folgern, diese habe nicht stattgefunden, da – wie auch die Expertengespräche ergeben haben – die regelmäßig nicht oder nur sporadisch dokumentierte Akteneinsicht des Verteidigers wohl den zumeist beschrittenen Weg der Benachrichtigung darstellen dürfte.

Die Reichung einer Verteidigervollmacht zu den Akten konnte bei 150 (71 %) der 210 beschuldigten Betroffenen festgestellt werden; darunter befinden sich 49 Personen, bei denen sich keine expliziten Hinweise auf eine Benachrichtigung in der Akte finden. Die Inanspruchnahme eines Rechtsbeistandes durch nicht beschuldigte Betroffene ergab sich in fünf Fällen aus den Akten (zumeist als Zeugenbeistand).

5.2 Zurückstellung der Benachrichtigung

Bei 29 Personen in neun Verfahren wurde die Zurückstellung der Benachrichtigung gemäß § 101 Abs. 1 Satz 2 StPO beantragt und genehmigt – eine Zurückweisung eines Antrages auf Zurückstellung der Benachrichtigung wurde in keinem Fall festgestellt. In allen Fällen handelte es sich um einen Antrag und eine Entscheidung der Staatsschutzkammer vor Erhebung der Anklage. Es ging um drei BtM-Verfahren mit acht, drei und zwei Betroffenen, fünf Mord-/Totschlagsverfahren mit einmal neun, einmal zwei und sonst je einem Betroffenen und ein Bestechungsverfahren mit zwei Betroffenen. Die Verfahren verteilen sich regional dergestalt, dass keines im Zuständigkeitsbezirk einer gleichen Staatsschutzkammer lag. Mit anderen Worten: bei keiner Staatsschutzkammer konnte nach Aktenlage mehr als ein anhängiger Vorgang hinsichtlich einer Zurückstellung der Benachrichtigung festgestellt werden.

Der Antrag war in 15 % der Fälle[385] formelhaft[386], in 37 % der Fälle stellte er einen Verweis auf den Ermittlungszusammenhang dar, bei 11 % erfolgte eine Würdigung der Umstände und in 30 % der Fälle war der Antrag substantiiert begründet. In fünf der neun Verfahren wurde die Zurückstellung mit noch andauernden Ermittlungen begründet. So wurde in einem Fall etwa ausgeführt, dass die Beschuldigten die Einfuhr großer Mengen Heroin planten und diesbezügliche internationale Ermittlungen bei einer Benachrichtigung ins Leere laufen würden. In einem anderen Fall lautete der formelhafte Antrag lediglich auf das „Ersuchen um Zustimmung der weiteren Zurückstellung der Benachrichtigung, da ansonsten der

---

[385] Bezogen auf die Betroffenen.
[386] Zur Erläuterung der Begründungskategorien s.o. E./I./4.1.

Ermittlungszweck gefährdet wäre" (vollumfängliches Antragszitat[387]!). Zu nennen ist auch der Fall einer anderen Gruppierung, gegen die wegen der Einfuhr von Kokain in großen Mengen aus Südamerika ermittelt wurde: Hier wurde die Abhöranlage zwar durch einen Betroffenen entdeckt, die Benachrichtigung sollte trotzdem zunächst unterbleiben, da die Beschuldigten dies offenbar nicht mit ihren Einfuhraktivitäten in Verbindung brachten und nach einer kurzen Phase der Verunsicherung ihre Aktivitäten – unter noch einmal konspirativeren Umständen – fortsetzten. In einem Mord-/Totschlagsverfahren mit einem Betroffenen wurde die beabsichtigte Weiterverwendung eines Verdeckten Ermittlers als Grund der Nichtbenachrichtigung angegeben und in drei Verfahren wurde eine Personengefährdung (etwa einer VP) dargelegt.

Die von der Staatsanwaltschaft vorgebrachten Gründe wurden von den Staatsschutzkammern durchweg akzeptiert. In lediglich einem Fall erklärte die Kammer zunächst, auf der Grundlage des staatsanwaltlichen Antrages nicht entscheiden zu können, da dieser nur den Gesetzeswortlaut wiedergebe, und verlangte die Beibringung einer substantiierteren Begründung. Was die Begründungstiefe der Beschlüsse angeht, wurde hier nun in 44 % der Fälle auf den Ermittlungszusammenhang verwiesen, 36 % der Zurückstellungsbeschlüsse waren substantiiert begründet, 16 % formelhaft und 4 % enthielten eine eigene Würdigung der Umstände.

Bei zwei Betroffenen konnte die Benachrichtigung zu einem späteren Zeitpunkt noch festgestellt werden. In dem oben geschilderten Fall der entdeckten Maßnahme kam es später zu einer Hauptverhandlung mit umfänglichen Akteneinsichten der Verteidigung. Auch wenn sich in den Akten keine positive Dokumentation einer Benachrichtigung findet, ist von einer entsprechenden Kenntnisnahme der Beschuldigten auszugehen.

5.3 Zeitpunkt der Benachrichtigung

Bei insgesamt 99 Betroffenen konnte der Zeitpunkt der Benachrichtigung in Relation zur Beendigung der Abhörung festgestellt werden. Hier zeigt sich, dass die förmliche Benachrichtigung durchschnittlich erst sechseinhalb Monate nach der Abhörung und somit auch in einigen der Fälle, in denen keine richterlich genehmigte Zurückstellung der Benachrichtigung vorliegt, nicht „binnen sechs Monaten nach Beendigung der Maßnahme" erfolgte, wie § 101 Abs. 1 Satz 2 StPO vorschreibt. In fast dreiviertel der festgestellten Fälle erfolge die Benachrichtigung allerdings fristgemäß. Die Verteilung der Betroffenen über die festgestellten Zeitpunkte der Benachrichtigung ergibt sich aus *Abbildung 53*:

---

[387] Es fehlen lediglich die Worte: „U.m.A. übersandt an die nach § 74a GVG zuständige Kammer mit dem …"

Abbildung 53: Anzahl der Betroffenen mit dem Zeitpunkt der Kenntniserlangung in Monaten nach Beendigung der Maßnahme (n=99)

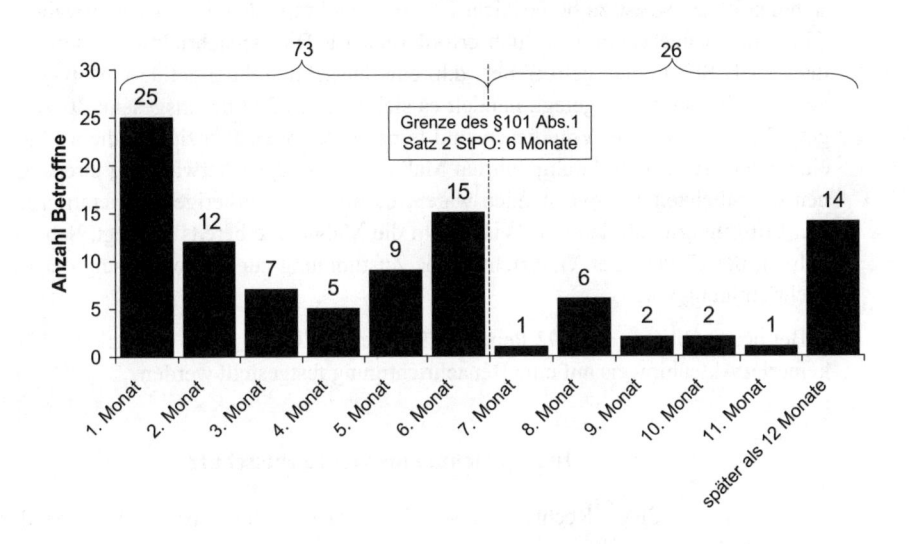

Die Fälle mit der später als nach zwölf Monaten festgestellten Benachrichtigung verteilen sich auf ein Verfahren mit fünf Betroffenen mit einer Benachrichtigung nach 13 Monaten, zwei Verfahren mit je zwei Betroffenen und der Benachrichtigung nach 21 bzw. 22 Monaten und drei Verfahren innerhalb eines gleichen Komplexes mit insgesamt fünf Betroffenen, bei denen die Benachrichtigung erst 36 Monate später erfolgte. In letzterem Fall einer ausländischen hochkriminellen Straftätergruppierung stellte sich allerdings u.a. das Problem, dass eine Meldeanschrift der Betroffenen nicht bekannt war, nachdem die überwachte konspirative Wohnung aufgegeben worden war. In einem anderen der Fälle ist davon auszugehen, dass die Beschuldigten – wenn auch nicht aktenmäßig positiv dokumentiert – bereits anlässlich ihrer Festnahme Kenntnis von der Überwachung erhielten, die Benachrichtigung nach 23 Monaten zum Verfahrensabschluss somit rein förmlicher Natur war. In einem dritten Fall handelt es sich bei dem aufgenommenen Zeitpunkt um die spätest denkbare Möglichkeit der Kenntnisnahme über § 147 StPO, die mutmaßlich jedoch bereits früher erfolgte.

Diese Beispiele zeigen allerdings, von welchen Einzelfaktoren die Vornahme und auch die Feststellbarkeit des Zeitpunktes der Benachrichtigung abhängig ist.

5.4 Benachrichtigungsquote

Will man die positiv dokumentierten Benachrichtigungen in einer Quote zusammenfassen, so ist zu berücksichtigen, dass nicht in allen der soeben erwähnten Fälle eine Benachrichtigung auch erforderlich ist. Die Benachrichtigung setzt gemäß § 101 StPO eine „getroffene", d.h. eine tatsächlich durchgeführte Maßnahme voraus. Wie bereits dargelegt, handelt es sich hier um 227 der insgesamt 307 festgestellten Betroffenen. Von diesen sind ferner 8 Personen abzuziehen, die im Falle einer auch tatsächlich durchgeführten Maßnahme mit der Überwachung ihrer eigenen Räumlichkeiten einverstanden waren, da hier eine vorherige Kooperation mit den Ermittlungsbehörden und Wissen um die Maßnahme bereits vorliegt. Schließlich lag bei 27 Personen eine richterliche Zustimmung zur Zurückstellung der Benachrichtigung vor.

Bei den verbleibenden 192 Personen konnte bei 70 und somit in 36 % der Fälle keinerlei Aktenhinweis auf eine Benachrichtigung festgestellt werden.

6. Inanspruchnahme von Rechtsschutz

Ein eigenständiges Rechtsschutzverfahren nach § 100d Abs. 6 StPO vor der Staatsschutzkammer konnte im Rahmen der Aktenanalyse in keinem Fall festgestellt werden[388]. Lediglich sieben Maßnahmen waren dann überhaupt Gegenstand von Anträgen in der Hauptverhandlung. Mit ihnen wurde nur zum Teil auch die Rechtmäßigkeit der Maßnahme im Hinblick auf den beschuldigten Betroffenen angegriffen. In nur einem Fall meldeten auch drei nicht beschuldigte Betroffene (Angehörige eines des Totschlags Beschuldigten) Interesse an einer entsprechenden Feststellung an. In keinem Fall wurde jedoch die Rechtswidrigkeit einer Maßnahme festgestellt.

So wurde hinsichtlich eines beschuldigten Betroffenen in der Hauptverhandlung der Antrag auf Nichtverwertbarkeit des erlangten Beweises gestellt, da der Beschluss formal gegen einen anderen im selben Verfahren Beschuldigten, aber getrennt Abgeurteilten erging. Dieser Antrag wurde mittels Beschluss gemäß § 100c Abs. 5 Satz 2 StPO zurückgewiesen.

In einem weiteren Fall wurde die Rechtmäßigkeit von Verlängerungsanordnungen bestritten; da die Maßnahme jedoch als Beweismittel keine Rolle spielte, wurde dies nur kursorisch erörtert.

In einem dritten Fall schließlich versuchte die Verteidigung die vollumfängliche Aussagegenehmigung des für die technische Umsetzung der Maßnahme verant-

---

[388] Lediglich im Rahmen der Expertengespräche wurde von einem Fall außerhalb des Erhebungszeitraumes berichtet.

wortlichen Polizeibeamten zu erreichen, um ein nach ihrer Auffassung eventuell rechtsstaatswidriges Vorgehen bei der Installation der technischen Mittel angreifen zu können. Dieser Antrag wurde abgelehnt, da keinerlei Anhaltspunkte dafür vorlägen, „dass die richterlich angeordneten polizeilichen Abhörmaßnahmen rechtsstaatswidrig sein könnten."

In anderen Fällen betrafen die Anträge eher Beweiswert- und Akteneinsichtsfragen.

In einigen anderen Fällen wurde eine Rechtmäßigkeitsprüfung durch die Verteidigung bei Kenntniserlangung von der Maßnahme zwar angekündigt und eine sofortige Akteneinsicht in sämtliche die Maßnahme betreffenden Unterlagen gefordert. Zu entsprechenden Anträgen kam es aber danach regelmäßig nicht mehr. Dies mag insgesamt allerdings auch dadurch bedingt sein, dass viele Maßnahmen letztlich keinen Beweiswert erlangten.

7. Drittbetroffene

Es wurden insgesamt 222 weitere Personen als Drittbetroffene festgestellt. Dabei handelt es sich nicht unter die Betroffenendefinition fallende, aber dennoch mit der Maßnahme (zufällig) in Berührung gekommene Personen. Die Grenze zwischen Betroffenen und Drittbetroffenen ist dabei manchmal fließend. Zu nennen sind hier etwa Familienangehörige, die zwar ggf. nicht unter der Adresse der überwachten Räumlichkeit gemeldet sind, sich aber dort regelmäßig aufhalten.

Die Erfassung der Drittbetroffenen dürfte jedoch noch deutlich fragmentarischer ausfallen als die der formal nicht beschuldigten Betroffenen. Sie sind in aller Regel nur durch Erwähnung in den Abhörprotokollen in den Akten dokumentiert, die in vielen Fällen nicht oder nur auszugsweise vorlagen. Vor allem ist zu berücksichtigen, dass regelmäßig nur tatrelevante Gesprächspassagen überhaupt protokolliert werden und somit die meisten „Alltagskontakte" nicht dokumentiert sind.

Zu den erörterten Erhebungsunsicherheiten kommen überdies gerade bei den Drittbetroffenen Identifizierungsprobleme, wie durch das eingangs erwähnte Beispiel der von 41 Personen frequentierten Wohnung bereits illustriert wurde. Insgesamt ist hier aber je nach Verfahrenskonstellation und überwachter Räumlichkeit wieder auf eine große Einzelfallabhängigkeit zu verweisen.

Drittbetroffene konnten nur bei 38 Maßnahmen in 36 Verfahren festgestellt werden. Dabei konnte in 13 Maßnahmen nur jeweils ein Drittbetroffener ermittelt werden (hier handelte es sich fast ausschließlich um Maßnahmen mit der Katalogtat Mord/Totschlag). In weiteren 13 Maßnahmen konnten dann bis zu vier Drittbetroffene identifiziert werden, während die verbleibenden zwölf Maßnahmen dann jeweils als Einzelfälle zwischen 5 und als Maximum 38 Drittbetroffene aufwiesen.

Ungefähr 15 % der festgestellten Drittbetroffenen hatten familiäre oder verwandtschaftliche Beziehungen zu den Betroffenen (Wohnungsinhabern). Weitere 12 % ließen sich als Bekannte oder aus beruflichen Gründen in den Räumlichkeiten verkehrende Personen qualifizieren. Rund 50 % aller festgestellten Drittbetroffenen ließen sich jedoch – etwa als Milieu- oder Szenebekanntschaft – mit dem verfolgten Tatvorwurf in Verbindung bringen. Viele verbanden mit den Betroffenen dabei ethnische Beziehungen. Bei den verbleibenden 23 % waren keine Feststellungen zu ihrer Eigenschaft möglich.

Anzumerken bleibt, dass das Bundesverfassungsgericht im Grundsatz eine Benachrichtigungspflicht nun auch gegenüber den Drittbetroffenen (den „als Gast oder zufällig in der überwachten Räumlichkeit aufhältigen Personen") statuiert, und somit deren Stellung gestärkt hat[389].

II. Expertengespräche

In den Expertengesprächen wurde vor allem die Frage, wer denn als Betroffener der Maßnahme mit der Konsequenz seiner Benachrichtigung zu qualifizieren sei, und der praktische Umgang mit der Benachrichtigungspflicht thematisiert. Des weiteren sollten Erfahrungen mit den Vorschriften zum Schutz der Zeugnisverweigerungsrechte erfragt werden.

1. Betroffenendefinition

Hinsichtlich Fragen der Betroffenendefinition wurde polizeilicherseits zumeist auf die Justiz verwiesen, welche auch für die Benachrichtigung zuständig sei. Die Benachrichtigung eines jeden Drittbetroffenen wurde als undurchführbar bezeichnet, da diese Personen oftmals gar nicht oder nur mit einem völlig unverhältnismäßigen Aufwand zu identifizieren seien. Die Identifizierung würde dabei teilweise wiederum erhebliche Rechtseingriffe gegenüber diesen Personen erforderlich machen. Ein Beamter drückte dies so aus: „Soll ich etwa eine große Observation starten, nur um hinterher einem völlig Unbeteiligten zu sagen, du wurdest in der Wohnung des XY abgehört?"

Von einem mit der technischen Durchführung der Maßnahme betrauten Beamten wurde hingegen der Vorschlag gemacht, als Betroffenen mit der Konsequenz der Benachrichtigung – soweit identifizierbar – denjenigen zu qualifizieren, dessen Aussagen vertextet und damit aktenkundig würden. Dies sei eine klare Linie, und soweit diese Personen nicht identifizierbar seien, sei eben dies auch aktenkundig dokumentierbar.

---

[389] BVerfG 1 BvR 2378/98 Absatz 296.

Von den Staatsanwälten wurde die Benachrichtigung generell eher kritisch gesehen und erläutert, dass diese sowohl aus ermittlungstaktischer Sicht, zum Teil aber auch aufgrund konkreter Gefährdungslagen weiterer Personen „nicht unproblematisch" sei. Insgesamt wurde ein pragmatischer Ansatz verfolgt. Betroffen seien neben den Beschuldigten allenfalls noch die Familienangehörigen, und diese würden von der Maßnahme ohnehin über den Beschuldigten erfahren. Eine „Benachrichtigung" über die Akteneinsicht wurde fast durchweg als ausreichend erachtet. Auch hier wurde das Problem der Identifizierbarkeit weiterer Drittbetroffener angesprochen. Eine Staatsanwältin gab an, als Betroffenen jeweils lediglich denjenigen zu betrachten, gegen den Erkenntnisse aus der Maßnahme auch in einem Verfahren verwertet würden. Vorgeschlagen wurde aber etwa auch eine Bekanntgabe in der öffentlichen Hauptverhandlung, hier seien ohnehin alle mit Verfahren zusammenhängenden Rechtsfragen zu klären. Wenn die Maßnahme fehlgeschlagen sei, „gäbe es ja auch nicht viel zu benachrichtigen".

Auch seitens der Staatsschutzkammervorsitzenden wurde öfter betont, dass Drittbetroffene zumeist nicht zu identifizieren sein dürften, auch wenn teilweise konzediert wurde, dass Betroffener ja „eigentlich jeder ist, dessen Stimme mitgeschnitten wurde". Die Maßnahme sei bei einem entsprechenden Benachrichtigungserfordernis allerdings kaum mehr handhabbar. Insgesamt wurde der Ball aber hier wieder der Staatsanwaltschaft zugespielt, welche für die Benachrichtigung zuständig sei. Ein Staatsschutzkammervorsitzender betonte, dass formell betroffen jedenfalls jeder Beschuldigte sei, dieser müsse sich gegen die Maßnahme wehren können.

2. Weitere Benachrichtigungsfragen

2.1 Art der der Vornahme der Benachrichtigung

Durch die Expertengespräche mit Staatsanwälten wurde bestätigt, dass die Benachrichtigung zumeist im Wege der Akteneinsicht nach § 147 StPO erfolgt. Damit bestätigte sich gleichzeitig, dass beim Fehlen einer positiven Dokumentation der Benachrichtigung nicht zwangsläufig auf eine Nichtinformation des Beschuldigten geschlossen werden kann.

2.2 Gerichtliche Zurückstellung der Benachrichtigung

Durch die meisten Staatsschutzkammervorsitzenden wurde mitgeteilt, dass sie bislang keine Erfahrung mit der längeren Zurückstellung der Benachrichtigung hätten und somit die Problematik des § 101 Abs. 1 Satz 2 i.V.m. § 100e Abs. 1

Satz 3 StPO für sie bislang nicht relevant geworden sei. Ein Staatsschutzkammervorsitzender gab an, dass in seiner Kammer die Vorschrift des § 101 Abs. 1 Satz 2 StPO immer so ausgelegt wurde, dass alle sechs Monate eine periodische Wiedervorlagepflicht bei Nichtbenachrichtigung bestünde.

3. Zeugnisverweigerungsrechte

Über besondere praktische Erfahrungen mit der Vorschrift des § 100d Abs. 3 StPO konnte von keinem Gesprächsteilnehmer berichtet werden. Es wurde lediglich von einem Fall außerhalb des Erhebungszeitraumes berichtet, in welchem die Abhörung auch in Räumlichkeiten eines Berufgeheimnisträgers wegen dessen Beteiligung an Katalogstraftaten erfolgte.

Auf polizeilicher und staatsanwaltschaftlicher Seite wurde allerdings mehrfach bemerkt, dass milieunahe Rechtsanwälte zuweilen durchaus ein Problem darstellten.

III. Zusammenfassung

Grundlegend sind bei der Betrachtung der Betroffenen Erhebungsunsicherheiten zu konstatieren. Dies hängt neben einer teilweisen Identifizierungsproblematik vor allem mit der grundsätzlichen Problematik zusammen, dass der Blickwinkel des Strafverfahrens auf eine nach § 170 StPO zu treffende Entscheidung der Anklageerhebung ausgerichtet ist, hinsichtlich der nicht beschuldigten Betroffenen aber die Dokumentation von Personen verlangt ist, gegen die eine solche Entscheidung gar nicht in Rede steht, da gegen sie überhaupt kein Anfangsverdacht besteht. Im Zusammenhang mit dem Rechtsschutzinteresse dieses Personenkreises sind hiermit allerdings Grundlagen des Strafprozesses berührt[390]. Die im Rahmen der Aktenanalyse ohne Rekurs auf die Zahlen nach § 100e StPO hierzu feststellbaren Informationen sind in vielen Fällen allerdings lediglich fragmentarisch.

Insgesamt konnten hier 32 % der Betroffenen als nicht beschuldigte Betroffene festgestellt werden; die Überzahl der feststellbaren Betroffenen waren mit 68 % somit gleichzeitig Beschuldigte des Verfahrens. In über der Hälfte der Maßnahmen konnten gar keine nicht beschuldigten Betroffenen festgestellt werden. Lediglich

---

[390] So KRAUSE (1999), 249, der anmerkt, dass ein effektiver Rechtsschutz des von der Anordnung betroffenen Nichtverdächtigen die Einräumung von Rechtspositionen voraussetze, die der Strafprozessordnung fremd seien.

zu 40 % der nicht beschuldigten Betroffenen ließ sich den Akten die genaue Beziehung, in welcher diese zu den Beschuldigten des Verfahrens standen, erschließen. Damit sind auch mögliche Feststellungen zu interpersonalen Zeugnisverweigerungsrechten nur bedingt und in Einzelfällen möglich. Gleichzeitig war hier zu beachten, dass einige der Personen mit verwandtschaftlich bedingten Zeugnisverweigerungsrechten ebenfalls Beschuldigte des Verfahrens waren. Die Quote von positiv festgestellten Zeugnisverweigerungsrechtsinhabern unter den nicht beschuldigten Betroffen aufgrund eines verwandtschaftlichen Verhältnisses zu einem beschuldigten Betroffenen liegt bei 40 %. Zeugnisverweigerungsrechte aus beruflichen Gründen erlangten nur in insgesamt zwei Fällen Relevanz (Gespräch mit einem Psychologen und Verteidigerbesuch).

Auch die Frage der Benachrichtigung ist mit Erhebungsunsicherheiten belastet. In diesem Zusammenhang ist jedoch vor allem auf die Definitionsproblematik in Abgrenzung zu der Gesamtzahl der Beschuldigten des Verfahrens zu verweisen: wie ausführlich dargelegt, ist nicht jeder Beschuldigte des Verfahrens auch materiell als Betroffener zu qualifizieren. Letztlich konnte bei 36 % der „benachrichtigungspflichtigen" Betroffenen keine positiv dokumentierte Benachrichtigung festgestellt werden. Bei 26 % der benachrichtigten Betroffenen erfolgte die Benachrichtigung später als sechs Monate nach Beendigung der Maßnahme. Eine gemäß § 101 Abs. 1 Satz 2 StPO richterlich genehmigte Zurückstellung der Benachrichtigung konnte allerdings nur in einer geringeren Anzahl der Fälle festgestellt werden.

Die Inanspruchnahme förmlichen Rechtsschutzes gegen die Maßnahme konnte nur in äußerst geringem Umfang festgestellt werden. In nur einem Verfahren wurde dieser auch durch nicht beschuldigte Betroffene geltend gemacht.

Die Feststellungen zu Drittbetroffenen (Nicht-Wohnungsinhabern) fielen noch fragmentarischer aus. Gerade hinsichtlich dieses Personenkreises wurde in den Expertengesprächen die Identifizierbarkeit problematisiert. Soweit Personen für das Verfahren keine Rolle spielten, würden keine weiteren personenbezogenen Daten erhoben.

In den Expertengesprächen wurde deutlich, dass die am häufigsten praktizierte Art der Benachrichtigung die Akteneinsicht nach § 147 StPO darstellen dürfte, welche auf Seiten der primär für die Benachrichtigung zuständigen Staatsanwaltschaft auch als adäquat eingeschätzt wurde.

G. Verfahrensausgang

Im folgenden Kapitel soll der Ausgang der untersuchten Verfahren mit Wohnraumüberwachungsmaßnahmen dargestellt werden. Erkenntnisse aus Expertengesprächen sind – da es sich rein um die Darstellung der Ergebnisse der Aktenanalyse hinsichtlich der konkreten Verfahren handelt – hier nicht zu referieren.

Der Verfahrensausgang mag bereits für sich als ein Effizienzkriterium hinsichtlich der Wohnraumüberwachung gewertet werden. Er wird allerdings erst im nächsten Kapitel zum jeweiligen Ergebnis der Maßnahmen in Bezug gesetzt werden. Unterschieden wird vorliegend jedoch nach durchgeführten und nicht durchgeführten Maßnahmen, was als Bildung einer Art Kontrollgruppe betrachtet werden mag.

I. Ergebnisse der Aktenanalyse

In den 116 untersuchten Verfahren wurde gegen insgesamt 487 Beschuldigte ermittelt.

In vorliegendem Kapitel soll der Verfahrensausgang sowohl im Hinblick auf die jeweils in den untersuchten Verfahren festgestellten Beschuldigten als auch auf Verfahrensebene untersucht werden. Dabei sind gegenüber den Beschuldigten insgesamt gemäß den Darlegungen zur Betroffenendefinition die beschuldigten Betroffen zu isolieren, da nicht jeder in einem Verfahren mit einer Wohnraumüberwachungsmaßnahme festgestellte Beschuldigte auch als Betroffener zu qualifizieren ist[391].

Zu unterscheiden sind ferner die Verfahren mit mindestens einer tatsächlich durchgeführten Wohnraumüberwachungsmaßnahme von denen, in denen es zu gar keiner tatsächlich durchgeführten Überwachung kam. Schließlich ist nach den jeweiligen den Wohnraumüberwachungsanträgen zugrundeliegenden Katalogtaten zu differenzieren.

In *Abbildung 54* werden die drei verschiedenen Grundgesamtheiten als Hintergrund der in diesem Kapitel zu treffenden Aussagen noch einmal in absoluten Zahlen in ihrer Verteilung auf die Katalogtaten gegenübergestellt. Nach durchgeführten und nicht durchgeführten Maßnahmen wird im Rahmen der jeweiligen Ausführungen unterschieden werden.

---

[391] S.o. A./IV./1.

Verfahrensausgang 255

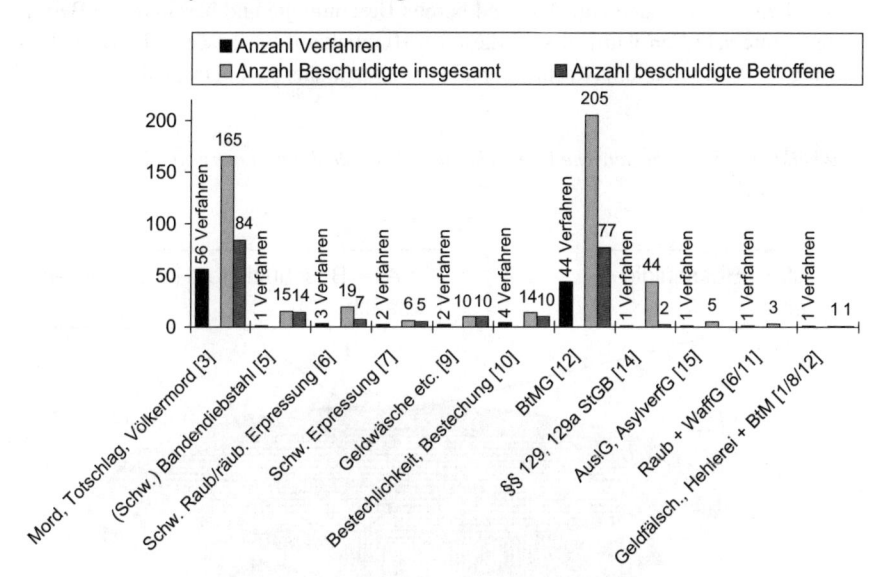

Abbildung 54: Verteilung der Beschuldigten insgesamt, beschuldigten Betroffenen und Verfahren über die Katalogtaten – absolut

[Bar chart with legend: ■ Anzahl Verfahren, □ Anzahl Beschuldigte insgesamt, ■ Anzahl beschuldigte Betroffene]

Katalogtat	Verfahren	Beschuldigte insgesamt	beschuldigte Betroffene
Mord, Totschlag, Völkermord [3]	56	165	84
(Schw.) Bandendiebstahl [5]	1	15	14
Schw. Raub/räub. Erpressung [6]	3	19	7
Schw. Erpressung [7]	2	6	5
Geldwäsche etc. [9]	2	10	10
Bestechlichkeit, Bestechung [10]	4	14	10
BtMG [12]	44	205	77
§§ 129, 129a StGB [14]	1	44	2
AuslG, AsylverfG [15]	1	5	
Raub + WaffG [6/11]	1	3	
Geldfälsch., Hehlerei + BtM [1/8/12]	1	1	1

Es zeigt sich erneut, dass außerhalb der Katalogtaten Mord/Totschlag und dem BtMG keine eine gesonderte Betrachtung rechtfertigenden Verteilungen vorliegen.

Des weiteren wird nochmals deutlich, dass sich die Anzahl der in den Verfahren insgesamt geführten Beschuldigten von der der beschuldigten Betroffenen deutlich unterscheidet. Während bei den Mord-/Totschlagsverfahren durchschnittlich 3,2 Beschuldigten (ohne die Mord-/Totschlagsverfahren mit dem beschuldigtenintensiven OK-Hintergrund immerhin noch 2,5 Beschuldigten) 1,7 beschuldigte Betroffene gegenüberstehen, somit nur knapp jeder zweite Beschuldigte auch beschuldigter Betroffener ist, ist diese Spanne bei den BtM-Verfahren mit durchschnittlich 4,7 Beschuldigten gegenüber nur 1,9 beschuldigten Betroffenen noch größer: Hier kommen auf jeden beschuldigten Betroffenen durchschnittlich nochmals 1,7 weitere Beschuldigte. Prozentual ausgedrückt bedeutet dies, dass die beschuldigten Betroffenen in den BtM-Verfahren nur 38 % aller Beschuldigten ausmachen, bei den Mord-/Totschlagsverfahren insgesamt 51 % und bei den Mord-/Totschlagsverfahren ohne OK-Bezug gar 61 %.

1. Verfahrensausgang bezogen auf Beschuldigte

1.1 Untergliederung und Gruppierung der Beschuldigten

Da der Untersuchung alle Verfahren zugrundegelegt wurden, in denen ein Antrag auf eine Überwachung nach § 100c Abs. 1 Nr. 3 StPO gestellt wurde, sind in der dargestellten Grundgesamtheit der Beschuldigten auch diejenigen Beschuldigten enthalten, in deren Verfahren evtl. gar keine entsprechende Überwachung tatsächlich stattgefunden hat. Während bereits Beschuldigte und beschuldigte Betroffene unterschieden wurden, sind diese im Hinblick auf die tatsächliche Durchführung der Wohnraumüberwachungsmaßnahme nochmals zu unterscheiden.

Abbildung 55: Schematische Übersicht über die Beschuldigtenuntergruppierungen

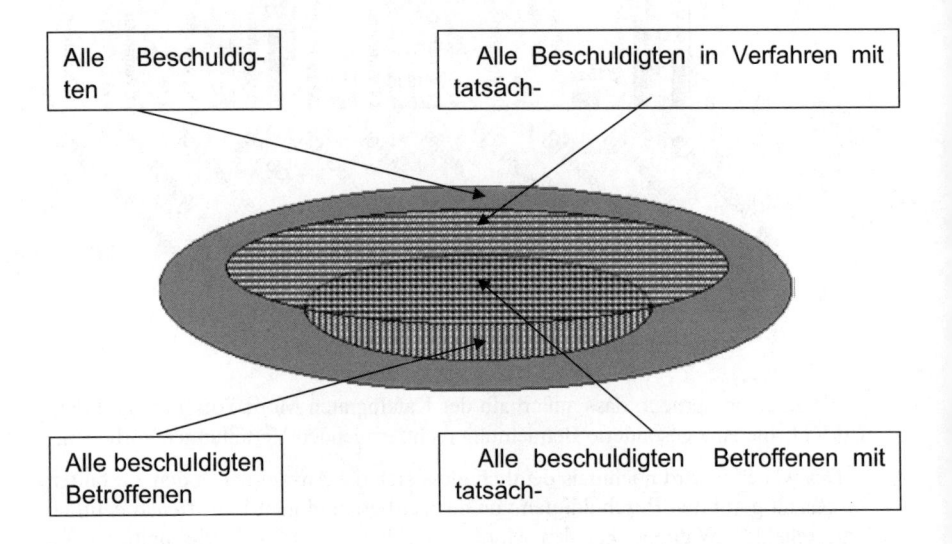

| Alle Beschuldigten | Alle Beschuldigten in Verfahren mit tatsäch- |

| Alle beschuldigten Betroffenen | Alle beschuldigten Betroffenen mit tatsäch- |

Die insgesamt 487 festgestellten Beschuldigten gliedern sich also wie folgt auf: 356 Beschuldigte von Verfahren mit zumindest einer durchgeführten Maßnahme und somit 131 Beschuldigte von Verfahren ohne tatsächlich durchgeführte Maßnahme. Unter den Beschuldigten befinden sich insgesamt 210 beschuldigte Betroffene[392]; davon sind 164 beschuldigte Betroffene in Verfahren mit zumindest einer durchgeführten Maßnahme und somit 46 beschuldigte Betroffene von Verfahren mit keiner tatsächlich durchgeführten Maßnahmen.

Diese Aufschlüsselung in der Darstellung ermöglicht eine Betrachtung der Beschuldigten und beschuldigten Betroffenen von Verfahren ohne durchgeführte Maßnahme als eine Art Kontrollgruppe gegenüber den Beschuldigten und beschuldigten Betroffenen von Verfahren mit durchgeführten Maßnahmen.

---

[392] Vgl. F/I./2.

Die Verteilung dieser Beschuldigtenuntergruppen insbesondere über die gesondert zu betrachtenden Mord-/Totschlagsverfahren und BtM-Verfahren ergibt sich aus folgender *Tabelle 18*:

Tabelle 18: *Verteilung der Beschuldigten und beschuldigten Betroffen unterschieden nach der Durchführung der Maßnahme über die Katalogtaten – absolut*

	Beschuldigte in Verfahren mit tatsächlich durchgeführter Maßnahme	Beschuldigte in Verfahren ohne tatsächlich durchgeführte Maßnahme	beschuldigte Betroffene mit tatsächlich durchgeführter Maßnahme	beschuldigte Betroffene ohne tatsächlich durchgeführte Maßnahme
Alle	356	131	164	46
Mord/Totschlag	106	59	63	21
BtMG (inkl. Komb.)	168	37	66	11
Sonstige	82	35	35	14

1.2. Ausgang des Ermittlungsverfahrens

Die Erkenntnisse zum Ausgang des Ermittlungsverfahrens sind aufgeschlüsselt nach den erläuterten Untergruppen in *Tabelle 19* zusammengefasst[393].

---

[393] Hierzu ist anzumerken, dass die in dieser Tabelle dargestellten Quoten nicht direkt mit denen in der Untersuchung zur Telekommunikationsüberwachung von ALBRECHT/ DORSCH/KRÜPE (2003), 344 ff., vergleichbar sind, da dort, anders als vorliegend, abgetrennte Beschuldigte nicht berücksichtigt wurden, vgl. ebenda S 143.

Tabelle 19: Ausgang des Ermittlungsverfahrens für alle Beschuldigten – absolut und in % (bezogen auf die jeweilige Untergruppe)

	Beschuldigte in Verfahren mit tatsächlich durchgeführter Maßnahme		Beschuldigte in Verfahren ohne tatsächlich durchgeführte Maßnahme		beschuldigte Betroffene mit tatsächlich durchgeführter Maßnahme		beschuldigte Betroffene ohne tatsächlich durchgeführte Maßnahme	
vollständige Anklageerhebung	83	23%	36	27%	52	32%	15	33%
Anklage unter Einstellung in peripherer Hinsicht	21	6%	4	3%	18	11%	3	6%
Anklage unter Einstellung in substantieller Hinsicht	14	4%	0	0%	5	3%	0	0%
vollumfängliche Verfahrenseinstellung	134	38%	44	33%	63	39%	17	37%
Abtrennung des Verfahrens	73	20%	23	18%	12	7%	7	15%
Beschuldigter flüchtig oder abgeschoben	3	1%	3	2%	3	2%	0	0%
noch laufendes Verfahren, daher k.A.	7	2%	14	11%	7	4%	4	9%
Einzelfälle*	7	2%	2	2%	3	2%	0	0%
k.A./n.f.	14	4%	5	4%	1	<1%	0	0%
Gesamt	356	100%	131	100%	210	100%	164	100%

*) unter Einzelfällen sind Abgaben an andere Staatsanwaltschaften und Kombinationen zwischen Abtrennungen und Einstellungen zusammengefasst.

Auffallend ist die relativ hohe Anzahl an Verfahrensabtrennungen. Diese betreffen vor allem Verfahren mit einer hohen Beschuldigtenanzahl. Hier ist beispielsweise das Verfahren mit der Katalogtat § 129/129a StGB zu nennen, in welchem von den ursprünglich 44 Beschuldigten allein 33 Beschuldigte abgetrennt wurden.

Aber auch in anderen Verfahren – vor allem solche mit einem OK-Hintergrund – erfolgten zum Teil umfängliche Abtrennungen[394].

Besonders erklärungsbedürftig erscheinen dabei allerdings die Abtrennungen von beschuldigten Betroffenen. Auch hier handelt es sich jeweils um Verfahren mit einer größeren Anzahl von Beschuldigten, von denen einige zwar auch beschuldigte Betroffene waren, sich aber im Laufe des Verfahrens als „Randfiguren" des Geschehens herausstellten. In lediglich einem BtM-Verfahren wurden auch beschuldigte Betroffene als Hauptbeschuldigte und Zielpersonen der Maßnahme abgetrennt, da sie sich bis auf weiteres im Ausland aufhielten (eine aktenkundige Einstellung nach § 205 analog aber nicht erfolgte) und die Aburteilung der verhafteten Personen zwischenzeitlich unter dem Hauptaktenzeichen stattfinden sollte.

Insgesamt müssen die Beschuldigten, bei denen aufgrund einer Verfahrensabtrennung oder anderer Umstände (z.B. noch laufende Verfahren, Abgabe an andere Staatsanwaltschaften) der Verfahrensausgang letztlich nicht feststellbar ist, für die weitere Darstellung und insbesondere die Berechnung von Einstellungs- und Anklage- und Verurteilungsquoten, da sie zu Verzerrungen führen, außer Betracht bleiben. Die Beschuldigten mit bekanntem Verfahrensausgang sind daher als Grundlage der folgenden Betrachtungen in *Tabelle 20* nochmals in eine Übersicht gebracht[395]. Dies sind insgesamt 336 Beschuldigte und 173 beschuldigte Betroffene.

---

[394] Vgl. hierzu auch KINZIG (2004), 799.

[395] Damit werden die Quoten dieser Tabelle mit denen in der Untersuchung zur Telekommunikationsüberwachung ALBRECHT/DORSCH/KRÜPE (2003), 344 ff., vergleichbar, da nun ebenfalls keine abgetrennten Beschuldigten mehr in der Darstellung enthalten sind.

Tabelle 20: *Ausgang des Ermittlungsverfahrens für alle Beschuldigten mit bekanntem Verfahrensausgang – absolut und in % (bezogen auf die jeweilige Untergruppe)*

	Beschuldigte in Verfahren mit tatsächlich durchgeführter Maßnahme		Beschuldigte in Verfahren ohne tatsächlich durchgeführte Maßnahme		beschuldigte Betroffene mit tatsächlich durchgeführter Maßnahme		beschuldigte Betroffene ohne tatsächlich durchgeführte Maßnahme	
vollständige Anklageerhebung	83	33%	36	43%	52	38%	15	43%
Anklage unter Einstellung in peripherer Hinsicht	21	8%	4	5%	18	13%	3	9%
Anklage unter Einstellung in substantieller Hinsicht	14	6%	0	0%	5	4%	0	0%
vollumfängliche Verfahrenseinstellung	134	53%	44	52%	63	46%	17	49%
Gesamt	252	100%	84	100%	138	100%	35	100%

Hier zeigt sich: Gegen 178 Beschuldigte – darunter 80 beschuldigte Betroffene – wird das Verfahren vollumfänglich eingestellt. Die Quote der vollumfänglichen Verfahrenseinstellungen bezogen auf alle Beschuldigten liegt damit bei 53 %[396], während sie bei den beschuldigten Betroffenen mit 46 % deutlich niedriger liegt. Die Tatsache der Durchführung oder Nichtdurchführung der Wohnraumüberwachung scheint hier allerdings kein durchschlagendes Kriterium darzustellen. Dies ist freilich auch auf dem Hintergrund der bisher noch nicht erörterten jeweiligen Ergebnisse der Überwachungsmaßnahmen zu sehen[397]. Die bei den beschuldigten Betroffenen niedrigere Einstellungsquote ist vielmehr damit zu erklären, dass diese im Gegensatz zu anderen zum Teil eher peripheren Mitbeschuldigten als Hauptbe-

---

[396] Dieser Befund deckt sich also grob mit den Ergebnissen der Studie zur Telekommunikationsüberwachung, wo ebenfalls eine Gesamteinstellungsquote von 50 % festgestellt wurde, vgl. ALBRECHT/DORSCH/KRÜPE (2003), 344. Auch dort wurden abgetrennte Beschuldigte nicht berücksichtigt, vgl. ebenda 143.

[397] Dazu s.u. Kapitel H.

schuldigte und Zielpersonen der Maßnahme im Zentrum der Ermittlungsintensität und des jeweiligen Verfahrens stehen.

Für die Betrachtung der Anklagequoten ist eine komplexere Verteilung zu beachten, da hier nach vollständigen Anklagen und solchen unter im Hinblick auf den dem Ermittlungsverfahren zugrundeliegenden Tatverdacht peripheren und substantiellen Einstellungen zu unterscheiden ist. Betrachtet man jedoch die Gesamtanklagequoten, ergeben sich letztlich spiegelbildlich zu den Einstellungsquoten Werte von 47 % für die Beschuldigten und 54 % für die betroffenen Beschuldigten. Auch hier ist zu konstatieren, dass sich im Hinblick auf die Durchführung der Maßnahme allenfalls geringfügige Unterschiede ausmachen lassen

 a. Verteilung der vollumfänglichen Einstellungen über die Katalogtaten

Von besonderem Interesse ist die Verteilung der vollumfänglichen Verfahrenseinstellungen über die Katalogtaten. Diese ist – zunächst in absoluten Zahlen – in *Abbildung 56* dargestellt.

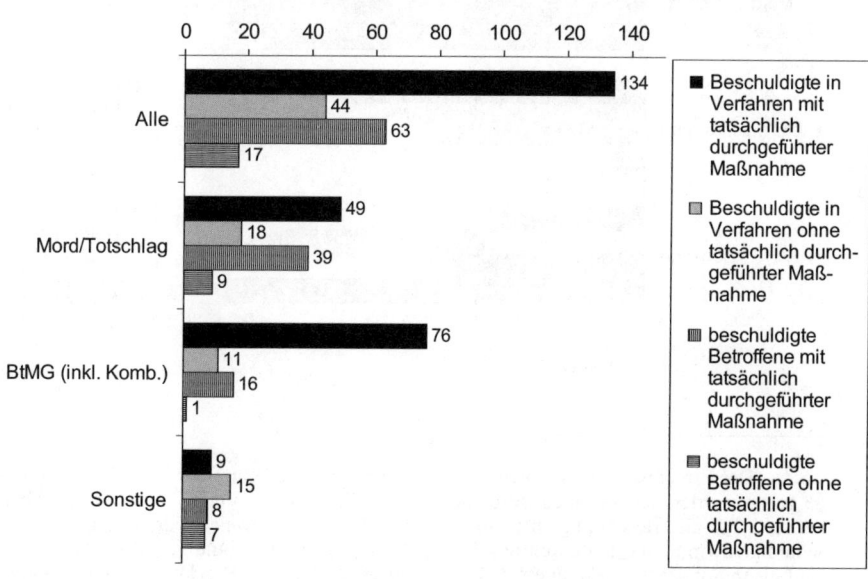

Abbildung 56: vollumfängliche Verfahrenseinstellungen über die Katalogtaten – absolut

In dieser Abbildung werden ebenfalls nochmals die Strukturunterschiede zwischen den Mord-/Totschlagsverfahren und den BtM-Verfahren deutlich: Es zeigt sich, wie bei den BtM-Verfahren die Unterschiede zwischen Beschuldigten und beschuldigten Betroffenen deutlich stärker ins Gewicht fallen als bei den Mord-/Totschlagsverfahren. Bei vielen in den BtM-Verfahren mit den beschuldigten Betroffenen im Verfahren geführten Mitbeschuldigten wird das Verfahren folglich eingestellt.

Der Befund verdeutlicht sich nochmals, wenn man die Einstellungsquoten innerhalb der Katalogtatverteilungen betrachtet. Diese ist in der folgenden *Abbildung 57* dargestellt.

Die unter „Sonstige" zusammengefassten Verfahren zeichnen sich vor allem dadurch aus, dass in über einem Drittel eine Maßnahme tatsächlich gar nicht durchgeführt wurde.

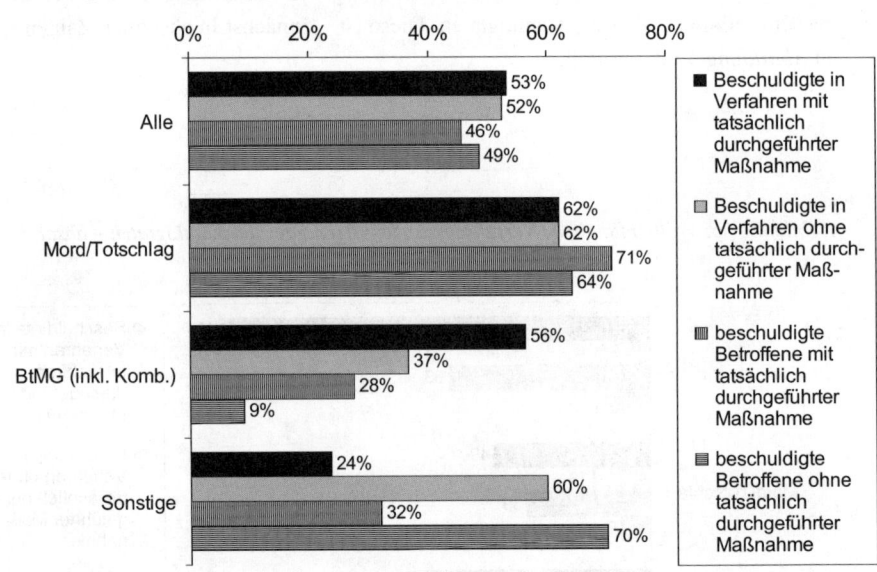

Abbildung 57: Einstellungsquoten über die Katalogtaten – in %[398]

	Alle	Mord/Totschlag	BtMG (inkl. Komb.)	Sonstige
Beschuldigte in Verfahren mit tatsächlich durchgeführter Maßnahme	53%	62%	56%	24%
Beschuldigte in Verfahren ohne tatsächlich durchgeführter Maßnahme	52%	62%	37%	60%
beschuldigte Betroffene mit tatsächlich durchgeführter Maßnahme	46%	71%	28%	32%
beschuldigte Betroffene ohne tatsächlich durchgeführter Maßnahme	49%	64%	9%	70%

---

[398] Der Errechnung der Quoten können liegen nicht die Werte der *Tabelle 18* zugrunde gelegt werden, da dort auch Beschuldigte mit unbekanntem Verfahrensausgang enthalten sind. Für alle Beschuldigten ist hier auf *Tabelle 20* zu verweisen; die Anzahl der Beschuldigten (mit/ohne Durchführung der Maßnahme) und beschuldigten Betroffenen (ebenfalls mit/ohne) mit bekanntem Verfahrensausgang betragen respektive für die Katalogtat Mord/Totschschlag 79, 29, 55, 14, BtMG 135, 30, 58, 11 und Sonstige 38, 25, 25, 10.

Hier zeigt sich nun, dass die Einstellungsquoten bei den Mord-/Totschlagsverfahren unabhängig von der tatsächlichen Durchführung einer Wohnraumüberwachungsmaßnahme recht hoch liegen. Verengt man den Blick auf die beschuldigten Betroffenen, ist gar eine noch höhere Einstellungsquote festzustellen. Hier schlägt sich ein relativ großer Teil der Verfahren nieder, in denen gegen den beschuldigten Betroffenen als einzigen Beschuldigten des Verfahrens trotz (durchgeführter) Wohnraumüberwachungsmaßnahme kein Tatnachweis erbracht werden konnte.

Auffallend ist hingegen bei den BtM-Fällen der große Unterschied der Einstellungsquoten zwischen Beschuldigten insgesamt und beschuldigten Betroffenen (zu vergleichen sind jeweils die Untergruppen mit durchgeführten und nicht durchgeführten Maßnahmen). Dieser Unterschied ist vor allem auf die hohe Einstellungsquote bei den neben den betroffenen Beschuldigten im Verfahren befindlichen Mitbeschuldigten zurückzuführen, während das mit hoher Intensität gegen die beschuldigten Betroffenen als Hauptbeschuldigte betriebene Verfahren in eine Anklage mündet. Dies bedeutet freilich nicht, dass hierfür auch Ergebnisse der Wohnraumüberwachung kausal waren[399], wie auch durch die gar noch geringere Einstellungsquote bei den nicht durchgeführten Maßnahmen zeigt (wobei hier auf die geringen zugrunde liegenden absoluten Zahlen hinzuweisen ist). Allein die Beantragung einer Wohnraumüberwachungsmaßnahme zeugt allerdings von einer besonders hohen Ermittlungsintensität im Hinblick auf die beschuldigten Betroffenen, welche dann auch im Falle eines Fehlschlages der Maßnahme oftmals in einer Anklage resultiert. Hinzu kommt im Unterschied zu den Mord-/Totschlagsverfahren, in denen eine Täterschaft entweder bewiesen werden kann oder nicht, dass ein hinreichender Tatverdacht der BtM-Handelstätigkeit als solcher in vielen Verfahren bereits unabhängig von der Beantragung der Wohnraumüberwachungsmaßnahme bestand, mittels derselben jedoch weitere Strukturaufklärungen und die Sicherstellung größerer Mengen erreicht werden sollte. Auch im Falle eines Fehlschlags der Maßnahme erfolgt dann dennoch zumeist Anklage auf der Grundlage der sonstigen Beweismittel; der fehlende Beweiswert der Wohnraumüberwachung mag sich dann vor allem im Strafmaß niederschlagen. (Sicherlich existieren auch Verfahren, in denen es deswegen dennoch zur Einstellung kommt: so zeigt sich, dass hinsichtlich der 28 % Einstellungen bei den beschuldigten Betroffenen die Beweismittel neben der Wohnraumüberwachung offenbar nicht für eine Anklageerhebung ausreichten, während dies bei einer nicht durchgeführten Maßnahme in geringerem Umfang der Fall war.)

Hinsichtlich der anderen Katalogtaten zeigt sich bereits bei Betrachtung der absoluten Zahlen, dass es sich um Einzelfälle handelt. Insoweit sind hier auch die entsprechenden Quoten wenig aussagekräftig.

---

[399] Vgl. hierzu unten Kapitel H.

b. Einstellungsgrundlagen und -gründe

Im Folgenden sind noch die Einstellungsgrundlagen genauer zu untersuchen. Sie sind in *Tabelle 21* in eine Übersicht gebracht.

Tabelle 21: Einstellungsgrundlagen (n=487)[400]

	§ 153 StPO	§§ 154/154a StPO	§ 154b StPO	§ 205 StPO analog	§ 170 II StPO	§§ 170 II und 154/154a StPO	§ 31a BtMG	Gesamt
Anklage unter Einstellung in peripherer Hinsicht		19				1	2	22
Anklage unter Einstellung in substantieller Hinsicht		1				2	10	13
vollumfängliche Verfahrenseinstellung	3	1	3		169		2	178
Beschuldigter flüchtig oder abgeschoben				6				6
Gesamt	3	21	3	6	172	12	2	219

Mit insgesamt 169 Fällen nimmt die vollumfängliche Verfahrenseinstellung aufgrund für die Anklageerhebung nicht ausreichenden Tatnachweises nach § 170 Abs. 2 StPO die deutlich häufigste Stellung ein. Sie stellt nahezu 80 % aller Einstellungen dar.

Die Anklagen unter Einstellung in peripherer Hinsicht betrafen ausschließlich BtM-Fälle (14 Beschuldigte in neun Verfahren) sowie das Verfahren mit der Katalogtat Bandendiebstahl (dort zehn der insgesamt 15 Beschuldigten) und einen Beschuldigten eines Bestechlichkeitsverfahrens. Wie sich aus obiger *Tabelle 21* ergibt, handelte es sich hier im Wesentlichen um Einstellungen nach §§ 154/154a. Die Einstellungen begründen sich somit vor allem mit dem Absehen der Verfol-

---

[400] Bei den sich in der Summe gegenüber *Tabelle 19* und *Tabelle 20* ergebenden Abweichungen konnte die Einstellungsgrundlage nicht festgestellt werden.

gung von unwesentlichen Nebenstrafen bzw. einer Beschränkung der Strafverfolgung.

Die Anklagen unter Einstellung in substantieller Hinsicht entfallen vor allem auf das Verfahren mit der Katalogtat nach §§ 129/129a StGB. Dieses äußerst umfängliche Verfahren betraf eine Vielzahl von Tatkomplexen; die Anklageerhebung konzentrierte sich allerdings maßgeblich auf den § 129 StGB-Vorwurf. In diesem Verfahren mit ursprünglich 44 Beschuldigten erfolgten ebenfalls in größerem Umfang Verfahrensabtrennungen. Anklagen unter Einstellung in substantieller Hinsicht gab es auch in einem BtM-Verfahren mit zwei Beschuldigten (hier war der Tatnachweis des Handeltreibens mit BtM im größeren Umfang nicht gelungen, die Beschuldigten wurden daher auf der Grundlage der zu Beginn des Verfahrens bereits beweiskräftig festgestellten BtM-Mengen beim Schöffengericht angeklagt) und dem Verfahren mit der Kombination der Katalogtaten Geldfäschung/Hehlerei/BtM (hier konnte die Herkunft des Falschgeldes nicht geklärt werden, so dass der Vorwurf der Geldfälschung fallengelassen werden musste).

Die vollumfänglichen Verfahrenseinstellungen begründen sich regelmäßig in der Ausschöpfung aller Ermittlungsmöglichkeiten. In den Fällen ihrer Durchführung konnte dann auch die Wohnraumüberwachung einen entsprechenden Tatnachweis nicht erbringen.

1.3 Ausgang des Hauptverfahrens

Wie sich bereits aus obigen Ausführungen ergibt, wurde gegen insgesamt 158 Beschuldigte – darunter 93 beschuldigte Betroffene – Anklage erhoben (wenn auch zum Teil unter gleichzeitiger Einstellung peripherer oder substantieller Tatvorwürfe[401]). Die Anklageschriften umfassten durchschnittlich 59 Seiten. Die Anklagen erfolgten fast ausschließlich zu einer Strafkammer des Landgerichts (§ 74 GVG). Sieben Beschuldigte wurden zum Schöffengericht angeklagt – es handelte sich hier um BtM-Fälle, in denen der Nachweis des Tatverdachtes hinsichtlich einer Handelstätigkeit nicht geringer Mengen trotz entsprechender Anhaltspunkte auch mittels der Wohnraumüberwachung nicht gelang, sowie einen Fall eines Bestechlichkeitsvorwurfes.

Die Hauptverhandlung konnte anhand der Sitzungsprotokolle bei 132 Beschuldigten nachvollzogen werden. Durchschnittlich wurden 17, in der Hälfte der Fälle bis zu sechs Hauptverhandlungstage festgestellt.

Gegen drei Beschuldigte wurde das Verfahren in der Hauptverhandlung vollumfänglich eingestellt (in einem Erpressungsfall mit zwei Beschuldigten stellte sich

---

[401] S.o. *Tabelle 20.*

heraus, dass ein einredefreier Anspruch bestand, die weitere Einstellung fand in einem BtM-Fall statt). In einem Mord-/Totschlagsverfahren – in dem die Wohnraumüberwachungsmaßnahme während der Hauptverhandlung angeordnet wurde – wurde das Hauptverfahren wegen unerreichbarer Beweismittel bis auf weiteres ausgesetzt. In anderen Verfahren lief die Hauptverhandlung zum Auswertungszeitpunkt noch bzw. war deren Ausgang nicht feststellbar.

Festgestellt wurden letztlich insgesamt 141 Verurteilungen und sechs Freisprüche. Der Umfang der festgestellten Urteilsausfertigungen betrug durchschnittlich 33 Seiten.

Der Ausgang des Hauptverfahrens ist für die angeklagten Beschuldigten nochmals übersichtlich in *Tabelle 22* dargestellt:

Tabelle 22: Ausgang des Hauptverfahrens für alle angeklagten Beschuldigten – absolut und in % (bezogen auf die jeweilige Untergruppe)

	Beschuldigte in Verfahren mit tatsächlich durchgeführter Maßnahme		Beschuldigte in Verfahren ohne tatsächlich durchgeführte Maßnahme		beschuldigte Betroffene mit tatsächlich durchgeführter Maßnahme		beschuldigte Betroffene ohne tatsächlich durchgeführte Maßnahme	
Verurteilung	106	90%	35	88%	67	89%	16	89%
Freispruch	4	3%	2	5%	3	4%	1	6%
Einstellung in der Hauptverhandlung	2	2%	1	3%	2	3%	0	0%
Aussetzung der Hauptverhandlung	3	3%	0	0%	3	4%	0	0%
Laufende Hauptverhandlung	5	4%	2	5%	0	0%	1	6%
Gesamt	118	100%	40	100%	75	100%	18	100%

Die sechs Freisprüche erfolgten in vier Tötungsverfahren (dreimal für den jeweiligen einzigen Beschuldigten des Verfahrens, in einem Fall für zwei Mitbeschuldigte, wobei der Hauptbeschuldigte verurteilt wurde) und einem Bestechungsverfahren; in zwei der Fälle laufen noch seitens der Staatsanwaltschaft eingelegte Rechtsmittelverfahren.

Insgesamt erfolgte eine Verurteilung bei 141 Beschuldigten bzw. 83 beschuldigten Betroffene. Auch hier ist die Verurteilungsquote offenbar von der Durchführung der Maßnahme unabhängig.

a. Verteilung der Verurteilungen über die Katalogtaten

Von Interesse ist auch bei den Verurteilungen die Verteilung über die Katalogtaten. Sie stellt abzüglich der geschilderten anderweitigen Beendigungen des Hauptverfahrens das Spiegelbild zu den Einstellungsquoten dar und ist in *Abbildung 58* wiedergegeben.

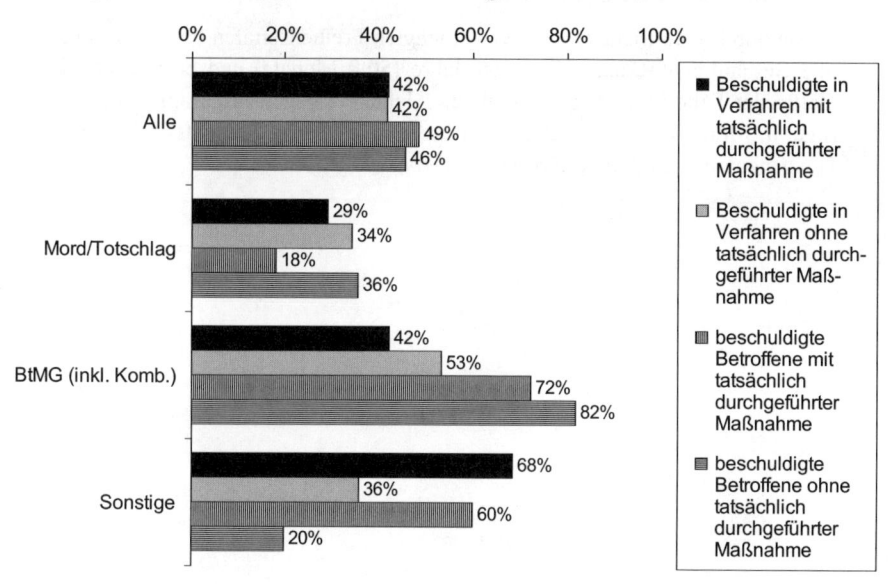

Abbildung 58: Verurteilungsquoten über die Katalogtaten – in %[402]

Sichtbar wird nochmals vor allem bei den BtM-Fällen der zu den Einstellungsquoten spiegelbildliche Befund, dass die Verurteilungsquoten bei den beschuldigten Betroffenen im Vergleich zu den Beschuldigten insgesamt relativ hoch sind.

---

[402] Die gegenüber *Abbildung 57* (Einstellungsquoten) auf 100 % fehlenden Werte sind auf die geschilderten abweichenden Hauptverfahrensausgänge oder noch laufende Hauptverfahren zurückzuführen.

Dies liegt, wie dargelegt, an der den BtM-Verfahren eigenen Konstellation, dass neben den Hauptbeschuldigten, gegen welche als beschuldigte Betroffene die Wohnraumüberwachung eingesetzt wird, oftmals noch eine Vielzahl weiterer „peripherer" Mitbeschuldigter geführt wird, gegen die es dann zu Einstellungen oder Abtrennungen kommt.

b. Dauer der Freiheitsstrafen

Die Verurteilung zu einer unbedingten Freiheitsstrafe erfolgte bei 99 Beschuldigten (70 % der Verurteilungen) bzw. 74 beschuldigten Betroffenen;

42 Beschuldigte und 15 beschuldigte Betroffene wurden zu einer Bewährungsstrafe verurteilt, und in zwei Fällen wurde lediglich eine Geldstrafe ausgesprochen (zwei Beschuldigte – und gleichzeitig beschuldigte Betroffene – eines Verfahrens wegen Zigarettenschmuggels, in dem der Haupttäter letztlich zu einer zweijährigen Bewährungsstrafe verurteilt wurde).

Die durchschnittliche Dauer der verhängten Freiheitsstrafen beträgt bezogen auf alle Beschuldigten knapp über vier Jahre (50,8 Monate) und beläuft sich in der Hälfte der Fälle immerhin noch auf drei Jahre[403]; gegen insgesamt fünf Beschuldigte in Mord-/Totschlagsverfahren wurden lebenslange Freiheitsstrafen verhängt. Die genauere Verteilung ergibt sich aus *Abbildung 59*:

---

[403] Im Vergleich zur Studie zur Telekommunikationsüberwachung ergibt sich somit ein um ein Jahr höherer durchschnittlicher Strafrahmen, vgl. ALBRECHT/DORSCH/KRÜPE (2003), 346.

Verfahrensausgang 269

Abbildung 59: Dauer der Freiheitsstrafen (unbedingt und auf Bewährung) – absolut

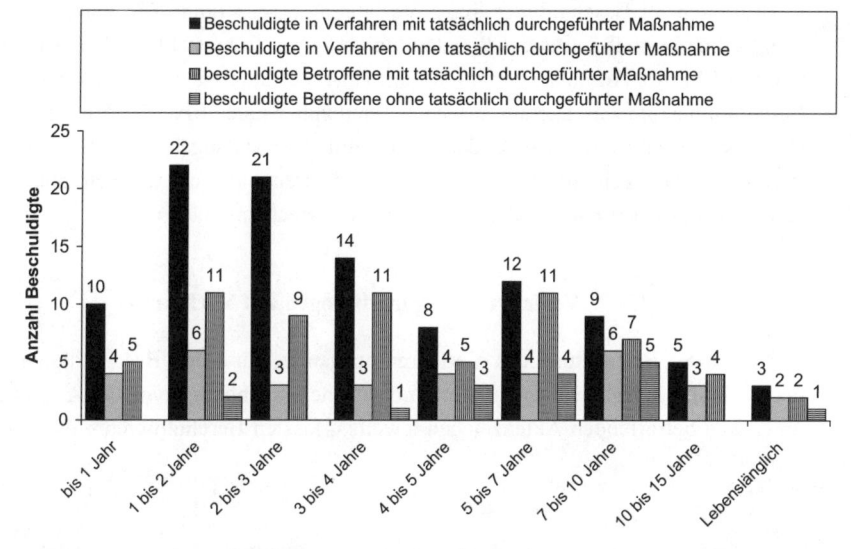

■ Beschuldigte in Verfahren mit tatsächlich durchgeführter Maßnahme
☐ Beschuldigte in Verfahren ohne tatsächlich durchgeführter Maßnahme
▦ beschuldigte Betroffene mit tatsächlich durchgeführter Maßnahme
▤ beschuldigte Betroffene ohne tatsächlich durchgeführter Maßnahme

Die Angabe der über die Katalogtaten aufgeschlüsselten und nach Beschuldigten sowie beschuldigten Betroffenen mit und ohne durchgeführte(r) Maßnahme unterschiedenen entsprechenden Mittelwerte und Mediane der Freiheitsstrafen in Monaten lässt sich der folgenden *Tabelle 23* entnehmen.

Tabelle 23: Mittelwerte und Mediane der Freiheitsstrafen in Monaten

	Beschuldigte in Verfahren mit tatsächlich durchgeführter Maßnahme		Beschuldigte in Verfahren ohne tatsächlich durchgeführte Maßnahme		beschuldigte Betroffene mit tatsächlich durchgeführter Maßnahme		beschuldigte Betroffene ohne tatsächlich durchgeführte Maßnahme	
	Mittelwert	Median	Mittelwert	Median	Mittelwert	Median	Mittelwert	Median
Alle	48,4	36	58,2	48	55,1	46	65,7	66
Mord/Totschlag	65,3	33	84,9	84	93,6	96	69,6	66
BtMG (inkl. Komb.)	50,4	46	47,2	37,5	53,1	47	61,7	60
Sonstige	27,4	24	48,1	48	32	27	74	74

1.4 Rechtsmittelverfahren

Bezüglich 30 Beschuldigter in 22 Verfahren wurden (zum Teil zum Auswertungszeitpunkt noch laufende) Rechtsmittelverfahren festgestellt. Es handelte sich um zwölf Mord-/Totschlagsverfahren, fünf BtM-Verfahren und hinsichtlich einiger Beschuldigter um das Verfahren wegen Bandendiebstahls bzw. Verfahren wegen Bestechung und Raub. Keine der Rechtsmittelbegründungen wies Bezüge zur Wohnraumüberwachung auf. Die Revisionsverfahren endeten – wo nicht noch laufend – bis auf einen Fall mit der Verwerfung des Rechtsmittels.

2. Verfahrensausgang bezogen auf Verfahren

Neben der Betrachtung des Verfahrensausganges für jeden Beschuldigten soll der Verfahrensausgang auch auf Verfahrensebene – unabhängig von der Anzahl der unter dem betreffenden Aktenzeichen jeweils erfassten Beschuldigten – dargestellt werden.

2.1 Ausgang nicht feststellbar

Bei zehn der 116 Verfahren konnte der Verfahrensausgang nicht festgestellt werden, da es sich zum Auswertungszeitpunkt um noch laufende Verfahren handelte. Dies waren sieben Mord-/Totschlagsverfahren (davon vier mit tatsächlich durchgeführter Wohnraumüberwachung) sowie je ein BtM- und ein Bestechungsverfahren mit ebenfalls durchgeführter Überwachungsmaßnahme. Ebenfalls keine Angaben liegen für das ausländische BtM-Verfahren vor, in welchem im Wege der Rechtshilfe eine Wohnraumüberwachung durchgeführt werden sollte, aber durch die zuständige Staatsschutzkammer nicht angeordnet wurde.

2.2 Einstellungen gegen alle Beschuldigte des Verfahrens

44 Verfahren wurden gegen alle Beschuldigten vollumfänglich eingestellt. Dabei handelte es sich in 30 Fällen um ein Verfahren mit der Katalogtat Mord/ Totschlag, in 25 dieser Verfahren wurde eine Wohnraumüberwachung auch tatsächlich durchgeführt. Elf der Verfahren richteten sich gegen nur einen Beschuldigten, 14 Verfahren gegen zwei Beschuldigte und vier Verfahren gegen bis zu fünf Beschuldigte. Auch ein bis zuletzt gegen Unbekannt geführtes Mord-/Totschlagsverfahren wurde ebenfalls eingestellt.

Des weiteren wurden zehn BtM-Verfahren gegen alle in ihnen geführten Beschuldigten eingestellt; es handelt sich um fünf Verfahren gegen einen und je ein

Verfahren gegen drei, sieben, neun, elf und 32 Beschuldigte. In acht dieser Verfahren wurde eine Wohnraumüberwachung tatsächlich durchgeführt.

Bei den anderen gegen alle Beschuldigten eingestellten Verfahren handelt es sich um zwei Verfahren mit der Katalogtat Raub/räuberische Erpressung und je ein Verfahren mit der Katalogtat Geldwäsche und Bestechung/Bestechlichkeit, wobei es bei letzteren zu einer Durchführung der Wohnraumüberwachungsmaßnahme kam.

In zwei weiteren Verfahren – einem BtM-Verfahren gegen sieben Beschuldigte mit durchgeführter Wohnraumüberwachungsmaßnahme und einem Verfahren wegen Bestechung/Bestechlichkeit mit zehn Beschuldigten und mehreren gerichtlich abgelehnten Wohnraumüberwachungsmaßnahmen – konnten neben der Verfahrenseinstellung hinsichtlich der Hauptbeschuldigten nur noch vorherige Verfahrensabtrennungen festgestellt werden. Diese Verfahren konnten insofern nicht als gegen alle Beschuldigten als eingestellt betrachtet werden, auch wenn von einer späteren Anklage nicht auszugehen ist.

2.3 Kombinationen zwischen Einstellungen und Anklagen

In 28 Verfahren lagen Kombinationen zwischen Einstellungen und Anklagen vor.

Es handelt sich um neun Mord-/Totschlagsverfahren; in vier dieser Verfahren wurde eine Wohnraumüberwachungsmaßnahme auch tatsächlich durchgeführt. Fünf der Verfahren richten sich gegen bis zu fünf Beschuldigte und vier der Verfahren gegen acht (es handelte sich um einen Raubmord), neun, zwölf (in diesen Verfahren handelte es sich um Auftragsmorde) und 30 Beschuldigte (im letzten Verfahren in Tateinheit mit Landfriedensbruch).

Hinzu kommen 14 BtM-Verfahren, bei denen es in neun Fällen zu einer Durchführung der Maßnahme kam. Die Beschuldigten verteilen sich hier relativ gleichmäßig zwischen zwei und 14 Beschuldigten pro Verfahren.

Einzelfälle bilden wiederum Verfahren mit den Katalogtaten Bandendiebstahl, Raub/räuberische Erpressung, Geldwäsche und §§ 129/129a StGB.

In allen diesen Verfahren kommt es auch zu Verurteilungen.

2.4 Anklagen gegen alle Beschuldigten des Verfahrens

Eine Anklage wurde in 32 Verfahren gegen alle unter dem entsprechenden Aktenzeichen verfolgten Beschuldigten erhoben.

Dies sind zehn Mord-/Totschlagsverfahren, in denen allen auch die Wohnraumüberwachungsmaßnahme durchgeführt wurde. Sechs dieser Verfahren richteten sich gegen nur einen Beschuldigten, die vier weiteren Verfahren gegen bis zu fünf Beschuldigte.

Auch in 17 BtM-Verfahren wurden alle Beschuldigten angeklagt. Hier wurde in 13 dieser Verfahren die Wohnraumüberwachungsmaßnahme tatsächlich durchgeführt. Elf dieser Verfahren richteten sich gegen nur einen Beschuldigten, sechs weitere Verfahren gegen bis zu sechs Beschuldigte.

Anklagen erfolgten ebenfalls gegen die einzigen zwei Beschuldigten eines Verfahrens wegen Schwerer Erpressung mit durchgeführter Wohnraumüberwachung, den einzigen Beschuldigten eines Verfahrens mit gerichtlich abgelehnter Maßnahme, alle fünf Beschuldigte wegen eines Verstoßes gegen das AusländerG, wobei in diesem Verfahren die Maßnahmen nicht umgesetzt werden konnten, und gegen die Beschuldigten der Verfahren mit jeweils auf Grundlage der Katalogtatenkombination Raub/WaffG und Geldfälschung/Hehlerei/BtMG durchgeführten Maßnahmen.

Eine Verurteilung aller Beschuldigten konnte in 24 Verfahren festgestellt werden. Die Differenz ergibt sich aus Freisprüchen, Verfahrenseinstellungen in der Hauptverhandlung (s.o.) und zum Zeitpunkt der Auswertung noch laufender Hauptverhandlungen (bzw. in einem Fall deren nicht feststellbarer Ausgang, da sie im Ausland durchgeführt wird).

2.5 Einstellungs- und Anklagequote

Zusammenfassend lässt sich somit bezogen auf die Verfahren feststellen: Insgesamt werden 44 (38 %) der festgestellten 116 Verfahren gegen alle Beschuldigten vollumfänglich eingestellt. Eine Anklage gegen alle Beschuldigte erfolgt in 32 Verfahren (28 %). In 30 Verfahren (26 %) liegen hinsichtlich der mehreren in ihnen verfolgten Beschuldigten Kombinationen zwischen Einstellungen und Anklagen vor. In 28 (24 %) dieser Verfahren erfolgte jedoch eine Anklage hinsichtlich mindestens eines Beschuldigten, in zwei Verfahren (2 %) sind Einstellungen und Verfahrensabtrennungen kombiniert. Für insgesamt zehn zum Auswertungszeitpunkt noch laufende Verfahren (9 %) konnte der Ausgang nicht festgestellt werden.

In der folgenden *Abbildung 60* wird die geschilderte Verteilung nochmals getrennt nach Verfahren mit durchgeführter und nicht durchgeführter Wohnraumüberwachung in Beziehung mit den Katalogtaten dargestellt.

Abbildung 60: Ausgang der Verfahren mit durchgeführten und nicht durchgeführten Wohnraumüberwachungen nach Katalogtaten – absolut und in %

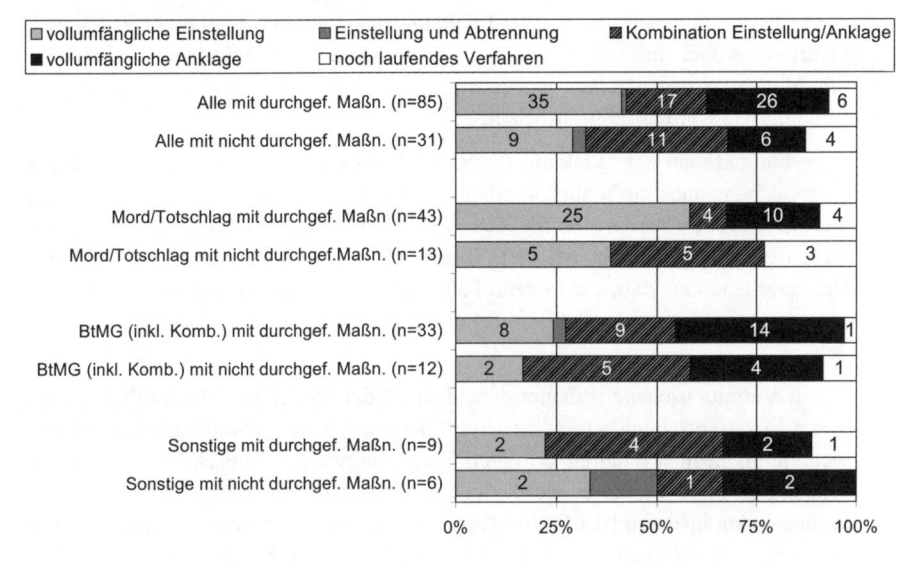

	vollumfängliche Einstellung	Einstellung und Abtrennung	Kombination Einstellung/Anklage
	vollumfängliche Anklage	noch laufendes Verfahren	

Alle mit durchgef. Maßn. (n=85): 35 | 17 | 26 | 6
Alle mit nicht durchgef. Maßn. (n=31): 9 | 11 | 6 | 4

Mord/Totschlag mit durchgef. Maßn (n=43): 25 | 4 | 10 | 4
Mord/Totschlag mit nicht durchgef.Maßn. (n=13): 5 | 5 | 3

BtMG (inkl. Komb.) mit durchgef. Maßn. (n=33): 8 | 9 | 14 | 1
BtMG (inkl. Komb.) mit nicht durchgef. Maßn. (n=12): 2 | 5 | 4 | 1

Sonstige mit durchgef. Maßn. (n=9): 2 | 4 | 2 | 1
Sonstige mit nicht durchgef. Maßn. (n=6): 2 | 1 | 2

3. Verfahrensausgang bezogen auf Katalogtaten

Die jeweiligen Angaben sind nun sowohl auf Beschuldigtenebene wie auch auf Verfahrensebene für die einzelnen Katalogtaten, gemäß derer in den entsprechenden untersuchten Verfahren Wohnraumüberwachungsmaßnahmen beantragt wurden, zu konkretisieren. Hier kann auch eine den bei einigen Katalogtaten vorliegenden geringen Fallzahlen gerecht werdende Einzelfallbetrachtung erfolgen.

3.1 Mord und Totschlag

In den 56 Verfahren, in denen ein Wohnraumüberwachungsantrag auf der Grundlage von Mord/Totschlag als Katalogtat erging, wurden insgesamt 165 Personen formal als Beschuldigte geführt. In 43 dieser Verfahren wurde eine Wohnraumüberwachungsmaßnahme auch tatsächlich in Bezug auf 63 betroffene Beschuldigte durchgeführt; hinsichtlich 21 beschuldigter Betroffener in den restlichen Verfahren kommt es zu keiner tatsächlichen Überwachung.

Insgesamt kommt es gegen 41 Personen – darunter 21 beschuldigte Betroffene – in 19 Verfahren zu einer Anklage, in acht Verfahren ist dies eine Anklage gegen sämtliche unter dem Aktenzeichen geführte Beschuldigte. 21 Beschuldigte werden vom zur Auswertung vorliegenden Verfahren abgetrennt und bei 18 Beschuldigten war das Verfahren zum Auswertungszeitpunkt noch nicht abgeschlossen. Bei 19 weiteren Beschuldigten finden sich keine Angaben über den Verfahrensausgang in den Akten, hinsichtlich der Verbleibenden wird das Verfahren eingestellt.

33 Beschuldigte werden zu einer Freiheitsstrafe zwischen neun und 180 Monaten verurteilt, wobei diese in einem Fall zur Bewährung ausgesetzt wird. Fünf Beschuldigte werden zu einer lebenslangen Freiheitsstrafe verurteilt. Weitere fünf Beschuldigte werden freigesprochen.

Beschränkt man den Blick auf die 63 beschuldigten Betroffenen, bei denen eine Überwachung auch tatsächlich stattfand, so zeigt sich, dass 21 von ihnen angeklagt wurden – gegen weitere wurde das Verfahren eingestellt oder ist der Verfahrensausgang (noch) nicht bekannt. Gegen 15 beschuldigte Betroffene fand eine Hauptverhandlung statt, die in zehn Fällen mit einer Verurteilung (davon zweimal zu einer lebenslangen Freiheitsstrafe) und in fünf Fällen mit einem Freispruch endete.

Auf Verfahrensebene bedeutet dies, dass 30 der 56 der Verfahren mit der Katalogtat Mord/Totschlag bereits im Ermittlungsverfahren vollumfänglich eingestellt werden. In neun Verfahren erfolgten Einstellungen nur hinsichtlich einiger Beschuldigter, in 10 Verfahren werden alle Beschuldigten angeklagt. Mit einer Verurteilung enden insgesamt 13 Mord-/Totschlagsverfahren, hinsichtlich sieben Verfahren liegen – da sie noch nicht abgeschlossen sind – keine Angaben vor.

3.2 Bandendiebstahl, schwerer Bandendiebstahl

Beschuldigte des einzigen Verfahrens, in dem ein Überwachungsantrag mit der Katalogtat (Schwerer) Bandendiebstahl erging, waren 15 Personen, 14 davon waren auch unmittelbar Betroffene der durchgeführten Überwachungsmaßnahme.

Hier kommt es zu einer Anklage und Hauptverhandlung gegen zehn Beschuldigte, vier Beschuldigte werden jeweils abgetrennt, hinsichtlich eines Beschuldigten erfolgt eine Einstellung.

Von den zehn angeklagten Beschuldigten werden fünf zu einer unbedingten und fünf zu einer Bewährungsstrafe zwischen zwölf und 39 Monaten verurteilt (Durchschnitt 26 Monate).

3.3 Schwerer Raub/räuberische Erpressung

Ein Wohnraumüberwachungsantrag mit der Katalogtat Schwerer Raub/räuberische Erpressung wurde in drei Verfahren mit insgesamt 19 Beschuldigten gestellt. In allen Verfahren wurde dieser gerichtlicherseits abgelehnt, bzw. in einem Fall lag nach Auffassung der Staatsschutzkammer wegen des Einverständnisses des geschädigten Wohnungsinhabers ein Fall des § 100c Abs. 1 Nr. 2 StPO vor. In allen Fällen wird das Verfahren jeweils vollumfänglich eingestellt, zu einer Hauptverhandlung kommt es gegen keinen der Beschuldigten.

3.4 Erpressung im besonders schweren Fall

Es werden zwei Verfahren mit einer Anordnung nach dieser Katalogtat gegen insgesamt sechs Beschuldigte geführt. Fünf dieser Personen waren auch zugleich als Betroffene unmittelbare Zielpersonen der jeweils durchgeführten Überwachungsmaßnahme. Insgesamt drei Personen werden angeklagt (wobei hier in einem Fall nach der Anklage die Abgabe an eine andere Staatsanwaltschaft erfolgt), hinsichtlich drei weiterer das Verfahren gemäß § 170 Abs. 2 StPO eingestellt. Eine Verurteilung liegt nur bei einem Beschuldigten vor: es wird eine 18monatige Bewährungsstrafe verhängt. Bei zwei Beschuldigten wird das Verfahren in der Hauptverhandlung nach § 153a und § 154/154a StPO eingestellt (da sich herausstellte, dass ein einredefreier Anspruch auf den Erpressungsgegenstand bestand).

3.5 Geldwäsche und Verschleierung unrechtmäßig erlangter Vermögenswerte

Es werden zwei Verfahren gegen insgesamt zehn Beschuldigte geführt, welche allesamt auch Betroffene der durchgeführten Maßnahme sind. Eine Anklage wird gegen drei Beschuldigte des einen Verfahrens erhoben (des weiteren vier Einstellungen, zwei Abtrennungen, ein Beschuldigter ist flüchtig), eines der zwei Verfahren wird damit vollumfänglich eingestellt. Zwei der drei Beschuldigten werden zu Geldstrafen verurteilt, die gegen den dritten Beschuldigten ausgesprochene Bewährungsstrafe beträgt 24 Monate.

3.6 Bestechung/Bestechlichkeit

Es wird in vier Verfahren gegen insgesamt 14 Personen ermittelt. In zwei Verfahren wird die Wohnraumüberwachung durchgeführt, in den beiden anderen wurde sie gerichtlich abgelehnt.

Ein Verfahren mit sieben Beschuldigten, welche allesamt als Zielpersonen der (gerichtlich abgelehnten) Maßnahme betroffen wären, wurde vollumfänglich eingestellt, wobei zuvor noch Verfahrensabtrennungen erfolgten.

In einem weiteren Verfahren mit einer gerichtlich abgelehnten Wohnraumüberwachung wurde der einzige Beschuldigte in erster Instanz freigesprochen, ein Berufungsverfahren läuft derzeit.

Ein noch laufendes Verfahren mit durchgeführter Geschäftsraumüberwachung stand nur begrenzt zur Einsicht zur Verfügung, es konnte dort formal nur ein betroffener Beschuldigter festgestellt werden.

In dem zweiten Fall einer – einverständlich – durchgeführten Überwachung im Zusammenhang mit einer Bestechungshandlung wurde das Verfahren gegen die beiden betroffenen Beschuldigten eingestellt.

3.7 Straftaten nach dem Betäubungsmittelgesetz

Es werden 44 Verfahren gegen insgesamt 205 Beschuldigte geführt, von denen 77 angeklagt werden. Eine vollumfängliche Verfahrenseinstellung erfolgt hingegen bei 87 Beschuldigten, bei zwei Beschuldigten kann hierzu wegen des zum Auswertungszeitpunkt noch laufenden Verfahrens keine Angabe gemacht werden. In den verbleibenden Fällen erfolgt eine Abtrennung des Verfahrens oder die Beschuldigten sind unbekannten Aufenthaltsortes.

Eine unbedingte Freiheitsstrafe wird gegen 52 Beschuldigte verhängt, 22 werden unter Bewährung gestellt. Die durchschnittliche Dauer der verhängten Strafen beträgt 48,7 Monate und reicht von neun bis 117 Monaten.

In 32 Verfahren fand eine Überwachung tatsächlich statt, in denen 45 von 168 Personen angeklagt und zu durchschnittlich 47monatigen Freiheitsstrafen verurteilt werden (davon 16 auf Bewährung).

Nimmt man auch hier wieder lediglich die 66 Beschuldigten in den Blick, welche auch tatsächlich Betroffene einer durchgeführten Überwachungsmaßnahme waren, so zeigt sich, dass hiervon 33 zu einer Freiheitsstrafe von durchschnittlich 51 Monaten verurteilt wurden (davon 9 auf Bewährung), gegen andere wurde das Verfahren eingestellt oder ließ sich etwa aufgrund von Verfahrensabtrennungen der Verfahrensausgang nicht positiv feststellen.

Auf Verfahrensebene bedeutet dies, dass 17 Verfahren mit einer Verurteilung aller Beschuldigten, 14 Verfahren mit einer Verurteilung einiger Beschuldigter und zehn Verfahren mit einer vollumfänglichen Einstellung enden (in einem Verfahren erfolgten zuvor noch Abtrennungen). In zwei Verfahren ließ sich der Ausgang aufgrund des noch laufenden Verfahrens nicht feststellen.

3.8 §§ 129/129a StGB

Von den 44 im einzigen Verfahren aus dem Erhebungszeitraum mit einer Anordnung der zugrundeliegenden Katalogtat nach §§ 129 Abs. 4/ 129a StGB Beschuldigten wurde gegen elf derselben bei gleichzeitiger Einstellung in substantieller Hinsicht Anklage (dennoch u.a. ebenfalls nach § 129 Abs. 4 StGB) erhoben, 33 Beschuldigte wurden abgetrennt. Gegen drei der Beschuldigten erging ein Urteil mit einer unbedingten Freiheitsstrafe zwischen 24 und 78 Monaten, gegen weitere sieben Beschuldigte mit einer Bewährungsstrafe zwischen neun und 24 Monaten, hinsichtlich eines weiteren liegen keine Angaben vor.

Da die Abhörung in einem „Clubhaus" erfolgte, konnte der Kreis der tatsächlich Betroffenen nicht eindeutig bestimmt werden. Die beiden Hauptbeschuldigten, gegen die sich die Anordnung richtete, wurden beide (u.a. auf der Grundlage des § 127 StGB) zu einer 54 bzw. 78monatigen Freiheitsstrafe verurteilt.

3.9 Ausländergesetz/Asylverfahrensgesetz

Von den fünf hier in einem Verfahren Beschuldigten und durchweg Angeklagten wurden drei zu einer unbedingten Freiheitsstrafe zwischen 36 und 48 Monaten verurteilt und zwei zu einer Bewährungsstrafe von zwölf bzw. 24 Monaten. Die Wohnraumüberwachung konnte in diesem Verfahren aufgrund faktischer Umstände allerdings nicht durchgeführt werden.

3.10 Kombination: Raub/räuberische Erpressung und WaffG

Drei hier in einem Verfahren verfolgte Beschuldigte und Zielpersonen der beim Geschädigten einverständlich durchgeführten Wohnraumüberwachungsmaßnahme (auch wenn sie faktisch nicht mit dieser in Berührung kamen) konnten aufgrund anderer Umstände ermittelt und zu Bewährungsstrafen von 18 und 24 Monaten sowie zu einer unbedingten Freiheitsstrafe von 58 Monaten verurteilt werden.

3.11 Kombination: Geld- u. Wertpapierfälschung, Hehlerei und BtMG

Der eine hier verfolgte und von der Überwachung seiner Wohnung betroffene Beschuldigte wurde zu einer 78monatigen Freiheitsstrafe verurteilt.

II. Zusammenfassung

Hinsichtlich des Verfahrensausganges ist in der Betrachtung einerseits nach allen Beschuldigten des Verfahrens und den im engeren Sinne beschuldigten Betroffenen, andererseits nach tatsächlich durchgeführten und nicht durchgeführten Maßnahmen zu unterscheiden. Hier ergeben sich zwischen den verschiednen Untergruppen aber – bemerkenswerterweise[404] – kaum nennenswert ins Gewicht fallende Unterschiede. Auffallend ist generell die hohe Anzahl von Verfahrensabtren-

---

[404] Vgl. im Hinblick auf die Rolle der Wohnraumüberwachung für das Verfahren jedoch Kapitel H. (Ergebnis der Maßnahmen).

nungen. Die vollumfängliche Einstellungsquote liegt bei rund 50 % aller Beschuldigten mit bekanntem Verfahrensausgang (Beschuldigte insgesamt 53 %, beschuldigte Betroffene 46 %). Die allermeisten dieser Verfahren werden auf der Grundlage von § 170 Abs. 2 StPO wegen einer für die Anklageerhebung nicht hinreichenden Beweislage eingestellt.

Deutlich treten allerdings wieder grundlegende Strukturunterschiede zwischen den vorherrschenden Mord-/Totschlagsverfahren und BtM-Verfahren hervor. Zum einen ist zu konstatieren, dass neben den betroffenen Beschuldigten weitere im Verfahren mitverfolgte Mitbeschuldigte in den BtM-Verfahren eine weitaus größere Rolle spielen (eine gewisse Ausnahme bilden die Tötungsverfahren mit vielen Beschuldigten, in denen ein Bezug zu einem Hintergrund größerer kriminell agierender Gruppierungen vorlag). Zum anderen ist zu beobachten, dass die Einstellungsquote bei den Mord-/Totschlagsverfahren in allen Beschuldigtenuntergruppen (Beschuldigte und betroffene Beschuldigte mit und ohne durchgeführte(r) Maßnahme) auf ähnlich hohem Niveau liegt (bei beschuldigten Betroffenen mit durchgeführter Maßnahme gar noch geringfügig höher), während hier bei den BtM-Verfahren eine deutliche Staffelung vorliegt. Einerseits liegt dies an den dargelegten unterschiedlichen Beschuldigtenstrukturen, andererseits ist auf die grundsätzlich unterschiedliche Beweissituation bei den Mord-/Totschlagsverfahren als bei den BtM-Verfahren zu verweisen: während bei den Mord-/Totschlagsverfahren ein Tatnachweis für die Tötung entweder positiv erbracht werden kann oder nicht, bedeutet der Fehlschlag einer Wohnraumüberwachungsmaßnahme in einem BtM-Verfahren zwar die Nichtausschöpfbarkeit einer Erkenntnisquelle, aber nicht notgedrungen die Nichtnachweisbarkeit der Handelstätigkeit oder Unmöglichkeit von Sicherstellungen aufgrund anderer Informationen – wenn auch ggf. nicht im erhofften Umfang. Die Wohnraumüberwachung ist hier als eindeutiger Indikator für die Verfolgungsintensität zu werten.

Die meisten erhobenen Anklagen resultieren in einer Verurteilung, die Verurteilungsquoten korrespondieren insoweit spiegelbildlich weitestgehend mit den Einstellungsquoten. Die insgesamt sechs Freisprüche erfolgten vor allem in Tötungsverfahren und in einem Bestechungsverfahren. Die durchschnittliche Dauer der festgestellten Freiheitsstrafen beträgt 50,8 Monate.

Konkrete Aussagen über den Einfluss der Wohnraumüberwachung auf den Verfahrensausgang lässt nur eine – im nächsten Kapitel folgende – Betrachtung des Ergebnisses der einzelnen Überwachungsmaßnahmen zu.

H. Ergebnis und Effizienz der akustischen Wohnraumüberwachung

Unter dem Begriff der Effizienz ist das Verhältnis zwischen dem erzielten Ergebnis und den eingesetzten Mitteln im Sinne einer Input-Output-Relation zu verstehen[405]. Der Input ist im Falle der akustischen Wohnraumüberwachung konsentiertermaßen hoch. Zum einen ist hier ein gravierender Grundrechtseingriff zu nennen, der bereits von Verfassungs wegen an besonders enge Voraussetzungen geknüpft ist. Zum anderen bedeutet die Durchführung einer akustischen Wohnraumüberwachung aber auch in tatsächlicher Hinsicht einen enormen Aufwand auf polizeilicher Seite. Wie sich auf dem Hintergrund der bisherigen Ausführungen zeigt, kommt sie nur selten und in bestimmten Verfahrenskonstellationen zum Einsatz[406]. Dabei handelt es sich bei einer Wohnraumüberwachungsmaßnahme auch in der überwiegenden Anzahl der Verfahren um einen Einzelfall[407]. In nur 19 der untersuchten 116 Verfahren konnte mehr als eine Maßnahme festgestellt werden, mehr als zwei Maßnahmen pro Verfahren kommen kaum vor.

Das Ergebnis einer Wohnraumüberwachungsmaßnahme und damit ihre Relevanz für das Verfahren hängt sowohl von faktischen als auch inhaltlichen Faktoren ab. Auf faktischer Ebene sind insbesondere die bereits erörterten mit der Umsetzung und tatsächlichen Durchführung der Maßnahme zusammenhängenden Fragen zu nennen: um inhaltliche Ergebnisse zu erbringen, muss es zunächst gelingen, die erforderliche Technik zu installieren und eine qualitativ auswertbare Sprachaufzeichnung zu gewinnen. Es wurde dargelegt, dass die Umsetzung der Maßnahme hier mit einer Vielzahl von faktischen Problemen belastet ist. Erst dann kann sich auf inhaltlicher Ebene die Frage stellen, welcher Natur die über die Wohnraumüberwachung gewonnenen Erkenntnisse sind und welche Bedeutung sie für die weitere Strafverfolgung haben.

Aufgrund der geringen Fallzahlen und der dadurch ermöglichten Vollerhebung, kann der „Output" jeder der festgestellten 143 Maßnahmen individuell nachvollzogen werden. Neben einer zumeist bereits durch die Ermittlungsbehörden in den Akten festgehaltenen Gesamterfolgsqualifizierung sowie gesondert erhobenen und operationalisierten unmittelbaren und mittelbaren Einzelerfolgen[408] spielten hier vor allem die dem jeweiligen Einzelfall gerecht werdenden Fallzusammenfassungen als qualitativer Zugang eine Rolle. Auf ihrer Grundlage wurde eine Ergebniskategorisierung erstellt.

---

[405] So ALBRECHT/DORSCH/KRÜPE (2003), 355 ff. m.w.N., die eine ausführliche Begriffsanalyse auch für den polizeilichen Bereich vornehmen.
[406] Vgl. oben Kapitel C. und D.
[407] Vgl. oben A./II./2.
[408] Vgl. bereits oben Erster Teil E./II./2.

Nur sehr schwer erfasst werden konnten allerdings weiterführende Ermittlungsansätze, welche in gesonderte Verfahrenseinleitungen resultierten oder in anderen Verfahren verwertet wurden, da sich hierzu in dem untersuchten „Mutterverfahren", in welchem die Maßnahme angeordnet wurde, regelmäßig keine entsprechenden Hinweise finden. Ein gewisser Rückschluss ist natürlich über das Gesamtergebnis der Maßnahme möglich (bei Maßnahmen, welche ergebnislos verliefen, scheidet auch eine Verwertung in weiteren Verfahren aus).

In den Expertengesprächen war auf Grundlagen der Erfolgsbeurteilung einzugehen.

I. Aktenanalyse

Die Ausführungen dieses Kapitels beziehen sich auf alle festgestellten 143 Wohnraumüberwachungsmaßnahmen. Wie im Kapitel Grundgesamtheiten dargelegt[409], konnten – bis auf das Verfahren im Zuständigkeitsbereich des Generalbundesanwaltes – zu allen festgestellten Verfahren des Erhebungszeitraumes grundlegende Informationen erlangt werden, die auch in den Fällen der nicht möglichen Akteneinsicht eine Ergebnismitteilung hinsichtlich der Maßnahme umfassten. Daher liegen für alle Maßnahmen entsprechende Angaben vor.

Etwaigen Effizienzbetrachtungen ist die einzelfallorientierte Frage des Ergebnisses der jeweiligen Maßnahme vorgelagert. Die Darstellung der Ergebniskategorisierung ist daher wichtigster Bestandteil der folgenden Ausführungen, etwaige Effizienzbetrachtungen werden hierdurch weitgehend präkludiert.

1. Erfolg und Ergebnis der Maßnahmen

1.1 Operationalisierung

Das Erhebungsinstrument für die Aktenanalyse umfasste auch ein Modul zur Dokumentation von auf die Maßnahme zurückzuführenden einzelnen unmittelbaren und mittelbaren Ermittlungserfolgen[410]. Im Laufe der Auswertung zeigte sich jedoch, dass eine solche Vorgehensweise dem Einzelfall nicht gerecht wird, da oftmals vielschichtige, die faktische Durchführung der Maßnahme betreffende Faktoren zu berücksichtigen waren, welche das Ergebnis der Maßnahme determinierten. Für eine Erfolgsbeurteilung ist überdies die spezifische Einsatzkonstellation auf dem Hintergrund des jeweiligen Ermittlungsstandes zum Zeitpunkt der Bean-

---

[409] S.o. A./I./4.
[410] Vgl. zur diesbezüglichen Operationalisierung auch ALBRECHT/DORSCH/KRÜPE/ (2003), 358 ff., wo diese Einzelerfolge den Hintergrund der gesamten Effizienzbetrachtung bildeten.

tragung der Maßnahme zu beachten. Der Wohnraumüberwachungsmaßnahme kommt – bereits aufgrund ihrer Subsidiarität und Ultima-ratio-Funktion – regelmäßig die Aufgabe zu, entweder eine letzte durch sämtliche vorherige Ermittlungsinstrumente nicht zu schließende Beweislücke zu füllen (so vornehmlich in den Mord-/Totschlagsverfahren) oder hochkonspirative Strukturen zu durchbrechen (so vornehmlich in den BtM-Verfahren). Ob eine Maßnahme als „erfolgreich" einzustufen ist, hängt also maßgeblich davon ab, ob es mit ihr im Einzelfall gelingt, weitergehende Erkenntnisse als mit allen anderen zuvor angewandten Ermittlungsinstrumenten zu erbringen.

Zu unterscheiden ist vorliegend dabei letztlich der „Erfolg" der Maßnahme als im Wesentlichen ein Ja/Nein-Kriterium und das „Ergebnis" der Maßnahme als eine dem Einzelfall gerecht werdende Kategorisierung, welche sich auf Fallzusammenfassungen als qualitatives Erhebungsinstrument stützt.

Die Darstellung erfolgt somit in drei Schritten: Insbesondere auf dem Hintergrund der manifesten faktischen Durchführungsprobleme ist zunächst eine Gesamteinordnung der Maßnahmen im Sinne einer Ja/Nein-Erfolgsqualifizierung – ähnlich des Verfahrensrelevanzkriteriums in den Berichten nach § 100e StPO – von Bedeutung. Hier konnte zumeist auf eine bereits sich in den Akten befindliche Bewertung durch die Ermittlungsbehörden zurückgegriffen werden. In einem zweiten Schritt waren die qualitativ erhobenen Ergebnisse der Maßnahmen genauer zu kategorisieren und zu untersuchen. Sodann erfolgt die Dokumentation gesondert erhobener unmittelbarer und mittelbarer auf eine Maßnahme zurückzuführender Einzelerfolge.

1.2 Erfolgsqualifizierung

Neben den insgesamt 24 Maßnahmen, welche gar nicht in das Stadium der Anordnung gelangten (hierunter befinden sich neben den nicht beantragten, zurückgenommenen und gerichtlich in materieller Hinsicht abgelehnten Maßnahmen auch die beiden Maßnahmen, die letztlich auf der Grundlage von § 100c Abs. 2 Nr. 2 StPO durchgeführt wurden), konnte in 89 Fällen den Akten eine durch die Ermittlungsbehörden in Ermittlungs-, Sachstands- oder polizeilichen Abschlussvermerken vorgenommene Erfolgsqualifizierung entnommen werden. Hinzu kommen weitere 21 Maßnahmen, in denen trotz eines fehlenden expliziten Aktenhinweises aufgrund einer sich auf den Ermittlungszusammenhang stützenden Einschätzung im Zuge der Auswertung eine entsprechende Qualifizierung vorgenommen werden konnte.

Als „erfolgreich" waren dabei diejenigen Maßnahmen zu qualifizieren, welche weiterführende Erkenntnisse erbrachten. In einigen Fällen war dies gar der direkte Tatnachweis, in anderen Fällen waren dies zumindest Erkenntnisse, auf die weitere Ermittlungen aufgebaut werden konnten.

Unter „bedingt erfolgreich" sind Maßnahmen erfasst, welche zwar belastende Indizien erbrachten oder bestätigten, aber letztlich das Verfahren nicht voranbrachten, da keine neuen Erkenntnisse oder Aussagen der Zielpersonen dokumentiert werden konnten und somit die Maßnahme hinter den mit ihr verknüpften Erwartungen zurückblieb.

„Nicht erfolgreich" waren schließlich aus inhaltlichen oder technischen Gründen ergebnislose Maßnahmen. Dazu gehören auch die insgesamt 27 Fälle, in denen trotz Anordnung der Maßnahme deren tatsächliche Umsetzung an Installationsproblemen oder aus anderen Gründen scheiterte und somit gleichfalls kein inhaltliches Ergebnis erzielt werden konnte.

Die Verteilung der entsprechenden Erfolgsqualifizierung ergibt sich aus *Abbildung 61*:

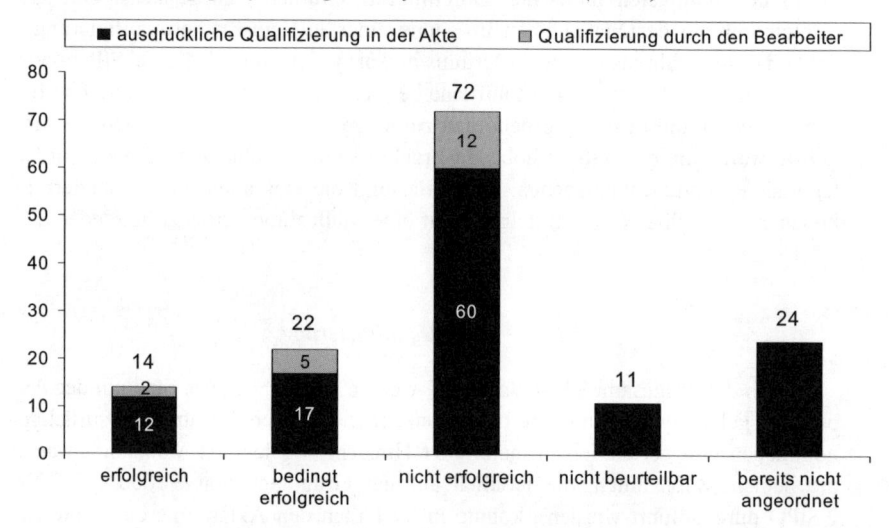

Abbildung 61: Erfolgsqualifizierung der Maßnahmen – absolut (n=143)

Unter „nicht beurteilbar" sind vor allem Fälle erfasst, in denen sich das Ergebnis nicht lediglich in der Kategorie von erfolgreich/nicht erfolgreich einordnen ließ. Dies sind etwa drei gleichzeitig in einem Mord-/Totschlagsverfahren angeordnete Maßnahmen, welche kurzfristig entbehrlich wurden, da die Tatverdächtigen in einer Vernehmung unmittelbar vor Beginn der Maßnahme die Tat gestanden. Desweiteren sind hier insbesondere BtM-Fälle zu nennen, in denen eine VP oder VE im Rahmen von Verkaufsverhandlungen für einen Vertrauenskauf mit einem Körpermikrofon/Personensender ausgestattet („verkabelt") wurde, in den Akten aber kein Hinweis darauf bestand, dass eine Wohnung auch tatsächlich betreten wurde.

Dementsprechend war nicht feststellbar, ob die Aufzeichnung tatrelevanter Gespräche auf dem faktischen Eingriff in Art. 13 GG beruhte und insoweit von einem spezifischen Erfolg der Maßnahme nach § 100c Abs. 1 Nr. 3 StPO zu sprechen wäre (später stellte sich dann zum Teil anhand eines Abgleiches mit den Mitteilungen nach § 100e StPO heraus, dass in diesen Fällen tatsächlich von einem Nichtbetreten und somit einer „Nichtdurchführung" der Maßnahme im Sinne von § 100c Abs. 1 Nr. 3 StPO auszugehen war, in einem Fall war dies bis zuletzt nicht feststellbar). In einem weiteren BtM-Fall mit einer Wohnung durchgeführten Überwachung fanden sich in der Akte allerdings bis auf den Anordnungsvorgang und die Benachrichtigung an die Betroffenen keinerlei weitere Hinweise auf die Maßnahme, gleichzeitig ließ sich nach Aktenlage aber auch nicht ausschließen, dass hier ein Zusammenhang zu der in der Folge festgestellten Kooperationsbereitschaft des Hauptbetroffenen im Rahmen des § 31 BtMG besteht. In schließlich einem weiteren BtM-Fall, in dem der Hauptbeschuldigte weiterhin flüchtig ist, ließen sich aus den Akten ebenfalls keine Hinweise über den Erfolg der Maßnahme entnehmen, wobei ein solcher auch nicht auszuschließen war.

In *Abbildung 62* ist die zusammengefasste, in den Akten vorgefundene und im Zuge der Auswertung getroffene Erfolgsqualifizierung der Maßnahmen in der Verteilung der ihnen zugrunde liegenden Katalogtaten wiedergegeben.

Abbildung 62: Katalogtatverteilung über die Erfolgsqualifizierungen (ohne 24 nicht angeordnete Maßnahmen und 11 Fälle, in denen eine Beurteilung nicht möglich ist) – absolut (n=108)

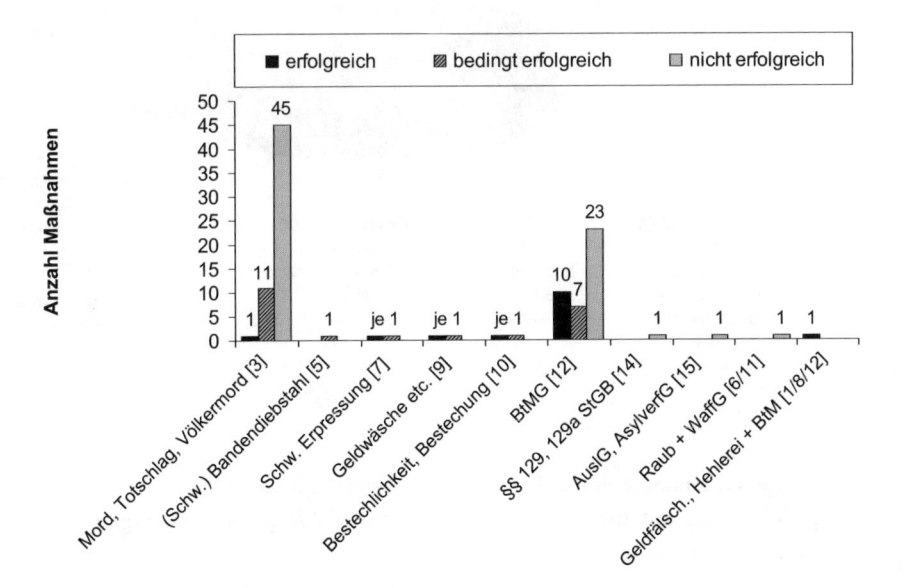

1.3 Ergebniskategorisierung

Zwecks weiterer Differenzierung stellt sich das Erfordernis einer Ergebniskategorisierung. Aufgrund der zu den einzelnen Maßnahmen erstellten Fallzusammenfassungen konnte eine entsprechende Ergebniskategorisierung für alle Maßnahmen vorgenommen werden, welche den folgenden Aufstellungen zugrunde gelegt wird.

Abbildung 63 enthält einen Überblick über die Gesamtverteilung der Ergebniskategorisierungen aller Maßnahmen. Die Kategorien, welche eine Nichtdurchführung indizieren, sind gesondert hervorgehoben, allerdings sind in einigen anderen Kategorien zum Teil ebenfalls Einzelfälle nicht durchgeführter Maßnahmen enthalten. Hier ist auf die später folgende Aufschlüsselung zu verweisen.

Abbildung 63: Verteilung der Ergebniskategorisierung aller Maßnahmen – in % (n=143)

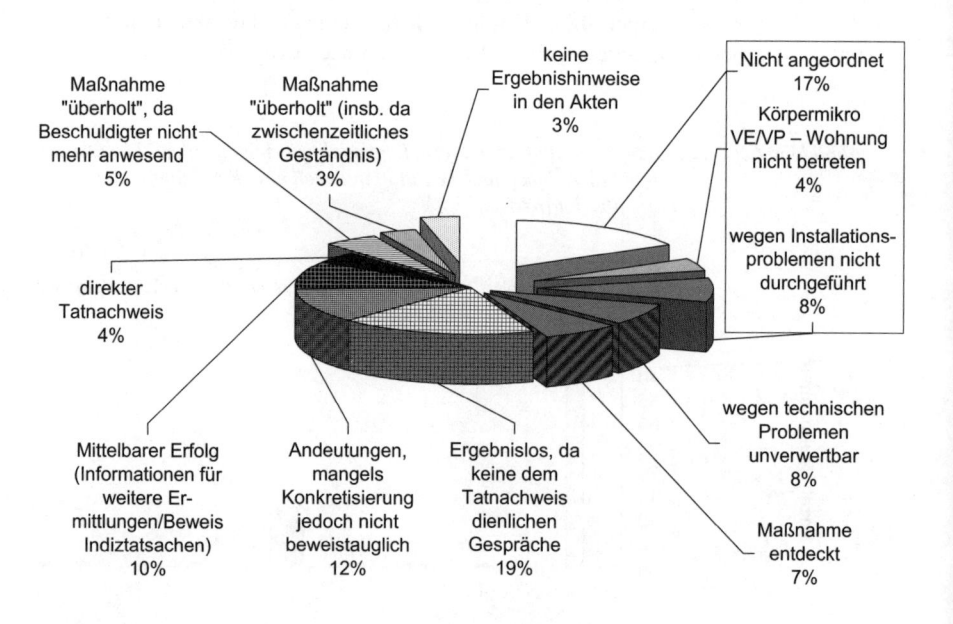

- Maßnahme "überholt", da Beschuldigter nicht mehr anwesend 5%
- Maßnahme "überholt" (insb. da zwischenzeitliches Geständnis) 3%
- keine Ergebnishinweise in den Akten 3%
- Nicht angeordnet 17%
- Körpermikro VE/VP – Wohnung nicht betreten 4%
- direkter Tatnachweis 4%
- wegen Installationsproblemen nicht durchgeführt 8%
- Mittelbarer Erfolg (Informationen für weitere Ermittlungen/Beweis Indiztatsachen) 10%
- Andeutungen, mangels Konkretisierung jedoch nicht beweistauglich 12%
- Ergebnislos, da keine dem Tatnachweis dienlichen Gespräche 19%
- wegen technischen Problemen unverwertbar 8%
- Maßnahme entdeckt 7%

Eine Gegenüberstellung der in vorhergehenden Abschnitt dargestellten Erfolgsqualifizierung mit der vorgenommenen Ergebniskategorisierung ergibt sich aus folgender *Tabelle 24*.

Tabelle 24: *Gegenüberstellung Erfolgsqualifizierung/Ergebniskategorisierung*

	erfolgreich	bedingt erfogreich	nicht erfolgteich	nicht beurteilbar	bereits nicht angeordnet	Gesamt
Nur Anregung, von StA nicht beantragt					2	2
Antrag von StA o.A. von Gründen zurückgenommen					2	2
gerichtlich abgelehnt					18	18
als 100c Abs. 1 Nr. 2 StPO-Maßnahme durchgeführt					2	2
Körpermikro VE/VP – Wohnung nicht betreten				6		6
wegen Installationsproblemen nicht durchgeführt			12			12
wegen technischen Problemen unverwertbar		1	10			11
Maßnahme entdeckt	1	1	8			10
Ergebnislos, da keine dem Tatnachweis dienlichen Gespräche (allenfalls Entlastung)		1	25			26
Andeutungen, mangels Konkretisierung jedoch nicht beweistauglich	1	7	8	1		17
Mittelbarer Erfolg (Informationen für weitere Ermittlungen/Maßnahmen, Beweis von Indiztatsachen)	4	10				14
direkter Tatnachweis	6					6
Maßnahme "überholt", da Beschuldigter nicht mehr anwesend	1		6			7
Maßnahme "überholt" (insb. zwischenzeitliches Geständnis)		2		3		5
keine Ergebnishinweise in den Akten	1		3	1		5
Gesamt	14	22	72	11	24	143

Insbesondere einige der im Rahmen der Erfolgsqualifizierung als erfolgreich eingestuften Fälle erscheinen hier auf dem Hintergrund der Ergebniskategorisierung erklärungsbedürftig: Im Falle der als erfolgreich eingestuften, jedoch im Ergebnis entdeckten Maßnahme konnten zuvor in gewissem Umfang Erkenntnisse zu einer BtM-Handelstätigkeit bestätigt werden. Die ebenfalls als erfolgreich eingestufte, im Ergebnis aber nur im Rahmen von nicht beweistauglichen Andeutungen belastende Maßnahme war zwar im Hinblick auf den BtM-Tatvorwurf inhaltlich wenig konkret, der Beschuldigte konnte allerdings – wohl auch aufgrund der Maßnahme – zu einem umfassenden Geständnis bewegt werden. Eine weitere als erfolgreich qualifizierte Maßnahme gleichfalls in einem BtM-Verfahren erbrachte zwar tatrelevante Erkenntnisse, der Beschuldigte wurde allerdings zwischenzeitlich ausländerrechtlich abgeschoben, weswegen die Maßnahme im Ergebnis als ein Fall der Überholung kategorisiert wurde. Nochmals eine weitere als erfolgreich qualifizierte Maßnahme musste letztlich unter „keine Ergebnishinweise in den Akten" kategorisiert werden, da sämtliche Unterlagen bereits vernichtet waren (die Erfolgsqualifikation hatte sich hier auf die Mitteilung im Verlängerungsvorgang gestützt, aus welcher hervorging, dass tatnachweisende Gespräche aufgezeichnet werden konnten).

a. Durchgeführte und nicht durchgeführte Maßnahmen

Zunächst ist nach den durchgeführten und den nicht durchgeführten Maßnahmen zu unterscheiden.

Wie bereits mehrfach vermerkt, gelangten 52 gestellte Wohnraumüberwachungsanträge nicht zur Durchführung: Diese unterteilen sich zunächst in die Gruppe der Nicht-Anordnungen (18 gerichtliche Ablehnungen und je zwei staatsanwaltschaftlich zurückgenommene bzw. gar nicht erst gestellte Anträge sowie zwei Fälle, in denen aufgrund Einverständnisses bzw. Verneinung des Wohnungsbegriffes die Staatsschutzkammer ihre Zuständigkeit verneint), und Nicht-Durchführungen trotz vorliegendem Anordnungsbeschluss (insgesamt 27 Maßnahmen). Ebenfalls zu den nicht durchgeführten Maßnahmen wird in der entsprechenden Kategorie auch der Fall gerechnet, bei dem im Rahmen des Einsatzes einer mit einem Körpermikrofon ausgestatteten Person bis zuletzt nicht festgestellt werden konnte, ob durch diese die Wohnung der Zielperson betreten wurde. (In anderen derartigen Fällen ließ sich später zumindest aufgrund eines Abgleiches mit den Mitteilungen nach § 100e StPO feststellen, dass tatsächlich von einem Nichtbetreten und somit einer „Nichtdurchführung" der Maßnahme im Sinne von § 100c Abs. 1 Nr. 3 StPO auszugehen war.)

In den nachstehenden *Tabellen 25 und 26* sind die Ergebniskategorisierungen nach durchgeführten und nicht durchgeführten Maßnahmen gesondert mit ihrer Verteilung über die jeweiligen Katalogtaten wiedergegeben. Die nicht angeordneten Maßnahmen werden gemäß den bereits getroffenen Feststellungen weiter differenziert.

Ergebnis und Effizienz der akustischen Wohnraumüberwachung 287

Tabelle 25: Ergebniskategorisierung und Katalogtaten bei den nicht durchgeführten Maßnahmen (n=52)

	Mord, Totschlag, Völkermord	(Schw.) Bandendiebstahl	Schw. Raub/räub. Erpressung	Schw. Erpressung	Geldwäsche etc.	Bestechlichkeit, Bestechung	BtMG	§§ 129, 129a StGB	AuslG, AsylverfG	räuberische Erpressung & WaffG	Geldfälschung & Hehlerei & BtMG	Gesamt	Prozent
Nur Anregung, von StA nicht beantragt						1	1					2	4%
Antrag von StA o.A. von Gründen zurückgenommen	2											2	4%
gerichtlich abgelehnt	7	2					7	2				18	35%
als § 100c Abs. 1 Nr. 2 StPO-Maßnahme durchgeführt						1						2	4%
Körpermikro VE/VP – Wohnung nicht betreten						6						6	11%
wegen Installationsproblemen nicht durchgeführt	6						5	1				12	23%
Maßnahme „überholt", da Beschuldigter nicht mehr anwesend	3						3					6	11%
Maßnahme „überholt" (insb. zwischenzeitliches Geständnis)	3											3	6%
keine Ergebnishinweise in den Akten						1						1	2%
Gesamt	21	3	0	0	0	7	19	1	1	0	0	52	100%

Tabelle 26: *Ergebniskategorisierung und Katalogtaten bei den durchgeführten Maßnahmen (n=91)*

	Mord, Totschlag, Völkermord	(Schw.) Bandendiebstahl	Schw. Raub/räub. Erpressung	Schw. Erpressung	Geldwäsche etc.	Bestechlichkeit, Bestechung	BtMG	§§ 129, 129a StGB	AuslG, AsylverfG	räuberische Erpressung & WaffG	Geldfälschung & Hehlerei & BtMG	Gesamt	Prozent
wegen technischen Problemen unverwertbar	5						6					11	12%
Maßnahme entdeckt	5						4	1				10	11%
Ergebnislos, da keine dem Tatnachweis dienlichen Gespräche (allenfalls Entlastung)	21						4			1		26	29%
Andeutungen, mangels Konkretisierung, jedoch nicht beweistauglich	11						6					17	19%
Mittelbarer Erfolg (Informationen für weitere Ermittlungen/Beweis von Indiztatsachen)	4	1		1	1	1	6					14	15%
direkter Tatnachweis					1	1	3				1	6	7%
Maßnahme „überholt", da Beschuldigter nicht mehr anwesend							1					1	1%
Maßnahme „überholt" (insb. zwischenzeitliches Geständnis)	1			1								2	2%
keine Ergebnishinweise in den Akten	1						3					4	4%
Gesamt	48	1	0	2	2	2	33	1	0	1	1	91	100%

Hierzu ist erläuternd auszuführen: Neben dem einen erwähnten Fall, in dem keine genauen Feststellungen über die Durchführung oder Nichtdurchführung zu treffen waren, wurde für sechs weitere Maßnahmen der Antrag lediglich vorsorglich für die nicht eingetretene Konstellation gestellt, dass eine mit einem Körpermikrofon versehene VP oder ein entsprechend ausgestatteter VE die Wohnung einer Zielperson betreten müsste. In diesen Fällen kam es insoweit letztlich nicht zu einer Abhörung in einer von Art. 13 GG geschützten Räumlichkeit.

Zwölf Maßnahmen wurden wegen Installationsproblemen letztlich nicht durchgeführt.

Von einer „Überholung" der Maßnahme lässt sich in insgesamt neun Fällen der nicht durchgeführten Maßnahmen sprechen, in denen sich eine Durchführung der Maßnahme erübrigte. Dies war in sechs Fällen deswegen der Fall, weil der jeweilige Beschuldigte in der zu überwachenden Räumlichkeit nicht mehr aufhältig war bzw. diese nicht mehr nutzte; in anderen drei deshalb, weil der Beschuldigte vor dem geplanten Beginn der Maßnahme ein Geständnis ablegte.

Die Fälle der „Überholung" existieren auch für den Bereich der durchgeführten Maßnahmen. So liegen hier zwei Fälle vor, in denen die Überführung des Beschuldigten unabhängig von der Überwachungsmaßnahme unmittelbar zu deren Beginn gelang und die Maßnahme somit keine neuen Erkenntnisse erbrachte. In einem anderen Fall wurde im Laufe der Überwachung festgestellt, dass der Beschuldigte die entsprechende Räumlichkeit nicht mehr aufsucht, sondern zwischenzeitlich ausländerrechtlich abgeschoben wurde.

Wegen technischer Probleme im Übertragungs- oder Aufzeichnungsvorgang unverwertbar war das Ergebnis von elf Maßnahmen. Es konnten streckenweise nur Wortfetzen aufgezeichnet werden, oder die Aufzeichnungen waren etwa wegen überlagernden Nebengeräuschen oder dergleichen unbrauchbar.

In zehn Fällen wurde die laufende Maßnahme – regelmäßig relativ zu Beginn ihrer Durchführung – durch die Betroffenen entdeckt[411].

In 26 Fällen – wie sich zeigt, zumeist in Mord-/Totschlagsverfahren – verlief die Überwachung allerdings inhaltlich ergebnislos. D.h. es wurden keine dem Tatnachweis dienlichen, in manchen Fällen allenfalls eher entlastende Gespräche geführt.

In weiteren 17 Fällen konnten zwar – je nach Interpretation – ggf. tatverdachtsunterstützende Andeutungen und im weiteren Sinne als belastend wertbares Kom-

---

[411] Vgl hierzu auch B./I./4.2.

munikationsverhalten aufgezeichnet werden. Mangels Konkretisierung kann jedoch keine Verbesserung der Beweissituation erreicht werden, so dass ebenfalls letztlich von einer inhaltlichen Ergebnislosigkeit der Maßnahme gesprochen werden muss. Exemplarisch seien hier etwa der Beschuldigte eines Tötungsdelikts genannt, aufgrund dessen vagen Andeutungen ein über konkrete Äußerungen hinausgehendes mögliches Hintergrundwissen vermutet werden kann oder Beschuldigte von BtM-Delikten, welche sich über den Verfahrensgegenstand nur derart unspezifisch verständigen, dass keine Rückschlüsse auf ein konkretes Geschehen möglich sind.

In vierzehn Fällen erbrachte die Maßnahme zwar keinen direkten Tatnachweis, aber dennoch Informationen für weitere Ermittlungen oder den konkreten Beweis von Indiztatsachen, so dass dies als ein „mittelbarer Erfolg" zu werten war. Beispielhaft können hier im Bereich der Mord-/Totschlagsverfahren etwa Aussageabsprachen, der Beweis von durch die Beschuldigten bestrittenen Verhältnissen, das Kommunikationsverhalten der Beschuldigten gegenüber nahestehenden Personen in Bezug auf den Verfahrensgegenstand, oder Äußerungen dergestalt, dass im Falle der wahrheitsgemäßen Aussage eines Zeugen „XY" ein Problem bestehen würde, sowie auch der bekannte Fall einer Äußerung, welche zum Auffinden der Leiche führte, genannt werden. In BtM-Verfahren konnte etwa eine codierte Sprache offengelegt, Hinweise auf die Planung von Beschaffungsfahrten oder die Existenz von Bunkerplätzen bestätigt werden; in einem Fall zeigten die aufgezeichneten Gespräche jedenfalls, dass keine vom Beschuldigten behauptete Agent-provocateur-Problematik anzunehmen war, sondern die Initiative eindeutig vom Beschuldigten ausging, auch wenn letztlich keine Handelstätigkeit im angenommenen Umfang nachgewiesen werden konnte. In weiteren Verfahren konnten Erkenntnisse über die Struktur oder das Verhalten der Beschuldigten gewonnen werden, auch wenn dies ebenfalls zu keinen direkten Sicherstellungen oder dem Tatnachweis in Bezug auf konkrete Mengen führte. In einem Bestechungsverfahren konnten entsprechende Abreden aufgezeichnet werden, auch wenn diese in ihrer rechtlichen Bewertung Schwierigkeiten aufwarfen.

Einen direkten Tatnachweis erbrachten sechs Maßnahmen – wie sich zeigt, hauptsächlich in BtM-Verfahren. In diesen Verfahren konnte die Abwicklung von zum Teil umfänglichen BtM-Handelstätigkeiten aufgezeichnet und in einigen Fällen durch nachfolgende Sicherstellungen bestätigt werden. Mittels einer nach der Katalogtat Geldwäsche angeordneten Maßnahme wurde der Handel mit unverzollten Zigaretten beweiskräftig dokumentiert und im Falle eines Bestechungsverfahrens der Sachverhalt vollumfänglich aufgeklärt.

In vier Fällen finden sich schließlich auch für durchgeführte Maßnahmen (Verfahren über § 100e StPO berichtet) keine Ergebnishinweise in den Akten.

b. Ergebnis der mit Einverständnis des Wohnungsinhabers durchgeführten Maßnahmen

Wie dargelegt, lag bei elf Maßnahmen das Einverständnis des materiellen Wohnungsinhabers vor; diese sollen – obwohl in obiger Aufstellung bereits enthalten – nachfolgend in ihrem Ergebnis nochmals gesondert betrachtet werden.

Neben dem mehrfach erwähnten Fall, dass sich die Staatsschutzkammer für unzuständig erklärte, da die Maßnahme auf der Grundlage des § 100c Abs. 1 Nr. 2 StPO anzuordnen sei, wurde in einem anderen Fall die Anordnung einer solchen Maßnahme von einer (anderen) Staatsschutzkammer und im Beschwerdewege auch vom zuständigen OLG aus materiellen Gründen abgelehnt, da der Ultima-ratio-Charakter der Maßnahme nicht gegeben sei. Es handelte sich um eine in der Wohnung einer VP beabsichtigte Überwachung im Zusammenhang mit der kontrollierten Einfuhr einer großen Menge Heroin[412]. Nach Auffassung des Gerichts standen jedoch noch andere, nicht subsidiäre Beweismittel zu Gebote.

Bei einer anderen Maßnahme in einem Mord-/Totschlagsverfahren konnte die Maßnahme aufgrund von Installationsproblemen nicht durchgeführt werden: die Wohnungsinhaber hatten ihr Einverständnis aus familiären Gründen zurückgezogen.

Zwei Maßnahmen in Mord-/Totschlagsverfahren erbrachten – trotz entsprechend darauf hinwirkender Gesprächsführung des kooperierenden Zeugen oder VE – dennoch keine dem Tatnachweis dienlichen Aussagen des Tatverdächtigen. Im Fall eines bewaffneten Raubüberfalls – die Anordnung stützte sich sowohl auf räuberische Erpressung als auch auf Taten nach dem Waffengesetz als Katalogtat – erschienen die Täter entgegen ihrer Ankündigung nicht erneut in der Wohnung der Geschädigten.

Vier Maßnahmen mit Einverständnis erbrachten einen mittelbaren Erfolg: in einem Erpressungsfall konnte trotz technischer Probleme die Überwachung der Geldübergabe in der Wohnung des Opfers und der punktgenaue Zugriff erfolgen, in dessen Folge auch die Tat als solche aufgeklärt werden konnte. Den überwachten Gesprächen im Falle des Bandendiebstahls konnten zwar keine konkreten Begehungsarten und Beutesummen entnommen werden, aber der Kreis der Tatverdächtigen eingegrenzt – und somit andere Personen auch eindeutig entlastet – werden. Die Erkenntnisse dienten als Grundlage für den Übergang in die offenen Ermittlungen. In einem BtM-Fall konnte anhand der Wohnraumüberwachung zwar nicht die Tat als solche nachvollzogen werden, die Aufzeichnungen der Gespräche

---

[412] Nach späterer Erläuterung im Rahmen der Expertengespräche stellte sich heraus, dass eine Durchführung der Maßnahme auf der Grundlage des § 100c Abs. 1 Nr. 2 StPO deswegen ausschied, weil auch die Vertrauensperson nichts von der Überwachung wissen sollte, um dem späteren Vorwurf einer Agent-provocateur-Konstellation zu entgehen.

mit der VP, welche gleichzeitig Wohnungsinhaber war, dienten jedoch zum Beweis, dass entgegen der Behauptung der Verteidigung keine Agent-provocateur-Problematik vorlag und der Tatverdächtige eine Tarnbegrifflichkeit verwendete. Ebenso konnte in einem anderen BtM-Fall die Verhandlung über Modalitäten eines Vertrauenskaufes beweiskräftig überwacht werden.

In einem Bestechungsfall mit einer einverständlichen Überwachung in den Räumlichkeiten des Versprechensempfängers konnte der Sachverhalt geklärt werden. Auch wenn es schließlich zu einer Einstellung des Verfahrens kam, so erbrachte die Maßnahme dennoch den direkten Tatnachweis.

c. Maßnahmen zu Fahndungszwecken

Beide festgestellten Maßnahmen, die zu Fahndungszwecken angeordnet wurden, brachten nicht den gewünschten Erfolg: eine Maßnahme wurde entdeckt, die andere Maßnahme konnte aufgrund von Installationsproblemen nicht durchgeführt werden.

1.4 Einzelerfolge

Über die grundsätzliche Erfolgsbeurteilung und Ergebniskategorisierung einer Maßnahme hinaus wurde auch eine Einzelerfolgsdokumentation vorgenommen. „Erfolg" wurde hierbei rein faktisch verstanden, so dass jeder einzelne Hinweis, der eine verfahrensrelevante Erkenntnis erbrachte, einzeln aufgenommen wurde. Zu beachten ist jedoch, dass nicht immer jeder Erfolg einer Maßnahme der Akte auch direkt zu entnehmen war. Letztlich stellte sich heraus, dass die Einzelerfolgsdokumentation weniger aussagekräftig als die Ergebniskategorisierung ausfällt[413]. Bereits nicht einmal allen als im Ergebnis mittelbar erfolgreich eingestuften Maßnahmen war auch ein operationalisierter Einzelerfolg zuzuordnen. In diesen Fällen blieben etwaige Erkenntnisse ohne augenscheinliche weitere Relevanz für das Verfahren. Die für jede Maßnahme erstellte Ergebniskategorisierung erweist sich somit als die umfassendere Perspektive. Die dokumentierten Einzelerfolge sollen hier dennoch ergänzend dargestellt werden.

Insgesamt konnten 19 Maßnahmen solchen Einzelerfolge zugeordnet werden.

Diese Einzelerfolge waren in den meisten Fällen eine Selbstbelastung des Beschuldigten in BtM-Verfahren. So konnten etwa Geschäftsverhandlungen oder die Planung einer Beschaffungsfahrt aufgezeichnet werden und anschließend ein Zugriff erfolgen, oder es konnten Einzeltaten konkretisiert und eine codierte Tarnsprache offengelegt sowie weitere BtM-Geschäfte der Beschuldigten dokumentiert

---

[413] Siehe bereits oben 1.1.

werden. In einigen dieser Fälle erfolgte auf späteren Vorhalt ein umfängliches Geständnis. Jedoch ist gleichzeitig festzuhalten, dass nicht alle festgestellten Erfolge für das Verfahren unmittelbar beweistauglich waren. So heißt es in einem Vermerk beispielsweise: „Die Wohnraumüberwachung hat keine konkreten Straftaten belegt, jedoch wertvolle Hinweise über Strukturen der Bande erbracht." Oder es konnten Berechnungen über mutmaßliche BtM-Geschäfte aufgezeichnet werden, die mangels Klartext oder Sicherstellung aber dennoch nicht bewiesen werden konnten.

Für die Mord-/Totschlagsverfahren ist als (mittelbare) Selbstbelastung hier vor allem nochmals der Fall des Auffindens der Leiche aufgrund der entsprechenden Äußerung des Tatverdächtigen zu erwähnen. In einem anderen Fall wurde davon geredet, dass ein Zeuge „verschwinden" müsse. In keinem anderen Mord-/Totschlagsverfahren erbrachte die Wohnraumüberwachung allerdings einen vergleichbaren Aufklärungserfolg.

Einen anderen Teil der Einzelerfolge stellt die Belastung Dritter ebenfalls fast ausschließlich in BtM-Verfahren dar (etwa als Lieferant oder Abnehmer). In einigen Fällen werden diese sodann als Beschuldigte zum Verfahren hinzuverbunden und sind somit auch vorliegend als Beschuldigte erfasst; es konnten vier derartige Fälle festgestellt werden. In anderen Fällen wurden gesonderte Verfahren eingeleitet oder die Erkenntnisse in anderen Verfahren verwertet. Dies konnte vorliegend nur sehr begrenzt nachvollzogen werden, es handelt sich aber zumindest um 16 festgestellte Personen. Dabei wurde allein bei einer erfolgreich verlaufenen Maßnahme mitgeteilt, dass die entsprechenden Erkenntnisse in zehn weiteren Verfahren verwertet wurden. In einem anderen Verfahren – hier handelte es sich um ein Verfahren wegen einer Tötung im Zusammenhang mit einer ethnisch abgeschlossenen kriminellen Organisation – wurde zwar festgestellt, dass die Wohnraumüberwachung keine konkreten Anhaltspunkte für weiterführende Ermittlungen in Bezug auf die Tötung geliefert habe, aufgrund der gewonnenen Erkenntnisse jedoch angenommen werden müsse, dass eine der Zielpersonen als Chef-Koordinator und Kopf einer Schutzgelderpressergruppierung fungiere, weswegen die Ergebnisse zuständigkeitshalber zwecks Bearbeitung eines bereits eingeleiteten Verfahrens nach § 129 StGB weitergeleitet würden. Die überwachte Räumlichkeit war von ca. 20 verschiedenen Personen frequentiert worden.

Schließlich ist für einige Maßnahmen – schwerlich bezifferbar – auch zu erwähnen, dass sie zu einer Entlastung bestimmter Personen führten, da der Tatverdacht auf andere Personen konzentriert werden konnte. Hier sind maßgeblich eine Maßnahme wegen einer Lebensmittelerpressung und verschiedene Konstellationen im Bereich von Tötungsdelikten zu nennen.

Eine Maßnahme zur Überwachung einer Geldübergabe bei einer Erpressung ermöglichte schließlich einen punktgenauen Zugriff.

2. Effizienzbetrachtungen

Auf dem Hintergrund der Ergebniskategorisierungen sollen weitere Effizienzfragen berührende Erkenntnisse aus der Aktenanalyse dargestellt werden. Zunächst ist dabei die Bezugnahme auf die Wohnraumüberwachungsmaßnahme in weiteren Verfahrensstadien darzustellen. Sodann werden die Ergebniskategorien mit dem jeweiligen Verfahrensausgang in Bezug gesetzt. Schließlich ist ein Blick auf Erkenntnisse aus der Aktenanalyse zu weiteren Ermittlungsansätzen i.S. des § 100d Abs. 5 Satz 2 StPO zu richten und sind sodann weitere Effizienzkriterien zu erörtern.

Das anhand der Ergebniskategorisierungen bereits dargestellte Ergebnis der jeweiligen Maßnahmen präkludiert dabei freilich die weiteren Effizienzbetrachtungen in beträchtlichem Maße[414].

2.1 Weitere Rolle im Verfahren

Bis auf eine die Klärung des Sachverhalts erbringende Maßnahme in einem Bestechungsverfahren finden alle als direkt tatnachweisend eingestuften Maßnahmen auch im weiteren Verfahrensverlauf Erwähnung. Sie werden in Beschuldigtenvernehmungen vorgehalten, in der Anklage als Beweismittel erwähnt und in die Hauptverhandlung eingeführt; eine Bezugnahme in den Urteilsgründen erfolgt aufgrund des häufigen letztendlichen Geständnisses in der Hauptverhandlung allerdings recht selten.

Auch die meisten der als mittelbar erfolgreich eingestuften Maßnahmen finden weitere Erwähnung im späteren Verfahren. Eine Ausnahme stellen etwa die Maßnahme dar, welche zum punktgenauen Zugriff im Zeitpunkt der Tathandlung führte, oder Maßnahmen, welche vor allem Strukturerkenntnisse (etwa über Beteiligungsverhältnisse) erbrachten und somit die Grundlage für weitere tatnachweisende oder auch letztlich erfolglose Ermittlungen lieferten.

Von den Maßnahmen mit im Ergebnis mangels Konkretisierung nicht beweistauglichen Andeutungen fand sich nur in drei Fällen eine Erwähnung in späteren Verfahrensstadien. Letztlich positiv nicht feststellbar ist jedoch, inwieweit ein – zumeist aus verhandlungstaktischen Gründen in der Hauptverhandlung (Verfahrensabsprachen) – erfolgtes Geständnis auch auf die Wohnraumüberwachung zu-

---

414 Den Erörterungen dieses Abschnittes liegt auf dem Hintergrund des jeweils bekannten Ergebnisses und situativen Kontextes jeder einzelnen Maßnahme daher wiederum eine einzelfallbezoge Sichtweise zugrunde. Ein großer Unterschied zur Telefonüberwachung besteht bereits durch die geringe Relevanz operationalisierbarer Einzelerfolge; s.o. 1.4, vgl. hingegen ALBRECHT/DORSCH/KRÜPE (2003), 387 ff.

rückzuführen ist (in den BtM-Verfahren waren im Hauptverfahren rund 68 % der angeklagten Beschuldigten überwiegend geständig, in den Mord-/Totschlagsverfahren allerdings nur 5 %). Aufgrund der bekannten jeweiligen Ergebnisse der Maßnahmen und dem Verfahrensausgang[415] stellt dies außer bei den erwähnten und auch in ihrer Bedeutung für den weiteren Verfahrensverlauf dargestellten tatnachweisenden und mittelbar erfolgreichen Maßnahmen allerdings eine zu vernachlässigende Größe dar.

Die festgestellte Bezugnahme auf Wohnraumüberwachungsmaßnahmen in weiteren Verfahrensstadien ist im Folgenden genauer darzustellen.

a. Vorhalt in der Beschuldigtenvernehmung

Bei neun der 91 durchgeführten Wohnraumüberwachungsmaßnahmen werden in neun Verfahren den betreffenden Beschuldigten in einer Beschuldigtenvernehmung entsprechende Vorhalte gemacht (dies sind in sieben Fällen jeweils ein Beschuldigter und in je einem Fall zwei bzw. drei Beschuldigte).

Bis auf ein Verfahren mit der Katalogtat Geldwäsche erfolgte der Vorhalt ausschließlich in Mord-/Totschlags- und BtM-Verfahren.

Es ist beachtenswert, dass es sich bei den vorgehaltenen Ergebnissen nicht nur um diejenigen solcher Maßnahmen handelt, die als tatnachweisend oder mittelbar erfolgreich eingestuft werden konnten. Zwar werden fünf der sechs tatnachweisenden und eine mittelbar erfolgreiche Maßnahme vorgehalten, jedoch ebenso etwa eine Maßnahme, die letztlich wegen technischer Probleme als unverwertbar eingestuft werden musste bzw. bei der jedenfalls keine beweistauglichen Gespräche aufgezeichnet werden konnten. Der Vorhalt – es handelte sich um ein Verfahren mit Tötungsverdacht – diente hier wohl eher dazu, einen gewissen Vernehmungsdruck zu erzeugen. Gleiches gilt für die in einem Mord-/Totschlagsverfahren vorgehaltene Maßnahme, der aufgrund des Verhaltens der Tatverdächtigen lediglich eine andeutungsweise, jedoch mangels Konkretisierung nicht beweistaugliche Wirkung zugesprochen werden kann. In keinem der Mord-/Totschlagsverfahren erfolgt auf den Vorhalt in der Beschuldigtenvernehmung hin ein Geständnis.

b. Beweismittel in der Anklage

Sechs der Wohnraumüberwachungsmaßnahmen werden in sechs Verfahren neben anderen Beweismitteln in einer Anklage erwähnt. Betroffen waren bei jeweils zwei Maßnahmen ein, zwei und drei Beschuldigte. Jeweils eine Maßnahme betraf vier und fünf Beschuldigte. Es handelt es sich ausschließlich um Maßnahmen mit

---

[415] Vgl. auch unten 2.2.

Katalogtaten nach dem BtMG (darunter die Kombination mit Geldfälschung und Hehlerei).

Eine weitere Maßnahme mit der Katalogtat Geldwäsche ist für den Anklagevorwurf gegen drei Beschuldigte in einem Verfahren wegen gewerbsmäßiger Steuerhehlerei (Zigarettenschmuggel) das einzige Beweismittel.

In der Anklage werden jeweils fünf der sechs Maßnahmen erwähnt, die einen direkten Tatnachweis erbrachten, eine Maßnahme, die als „mittelbarer Erfolg" gewertet wurde (sie diente dem Nachweis, dass keine Agent-provocateur-Problematik vorlag), und eine Maßnahme, die im Hinblick auf den BtM-Tatvorwurf letztlich allerdings nur nicht beweistaugliche Andeutungen erbrachte. In diesem Fall war der Beschuldigte jedoch aufgrund anderer Tatvorwürfe dennoch insoweit geständig, dass auch diese Andeutungen gewertet werden konnten.

In einem weiteren BtM-Verfahren wird die Wohnraumüberwachung, welche mangels Konkretisierung keinen Beweiswert hatte, zwar in der Anklage erwähnt, jedoch nicht als Beweismittel herangezogen.

c. Erörterung in der Hauptverhandlung

Als Erkenntnisquelle für die Feststellung der Erörterung der Maßnahme standen lediglich die Hauptverhandlungsprotokolle zur Verfügung, was aufgrund deren formalen Aufbaus einige Erhebungsunsicherheiten mit sich bringt.

Differenziert wird vorliegend zwischen der (förmlichen) Einführung der Maßnahme und/oder ihrer Aufzeichnungsprotokolle, dem Vorhalt im Rahmen der Angaben zur Sache und ob die Maßnahme Gegenstand eines Beweisantrages der Prozessbeteiligten war. Freilich handelt es sich dabei zumeist jeweils um dieselben Maßnahmen.

aa. Förmliche Einführung

Bei elf Maßnahmen in elf Verfahren werden diese bzw. deren Protokolle oder Beschlüsse in die Hauptverhandlung eingeführt. Es handelt sich in acht Fällen jeweils um einen Beschuldigten, in einem Fall um zwei und in einem weiteren Fall um fünf Beschuldigte. Gegenstand sind in sieben Fällen BtM-Vorwürfe, und in zwei Fällen handelt es sich um Verhandlungen wegen eines Tötungsdelikts vor dem Schwurgericht. In einem weiteren gegen einen Beschuldigten vor dem Schöffengericht verhandelten Fall, in dem es um Bestechlichkeitsvorwürfe geht, wird aber beispielsweise der Beschluss, mit dem die Staatsschutzkammer die Maßnahme gegen den Beschuldigten ablehnt, auf Antrag der Verteidigung verlesen, um damit die Verdachtsbeurteilung durch die Kammer zum Beantragungszeitpunkt in die Hauptverhandlung einzuführen. In einem der genannten BtM-Fälle wird erörtert, dass die Maßnahme letztlich nicht ausgewertet wurde, da der hierfür erforderliche Aufwand angesichts der schlechten Aufzeichnungsqualität und der Verwendung von Fremdsprachen in keinem Verhältnis zum erwarteten Beweiswert stand und insofern auch keine Erkenntnisse vorlagen, auf die das Gericht eine Verurteilung stützen könnte. Zu nennen ist hier des weiteren die während der Hauptverhandlung in einem Mordprozess bei dem Beschuldigten ergebnislos durchgeführte Maßnahme, welche diesem dann in der Sitzung durch das Gericht bekannt gemacht wurde.

Bei einer Einführung in die Hauptverhandlung ist mithin nicht unbedingt von einer Beweisführung hinsichtlich der Überführung des Beschuldigten auszugehen. Die weiteren Maßnahmen, die in die Hauptverhandlung eingeführt werden, waren neben drei der tatnachweisenden Maßnahmen mit vier Fällen vor allem solche, die als „mittelbar erfolgreich" zu werten waren. Ebenfalls wurde eine Maßnahme eingeführt, hinsichtlich derer sich den Akten keine Ergebnishinweise entnehmen ließen (Es handelte sich um einen Fall, in dem die Maßnahme vor Austrennung der Einzelverfahren unter einem Generalaktenzeichen durchgeführt wurde).

bb. Vorhalt bei Aussage

Sieben Maßnahmen werden in sieben Verfahren den jeweiligen Beschuldigten in der Hauptverhandlung bei deren Aussage vorgehalten (in sechs Fällen geht es um jeweils einen Beschuldigten und in einem Fall um fünf Beschuldigte). Es handelt sich naturgemäß nur um die bereits erwähnten Maßnahmen, die auch förmlich in die Hauptverhandlung eingeführt wurden und entsprechende Ergebnisse erbracht haben. Dies sind in je drei Fällen mittelbar erfolgreiche und tatnachweiserbringende Maßnahmen. In dem verbleibenden Fall liegen zum Ergebnis der Maßnahme wiederum keine Angaben aus der Akte vor.

cc. Als Gegenstand von Anträgen

Nur eine Maßnahme ist Gegenstand eines staatsanwaltlichen Beweisantrages, in sieben Fällen war die Wohnraumüberwachung Gegenstand eines Antrages der Verteidigung. Auch hier handelt es sich jeweils wieder um die bereits erwähnten Maßnahmen, die förmlich in die Hauptverhandlung eingeführt wurden.

Der staatsanwaltliche Beweisantrag bezieht sich auf eine tatnachweiserbringende Maßnahme mit den Katalogtaten Geldfälschung, Hehlerei und BtMG und wirkte auf die Verlesung von Protokollauszügen hin.

Die Beweisanträge der Verteidigung bezogen sich in drei Fällen auf mittelbare erfolgreiche und in einem Fall auf eine tatnachweisende Maßnahme; es handelte sich um zwei Mord-/Totschlagsverfahren und zwei BtM-Verfahren. So wurde in einem BtM-Fall der Antrag auf Nichtverwertbarkeit des erlangten Beweises gegen einen Beschuldigten gestellt, da der Beschluss formal gegen einen anderen im selben Verfahren Beschuldigten, aber getrennt Abgeurteilten erging. Dieser Antrag wird mittels Beschluss gemäß § 100c Abs. 5 Satz 2 StPO zurückgewiesen. In einem anderen Fall versuchte die Verteidigung die vollumfängliche Aussagegenehmigung des für die technische Umsetzung der Maßnahme verantwortlichen Polizeibeamten zu erreichen, um ein nach ihrer Auffassung eventuell rechtsstaatswidriges Vorgehen bei der Installation der technischen Mittel angreifen zu können. Dieser Antrag wurde abgelehnt, da keinerlei Anhaltspunkte dafür vorlägen, „dass die richterlich angeordneten polizeilichen Abhörmaßnahmen rechtsstaatswidrig sein könnten."

In einem über 19 Verhandlungstage streitig geführten BtM-Verfahren, in dem die tatnachweisende Wohnraumüberwachungsmaßnahme gemeinsam mit umfangreichen Telefonüberwachungsmaßnahmen das hauptsächliche Beweismittel darstellte, wurde seitens der Verteidigung der Verwertung der Überwachungsprotokolle widersprochen, da die Arbeit der Dolmetscher (sowohl was die Übersetzung als auch die Stimmidentifikation angeht) in Zweifel gezogen wurde. Beantragt wurde eine Neuübersetzung und entsprechende Stimmvergleichsgutachten (aus anderen Umständen ergab sich die Absicht der Prozessverschleppung allerdings relativ offensichtlich). Der Prozess konnte schließlich durch eine Absprache beendet werden. In einem letzten Fall wurde von der Verteidigung die Bestellung eines Sachverständigen zur technischen Sprachverbesserung beantragt. Dessen Ausführungen änderten an dem Beweiswert der Maßnahme allerdings nichts.

Die anderen drei Fälle mit die Maßnahme betreffenden Verteidigeranträgen wurden oben bereits verschiedentlich erwähnt, wobei es sich nur in einem Fall um einen eigentlichen Beweisantrag handelte: Im Fall eines durch die Staatsschutzkammer abgelehnten Beschlusses verlangte die Verteidigung dessen Verlesung zum Beweis über darin enthaltene Bewertung des Verdachtsgrades gegen den Beschuldigten im Ermittlungsverfahren, in den anderen Verfahren verlangte die Verteidigung vollumfängliche Akteneinsicht.

d. Beweismittel in der Urteilsbegründung

In lediglich fünf Verfahren – dreimal wegen eines BtMG-Vorwurfes und zweimal in einem Tötungsverfahren – wurde eine Wohnraumüberwachungsmaßnahme auch in einer Urteilsbegründung erwähnt. In zwei BtM-Verfahren handelte es sich um eine tatnachweisende und eine mittelbar erfolgreiche Maßnahme. In dem dritten BtM-Verfahren war die Maßnahme allerdings ohne Beweiswert. Die Maßnahme in dem Tötungsverfahren wurde ebenfalls lediglich kursorisch erwähnt, sie gehörte zu den vor ihrer tatsächlichen Durchführung durch ein zwischenzeitliches Geständnis überholten Maßnahmen.

2.2 Verfahrensausgang

Anhand der Ergebniskategorisierung ergibt sich bereits, dass einige der Maßnahmen keinen entscheidenden Einfluss auf den Verfahrensausgang hatten. Dies versteht sich etwa bei nicht durchgeführten Maßnahmen von selbst. In anderen Fällen – etwa bei dem Nichtbetreten einer Wohnung durch einen mit einem Körpermikro ausgestatteten VE oder einer VP – ist ein etwaiger Einfluss jedenfalls nicht auf den spezifischen Eingriff in Art. 13 GG zurückzuführen.

Im Wesentlichen ist ein Einfluss auf den Verfahrensausgang bei den tatnachweiserbringenden und mittelbar erfolgreichen Maßnahmen anzunehmen. In Einzelfällen mag jedoch auch eine nur andeutungsweise belastende oder einer anderen Kategorie zugehörige Maßnahme für den Verfahrensausgang von Einfluss sein, etwa weil sie den Geständnisdruck für den Beschuldigten erhöhte (vgl. insgesamt jedoch bereits obige Erläuterungen zu *Tabelle 24*; zu der Kategorie „Maßnahme ‚überholt', da zwischenzeitliches Geständnis" vgl. die Erläuterungen zu *Tabelle 26*).

Abbildung 64 setzt die Ergebniskategorisierung der Maßnahmen und den Verfahrensausgang für die 116 Verfahren miteinander in Bezug. In den 15 Verfahren, in denen sich mehrere Maßnahmen befinden, wurde die Ergebniskategorie nach ihrem Schwerpunkt (soweit die Maßnahme Erkenntnisse erbracht hat, in jedem Fall diese) zugrunde gelegt.

Abbildung 64: Ergebnis der Maßnahmen und Verfahrensausgang – absolut (n=116)

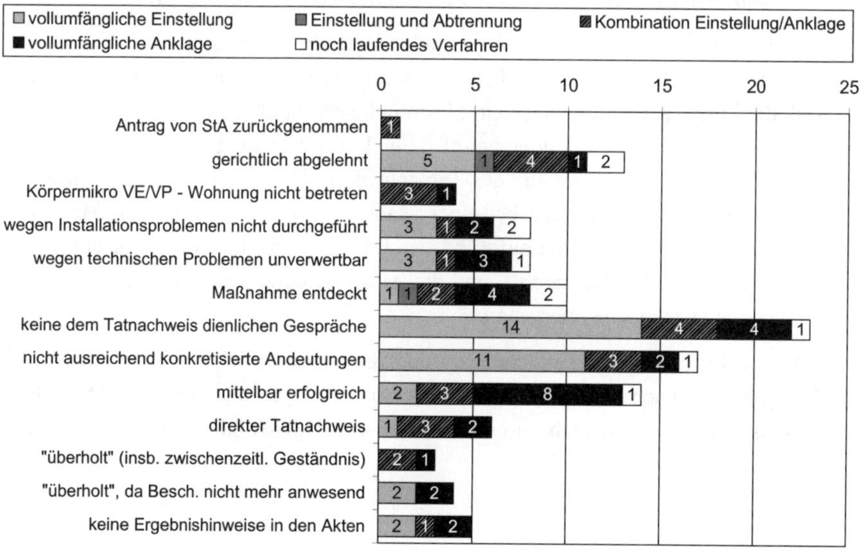

Die Verteilung über die jeweiligen Katalogtaten ergibt sich – maßnahmenbezogen – aus obigen *Tabellen 25 und 26* (in nur zwei Verfahren mit mehr als zwei Maßnahmen erbrachte eine der Maßnahmen Erkenntnisse), der katalogtatbezogene Verfahrensausgang bereits aus *Abbildung 60* im Kapitel Verfahrensausgang. Auf die jeweiligen Erörterungen ist hier zu verweisen.

Im Falle eines Verfahrens mit einer tatnachweisend verlaufenen Maßnahme wurde nach Aufklärung des Sachverhalts aus tatsächlichen Gründen keine Anklage erhoben.

2.3 *Weitere Ermittlungsansätze*

Hinsichtlich weitere Spuren- oder Ermittlungsansätze ist nach der Verwendung im gleichen Verfahren oder der Verwertung in anderen Verfahren zu differenzieren.

a. Hinweise auf weitere Straftaten (§ 100d Abs. 5 Satz 1 StPO)

Wie bereits erwähnt[416] waren in zehn Verfahren neben der Katalogtat noch andere Delikte Gegenstand des Ermittlungsverfahrens. Zu fragen ist, ob und inwieweit sich im Zuge der Wohnraumüberwachungsmaßnahmen auch Erkenntnisse hinsichtlich anderer Straftaten ergeben haben (wobei gemäß § 100d Abs. 5 Satz 1 StPO lediglich Erkenntnisse zu weiteren Katalogtaten verwertbar sind).

Soweit aus den Akten ersichtlich, spielte diese Problematik in nur wenigen Fällen eine Rolle. Bei den Mord-/Totschlagsverfahren ergab sich dies schon daraus, dass die Überwachung weniger ein „kriminelles Milieu", als den sozialen Nahbereich bestimmter Beschuldigter betraf. Hier lief die Überwachung auf die einzig mögliche Frage der Erbringung des Tatnachweises für die verfahrensgegenständliche Tötung hinaus. Lediglich bei einer Maßnahme mit der Katalogtat Mord/Totschlag im OK-Milieu wurde aufgrund der Erkenntnisse die Einleitung eines Verfahrens nach § 129 StGB geprüft und die Aufzeichnungen aktenkundig an die entsprechende Dienststelle übergeben.

Soweit Erkenntnisse zu anderen Straftaten eine Rolle spielten, waren dies bei auf die Katalogtat nach dem BtMG gestützten Anordnungen hauptsächlich Menschenhandelsvorwürfe im Rotlichtmilieu. Dies ließ sich in jedenfalls drei Verfahren positiv feststellen.

---

[416] E./I./2.4.

Die Dokumentation beschränkte sich in den Akten regelmäßig grundsätzlich auf die Erkenntnisse lediglich zu den Katalogtaten gemäß § 100d Abs. 5 Satz 1 StPO. Im Falle weiterer Milieustraftaten fand sich in wenigen Einzelfällen ein Vermerk, dass auch Erkenntnisse zu Nicht-Katalogtaten gewonnen wurden, welche allerdings nicht verwertbar seien.

b. Verwertung in anderen Verfahren (§ 100d Abs. 5 Satz 2 StPO)

Ob und inwieweit Erkenntnisse aus Wohnraumüberwachungsmaßnahmen als Ermittlungsansätze in weiteren Verfahren eine Rolle spielen, konnte aus den Akten der untersuchten jeweiligen „Mutterverfahren", in welchen die Maßnahme angeordnet wurde, kaum systematisch erschlossen werden – die Problematik ist indes für die Ermittlungs- und Gerichtspraxis, aber vor allem auch im Hinblick auf den Zweckbindungsgrundsatz von großer Bedeutung[417]. In einigen Fällen lagen jedoch entsprechende Hinweise vor, es handelte sich hier mit einer Ausnahme ausschließlich um BtM-Verfahren. Diese Fälle sind bereits durchweg im Rahmen der Einzelerfolgsdokumentation[418] beschrieben worden, da ein solcher Hinweis bei der Auswertung als „tatsächlicher Erfolg" gewertet wurde.

Problematisch ist hier, dass insbesondere im BtM-Bereich, die einzelnen Verfahren oftmals lediglich Auszüge aus ganzen Ermittlungskomplexen darstellen und die Frage, ob das einzelne Verfahren formal gegen nur einen (Haupt-)Beschuldigten oder mehrere einer Gruppierung angehörigen Beschuldigte geführt wird, von verfahrenstaktischen Einzelfallentscheidungen abhängig ist[419].

2.4 Effizienzkriterien

Weitere Effizienzkriterien sind ebenfalls auf dem Hintergrund der Ergebniskategorisierungen zu sehen.

Gleichzeitig sind dabei einige Kriterien zu nennen, welche nicht spezifisch auf die Wohnraumüberwachung zutreffen, sondern bereits bei der Telefonüberwachung als Beweiserhebungsinstrument mit technischen Mitteln und erheblich größerer Breitenwirkung eine Rolle spielen[420]. Zwar ist auch für die Wohnraumüberwachung im Falle ihres Erfolges eine erhöhte Geständnisbereitschaft oder die Bereitschaft zu Verfahrensabsprachen zu konstatieren. So waren rund 15 % der Beschul-

---

[417] KRAUSE (1999), 243; vgl. auch BVerfG 1 BvR 2378/98 Absatz 328 ff.
[418] Oben 1.4.
[419] Zu den Strukturermittlungs- und Sammelverfahren s.o. A./I./7; vgl. auch D./I./3.
[420] Vgl. ALBRECHT/DORSCH/KRÜPE (2003), 415 ff., auf welche in diesem Zusammenhang hier umfänglich verwiesen werden kann.

digten im Ermittlungsverfahren und rund 20 % im Hauptverfahren (von den beschuldigten Betroffenen rund 20 % im Ermittlungsverfahren und rund 30 % im Hauptverfahren) geständig. Ob und inwieweit diese Geständnisbereitschaft speziell durch die Wohnraumüberwachung bedingt ist, hängt allerdings maßgeblich von deren jeweiligem Ergebnis ab, wie es im Rahmen der Ergebniskategorisierung dargestellt wurde. So lag in 84 % der Verfahren mit einer tatnachweisend oder mittelbar erfolgreichen Maßnahme zumindest ein Geständnis eines Beschuldigten vor, während dies nur bei 30 % der übrigen Verfahren der Fall war. Gleiches gilt für die Bereitschaft zu Absprachen, welche bei insgesamt rund 15 % der Beschuldigten und 19 % der beschuldigten Betroffenen festgestellt werden konnte. Gleichzeitig muss aber auch darauf verwiesen werden, dass im Rahmen der Aktenanalyse Fälle festgestellt wurden, in denen trotz eindeutig belastender Wohnraumüberwachungsmaßnahme ein Geständnis verweigert wurde und sogar beim Abspielen der Tonaufzeichnungen behauptet wurde, Entsprechendes nicht gesagt zu haben.

Wesentliche erfolgsfördernde bzw. -hemmende Faktoren ergeben sich somit vor allem aus den bereits erörterten Durchführungsfragen und der subsidiären spezifischen Einsatzsituation der jeweiligen Wohnraumüberwachungsmaßnahmen, welche sich – wie mehrfach dargelegt – in idealtypischer Weise bei Mord-/Totschlagsverfahren und BtM-Verfahren strukturell grundlegend unterscheidet. Anders als bei der Telefonüberwachung sind massive Probleme im faktischen Bereich zu überwinden (unbemerkte Installation, Bewältigung einzelfallabhängiger technischer Probleme)[421], und die Wohnraumüberwachung wird nicht in der Breite, sondern regelmäßig nur an einem Ort in beweistechnisch ohnehin schwierigen Konstellationen eingesetzt. Ihre Erfolgstauglichkeit hängt dabei von einer Vielzahl von Faktoren ab.

Die akustische Wohnraumüberwachung ist somit auch im Hinblick auf Effizienzkriterien durch ihre singuläre Stellung im Strafverfahren gekennzeichnet

3. Verfahren außerhalb des Erhebungszeitraumes

Lediglich kursorisch kann erwähnt werden, dass außerhalb des Erhebungszeitraumes einige weitere Fälle erfolgreich verlaufener Wohnraumüberwachungsmaßnahmen festgestellt werden konnten. Sie wurden zumeist in den Expertengesprächen erwähnt. Insbesondere ist hier etwa die Aufklärung von Planungen eines Terroranschlages mit rechtsextremistischem Hintergrund oder eines Korruptionsfalles hinsichtlich Auftragvergaben von über 20 Mio. DM zu nennen.

---

[421] Wohingegen technische Probleme bei der Telefonüberwachung kaum eine Rolle spielen, vgl. ALBRECHT/DORSCH/KRÜPE (2003), 426.

Aktenmäßig ausgewertet werden konnte noch ein Verfahren aus dem Jahre 2002, in welchem eine mit hohem Professionalisierungsgrad begangene Überfallserie auf Geldtransporter unter aktivem Einsatz von Kriegsfeuerwaffen mittels der Wohnraumüberwachung tatnachweisend aufgeklärt und weitere Überfälle verhindert wurden (das Verfahren floss in das OK-Lagebild des betreffenden Bundeslandes ein). Ein weiteres Verfahren aus dem Erhebungszeitraum 2002 konnte zur Akteneinsicht aufgrund des noch laufenden Revisionsverfahrens nicht zur Verfügung gestellt werden. Nach Auskunft der Staatsanwaltschaft gelang es in diesem Verfahren, eine seit Jahren im Zentrum von Milieuermittlungen stehende Person mittels der Wohnraumüberwachung zu überführen. Ein OK-Bezug wurde dort bejaht.

II. Expertengespräche

Mit der Effizienz von mit der akustischen Wohnraumüberwachung zusammenhängenden Fragen wurde auch in den Expertengesprächen nachgegangen. Auch hier wurde deutlich, dass die Effizienz nicht losgelöst von den Rahmenbedingungen des Einsatzes der Maßnahme, namentlich dem Subsidiaritätsgrundsatz und den die tatsächliche Durchführung betreffenden jeweiligen Gegebenheiten beurteilt werden könne. Insofern ist auch auf die Ausführungen zu den Expertengesprächen insbesondere im Kapitel Verfahrensphänomenologie und Einsatzbereiche zu verweisen[422].

Die Staatsschutzkammervorsitzenden bemängelten in diesem Zusammenhang allerdings oftmals, selber zumeist unzureichend über das jeweilige Ergebnis der Maßnahmen unterrichtet zu sein[423].

1. Frage nach der Erfolgsdefinition

Bei der Frage nach der Erfolgsdefinition wurden zum Teil unterschiedliche Perspektiven der verschiedenen Berufsgruppen deutlich. Während die mit der technischen Durchführung betrauten Beamten eine Wohnraumüberwachungsmaßnahme überwiegend bereits dann als erfolgreich bezeichneten, wenn durch sie „Inhalte dokumentiert" werden könnten, mithin eine nicht entdeckte und technisch funktionstüchtige Installation gelungen sei, stellte das andere Extrem die Forderung nach einem „gerichtsverwertbaren Beweis" bzw. die Möglichkeit der Anklageerhebung dar. Weit überwiegend wurde jedoch über alle Berufsgruppen hinweg angegeben, dass die Maßnahme als erfolgreich zu bezeichnen sei, wenn durch sie verfahrensrelevante Erkenntnisse erlangt werden könnten, die ansonsten nicht bekannt geworden wären – dies gelte sowohl für be- als auch entlastende Momente. Dies könnten

---

[422] Vgl. dort etwa D./II./3.
[423] Vgl. E./II./3.1.

zuweilen nach erstem Anschein auch Kleinigkeiten sein. Oftmals wurde formuliert, dass auf die Erkenntnisse „weitere Ermittlungen aufgebaut" werden könnten; ein Beamter gab an, dass bei technischen Maßnahmen „ohnehin zu zwei Dritteln Anschlussermittlungen" erforderlich seien, da diese selten einen „punktgenauen Tatnachweis" lieferten. Genannt wurde als Erfolg auch eine bestätigende oder ausschließende „klare Richtung" in Bezug auf den Tatverdacht. Ein Beamter aus dem Bereich des Staatsschutzes betonte, dass es zuvörderst um Strukturerkenntnisse gehe; aus dem Bereich der BtM-Sachbearbeitung wurde oftmals das Kriterium der Möglichkeit einer folgenden BtM-Sicherstellung genannt.

2. Fernwirkungen

Ein erhöhter Geständnisdruck wurde in den Gesprächen nur teilweise explizit konstatiert – er erschien im Falle einer „erfolgreich" verlaufenen Wohnraumüberwachungsmaßnahme offensichtlich. Das Problem sei regelmäßig allerdings, dass man es ja gerade mit Tätern zu tun hätte, die „bis zum Letzten" leugneten und, wenn überhaupt, dann „keinen Millimeter mehr" als exakt das einräumten, was positiv dokumentiert sei. Eine Staatsanwältin erwähnte in diesem Zusammenhang die Bedeutung der Wohnraumüberwachung auch für die Vernehmungstaktik.

Unterstrichen wurde die Bedeutung der Wohnraumüberwachung ebenfalls dahingehend, dass sie auch im Falle nur schwer zu konkretisierender Erkenntnisse dennoch eine Ermittlungsrichtung bestätige: man wisse, dass man mit den Ermittlungen „auf dem richtigen Weg" sei, dass „man dran ist". Zu unterscheiden sei somit ein Beweis- und ein Erkenntniswert.

Gerade im BtM-Bereich wurde erwähnt, dass eine Maßnahme auch weitere Ermittlungsansätze etwa hinsichtlich Lieferanten oder weiterer Mittäter ermögliche, wenn diese Personen in der Wohnung des Beschuldigten aufliefen. Man erlange hier Erkenntnisse, die man mittels Observationen und – je nach Professionalisierungsgrad – Telefonüberwachungen nicht erhalte. Auf diese Informationen könnten sodann weitere Ermittlungen aufgebaut werden. Hiermit sind freilich Fragen von § 100d Abs. 5 Satz 2 StPO betroffen.

3. Weitere Ermittlungsansätze (§ 100d Abs. 5 Satz 2 StPO)

Da Erkenntnisse zu in andere Verfahren resultierenden oder dort verwerteten weiteren Ermittlungsansätzen aus den Akten des jeweiligen „Mutterverfahrens" nur schwer ersichtlich sind, wurde die Problematik auch in den Expertengesprächen thematisiert. Hier wurde zur Antwort gegeben, dass mit den Erkenntnissen der Wohnraumüberwachung genauso umgegangen würde wie mit anderen Beweismitteln auch. Von polizeilicher Seite wurde mitgeteilt, dass, soweit sich Erkenntnisse hinsichtlich weiterer Straftaten ergäben, diese der Staatsanwaltschaft zwecks Entscheidung über die Einleitung eines Verfahrens gemäß § 152 StPO vorgelegt würden – gemäß § 100d Abs. 5 Satz 2 StPO kämen ja nur weitere Katalogtaten in Betracht. Die Verwertungs- und/oder Vernichtungsentscheidung obläge grundsätzlich der Staatsanwaltschaft. Von einer Staatsanwältin wurde beispielhaft ausgeführt, dass aufgrund einer Maßnahme im BtM-Bereich elf weitere Verfahren eingeleitet wurden und durch Anschlussermittlungen gar eine Lieferschiene aus Südamerika ermittelt werden konnte.

Insgesamt sei das Vorliegen weiterer Ermittlungsansätze freilich vom Einzelfall und dem Gesamtergebnis der Maßnahme abhängig.

Im Hinblick auf § 147 StPO wurde von einem Ermittler aus dem Bereich der BtM-Bekämpfung angemerkt, dass sich entsprechende Rückschlüsse auf die Relevanz in anderen Verfahren aus der Akte gar nicht ergeben sollen; hiervon hänge teilweise gar die Beantragung von Maßnahmen überhaupt ab. Denn was einmal „in der Akte drin" stehe, sei spätestens mit der Hauptverhandlung des betreffenden Beschuldigten „allgemein milieubekannt"[424] und vereitle dann oftmals Ermittlungen gegen weitere „gesondert verfolgte" Personen.

4. Das Fehlschlagen von Maßnahmen

Hinsichtlich des Fehlschlagens von Maßnahmen wurde über alle Berufsgruppen hinweg betont, dass hieraus nicht die Nutzlosigkeit der Maßnahme gefolgert werden könne. Es sei zu bedenken, dass es sich um eine in der Umsetzung äußerst schwierige und nur in Einzelfällen angewendete Maßnahme handele.

Gerade von mit der technischen Umsetzung betrauten Beamten wurde überdies angegeben, dass die Umsetzung der Maßnahme regelmäßig mit einem „ungeheuren Erfolgsdruck" verbunden sei. Angesichts der mannigfachen Schwierigkeiten sei die Quote erfolgreich umgesetzter Maßnahmen „doch gar nicht so schlecht".

In inhaltlicher Hinsicht wurde auf das allgemeine, auch anderen Ermittlungshandlungen anhaftende Risiko verwiesen. Ein BtM-Fahnder resümierte diesbezüglich: „Wie viele erfolglose Durchsuchungen habe ich schon gemacht!" (wobei er anmerkte, dass es sich hierbei „auch nicht gerade um einen geringen Eingriff" handele). Andererseits seien jedoch punktuell auch immer wieder Erfolge zu verzeichnen. Angesichts des phänomenologischen Hintergrundes des Einsatzes der Maßnahme sei es „eine politische Entscheidung, ob man die Aufklärung entsprechender Straftaten will oder nicht."

III. Zusammenfassung

Das Ergebnis der jeweiligen Wohnraumüberwachungsmaßnahme ist einzelfallabhängig. Der „Output" einer jeden Maßnahme wurde einerseits in Form einer größtenteils direkt aus den Akten zu entnehmenden Bewertung durch die Ermitt-

---

[424] Er verwies darauf, dass etwa bei Durchsuchungen regelmäßig Kopien von Aktenauszüge mit detaillierten Wortprotokollen aus anderen Verfahren festgestellt würden, bis dahin, dass derartige Unterlagen „als Altpapier auf der Straße stehen".

lungsbehörden im Sinne einer Erfolgsqualifizierung festgehalten. Daneben wurde andererseits aufgrund dieses Einzelfallcharakters für jede Maßnahme das Ergebnis individuell erfasst und sodann kategorisiert. Schließlich wurden auf die Maßnahmen zurückführbare Einzelerfolge dokumentiert.

Insgesamt ergab sich, dass rund 30 % der angeordneten Maßnahmen als erfolgreich oder bedingt erfolgreich eingestuft werden konnten (unter den nicht erfolgreichen Maßnahmen befinden sich auch solche, welche letztlich nicht in das Stadium der Durchführung gelangten, teilweise ließ sich die Nichtdurchführung allerdings auch nicht als ein „Misserfolg" werten, so dass diese Maßnahmen dann unter „nicht beurteilbar" erfasst wurden). Im Rahmen der Ergebniskategorisierung differenzierten sich die tatsächlich durchgeführten Maßnahmen zu 19 % in lediglich andeutungsweise, aber nicht beweistauglich belastende, zu 15 % in mittelbar erfolgreiche (Anhaltspunkte für weitere Ermittlungen, Beweis von Indiztatsachen) und zu 7 % in direkt tatnachweiserbringende Maßnahmen; 29 % der durchgeführten Maßnahmen verliefen allerdings inhaltlich vollständig ergebnislos.

Beachtenswert erscheint vor allem jeweils die Katalogtatverteilung: Hier zeigt sich, dass die „Erfolgsquote" in den BtM-Verfahren deutlich höher als in den Mord-/Totschlagsverfahren liegt. Die Ergebniskategorisierung ergibt, dass in den Mord-/Totschlagsverfahren nahezu die Hälfte der Maßnahmen inhaltlich ergebnislos und ein großer weiterer Teil allenfalls andeutungsweise belastend verläuft. Damit sind die Mord-/Totschlagsverfahren auf dem Hintergrund der bisherigen Erörterungen strukturell, auch was die Effizienz der Maßnahme betrifft, als problematische Fälle anzusehen, in denen es auch mit der als ultima ratio angewandten Maßnahme regelmäßig nicht gelingt, tatnachweisdienliche Erkenntnisse zu erbringen.

Weitere Effizienzkriterien sind etwa die Rolle der Maßnahme im weiteren Verlauf des Verfahrens, der Verfahrensausgang und weitere Ermittlungsansätze hinsichtlich weiterer Katalogtaten und tatbeteiligter Personen. Während im Rahmen des weiteren Verfahrens eine Maßnahme mit einem mangels ausreichender Konkretisierung allenfalls andeutungsweise belastenden Ergebnis noch zur Erzeugung eines gewissen Vernehmungsdrucks in der Beschuldigtenvernehmung herangezogen werden kann, spielen in Anklage und Hauptverhandlung im Wesentlichen die inhaltlich ergiebigeren Maßnahmen eine Rolle, welche hauptsächlich im BtM-Bereich vorliegen. Dieses Bild spiegelt sich dann auch im Verfahrensausgang und bei weiteren Ermittlungsansätzen wieder.

Die Effizienz der Maßnahme kann – da sie von einer Vielzahl von einzelfallbedingten Faktoren, faktischen Schwierigkeiten und der jeweiligen Ermittlungssituation abhängig ist – dabei nicht losgelöst von ihren Rahmenbedingungen beurteilt werden. Während faktische Schwierigkeiten verfahrensunabhängig vorliegen, ist inhaltlich auf dem erörterten phänomenologischen Hintergrund erneut auf die grundlegenden idealtypischen Unterschiede zwischen den Mord-/Totschlagsverfahren und den BtM-Verfahren zu verweisen.

J. Abgleich mit den nach Art. 13 Abs. 6 GG vorliegenden Berichten

Wie im Kapitel Grundgesamtheiten dargelegt[425], liegen für 89 der für die Aktenanalyse berücksichtigten Verfahren Angaben nach Art. 13 Abs. 6 GG, § 100e StPO vor. Wie ebenfalls dargelegt, erfolgte die Darstellung der Ergebnisse der Aktenanalyse bisher aber im Großen und Ganzen unabhängig von den nach Art. 13 Abs. 6 GG, § 100e StPO vorliegenden Erkenntnissen. Zuletzt ist daher ein Vergleich der nach Art. 13 Abs. 6 GG, § 100e StPO vorliegenden Zahlen mit den Ergebnissen der Aktenanalyse vorzunehmen.

Die untersuchten Verfahren wurden dabei den veröffentlichten Angaben zugeordnet, so dass ein direkter Abgleich möglich war. Der Abgleich erfolgte angesichts einiger Nachberichte dabei immer anhand der in jeweiligen Folgejahren aktualisierten Tabellen. Zu berücksichtigen ist, dass in folgenden Berechnungen für den Erhebungszeitraum 1998 bis 2001 auch ein Verfahren enthalten ist, welches erst im Bericht des Jahres 2002 wiedergegeben ist, da sich der Abhörzeitraum über die Jahresgrenze erstreckte.

I. In den Berichten nicht enthaltene Verfahren

Wie mehrfach erläutert, besteht eine Berichtspflicht nach § 100e StPO gegenwärtig nur im Falle der tatsächlichen Durchführung einer Maßnahme[426].

Im Erhebungszeitraum 1998 bis 2001 konnte ein Verfahren festgestellt werden, welches trotz tatsächlicher Durchführung einer Maßnahme nicht in den Berichten nach Art. 13 Abs. 6 StPO enthalten war, da der entsprechende Erhebungsbogen aus Versehen offenbar nicht weitergeleitet worden war. Das Verfahren stand aufgrund noch andauernder Ermittlungen allerdings nicht zur Akteneinsicht zur Verfügung, es wurde Auskunft erteilt. Demnach handelte sich um ein Mord-/Totschlagsverfahren ohne Auffälligkeiten im Vergleich zu den anderen untersuchten Verfahren.

Ein weiteres trotz Durchführung einer Wohnraumüberwachungsmaßnahme nach § 100e StPO nicht berichtetes Verfahren wurde noch außerhalb des Erhebungszeitraumes im Jahre 2002 entdeckt. Auch hier lag offensichtlich ein Versehen vor. Es handelte sich um ein im Rahmen der Aktenanalyse vollumfänglich eingesehenes BtM-Verfahren.

Geschildert wurde bereits ein Verfahren[427] (Katalogtat Mord/Totschlag), das aufgrund des Einverständnisses des Wohnungsinhabers mit der Maßnahme nicht in

---

[425] A./I./1.
[426] Vgl. nochmals BT-Drs. 14/8155 Anlage 4 S. 32 und 38

den nach Art. 13 Abs. 6 GG vorzulegenden Bericht aufgenommen wurde, obwohl es durch die Staatsanwaltschaft nach § 100e StPO der zuständigen obersten Justizbehörde mitgeteilt wurde. Diese führte hierzu aus, dass zwar ein Beschluss nach § 100c Abs. 1 Nr. 3 StPO ergangen sei, „obwohl der Wohnungsinhaber mit der Maßnahme einverstanden gewesen ist, so dass nach herrschender Meinung lediglich ein Beschluss nach § 100c Abs. 1 Nr. 2 StPO erforderlich gewesen wäre." Die Maßnahme sei somit nicht meldepflichtig.

Im Zusammenhang auf Schwierigkeiten mit der Berichtspflicht wäre noch auf die vereinzelt vorgekommenen Nachberichte im Vergleich zu einigen Vorjahresberichten zu verweisen[428], deren Gründe allerdings nicht nachvollzogen werden konnten.

Ersichtlich handelt es sich hier jedoch um Einzelfälle. Wie dargelegt[429], konnte in einem Fall des Tragens eines Körpermikrofons durch einen VE im Rahmen der Aktenanalyse letztlich nur im Wege eines Umkehrschlusses aufgrund des Nichtenthaltenseins in den Berichten nach § 100e StPO darauf geschlossen werden, dass von einem Nichtbetreten der Wohnung und somit von einer „Nichtdurchführung" der Maßnahme i.S. von § 100c Abs. 1 Nr. 3 StPO auszugehen war.

II. Nicht durchgeführte Maßnahmen

Gleichzeitig hat sich jedoch herausgestellt, dass für den Erhebungszeitraum fünf Verfahren in den Berichten nach Art. 13 Abs. 6 GG enthalten sind, in denen es nach Feststellungen der Aktenanalyse mangels Durchführung der Maßnahme zu gar keiner faktischen Überwachung kam. Es handelte sich um drei Mord-/Totschlagsverfahren und zwei BtM-Verfahren.

In weiteren neun Verfahren ergab die Aktenanalyse, dass neben der in den Berichten genannten durchgeführten Maßnahmen noch weitere nicht durchgeführte – und somit auch nicht berichtspflichtige – Maßnahmen vorlagen.

III. Katalogtaten

Bei den Katalogtaten ergeben sich geringfügige Abweichungen hinsichtlich der Kombination mit anderen Katalogtaten. So wurden in den Berichten zwei BtM-Verfahren noch in Kombination mit weiteren Katalogtaten angegeben, welche bei der Aktenanalyse in den jeweiligen Beschlüssen allerdings nicht festgestellt werden konnten. Ein Verfahren wird in den Berichten nur mit der Katalogtat Raub angege-

---

[427] S.o. B./I./1.5/b.
[428] Vgl. oben Fußnote 153.
[429] S.o. H./I./1.3/a.

ben, während sich der Beschluss nach den Feststellungen der Aktenanalyse wegen des mittels schwerer Waffen verübten Raubüberfalls gleichzeitig noch auf Verstöße gegen das Waffengesetz stützte.

Schließlich wird in einem Fall in den Berichten neben der Katalogtat Mord/Totschlag noch eine Straftat gegen die persönliche Freiheit genannt, welche im Rahmen der Aktenanalyse nicht festgestellt werden konnte, da das Verfahren aufgrund noch andauernder Ermittlungen nicht für eine Akteneinsicht zur Verfügung stand. In dem Fall war von der Entführung eines verschwundenen Kindes ausgegangen worden.

Ein in den Berichten mit der Katalogtat Raub/räuberische Erpressung angegebener Fall wurde in der Aktenanalyse (wie sich rückwirkend herausstellte möglicherweise unzutreffend) als Erpressung in einem besonders schweren Fall geführt.

Das im Jahre 2001 durch den Generalbundesanwalt berichtete Verfahren mit der Katalogtat Mord/Totschlag konnte für die Aktenanalyse insgesamt nicht berücksichtigt werden.

IV. OK-Bezug

Angaben über einen OK-Bezug finden sich erst in den Berichten ab 2002 und somit nach dem für die Anktenanalyse maßgeblichen Erhebungszeitraum. Ein Abgleich ist daher leider nicht möglich.

V. Anzahl der betroffenen Wohnungen

Hinsichtlich der Anzahl der betroffenen Wohnungen bei den tatsächlich durchgeführten Maßnahmen ergeben sich – abzüglich des einen nicht berichteten Verfahrens – keine Abweichungen (wobei in einem Fall eine Angabe in den Berichten fehlt).

Die Angabe, ob es sich um jeweils Privatwohnungen handelt, findet sich erst in nach dem Erhebungszeitraum liegenden Berichten, so dass ein entsprechender Abgleich nicht möglich ist.

VI. Anzahl der Beschuldigten und Betroffenen

Bemerkenswert erscheinen die vergleichenden Feststellungen zu Beschuldigten und Betroffenen. Während die Angaben in den Berichten für den Erhebungszeitraum insgesamt 310 Betroffene, darunter 178 Beschuldigte und 132 Nichtbeschuldigte, umfassen, konnten im Rahmen der Aktenanalyse für die entsprechenden Maßnahmen insgesamt 165 beschuldigte Betroffene und 73 nicht beschuldigte Betroffene, jedoch 368 Beschuldigte insgesamt der jeweiligen Verfahren festgestellt werden. Beachtet man hier, dass nicht alle Verfahren vollumfänglich zur Einsicht zur Verfügung standen, und berücksichtigt weitere Erhebungsunsicherheiten[430], so ergibt sich der Befund, dass die Berichte lediglich die beschuldigten Betroffenen als Beschuldigte aufführen, nicht aber sämtliche Beschuldigte des jeweiligen Verfahrens. Einzelstichproben bestätigen diesen Befund. Dies erscheint auch naheliegend, da zum Zeitpunkt der Maßnahme weitere Beschuldigte, wie sie in einer Gesamtschau nach Abschluss des Verfahrens feststellbar sind, teilweise noch gar nicht bekannt sind oder aber zumindest nicht im Fokus der Maßnahme stehen (auf die Ausführungen zur Betroffenendefinition darf daher verwiesen werden[431]). Die deutlich nach unten abweichende Anzahl der in der Aktenanalyse festgestellten nicht beschuldigten Betroffenen dürfte zum größten Teil auf die geschilderten Erhebungsunsicherheiten zurückzuführen sein: die Anzahl der nicht beschuldigten Betroffenen wird zumeist nur zwecks Berichterstattung nach § 100e StPO erhoben und findet in den Akten ansonsten keinen Niederschlag. Die in den Berichten wiedergegebene Anzahl der nicht beschuldigten Betroffenen ist somit als genauer anzusehen, als sie durch die Aktenanalyse erhoben werden konnte[432].

Festzuhalten ist jedoch vor allem der Befund, dass hinsichtlich der beschuldigten Betroffenen als Zielpersonen der Maßnahme bei den berichteten und den unabhängig davon anhand der Aktenanalyse erhobenen Zahlen – gerade unter Berücksichtigung diverser Erhebungs- und Auswertungsunsicherheiten (ferner der nicht vollumfänglich möglichen Einsicht in einige Verfahren) – eine relativ präzise Übereinstimmung besteht.

VII. Dauer

Die durchschnittliche in den Berichten angegebene Dauer beträgt für den Erhebungszeitraum rund 26 Tage (Median 18 Tage) und liegt auch hier sehr nah an den in der Aktenanalyse festgestellten Werten von durchschnittlich rund 25 Tagen (Median ebenfalls 18 Tage). Diese scheinbar nahezu vollständige Übereinstimmung ergibt sich jedoch nur vordergründig: Zum einen ist zu beachten, dass bei der Aktenanalyse in 15 % der Fälle aufgrund fehlender präziser Datumsangaben eine

---

[430] Vgl. F./I./1.
[431] Vgl. A./IV./1.
[432] Von einer Staatsanwältin wurde im Rahmen der Expertengespräche jedoch angegeben, dass sie als Nichtbeschuldigte alle diejenigen Personen berichtet habe, welche im Zuge der Maßnahme als – bis dahin unbekannte ergo nicht beschuldigte – weitere Tatbeteiligte bekannt geworden seien. Diese Problematik wurde vorliegend als weitere Ermittlungsansätze i.S.v. § 100d Abs. 5 Satz 3 StPO diskutiert (s.o. H./II./3.) – hierzu liegen verlässliche Daten weder aufgrund der Berichte nach Art. 13 Abs. 6 GG noch aufgrund der Aktenanalyse vor.

Abhördauer nicht errechnet werden konnte[433]. Zum anderen fiel bei einigen stichprobenartigen Einzelfallüberprüfungen auf, dass in den Berichten teilweise die Anordnungsdauer angegeben worden war (dies zeigt sich allein daran, dass im Rahmen der Aktenanalyse eine Abhördauer von exakt 28 Tagen in keinem Fall festgestellt werden konnte, während dieser Wert in den Berichten immer wieder auftaucht). Krasse Divergenzen ergaben sich freilich keine, Verschiebungen um einige Tage sind feststellbar.

VIII. Kosten

Wie dargelegt, spiegelt sich die Kostenfrage in der Aktenrealität nur sehr fragmentarisch wider[434]. Eine vergleichende Betrachtung erscheint daher vorliegend nicht möglich. Für den Erhebungszeitraum ergeben sich aus den Berichten durchschnittliche Kosten von rund 10.300 DM und in der Hälfte der Fälle Kosten von 4.000 DM (Median).

IX. Benachrichtigung

Nach den Berichten liegt die Quote der Verfahren des Erhebungszeitraumes, in denen eine Benachrichtigung nicht erfolgt ist, bei rund 40 %, wobei in zweien dieser Fälle nur eine teilweise Benachrichtigung angegeben wird. Gemäß den Feststellungen der Aktenanalyse wurde die Quote einer nicht feststellbaren Benachrichtigung auf 36 % beziffert, wobei zur Berechnung dieser Quote die Personen mit einer richterlich genehmigten Zurückstellung der Benachrichtigung unberücksichtigt blieben.

Hier ist jedoch darauf hinzuweisen, dass diese Quoten nur bedingt vergleichbar sind. Die Quote der Berichte bezieht sich auf die Anzahl der Verfahren, während die Quote der Aktenanalyse personenbezogen errechnet wurde und insofern einen höheren Differenzierungsgrad aufweist. Ferner ist der möglicherweise unterschiedliche Betrachtungszeitpunkt zu beachten: während die Berichte das Bild zum jeweiligen Berichtszeitpunkt wiedergeben, ergab sich bei der Aktenanalyse oftmals eine rückblickende Perspektive. Die Quote der Aktenanalyse dürfte maßgeblich vor allem auch durch die statuierten Erhebungsunsicherheiten geprägt sein.

X. Verfahrensrelevanz

Der Vergleich der in den Berichten angegebenen Verfahrensrelevanz mit dem im Rahmen der Aktenanalyse festgestellten jeweiligen Ergebnis ergibt zwar in Ein-

---

[433] Vgl. B./I./3.3.
[434] S.o. B./I./9.

zelfällen Abweichungen, die sich aber größtenteils einerseits mit der weiten den Berichten zugrunde liegenden Verfahrensrelevanzdefinition[435] und andererseits mit Erhebungsunsicherheiten im faktischen Bereich erklären lassen. Obwohl im Hinblick auf die Erfolgsqualifizierung keine 100 %ige Übereinstimmung erreicht wird, erweist sich diese im statistischen Test als hochsignifikant[436]. Dies mag somit auch als ein Reliabilitätsindikator gewertet werden. Insgesamt gibt freilich vorliegend die vorgenommene Ergebniskategorisierung ein genaueres Bild wieder.

---

[435] Vgl. oben Erster Teil D./II./7.
[436] Das Ausmaß des Zusammenhangs kann mit $Chi^2 = 26{,}63$; $df = 1$; $P \leq .000$ angegeben werden. Der korrigierte Kontingenzkorrelationskoeffizient beträgt .69.

Dritter Teil

Zusammenfassung und Schlussfolgerungen

A. Zusammenfassung

I. Ausgangspunkt und Fragestellungen

Die Unverletzlichkeit der Wohnung besitzt in der europäischen Verfassungstradition einen zentralen Stellenwert[437]. Durch eine Änderung des Art. 13 GG und die Schaffung des § 100c Abs. 1 Nr. 3 StPO mit entsprechenden Folgeregelungen besteht nach einem „bis zur letzten kriminalpolitischen Patrone ausgefochtenem Kampf"[438] seit dem Jahre 1998 die rechtliche Möglichkeit der akustischen Wohnraumüberwachung zu Beweisermittlungszwecken[439]. Mit der Regelung wurde versucht, die Bedürfnisse einer wirksamen Strafverfolgung – insbesondere auf dem Feld der „Organisierten Kriminalität"[440] – mit rechtsstaatlichen Anforderungen an die Sicherung bürgerlicher Freiheitsrechte abzustimmen[441]. Im Hinblick auf die Bewertung hiermit zusammenhängender Fragen ist neben rechtsdogmatisch-theoretischen Erwägungen von zentraler Bedeutung, wie sich der Einsatz dieses Ermittlungsinstrumentes rechtstatsächlich darstellt.

Die auf der Grundlage von Art. 13 Abs. 6 GG vorliegenden jährlichen Berichte[442] liefern zwar einige einfache Grunddaten über den Einsatz dieses grundrechtseingriffsintensiven Ermittlungsinstrumentes. Diese sind in ihrer Aussagekraft allerdings beschränkt. Es besteht somit ein Bedarf an empirischer Implementations- und Evaluationsforschung[443].

1. Forschungsstand und Datenlage

Aus der Zeit des Gesetzgebungsverfahrens und davor liegt ein umfangreiches Schrifttum vor, in welchem die Auseinandersetzung um das Für und Wider sowie

---

[437] MAUNZ-DÜRIG Art. 13 Rn. 2; vgl. auch SEIFERT, KJ 1992, 355 (357).
[438] So SCHNÜNEMANN (2000), 24.
[439] Vgl. zur Nachzeichnung der Debatte HETZER, ZFIS 1999, 131; ZWIEHOFF (2000).
[440] Zu Weichheit dieses Begriffes vgl. BVerfG; NJW 2002, 1782; zum Ganzen ALBRECHT (1998) und KINZIG (2004).
[441] GROPP/HUBER (2001), 117.
[442] BT-Drs. 14/2452 (1998), 14/3998 (1999), 14/6778 (2000), 14/9860 (2001), 15/1504 (2002) und 15/3699 (2003).
[443] So auch der Erfahrungsbericht der Bundesregierung, BT-Drs. 14/8155.

um die probate Ausgestaltung einer gesetzlichen Regelung ausgetragen wird. Vor allem aus diesem lassen sich evaluierungsbedürftige Fragestellungen entnehmen.

Seit diesem Zeitpunkt erschienene Untersuchungen[444] behandeln die Thematik auf rechtspolitischer, dogmatischer und theoretischer Ebene.

Empirische Daten liegen bislang vor allem aus den USA vor. Durch die dortigen wirtap-reports[445], die jährlich durch das Administrative Office der US-Courts herausgegeben werden, besteht eine Dokumentation sämtlicher technischer Überwachungsmaßnahmen[446]. Diese Reports standen offensichtlich auch für die Einführung der Berichtspflicht nach § 100e StPO, Art. 13 Abs. 6 GG Pate. Freilich reicht diese in ihrer Abbildungsgenauigkeit und dem Potential einer Erfolgskontrolle nicht an das amerikanische Vorbild heran.

So lassen die Berichte nach § 100e StPO insbesondere keine Aussagen zu sämtlichen von einer Überwachungsmaßnahme betroffenen Personen (zugrundegelegt wird stattdessen ein „normativer" Betroffenenbegriff[447]) und gerichtlich abgelehnten sowie aus anderen Gründen tatsächlich nicht durchgeführten Maßnahmen zu – wobei gerade Letzteres ja für die Erfassung der eigentlichen gerichtlichen Anordnungspraxis relevant wäre. Ebenso fehlt ein verlässliches Kriterium für den Erfolg der Maßnahme und deren etwaige Verwertung in anderen Verfahren (etwa anhand der Angabe von Haftbefehlen, Verurteilungen und Folgeverurteilungen).

Die Überwachungszahlen sind insgesamt gering, auch wenn sich in der Tendenz eine gewisse Steigerung feststellen lässt.

---

[444] Vgl. monographisch insb. BLUDOVSKY (2002); MOZEK, (2001); MÜLLER (2000) und ZIMMERMANN (2001).
[445] Vgl. http://www.uscourts.gov/library/wiretap.html.
[446] Eine Analyse dieser Reports findet sich bei BÖTTGER/PFEIFFER, ZRP 1994, 7 und KRAUSE (1999), 221.
[447] Vgl. BT-Drs. 14/8155 Anlage 4, S. 38.

Zusammenfassung und Schlussfolgerungen 315

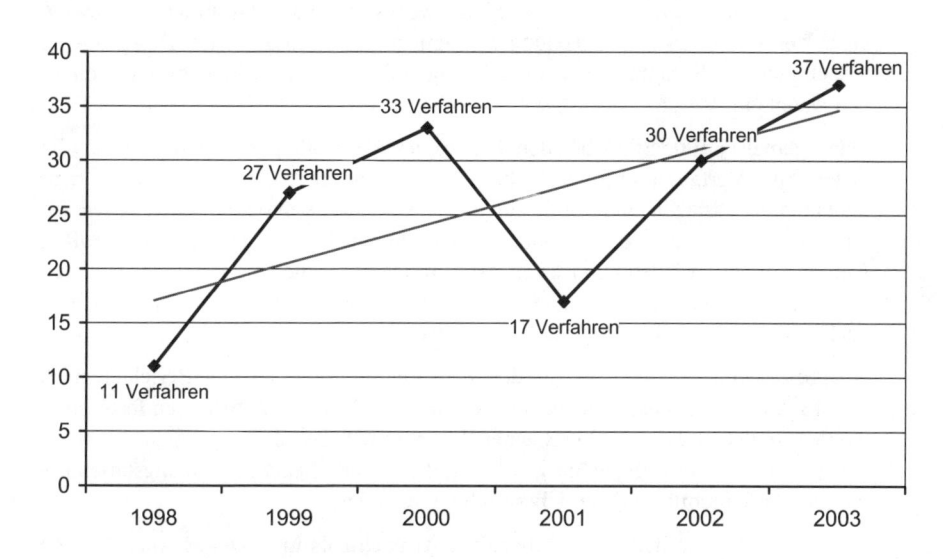

Abbildung 65: Entwicklung der Wohnraumüberwachungszahlen nach Art. 13 Abs. 6 GG, § 100e StPO

[Chart showing Verfahren numbers from 1998-2003: 1998: 11 Verfahren; 1999: 27 Verfahren; 2000: 33 Verfahren; 2001: 17 Verfahren; 2002: 30 Verfahren; 2003: 37 Verfahren]

Auch auf präventivpolizeilicher Grundlage durchgeführte Wohnraumüberwachungsmaßnahmen beschränken sich insgesamt auf Einzelfälle[448]. Teilweise befürchtete Umgehungstendenzen[449] (über § 100f Abs. 2 StPO) konnten daher nicht festgestellt werden.

- *Im Gegensatz zur Telefonüberwachung hat die Maßnahme der akustischen Wohnraumüberwachung Einzelfallcharakter, die Anwendungszahlen sind gering.*

2. Anlage und Durchführung der Untersuchung

Die Untersuchung besteht vor allem aus einer Aktenanalyse sämtlicher Verfahren, in denen eine akustische Wohnraumüberwachung auf der Basis von § 100c Abs. 1 Nr. 3 StPO beantragt wurde. Wegen der geringen Fallzahlen bot sich eine Vollerhebung an. Der Erhebungszeitraum wurde auf die Jahre 1998 bis 2001

---

[448] Dies ergab eine im Rahmen der Untersuchung durchgeführte Länderumfrage.
[449] Vgl. etwa BENFER, NVwZ 1999, 237; BRAUN, NVwZ 2000, 375; VAHLE, Kriminalistik 1998, 378 (381); KUTSCHA/MÖRITZ, StV 1998, 564.

beschränkt – bereits für diesen Zeitraum stellte sich bei der gegen Ende des Jahres 2002 begonnenen Erhebung heraus, dass einige dieser Verfahren noch nicht abgeschlossen waren. Wo greifbar, wurden zwecks zusätzlichem Erkenntnisgewinn auch Verfahren aus dem Erhebungszeitraum ab 2002 ausgewertet. Diese flossen jedoch nicht in die statistischen Berechnungen der aus der Aktenanalyse gewonnenen Daten ein.

Da gemäß § 100e StPO bei den Landesjustizverwaltungen regelmäßig nur die Daten von Verfahren mit tatsächlich durchgeführten Wohnraumüberwachungsmaßnahmen vorlagen und somit auf dieser Datenbasis systematischen Aussagen zum Scheitern von Wohnraumüberwachungsmaßnahmen nicht hätten getroffen werden können, wurden bundesweit bei sämtlichen für die Anordnung zuständigen Staatsschutzkammern auch diejenigen Verfahren erhoben, die in den Berichten nach Art. 13 Abs. 6 StPO regulär keinen Niederschlag finden.

Dabei konnten zu den 89 für den Erhebungszeitraum in den Berichten nach Art. 13 Abs. 6 GG wiedergegebenen Verfahren[450] 30 weitere Verfahren festgestellt werden, in denen die Anordnung einer Wohnraumüberwachungsmaßnahme entweder gerichtlicherseits abgelehnt wurde[451] oder ein erlassener Anordnungsbeschluss nicht in der Durchführung der Überwachung resultierte.

Die Grundgesamtheit der Aktenanalyse ist nochmals in folgender *Abbildung 66* wiedergegeben. Aus ihr ergibt sich auch übersichtlich der Umfang der aufgrund der Staatsschutzkammerkontaktierungen zusätzlich zu den Berichten nach Art. 13 Abs. 6 GG, § 100e StPO bekannt gewordenen Verfahren.

---

[450] Ein Verfahren ist aufgrund des sich über die Jahresgrenze erstreckenden Abhörzeitraumes erst für das Berichtsjahr 2002 aufgeführt.

[451] Diesbezügliche „informelle Erledigungsstrukturen" kommen zwar vor (Signalisierung einer Erfolglosigkeit des Antrages durch die Kammer und entsprechende Rücknahme durch die Staatsanwaltschaft), dürften insgesamt allerdings in ihrem Ausmaß überschaubar sein.

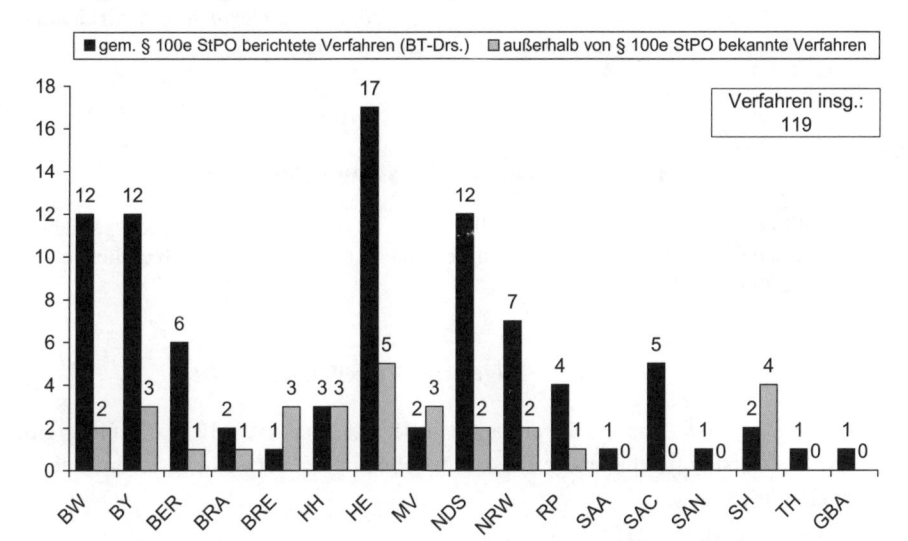

Abbildung 66: Grundgesamtheit der Aktenanalyse

Bis auf ein Verfahren konnten auch im Falle beschränkter oder nicht möglicher Akteneinsichten (dies war bei 13 % der Verfahren – vor allem wegen noch laufender Ermittlungen, Hauptverhandlungen oder Revisionsverfahren – der Fall) Erkenntnisse erhoben werden, die für die Fragestellungen verwertet werden konnten. In zwei mitgeteilten Verfahren wurde kein förmlicher Überwachungsantrag festgestellt. Die Ergebnisse der Aktenanalyse stützen sich somit auf insgesamt 116 Verfahren.

Die Erkenntnisse der Aktenanalyse wurden durch Expertengespräche validiert. Gesprächspartner waren alle Staatsschutzkammervorsitzenden mit im Erhebungszeitraum mehr als sechs mit Wohnraumüberwachungsanordnungsentscheidungen anhängigen Verfahren[452], Dezernenten und Abteilungsleiter bei zwölf Staatsanwaltschaften sowie rund 30 Polizeibeamte verschiedener Aufgabenbereiche aus sechs Bundesländern sowie des Bundeskriminalamtes[453].

- *Die Untersuchung umfasst die Grundgesamtheit aller 1998-2001 in Deutschland beantragten Wohnraumüberwachungsmaßnahmen.*

---

[452] Ein Kammervorsitzender war aufgrund seines Eintritts in den Ruhestand nicht mehr zu erreichen, stattdessen wurden zwei andere Vorsitzende mit jeweils weniger als sechs anhängigen Verfahren einbezogen.

[453] Die genaue Anzahl der Gesprächspartner ist schwierig zu beziffern, da manche Ge-spräche in Form von „Gesprächsrunden" durchgeführt wurden.

- *Zusätzlich zu den bislang nach Art. 13 Abs. 6 GG, § 100e StPO berichteten Fällen sind 30 weitere Verfahren mit gerichtlich abgelehnten oder tatsächlich nicht durchgeführten Maßnahmen bekannt geworden.*

II. Implementationsfragestellungen

Mit den Implementationsfragestellungen wird vor allem eine Bestandsaufnahme der tatsächlichen Umsetzung der seit dem Jahre 1998 bestehenden rechtlichen Regelung angestrebt.

1. Allgemeine Verteilungen

Insgesamt ist – wie sich bereits aus den Berichten nach Art. 13 Abs. 6 GG ergibt – ein äußerst zurückhaltender Einsatz der Wohnraumüberwachungsmaßnahme zu konstatieren.

Die Maßnahme hat auch innerhalb der Verfahren Einzelfallcharakter: In lediglich 19 (16 %) der 116 untersuchten Verfahren konnte mehr als eine zu überwachende Räumlichkeit festgestellt werden, Verfahren mit mehr als zwei zu überwachenden Räumen betreffen Einzelfälle (vier Verfahren).

Einige der Verfahren entfallen auch auf eine teilweise noch ungeklärte Abgrenzungsproblematik zur Rechtsgrundlage des § 100c Abs. 1 Nr. 2 StPO: So waren einerseits Fälle festzustellen, in denen Zweifel über den eine Anwendung des § 100c Abs. 1 Nr. 3 StPO voraussetzenden Wohnungsbegriff festzustellen sind[454], andererseits Fälle (immerhin elf Maßnahmen), in denen ein Einverständnis des materiellen Wohnungsinhabers mit der Abhörmaßnahme vorlag[455].

Gerichtlich abgelehnt wurden 13 % der festgestellten Anträge auf Wohnraumüberwachungsmaßnahmen. Weitere 19 % wurden trotz Vorliegens eines ermächtigenden Anordnungsbeschlusses nicht umgesetzt. Maßgeblicher Grund der Nichtumsetzung von Maßnahmen waren zumeist faktische Umsetzungsschwierigkeiten,

---

[454] Das BVerfG verneint den Schutzbereich des Art. 13 GG beispielsweise für die Haftäume einer Justizvollzugsanstalt (Beschluss vom 30.5.1996, NJW 1996, 2643); ebenso der BGH für den Besuchsraum einer Untersuchungshaftvollzugsanstalt (Urteil vom 24.7.1998, NJW 1998, 3284f.); aber auch in anderen Fällen sind Zweifel angebracht. Interessant ist die Problematik vor allem auf dem Hintergrund eines im Vorfeld des Gesetzgebungsverfahrens diskutierten sog. „wohnraumbegriffseinschränkenden Ansatzes", vgl. etwa RAUM/PALM, JZ 1994, 447 (450 f.); ausführlich auch MÜLLER (2000), 101 ff.

[455] Diese Fälle sind nach wohl herrschender Meinung über § 100c Abs. 1 Nr. 2 StPO abzuwickeln; vgl. KARLSRUHER KOMMENTAR-NACK, § 100c Rn 16; MEYER-GOSSNER, § 100c Rn 12; SK-RUDOLPHI/WOLTER, § 100c Rn 12.

welche mit 46 % auch einen vorherrschenden Auslöser für Verlängerungsanordnungen darstellten.

Die Anordnungsdauer der Wohnraumüberwachungen orientierte sich überwiegend am gesetzlichen Maximum von 28 Tagen, zum Teil wurde die Maßnahme aber bereits für einen kürzeren Zeitpunkt beantragt. Ein Problem stellt insbesondere im Hinblick auf die Installationsproblematik der Beginn des Fristlaufes dar[456]. Die gesetzte Anordnungsdauer wird in ihrer Durchführung tatsächlich jedoch nur von einem Teil der Maßnahmen ausgeschöpft; in der Summe ergibt sich eine „Ausschöpfungsquote" von 59 % der durch einen Anordnungsbeschluss gedeckten Überwachungsdauer. Die Begrenzung des Abhörzeitraumes ergibt sich zumeist aus der Nichtbeantragung einer (Folge-)Verlängerung, die Ablehnung von Verlängerungsanordnungen kommt hingegen kaum vor, teilweise jedoch eine restriktivere Befristung.

Technische Schwierigkeiten mit der Sprach- und Aufzeichnungsqualität waren bei 40 % der Maßnahmen aktenkundig.

- *Die Maßnahme hat auch innerhalb der Verfahren Einzelfallcharakter, Verfahren mit mehr als einer überwachten Räumlichkeit bilden die Ausnahme.*

- *Die gerichtliche Ablehnungsquote beträgt 13 %.*

- *Maßgebliche Schwierigkeiten bereitet die praktische Umsetzung der Maßnahme.*

2. Phänomenologische Typizitäten

Bemerkenswert erscheint die Verteilung der Katalogtaten über die Verfahren. Sie ist sowohl für die der Aktenanalyse zugrunde liegenden Verfahren als auch für alle von 1998 bis 2003 nach Art. 13 Abs. 6 GG berichteten Verfahren in *Abbildung 67* dargestellt (wobei zu beachten ist, dass in der Aktenanalyse auch zusätzlich nicht berichtspflichtige Verfahren enthalten sind, die beiden Grundgesamtheiten also nur bedingt vergleichbar sind). Die Verfahren der Aktenanalyse betrafen zu rund 87 % die Katalogtat Mord/Totschlag und das BtMG (bei mehreren Maßnahmen innerhalb eines Verfahrens konnte durchweg nur Homogenität hinsichtlich der Anlasstaten festgestellt werden), bei der Gesamtheit der 1998 bis 2003 berichteten Verfahren sind dies immerhin noch 76 %.

---

[456] Vgl. diesbezüglich BGH NJW 1999, 959.

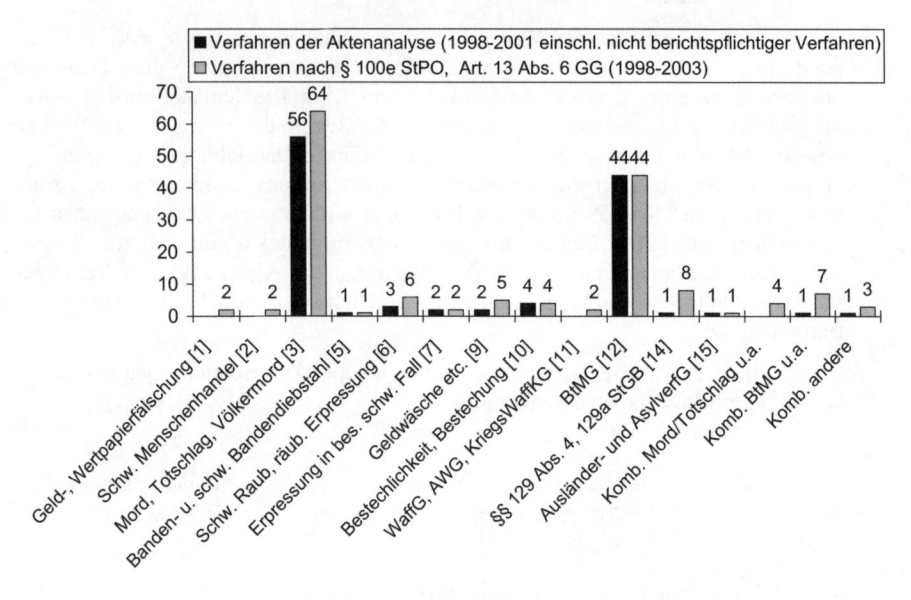

Abbildung 67: *Verteilung der Verfahren der Aktenanalyse und der nach Art. 13 Abs. 6 GG berichteten Verfahren über die Katalogtaten*

[Bar chart: Verfahren der Aktenanalyse (1998-2001 einschl. nicht berichtspflichtiger Verfahren) und Verfahren nach § 100e StPO, Art. 13 Abs. 6 GG (1998-2003). Werte: Geld-, Wertpapierfälschung [1]: 2/2; Schw. Menschenhandel [2]: 2/2; Mord, Totschlag, Völkermord [3]: 56/64; Banden- u. schw. Bandendiebstahl [5]: 1/1; Schw. Raub, räub. Erpressung [6]: 3/6; Erpressung in bes. schw. Fall [7]: 2/2; Geldwäsche etc. [9]: 2/2; Bestechlichkeit, Bestechung [10]: 5/4; WaffG, AWG, KriegsWaffKG [11]: 4/2; BtMG [12]: 44/44; §§ 129 Abs. 4, 129a StGB [14]: 1/8; Ausländer- und AsylverfG [15]: 1/1; Komb. Mord/Totschlag u.a.: 4/1; Komb. BtMG u.a.: 7; Komb. andere: 1/3.]

Andere Katalogtaten stellen geradezu Einzelfälle dar, wobei insgesamt eine Diversifizierung ab dem Berichtsjahr 2002 (also dem in der Aktenanalyse nicht mehr berücksichtigten Zeitraum) festzustellen ist. Hier ist insbesondere ein Anstieg von Verfahren mit der Katalogtat Raub/räuberische Erpressung [6] und §§ 129 Abs. 4/129a [14] zu verzeichnen, wobei von letzteren allein vier in der Zuständigkeit des Generalbundesanwaltes geführt werden, so dass hier auf dem Hintergrund von §§ 142a Abs. 1, 120 Abs. 1 Nr. 6 GVG von Verfahren im Zusammenhang mit der Terrorismusbekämpfung auszugehen ist. Hinsichtlich der prävalenten Mord-/Totschlagsverfahren und BtM-Verfahren ergeben sich allerdings keine Anhaltspunkte für phänomenologische Abweichungen gegenüber dem Erhebungszeitraum der Aktenanalyse (dies wurde auch in den Expertengesprächen bestätigt).

Der in der Aktenanalyse ausgeleuchtete phänomenologische Hintergrund der Verfahren ergibt eine Zweiteilung des Anwendungsbereichs der akustischen Wohnraumüberwachung: Einerseits sind hier die der Transaktionskriminalität[457] zuzurechnenden BtM-Verfahren zu nennen. Hier konnte festgestellt werden, dass es um den Umsatz erheblicher Rauschgiftmengen ging (in den Kokainfällen durchschnittlich 47, in den Heroinfällen durchschnittlich 62 Kilogramm), in über der Hälfte der Verfahren waren Auslandsbezüge gegeben, zum Teil handelte es sich

---

[457] Vgl. in diesem Sinne bereits ALBRECHT/DORSCH/KRÜPE (2003), 453 f.

um groß angelegte Ermittlungen mit internationalen Kooperationen. Diese Fälle dürften – neben einigen auch mit anderen Katalogtaten festgestellten Verfahren (etwa jenes mit § 129 Abs. 4 StGB) – am ehesten dem zur Begründung der Einführung der akustischen Wohnraumüberwachung nutzbar gemachten Leitbild der „Organisierten Kriminalität"[458] entsprechen. Überraschend und wohl auch unerwartet ist hingegen die große Anwendungshäufigkeit im Bereich der Verfahren wegen Tötungsdelikten, zumal es sich hier – wie die Aktenanalyse ergeben hat – zumeist um typische Ermittlungen im sozialen Nahraum handelt. Ein wie auch immer gearteter OK-Bezug[459] ließ sich in nur sieben Tötungsverfahren feststellen. Hier ist offensichtlich die Tatschwere das maßgebliche Kriterium, als letztes Mittel auch noch die Wohnraumüberwachung einzusetzen. Festzuhalten ist, dass zwischen den Verfahren tiefgreifende strukturelle Unterschiede bestehen: Während bei den BtM-Verfahren die Wohnraumüberwachung zur Überwindung hochkonspirativer und teilweise professionalisierter Strukturen eingesetzt wird, dient sie bei den Tötungsdelikten nach oft langwierigen, schwierigen und unter großem Aufklärungsdruck geführten Ermittlungen als ein „letzter Versuch", die Beweissituation zu verbessern.

Erstaunlich ist, dass beide Verfahrenstypen regional ungleich verteilt sind. Eine gesonderte Aufstellung nach OLG-Bezirken ist aus Anonymisierungsgründen nicht möglich[460], sie würde aber aufzeigen, warum einige Staatsschutzkammervorsitzende in den Expertengesprächen Mord-/Totschlagsfälle als „atypischen Ausreißer" bezeichneten, andere die konstatierte Zweiteilung aber bestätigten, und ein Staatsschutzkammervorsitzender gar den Eindruck formulierte, er habe seit Einführung des Gesetzes „sämtliche ungeklärte Mordfälle aus dem ganzen OLG-Bezirk" vorgelegt bekommen.

Hinsichtlich anderer Katalogtaten verbleibt als Erkenntnis aus der Aktenanalyse vor allem noch die Anmerkung, dass in Bestechungs- bzw. Bestechlichkeitsverfahren der Einsatz der Wohnraumüberwachung durch den wenig nachvollziehbaren Zustand bedingt ist, dass eine subsidiäre Telefonüberwachung aufgrund des Straftatenkataloges von § 100a StPO – und durch den entsprechenden Verweis auch eine Maßnahme nach § 100c Abs. 1 Nr. 2 StPO – aus rechtlichen Gründen nicht möglich ist[461]. Bei den Straftaten gegen das Eigentum (Katalogtaten Raub, Erpressung, Bandendiebstahl) ergab sich, dass hinsichtlich der Abhörung bei den im Rahmen der Aktenanalyse untersuchten Verfahren oftmals ein Einverständnis des Wohnungsinhabers als Verbrechensopfer vorlag. In anderen Raubverfahren handelte es sich um besonders schwere Fälle (etwa mit erheblichem Gewaltpotenzial begangene Geldtransporterüberfälle).

---

[458] Welche sich freilich ggf. auch schlicht als „schwer ermittelbare Kriminalität" bezeichnen ließe, zur Kritik am Begriff vgl. KINZIG (2004), 779; ALBRECHT, H.-J., (1998), 5.

[459] Erhoben wurde dabei vor allem, ob die Sachverhalte durch die Ermittlungsbehörden selber als OK-relevant eingestuft wurden (vgl. Anlage E RiStBV).

[460] Der Befund lässt sich allerdings grob bereits anhand einer genauen Betrachtung der nach Art. 13 Abs. 6 GG vorliegenden Angaben nachvollziehen.

[461] Vgl. auch LG Bremen, StV 1998, 525.

- *Über die kommunikationslastigen BtM-Verfahren als „Hauptbetätigungsfeld der OK" und somit einer Haupterscheinungsform von Transaktionskriminalität und den insbesondere durch eine besondere Tatschwere gekennzeichneten Mord-/Totschlagsverfahren (jedoch „Individualkriminalität") hat sich eine Selbstregulation des Einsatzes der Wohnraumüberwachung ergeben. Allerdings konnten hier regionale Unterschiede festgestellt werden.*

- *Zwischen den Haupteinsatzbereichen der Tötungsdelikte und BtM-Transanktionskriminalität bestehen tiefgreifende strukturelle Unterschiede, welche auf das Ziel und die Art der Anwendung der Maßnahme rückwirken.*

- *Der Einsatz der Maßnahme bei anderen Katalogtaten ist einzelfallbedingt.*

3. Gründe des seltenen Einsatzes

Die Aktenanalyse belegt – von sicherlich kritisch zu beurteilenden, allerdings nur als statistische Ausnahmefälle vereinzelt auftretenden „Ausreißern" abgesehen – eine zuvorige Ausschöpfung anderer Ermittlungsinstrumente und somit eine eindeutige Wahrung des Subsidiaritätsgrundsatzes. Sie unterstreicht in mehrerlei Hinsicht den Befund, dass es sich um offensichtlich aus dem kriminalistischen Alltag herausragende Fälle bei einer gleichzeitig erheblichen Verdachtslage handelt. Das bereits genannte mit 13 % nennenswerte Vorliegen gerichtlicher Ablehnungen zeigt allerdings auch, dass wirksame rechtliche Kontrollmechanismen Einfluss auf den tatsächlichen Einsatz der Maßnahme haben. Die Prüfung der den Tatverdacht begründenden Tatsachen und der Subsidiarität liefere hier nach Angabe von Staatsschutzkammervorsitzenden eindeutige Kriterien.

Neben der Subsidiarität der Maßnahme im rechtlichen Sinne dürfte für den seltenen Einsatz der akustischen Wohnraumüberwachung allerdings maßgeblich auch eine „Subsidiarität im faktischen Sinne" verantwortlich sein. Zumeist – so wurde in den Expertengesprächen angegeben – reichten andere Ermittlungsmethoden (insbesondere die „unverzichtbare TÜ") aus. In den verbleibenden Fällen müssten sodann etwaig tatrelevante Gespräche auf einen Ort konzentrierbar sein, an welchem zudem faktisch auch eine Installation von technischen Mitteln möglich sein muss. Hierbei sei gleichzeitig das Entdeckungsrisiko abzuwägen. Es sind des weiteren umfängliche Vorabklärungsmaßnahmen vonnöten. Anders als bei der Telefonüberwachung spielen im Bereich der Wohnraumüberwachung somit faktische und technische Durchführungsprobleme eine erhebliche Rolle. Diese reichen von Fragen des unbemerkten Zutritts zu der zu überwachenden Räumlichkeit über Fragen der technischen Umsetzung bis hin zu der Tatsache, dass grundsätzlich eine zeitliche 1:1-Auswertung erfolgen müsse. Auch eine letztlich technisch einwandfrei laufende Maßnahme verursache somit ein erhebliches Arbeitsvolumen, das sich bei nie auszuschließenden tatsächlichen Komplikationen nochmals potenziere. Ob ein solcher Aufwand grundsätzlich betrieben werde, entschieden somit einerseits eine bestimmte „Qualität des Falles" und die Verfügbarkeit entsprechender Ressourcen andererseits.

Bereits auf polizeiinterner Ebene durchläuft ein erwogener Einsatz der Maßnahme daher „verschiedene Filter". Der Einsatz der Maßnahme ist mithin maßgeblich durch faktische Faktoren determiniert.

Die hohen rechtlichen Voraussetzungen wurden dabei insbesondere polizeilicherseits gar begrüßt und für sachgerecht gehalten. Gerade die Staatsschutzkammerzuständigkeit gewährleiste eine wirksame Überprüfung und Rechtssicherheit, stelle allerdings keine höhere den Einsatz der Maßnahme limitierende „Hürde" dar. In den Fällen, in welchen die Maßnahme zur Anwendung komme, sei eine Darlegung der rechtlichen Voraussetzungen „ohnehin kein Problem". Allerdings ist auch hier wieder auf den strukturellen Unterschied zwischen den BtM- und Mord-/Totschlagsverfahren hinzuweisen: Während sich die rechtlichen Voraussetzungen bei ersteren und im Falle anderer Katalogtaten in der Tat regelmäßig aus der besonderen Qualität des Falles ergeben, kann bei letzteren stereotyp der Rekurs auf die Tatschwere erfolgen, weswegen hier eine größere Gefahr der Überstrapazierung verfahrenssichernder Prinzipien besteht.

- *Der Einsatz der Maßnahme erfolgt – im Gegensatz zur Telefonüberwahung – subsidiär (Wahrung der Ultima-ratio-Funktion).*

- *Vor dem rechtlichen Subsidiaritätskriterium limitiert allerdings bereits insbesondere eine „faktische Subsidiarität" den Einsatz der Maßnahme.*

4. Betroffene Personen

Die Feststellungen aus der Aktenanalyse zu von der Maßnahme betroffenen Personen sind dürftig. Hinsichtlich der nicht beschuldigten Wohnungsnutzer dürfte den Berichten nach Art. 13 Abs. 6 GG eine deutlich höhere Abbildungsgenauigkeit zu attestieren sein. Dies liegt daran, dass den Strafverfahrensakten eine systematische Dokumentation von Nichtverdächtigen prinzipiell fremd ist; zur Erfüllung der Berichtspflicht nach § 100e StPO werden die erforderlichen Angaben einmalig (oftmals außerhalb der Akte) gesondert mitgeteilt, spielen aber im Verfahren ansonsten keine systematische Rolle. Auch die durch § 101 StPO vorgeschriebene Benachrichtigung ist somit nur fragmentarisch dokumentiert (bei 36 % der Betroffenen konnte den Akten kein Hinweis auf eine Benachrichtigung entnommen werden). Sie erfolgt im Hinblick auf die Beschuldigten oftmals über die Akteneinsicht des Verteidigers (§ 147 StPO). Im Zusammenhang mit dem Rechtsschutzinteresse des Personenkreises der Nichtverdächtigen sind hiermit allerdings Grundlagen des Strafprozesses berührt[462].

Feststellungen zu „Drittbetroffenen" (also die Wohnung nicht als Wohnungsinhaber frequentierende Personen) fallen nochmals fragmentarischer aus. Eine Dokumentation liegt in aller Regel nur bei tatrelevanter Kommunikation vor. Dieser Personenkreis dürfte in vielen Fällen überdies gar nicht identifizierbar sein.

Bemerkenswert erscheint jedoch eine äußerst hohe Übereinstimmung der in der Aktenanalyse festgestellten Zahlen der beschuldigten Betroffenen (Zielpersonen der Maßnahme) mit den nach § 100e StPO, Art. 13 GG vorliegenden Angaben; dieser Personenkreis ist somit klar umrissen. Die den Mitteilungen nach §100e StPO zugrundeliegende Definition, „betroffen" seien grundsätzlich auch „die Beschuldigten des Verfahrens, wenn sie nicht zugleich Wohnungsinhaber sind"[463], erweist sich jedoch als problematisch: Die Aktenanalyse hat ergeben, dass in den betreffenden Verfahren oftmals sukzessive weitere Beschuldigte geführt werden, die materiell mit der Wohnraumüberwachungsmaßnahme gar nicht in Berührung kommen. Der Kreis der Beschuldigten des Verfahrens ist also (insb. in BtM-Verfahren teilweise erheblich) weiter als der der Zielpersonen der Maßnahme.

Ein Betroffensein nochmals anderer Art liegt vor, wenn durch die Maßnahme belastende Erkenntnisse gegen bislang unbekannte Personen erlangt und sodann ggf. entsprechende Verfahren eingeleitet werden. Hiermit ist die Problematik des § 100d Abs. 5 Satz 2 StPO und „weiterer Ermittlungsansätze" angesprochen. Auch hier ist eine lediglich unzureichende Dokumentation und zum Teil uneinheitliche Berichtspraxis feststellbar.

Auch im Hinblick auf die Betroffenen wirken sich die phänomenologischen Strukturunterschiede zwischen den Mord-/Totschlagsverfahren und den BtM-Verfahren aus. Während bei ersteren regelmäßig auf die Kommunikation innerhalb bestimmter Vertrauensverhältnisse (etwa mit dem Lebenspartner oder im Familienkreis) abgezielt wird, in der Hoffnung hier eine „geständnisgleiche" Äußerung dokumentieren zu können und dementsprechend nur ein kleiner Kreis potentiell weiterer betroffener Personen festgestellt wurde, kommt es auf diese besonderen Vertrauensverhältnisse bei den BtM-Fällen kaum an. Hier steht die Zielrichtung, konspirative Gespräche mit ggf. einer Vielzahl von „Geschäftspartnern" abzuhören und so einen Zugriff und eine Sicherstellung zu ermöglichen, im Vordergrund. Zwar führte dies nicht zur Feststellung einer durchschnittlich höheren Betroffenenquote, da in vielen Fällen lediglich der Beschuldigte selbst als Betroffener in der Akte dokumentiert war. Aber es ist eine grundsätzlich andere Qualität des potentiellen Betroffenseins weiterer Personen zu konstatieren. Andere Betroffene waren in den BtM-Verfahren oftmals weitere Tatbeteiligte.

---

[462] Vgl. KRAUSE (1999), 249.
[463] BT-Drs. 14/8155 Anlage 4, S. 38.

Der rechtspolitisch hohe Wogen schlagenden Problematik der Zeugnisverweigerungsrechte insbesondere der Berufsgeheimnisträger[464] steht eine kaum feststellbare Relevanz in der Aktenrealität gegenüber. Zu verweisen ist im Wesentlichen auf den oben dargelegten Befund, dass namentlich in den Mord-/Totschlagsverfahren aufgrund der Zielrichtung der Maßnahme oftmals Zeugnisverweigerungsrechte aus persönlichen Gründen nach § 52 StPO in Rede stehen und im Hinblick auf die Tatschwere die Abwägung im Rahmen der Verwertungsfrage nach § 100d Abs. 3 Satz 3 StPO gewissermaßen „pauschaliert" ausfällt. In den BtM-Verfahren ist die Problematik aufgrund der häufig vorliegenden Tatbeteiligung abgehörter Personen hingegen eher im Rahmen des § 55 StPO („Nemo-tenetur-Prinzip") anzusiedeln, dessen „Umgehung" allerdings allen verdeckten Ermittlungsmaßnahmen inhärent ist. Auch allenfalls festgestellte zufällige Verteidigerkontakte („Hausbesuch") stellen kein spezifisches Problem des § 100c Abs. 1 Nr. 3 StPO, sondern ein allgemeines Problem des ungehinderten Verteidigerverkehrs dar. Dieses ergibt sich gleichfalls etwa bei einem Verteidigertelefonat im Rahmen einer TÜ oder der Feststellung von Schriftverkehr mit dem Verteidiger bei einer Durchsuchung.

- *Die aktenmäßige Dokumentation insbesondere der nicht beschuldigten Betroffenen ist unzureichend.*

- *Hinsichtlich der Betroffeneneigenschaft existieren insbesondere in Abgrenzung zu sonstigen Beschuldigten des Verfahrens Definitionsschwierigkeiten.*

- *Die Strukturunterschiede zwischen der Transaktionskriminalität und den Tötungsdelikten wirken sich auch bei den Betroffenen aus.*

- *Die Problematik der Zeugnisverweigerungsrechte von Berufsgeheimnisträgern hat in der Aktenanalyse nur in zwei Fällen eine Rolle gespielt.*

5. Art der überwachten Räumlichkeiten und Lebensbereiche

Eine Übersicht über die in der Aktenanalyse festgestellten Räumlichkeiten gibt zusammenfassend nochmals folgende *Tabelle 27*:

---

[464] Vgl. hierzu insg. WELP (2000).

Tabelle 27: *Verteilung der Arten der Räumlichkeiten auf die Katalogtaten – absolut und in % bezogen auf die Katalogtatgruppen*

	Mord/Totschlag (n=69)		BtMG (n=53)		Raub/Erpress. (n=7)		Andere (n=14)	
Wohnung i.e.S.	61	88%	29	55%	5	72%	8	58%
Geschäftsräume	1	2%	5	9%	1	14%	2	14%
Räume mit Publikumsverkehr	0	0%	2	4%	0	0%	0	0%
Andere Räumlichkeiten/Sonderfälle	4	6%	17	32%	1	14%	2	14%
k.A./n.f.	3	4%	0	0%	0	0%	2	14%

Es zeigt sich, dass die Tötungsfälle in einem wesentlich höheren Umfang Wohnungen im engeren Sinne betreffen als die BtM-Fälle. Auf die hier erneut zu Tage tretenden maßgeblichen Strukturunterschiede und die damit zusammenhängende unterschiedliche Zielrichtung der Wohnraumüberwachung wurde bereits hingewiesen.

- Auch bei den überwachten Räumlichkeiten und Lebensbereichen wirken sich die dargelegten Strukturunterschiede zwischen den Verfahren wegen Tötungsdelikten und den BtM-Verfahren aus.

III. Evaluationsfragestellungen

Fragen der Evaluation stellen sich nicht nur hinsichtlich des Ergebnisses und der Effizienz der Maßnahme, sondern insbesondere auch im Bereich der rechtlichen Kontrolle dieses grundrechtseingriffsintensiven Ermittlungsinstruments.

Letztlich ist beides mit der Intensität des in Rede stehenden Grundrechtseingriffes abzuwägen.

1. Rechtliche Kontrolle

Angesichts der festgestellten Tatsache, dass nur wenige der Wohnraumüberwachungen in einer Hauptverhandlung zur Sprache kommen und auch isolierte Rechtsschutzverfahren nach § 100d Abs. 6 StPO kaum eine Rolle spielen, kommt dem Richtervorbehalt bei der Anordnung als zentrales Element der rechtlichen Kontrolle eine erhebliche Bedeutung zu[465]. Bei der akustischen Wohnraumüberwachung hat der verfassungsändernde Gesetzgeber durch die Bindung der Anordnungsentscheidung an einen mit drei Richtern besetzten Spruchkörper eine besondere Qualifizierung geschaffen. Die einfachgesetzlich geregelte Zuständigkeit der Staatsschutzkammer erstreckt sich dabei auf einen ganzen Oberlandesgerichtsbezirk.

Die Untersuchung hat ergeben, dass dieser qualifizierte Richtervorbehalt und auch die Zuständigkeitskonzentration ihrer Funktion größtenteils gerecht werden. Den verschiedenen Kammern ist dabei jedoch jeweils ein eigener, wohl maßgeblich durch ihren Vorsitzenden geprägter „Stil" oder „Usus" zu attestieren. So waren durchaus Unterschiede im Begründungsinhalt und vor allem im Begründungsumfang festzustellen. Es zeigte sich aber, dass dieser relativ unabhängig von der jeweiligen polizeilichen und staatsanwaltschaftlichen Vorarbeit bestand, so dass eine jeweils eigene kammerspezifische Erledigungsstruktur feststellbar war. Überdies ergaben die Expertengespräche, dass Begründungsinhalt und -umfang nicht unbedingt mit der tatsächlichen Prüfungsintensität korrelieren. Gleichzeitig wurde durchweg betont, dass die Situation am Landgericht nicht mit der Tätigkeit des Ermittlungsrichters zu vergleichen sei. Auch die Zuständigkeitskonzentration bei der Staatsschutzkammer ist letztlich positiv zu bilanzieren: wenn sie auch mit einigen Unannehmlichkeiten im Aktenlauf verbunden sein mag (so oftmals die Anmerkungen der Staatsanwaltschaft), trägt sie gerade auf dem Hintergrund der insgesamt geringen Fallzahlen zu einer einheitlichen Handhabe und relativen Rechtssicherheit bei (was neben der Attestierung einer besonderen Prüfungsgenauigkeit insbesondere von den für die Umsetzung der Maßnahme zuständigen Polizeibeamten hervorgehoben wurde).

Freilich ist zu beachten (so wurde von Staatsschutzkammervorsitzenden angemerkt), dass die Möglichkeit einer derart intensiven Kontrolle auch durch die geringen Fallzahlen bedingt ist.

Bemängelt wurde von den Staatsschutzkammervorsitzenden ein unzureichender Erkenntnisrücklauf im Hinblick auf das jeweilige Ergebnis der Maßnahmen.

Die Benachrichtigung als „Tor zum Rechtsschutz" steht mit der im Rah-men der Implementationsfragestellungen erörterten Definitions- und Dokumentationsproblematik hinsichtlich der von der Maßnahme materiell betroffenen Personen in einer Wechselwirkung. In diesem Bereich wäre eine Intensivierung der richterlichen Kontrolle denkbar. Gleiches gilt für die Verwahrung der Beweisbänder und somit der weiteren Verwendung des Beweismittels. Von den meisten Staatsschutzkammervorsitzenden wurden solche Überlegungen unter der Voraussetzung der Schaffung entsprechender Rahmenbedingungen positiv aufgenommen.

---

[465] Auch wenn dessen Eignung zur Grundrechtssicherung kritisch hinterfragt wird, vgl. z.B. ASBROCK, ZRP 1998, 17; DENCKER (1998), 55.

- *Es konnten teilweise große Unterschiede in der Begründungsdokumentation und eine kammerspezifische Erledigungsstruktur festgestellt werden, welche weitestgehend unabhängig von der polizeilichen und staatsanwaltschaftlichen Vorarbeit war.*

2. Ergebnis und Effizienz der Maßnahmen

Das Ergebnis einer jeden Maßnahme konnte im Rahmen der Untersuchung individuell festgestellt und kategorisiert sowie mit einer zumeist in den Akten befindlichen Erfolgsqualifizierung abgeglichen werden. Als weitere Effizienzkriterien dienten dokumentierbare Einzelerfolge, die weitere Rolle der Überwachungsmaßnahmen im Verfahren und der Verfahrensausgang.

Rund 30 % der angeordneten Maßnahmen konnten insgesamt als erfolgreich oder bedingt erfolgreich eingestuft werden. (Dabei befinden sich unter den nicht erfolgreichen Maßnahmen auch solche, die letztlich nicht in das Stadium der Durchführung gelangten; teilweise ließ sich die Nichtdurchführung allerdings auch nicht als ein „Misserfolg" werten, so dass diese Maßnahmen dann unter „nicht beurteilbar" erfasst wurden). Im Rahmen der Ergebniskategorisierung differenzierten sich die tatsächlich durchgeführten Maßnahmen zu 19 % in lediglich andeutungsweise, aber nicht beweistauglich belastende (zumeist bei Tötungsdelikten), zu 15 % in mittelbar erfolgreiche (z.B. Feststellung weiterer Ermittlungsansätze, Strukturerkenntnisse) und zu 7 % in direkt tatnachweiserbringende Maßnahmen (z.B. direkte Aufzeichnung der Abwicklung von BtM-Geschäften). 29 % der durchgeführten Maßnahmen verliefen allerdings inhaltlich ergebnislos, 12 % waren wegen technischer Probleme letztlich unverwertbar, 11 % wurden durch die Betroffenen entdeckt (weitere auf 100 % fehlende Fälle stellten Einzelfälle wie etwa eine zeitliche „Überholung" durch ein zwischenzeitliches Geständnis dar).

Allerdings ist auch hier wiederum die Verteilung auf die Katalogtaten zu beachten: Es zeigt sich, dass die „Erfolgsquote" in den BtM-Verfahren deutlich höher als in den Mord-/Totschlagsverfahren liegt. Die Ergebniskategorisierung ergibt, dass in den Mord-/Totschlagsverfahren nahezu die Hälfte der Maßnahmen inhaltlich ergebnislos und ein großer weiterer Teil allenfalls andeutungsweise belastend verläuft. Damit sind die Mord-/Totschlagsverfahren auf dem Hintergrund der bisherigen Erörterungen strukturell, auch was die Effizienz der Maßnahme betrifft, als problematische Fälle isoliert. Hier gelingt es offenbar auch mit der als ultima ratio angewandten Maßnahme kaum, tatnachweisdienliche Erkenntnisse zu erbringen. Bei den BtM-Verfahren liegt die Situation insoweit anders, als nicht lediglich eine singuläre in der Vergangenheit liegende Straftat in Rede steht, sondern mit der Notwendigkeit von Transaktionen ein stetig wiederholtes marktförmiges und Kommunikation erforderndes kriminelles Verhalten zu „begleiten" ist. Überdies bemisst sich der Erfolg und die Effizienz einer Maßnahme im Bereich der Tötungsdelikte nach der Erbringung des Tatnachweises im Sinne eines „Ja-/Nein-Kriteriums", während bei den BtM-Verfahren „Graustufen" existieren: auch wenn sich hier vielleicht nicht die Rauschgiftsicherstellung in einer erwarteten Größenordnung realisieren lässt, so kann dennoch die Handeltätigkeit als solche bewiesen werden.

Dieser Befund spiegelt sich auch in den Verfahrensausgängen wider: während bei Mord/Totschlag die verfahrensbezogene vollumfängliche Einstellungsquote deutlich über 50 % liegt, liegt sie bei den BtM-Verfahren nur bei rund 30 % (beschuldigtenbezogen war hier zwischen Beschuldigten insgesamt und beschuldigten Betroffenen i.e.S. zu differenzieren, die entsprechenden Quoten verdeutlichen aber den Befund nochmals)[466]. Die weitere Rolle der Wohnraumüberwachung hängt dabei erwartungsgemäß von ihrem Ergebnis ab: Tatnachweisende oder mittelbar erfolgreiche Maßnahmen spielen auch in weiteren Verfahrensstadien eine Rolle, nicht erfolgreich verlaufene Maßnahme werden nicht weiter erwähnt.

Insgesamt ist die Effizienz der akustischen Wohnraumüberwachung nicht ohne den Hintergrund der Gesamtbeweissituation der jeweiligen Verfahren zu bewerten. Hierbei ist zu berücksichtigen, dass sie von vornherein nur als letztes Mittel in besonders „verfahrenen" Beweissituationen (so vorwiegend im Bereich der Tötungsdelikte) oder zur Überwindung hochkonspirativer Strukturen (so vornehmlich im BtM-Bereich) zum Einsatz kommt. Während sie in den seltensten Fällen den Ausweg aus den verfahrenen Beweissituationen darstellt, kommt ihr als Mittel zum Einsatz gegen konspirativ und professionell agierende Täterstrukturen allerdings durchaus Bedeutung zu. Dass sie ein mit einer Vielzahl von faktischen Umsetzungsschwierigkeiten beschwertes Ermittlungsinstrument darstellt, mag sich zwar negativ auf ihre Effizienz auswirken, vermag allerdings nicht ihre Eignung und punktuelle Erfolgstauglichkeit auf diesem Gebiet zu widerlegen. Dies wird durch den Einsatz im Falle anderer Katalogtaten – welcher hier bereits quantitativ nur punktuell erfolgt – bestätigt: in mehreren dieser Fälle konnten Sachverhaltsaufklärungen erfolgen.

Die Effizienz der Maßnahme kann somit nicht pauschal beurteilt werden, sondern ist auf dem Hintergrund ihres Einsatzzieles differenziert zu betrachten. Der namentlich in den Mord-/Totschlagsverfahren oftmals festgestellte Einsatz der Maßnahme als „letzter Versuch", durch das Eindringen in persönliche Intimbereiche und durch Provokation entsprechender Gespräche doch noch beweistaugliche Ermittlungsansätze zu erlangen, ist dabei anders zu beurteilen, als mittels ihres Einsatzes im Verbund mit anderen Ermittlungsinstrumenten bei einem entsprechenden sich aufgrund verschiedener Anhaltspunkte ergebenden phänomenologischen Hintergrund auf konspiratives Verhalten und abgeschottete Kommunikationsstrukturen zu reagieren.

---

[466] Die beschuldigtenbezogene Gesamteinstellungsquote ist mit rund 50 % der bei der Telefonüberwachung durchaus vergleichbar, vgl. ALBRECHT/DORSCH/KRÜPE (2003), 344.

- *Rund 30 % der angeordneten Maßnahmen konnten als erfolgreich eingestuft werden (vorwiegend im BtM-Bereich).*

- *Die Strukturunterschiede zwischen den Mord-/Totschlagsverfahren und BtM-Verfahren sind ebenfalls im Hinblick auf die Effizienz der Maßnahme beobachtbar.*

3. Intensität des Grundrechtseingriffes

Zuletzt ist auf den immer wieder festgestellten Strukturunterschied zwischen der Mehrzahl der idealtypisch festgestellten Mord-/Totschlagsverfahren und BtM-Verfahren auch noch auf dem Hintergrund des in Rede stehenden Grundrechtseingriffes, insbesondere den hier relevanten „Kernbereich privater Lebensgestaltung"[467], einzugehen.

Es zeigt sich nämlich, dass die Verfahren wegen Tötungsdelikten durch ihre regelmäßige Situierung im sozialen Nahbereich, aber auch durch die Zielrichtung der Maßnahme eine andere „Kernbereichsrelevanz" besitzen. Regelmäßig ist hier Ziel der Überwachung die Erlangung von Aussagen zu Motiven oder „geständnisgleichen" Äußerungen in der Kommunikation des Beschuldigten zu Personen seines Vertrauens. Bei der den der Transaktionskriminalität zuzurechnenden BtM-Verfahren kommt es hingegen gar nicht auf dem Kernbereich persönlicher Lebensgestaltung zuzuordnende Kommunikation an; hier besteht eher die Gefahr, dass dieser als „Schutzraum" zur Organisation und Begehung von Straftaten missbraucht wird.

Nach den Ergebnissen der Untersuchung erscheint dieser Unterschied für die Bewertung des durch die Maßnahme in Rede stehenden Grundrechtseingriffes und dessen Verhältnismäßigkeit beachtenswert.

- *Die Intensität des Grundrechtseingriffes ist vor dem phänomenologischen Hintergrund des Einsatzes der Maßnahme zu betrachten. Auch hier ist wieder auf den Strukturunterschied zwischen den Mord-/Totschlagsverfahren und BtM-Verfahren hinzuweisen.*

---

[467] BVerfGE 80, 367 (373 ff.); mit grundsätzlicher Kritik an der „Sphärentheorie" – und teilweise durchaus auch übertragbar auf das Urteil BVerfG 1 BvR 2378/98 zur akustischen Wohnraumüberwachung – vgl. AMELUNG, NJW 1990, 1753.

4. Relevanz für die OK-Bekämpfung

Das Bild von der Maßnahme als Mittel zur OK-Bekämpfung wird rechtstatsächlich durch den quantitativ gar noch überwiegenden Einsatz in verfahrenen Beweissituationen bei phänomenologisch „regulären", regelmäßig im sozialen Nahbereich situierten Tötungsdelikten konterkariert. Der Einsatz der Maßnahme in diesem Bereich dürfte eine vom Gesetzgeber unbeabsichtigte und unerwartete Folge sein. Wie an verschiedenen Stellen immer wieder deutlich wurde, begünstigt der diesbezüglich stereotype Rekurs auf die Tatschwere dabei durchaus kritisch zu betrachtende und wohl ebenfalls unbeabsichtigte Entwicklungen[468].

Immerhin sind im Rahmen der Aktenanalyse jedoch sieben Mord-/Totschlagsverfahren festgestellt worden, bei denen die Tötungen offenbar auf dem Hintergrund organisierter Kriminalitätsstrukturen verübt wurden; diese Verfahren sind mit den anderen Mord-/Totschlagsverfahren insoweit nicht vergleichbar.

Der Einsatz der Maßnahme im Hinblick auf konspirativ agierende Transaktionskriminalität namentlich im BtM-Bereich als deren Hauptbetätigungsfeld lässt sich aufgrund des hohen Aufkommens der Mord-/Totschlagsverfahren insgesamt in nur rund der Hälfte der Gesamtzahl der Fälle feststellen. Hier handelt es sich – wie exemplarisch an den in Rede stehenden BtM-Mengen deutlich wird (durchschnittlich im gehobenen Kg-Bereich) – allerdings offensichtlich um Fälle herausgehobener Qualität, bei denen sich oftmals eine Bearbeitung als OK-Verfahren feststellen ließ[469].

Auch im Bereich anderer Katalogtaten (Geldwäsche, § 129 Abs. 4 StGB, AuslG) ließen sich Bezüge zu als OK bezeichneten Strukturen erkennen.

- *Dass die Maßnahme nur in rund der Hälfte aller Fälle einen Bezug zur OK-Bekämpfung aufweist, ist vor allem durch den hohen Anteil von „regulären" Mord-/Totschlagsverfahren bedingt.*

IV. Das Urteil des Bundesverfassungsgerichtes

Das Urteil des Bundesverfassungsgerichtes vom 3. März 2004[470] bedeutet für den Einsatz der Maßnahme durch die dort nochmals konkretisierten restriktiven Voraussetzungen des Art. 13 Abs. 3 GG im Hinblick auf Tatschwere, Ultima-ratio-

---

[468] Vgl. auch DENCKER (1998), 54.

[469] Ein Abgleich mit den entsprechenden Meldungen ergab allerdings, dass rund die Hälfte der BtM-Verfahren dann auch in die offizielle OK-Lagebilderstellung bei den Landeskriminalämtern (vgl. Anlage E zu den RiStBV) einfloss. Die Erhebung des OK-Bezuges kann vorliegend keine Evaluation des „materiellen Gehaltes" der OK-Definition für sich in Anspruch nehmen. Vgl. hierzu KINZIG (2004); ALBRECHT, H.-J., (1998).

[470] BVerfG 1 BvR 2378/98.

Funktion und Verhältnismäßigkeit keine maßgebliche Einschränkung, da diese im Wege der Selbstregulation im Wesentlichen bereits ohnehin Beachtung fanden; kritisch zu bewertende Einzelfälle stellen diesen Befund dabei nicht grundsätzlich in Frage. Natürlich wäre aufgrund der Katalogtatenreduktion eine Anordnung in einigen der untersuchten Fälle nun nicht mehr möglich. Aber es zeigt sich, dass dies nur einen quantitativ geringen Teil betrifft und sich diese überwiegend auf Sonderkonstellationen erstreckten (und etwa im Bereich der Bestechungsdelikte auch durch die fehlende Möglichkeit des Einsatzes anderer subsidiärer Ermittlungsinstrumente bedingt waren). Dabei besteht hier nicht nur „Grundrechtsschutz durch technische Unzulänglichkeit"[471], sondern auch durch eine die rechtliche Subsidiarität stützende „faktische Subsidiarität". Dabei bleibt der Anwendungsbereich der Maßnahme nach den Kriterien von Tatschwere und Transaktionskriminalität einer bestimmten Größenordnung sowie auf herausgehobene Sonderfälle beschränkt.

Vom Gericht statuierte Präzisierungen im Hinblick auf eine gesetzlich zu regelnde Dokumentation des Umgangs mit den Beweismedien (Kennzeichnungspflicht), die Anforderungen an Anordnungsbegründungen oder die Korrektur von Zuständigkeitsregeln im Hinblick auf eine gleichzeitige Zuständigkeit in der Hauptverhandlung oder der problematischen Regelung der nur einmal erforderlichen richterlichen Entscheidung über die Nichtbenachrichtigung sowie eine generelle Stärkung der Rechtsschutzmöglichkeiten[472] sind zu begrüßen.

Problematisch ist das Urteil aber insoweit, als es für die praktische Durchführbarkeit der Maßnahme mit dem „Kernbereichskriterium" ein Dilemma aufstellt. Die Entscheidung über die Verwertbarkeit eines Beweismittels wegen möglicher Verletzung des „Kernbereiches persönlicher Lebensgestaltung"[473] setzt logisch eine Kenntnisnahme des Beweismittelinhaltes voraus[474]. Es mutet problematisch an, statt hier verfahrensrechtliche Sicherungen aufzustellen[475], das Problem auf die Durchführbarkeit der Überwachungsmaßnahmen abzuwälzen und durch die Forderung des selektiven Abbruchs der Maßnahme die Objektivität des Beweismittels zu konterkarieren. Dass die entsprechende Verantwortung regelmäßig notgedrungen auf den Schultern eines einzelnen Polizeibeamten oder gar Dolmetschers ruhen wird, dürfte nicht gerade eine Stärkung richterlicher Kontrolle bedeuten. Überdies sind Manipulationsvorwürfe und – zumindest in professionell agierenden Täterkreisen einfache Umgehungsmechanismen – vorprogrammiert.

---

[471] So eine fragende Zwischenbemerkung des Verfassungsrichters Bryde in der mündlichen Verhandlung zur akustischen Wohnraumüberwachung am 1. Juli 2003.

[472] Vgl. hierzu auch KRAUSE (1999), 246 ff.

[473] Zur Kritik an der Handhabbarkeit dieses Kriteriums vgl. AMELUNG, NJW 1990, 1753.

[474] Dies erkennt das BVerfG für den Bereich tagebuchartiger Aufzeichnungen auch an, vgl. BVerfG 80, 367 (374 f.).

[475] In den Expertengesprächen mit der Polizeipraxis wurde entsprechenden Überlegungen nachgegangen, welche etwa die Kenntnisnahme eines verschlüsselten, aber unmanipulierbaren Beweisbandes nur durch den Richter vorsehen.

Während also hohe Voraussetzungen für die Anwendung der Maßnahme und eine diesbezügliche effektive Kontrolle prinzipiell auch in der Praxis konsentiert sind, müsste bei deren Vorliegen aber die Durchführbarkeit der Maßnahme gewährleistet sein. Diese mit wenig praxistauglichen Restriktionen zu belegen, dürfte die Maßnahme daher ad absurdum führen.

- *Durch das Gericht aufgestellte restriktive Voraussetzungen limitieren im Wesentlichen nicht den Einsatz der Maßnahme als solchen, stellen aber in problematischer Weise die tatsächliche Umsetzung der Maßnahme vor ein Dilemma.*

B. Schlussfolgerungen

Als Schlussfolgerungen sind folgende Punkte festzuhalten:

- *Das Ermittlungsinstrument der akustischen Wohnraumüberwachung wird maßgeblich in zwei phänomenologisch und strukturell völlig unterschiedlichen Deliktsbereichen eingesetzt (BtM-Verfahren und Mord-/Totschlagsverfahren), welche im Hinblick auf die Bewertung der Ermittlungsmaßnahme differenziert zu betrachten sind. Zu beachten ist insbesondere eine unterschiedliche „Kernbereichsrelevanz".*

  Die hohe Anwendungshäufigkeit der Maßnahme im Bereich der Tötungsdelikte dürfte dabei – gerade auf dem Hintergrund der intendierten Schaffung eines Instrumentes zur OK-Bekämpfung – eine unbeabsichtigte Folge darstellen. Diese wirkt allerdings in vielen Bereichen auf die Bewertung des Ermittlungsinstruments als Ganzes zurück und bedingt kritisch zu beurteilende Entwicklungen.

- *Die rechtlich hohen Voraussetzungen für den Einsatz der akustischen Wohnraumüberwachung sind konsentiert und werden beachtet. Auf der Anordnungsebene findet eine wirksame rechtliche Kontrolle statt.*

- *Eine Intensivierung der richterlichen Kontrolle auch im Hinblick auf die Durchführung der Maßnahme ist sinnvoll. Insbesondere eine Ergebnisrückkoppelung erscheint geboten.*

- *Eine Reglementierung der Maßnahme muss zuvörderst an ihren Anordnungsvoraussetzungen ansetzen, wobei der jeweilige phänomenologische Hintergrund der aufzuklärenden Tat in die Abwägung des Grundrechtseingriffes einzubeziehen ist. Die Durchführung der Maßnahme sollte hingegen von dem Ziel der Nichtmanipulierbarkeit des Beweismittels bestimmt sein.*

- *Maßgebliche Probleme der Maßnahme liegen im Bereich der faktischen Umsetzung. Als eine Schwierigkeit hat sich der Beginn des Laufes der Vierwo-*

chenfrist herausgestellt. Hier wäre zu erwägen, ob nicht eine Aufspaltung der Befristung in eine Frist zur Schaffung der Durchführungsvoraussetzungen und eine Abhördauer ab dem Zeitpunkt der Schaltung sinnvoll wäre.

- *Definitionsfragen im Zusammenhang mit dem Betroffenenbegriff sind – gerade im Hinblick auf eine erforderliche Benachrichtigung und die Einräumung effektiver Rechtsschutzpositionen auch für Nichtverdächtige – einer Klärung zuzuführen. Die diesbezügliche Dokumentation und Nachvollziehbarkeit ist zu verbessern.*

  Hierbei ist auch der Verwertungsproblematik in weiteren Verfahren und Zusammenhängen Rechnung zu tragen.

- *Die Maßnahme ist ein Aufklärungsmittel für herausgehobene Kriminalitätsformen. Direkt auf die Maßnahme zurückzuführende Aufklärungserfolge stellen allerdings Einzelfälle dar, welche jedoch auf dem Hintergrund der Einsatzsituation und dem jeweiligen phänomenologischen Hintergrund zu sehen sind. Auch hier ist der Strukturunterschied zwischen professionalisierten und kommunikationsintensiven Begehungsweisen im Bereich vornehmlich der Transaktionskriminalität und ausweglosen Beweiskonstellationen bei schwerer Individualkriminalität zu berücksichtigen.*

- *Aus der geringen Anwendungshäufigkeit und dem insofern verantwortungsvollen Umgang mit der akustischen Wohnraumüberwachung kann auf dem phänomenologischen Hintergrund und der Ultima-ratio-Funktion ihres Einsatzes allerdings nicht die generelle Entbehrlichkeit des Ermittlungsinstrumentes gefolgert werden.*

Literaturverzeichnis

ALBRECHT, HANS-JÖRG / DORSCH, CLAUDIA / KRÜPE, CHRISTIANE, Rechtswirklichkeit und Effizienz der Überwachung der Telekommunikation nach den §§ 100a, 100b StPO und anderer verdeckter Ermittlungsmaßnahmen, Freiburg 2003.

ALBRECHT, HANS-JÖRG, Organisierte Kriminalität – Theoretische Erklärungen und empirische Befunde, in: DEUTSCHE SEKTION DER INTERNATIONALEN JURISTEN-KOMMISSION (HRSG.), Organisierte Kriminalität und Verfassungsstaat, Heidelberg 1998.

ALBRECHT, HANS-JÖRG, Neue Erscheinungsformen der Kriminalität und Strafprozessreform in Deutschland, in: ALBRECHT, HANS-JÖRG / KURY, HELMUT (HRSG.), Kriminalität, Strafrechtsreform und Strafvollzug in Zeiten des sozialen Umbruchs, Freiburg 1999.

ALBRECHT, PETER-ALEXIS, Organisierte Kriminalität: Das Kriminaljustizsystem und seine konstruierten Realitäten, in: KritV 89 (1997), S. 229-237.

AMELUNG, KNUT, Die zweite Tagebuchentscheidung des BVerfG, in: NJW 1990, S. 1753-1760.

ASBROCK, BERND, Anmerkung, in: StV 1999, S. 187-189.

ASBROCK, BERND, Der Richtervorbehalt – prozedurale Grundrechtssicherung oder rechtsstaatliches Trostpflaster? in: ZRP 1998, S. 17-19.

BACKES, OTTO / GUSY, CHRISTOPH, Wer kontrolliert die Telefonüberwachung, Bielefeld 2003.

BENFER, JOST, „Großer Lauschangriff" – einmal ganz anders gesehen, in: NVwZ 1999, S. 237-240.

BERNSMANN, KLAUS / JANSEN, KIRSTEN, Heimliche Ermittlungsmethoden und ihre Kontrolle – Ein systematischer Überblick, in: StV 1998, S. 217-231.

BIZER, JOHANN, Die Evaluierung der Telekommunikations-Überwachung, in: Krim. Journal 2003, S. 280-295.

BLUDOVSKY, OLIVER, Rechtliche Probleme bei der Beweiserhebung und Beweisverwertung im Zusammenhang mit dem Lauschangriff nach § 100c Abs. 1 Nr. 3 StPO, Frankfurt a.M. 2002.

BOCK, MICHAEL, Kriminologie, 1. Auflage, Mainz 1994.

BOCKEMÜHL, JAN, Zur Verwertbarkeit von präventiv-polizeilichen Erkenntnissen aus „Lauschangriffen" im Strafverfahren, in: JA 1996, S. 695-700.

BONNER KOMMENTAR ZUM GG, 85. Lieferung, Heidelberg 2004.

BÖTTGER, ANDREAS / PFEIFFER, CHRISTIAN, Der Lauschangriff in den USA und in Deutschland – Empirische Befunde und kriminalpolitische Folgerungen zu Überwachungsmaßnahmen der Strafjustiz, in: ZRP 1994, S. 7-17.

BRAUN, FRANK, Der so genannte „Lauschangriff" im präventivpolizeilichen Bereich – Die Neuregelung in Art. 13 IV-VI GG, in: NVwZ 2000, S. 375-382.

BRODAG, WOLF-DIETRICH, Die akustische Wohnraumüberwachung, in: Kriminalistik 1999, S. 745-748.

DENCKER, FRIEDRICH, Organisierte Kriminalität und Strafprozeß, in: DEUTSCHE SEKTION DER INTERNATIONALEN JURISTEN-KOMMISSION (HRSG.), Organisierte Kriminalität und Verfassungsstaat, Heidelberg 1998.

DENNINGER, ERHARD, Lauschangriff – Anmerkungen eines Verfassungsrechtlers, in: StV 1998, S. 401-406.

DITTRICH, JOACHIM, Der „Große Lauschangriff" – diesseits und jenseits der Verfassung, in: NStZ 1998, S. 336-338.

DÖLLING, DIETER, Probleme der Aktenanalyse in der Kriminologie, in: KURY, HELMUT (HRSG.), Methodologische Probleme in der kriminologischen Forschungspraxis, Köln / Berlin / Bonn / München 1984.

DÖLLING, DIETER / FELTES, THOMAS / DITTMANN, JÖRG / LAUE, CHRISTIAN / TÖRNIG, ULLA, Die Dauer von Strafverfahren vor den Landgerichten, Köln 2000.

Fox, RICHARD, Someone To Watch Over Us: Back to the Panopticon? In: Criminal Justice 1 – The International Journal of Policy and Practice (2001), S. 251-276.

GROPP, WALTER / HUBER, BARBARA (HRSG.), Rechtliche Initiativen gegen organisierte Kriminalität, Freiburg 2001.

GUSY, CHRISTOPH, Polizeiarbeit zwischen Gefahrenabwehr und Strafverfolgung, in: StV 1993, S. 269-277.

HASSEMER, WINFRIED, Warum man den „Großen Lauschangriff" nicht führen sollte, in: DRiZ 1992, S. 357-358.

HEGER, MARTIN, Anmerkung, in JR 1998, S. 163-165.

HERMANN, DIETER, Die Aktenanalyse als kriminologische Forschungsmethode, in: KAISER, GÜNTHER / KURY, HELMUT / ALBRECHT, HANS-JÖRG (HRSG.), Kriminologische Forschung in den 80er Jahren, Band 35/2, Freiburg 1988.

HETZER, WOLFGANG, Akustische Überwachung von Wohnräumen, in: ZFIS 1999, S. 131-146.

HETZER, WOLFGANG, Erwiderung zu Leutheusser-Schnarrenberger ZRP 1998, 87, in: ZRP 1998, S. 411-412.

HIRSCH, BURKHARD, Einführung: Der „Große Lauschangriff", in: ZWIEHOFF, GABRIELE (HRSG.), „Großer Lauschangriff", Baden-Baden 2000, S. VII.-XXXVII.

HUND, HORST, Der Einsatz technischer Mittel in Wohnungen, in: ZRP 1995, S. 334-338.

KARLSRUHER KOMMENTAR ZUR STPO, 5. Auflage, München 2003.

KINZIG, JÖRG, Die rechtliche Bewältigung von Erscheinungsformen organisierter Kriminalität, Berlin 2004.

KLEIN, DONATA, Umfang und Grenzen zulässiger verdeckter Ermittlungstätigkeit unter besonderer Würdigung des Einsatzes Verdeckter Ermittler und der akustischen Wohnraumüberwachung, Marburg 2001.

KÖRNER, HARALD HANS, Betäubungsmittelgesetz, München 2001.

KOSLOWSKI, RICCO, Die Kriminologie der Tötungsdelikte, Frankfurt a.M. 1999.

KRAUSE, DANIEL, Großer Lauschangriff – Anmerkungen eines Verteidigers zur gesetzlichen Ausgestaltung in der Strafprozessordnung, in: Festschrift für Ernst-Walter Hanack, Berlin / New York 1999.

KÜRZINGER, JOSEF, Kriminologie, 2. Auflage, Stuttgart / München / Hannover / Berlin / Weimar / Dresden 1996.

KUTSCHA, MARTIN / MÖRITZ, MARION, Lauschangriffe zur vorbeugenden Straftatenbekämpfung? in: StV 1998, S. 564-568.

LEUTHEUSSER-SCHNARRENBERGER, Sabine, Der „große Lauschangriff" – Sicherheit statt Freiheit, in: ZRP 1998, S. 87-91.

MAUNZ, THEODOR / DÜRIG, GÜNTER, Grundgesetz, München 2004.

MEYER, JÜRGEN, Der Rechtsstaat lebt von Reformen, Baden-Baden 2001.

MEYER, JÜRGEN / HETZER, WOLFGANG, Neue Gesetze gegen die Organisierte Kriminalität, in: NJW 1998, S. 1017-1029.

MEYER-GOßNER, LUTZ, Kommentar zur Strafprozessordnung, 47. Auflage, München 2004.

MOMSEN, CARSTEN, Der „große Lauschangriff" – eine kritische Würdigung der neuen Vorschriften zur „elektronischen Wohnraumüberwachung", in: ZRP 1998, S. 459-462.

MOZEK, MARTIN, Der „große Lauschangriff": Die Regelung des § 100c Abs. 1 Nr. 3 StPO im Spannungsfeld zwischen Verbrechensbekämpfung und Verfassungswirklichkeit, Aachen 2001.

MÜLLER, MARTIN, der sogenannte „Große Lauschangriff": eine Untersuchung zu den Rechtsproblemen der Einführung der elektronischen Wohnraumüberwachung zur Beweismittelgewinnung, Marburg 2000.

NITZ, JÜRGEN (HRSG.), Lauschangriff, Berlin 1995.

PINKENBURG, HARTMUT, Polizeiliche Informationsbeschaffung und Privatsphäre, Frankfurt a.M. 2000.

PRANTL, HERIBERT, Verdächtig, Hamburg 2002.

RAUM, BERTRAM / PALM, FRANZ, Zur verfassungsrechtlichen Problematik des „Großen Lauschangriffs", in: JZ 1994, S. 447-454.

ROGGAN, FREDRIK, Auf legalem Weg in einen Polizeistaat, Bonn 2000.

ROHE, PETER MARIA, Verdeckte Informationsgewinnung mit technischen Hilfsmitteln zur Bekämpfung der Organisierten Kriminalität, Frankfurt a.M. 1998.

RUDOLPHI, HANS-JOACHIM (MITVERF.), Systematischer Kommentar zur Strafprozessordnung und zum Gerichtsverfassungsgesetz, Loseblattsammlung, Neuwied 22. Lfg. Oktober 2000.

SCHAIRER, MARTIN / KROMBACHER, HELMUT, Einsatz technischer Mittel – Anmerkung zum Beschluß des Ermittlungsrichters beim BGH vom 1.4.1997 zur Reichweite des § 100c Abs. 1 Nr. 2 StPO, in; Kriminalistik 1998, S. 119-121.

SCHELTER, KURT, Verbrechensbekämpfung mit elektronischen Mitteln – ein Tabu? in: ZRP 1994, S. 52-57.

SCHILY, OTTO, Nachbesserungsbedarf bei der Wohnraumüberwachung?, in: ZRP 1999, S. 129-132.

SCHNARR, KARL HEINZ, Zur Fristberechnung bei Anordnungen der Fernmeldeüberwachung, in: NStZ 1988, S. 481-484.

SCHNEIDER, HARTMUT, Zur Zulässigkeit strafprozessualer Begleitmaßnahmen im Zusammenhang mit dem Abhören des nicht öffentlich gesprochenen Wortes in Kraftfahrzeugen, in: NStZ 1999, S. 388-391.

SCHÜNEMANN, BERND, Vom Unterschichts- zum Oberschichtsstrafrecht – Ein Paradigmenwechsel im moralischen Anspruch?, in: KÜHNE, HANS-HEINER / MIYAZAWA, KOICHI (HRSG.), Alte Strafrechtsstrukturen und neue gesellschaftliche Herausforderungen in Japan und Deutschland, Berlin 2000.

SEIFERT, JÜRGEN, Vom Lauschangriff zum „Großen Lauschangriff", in: Kritische Justiz 1992, S. 355-363.

SESSAR, KLAUS, Rechtliche und soziale Prozesse einer Definition der Tötungskriminalität, Freiburg 1981.

STAECHLIN, GREGOR, Der „Große Lauschangriff" der dritten Gewalt, in: ZRP 1996, S. 430-433.

STEFFEN, WIEBKE, Grenzen und Möglichkeiten der Verwendung von Strafakten als Grundlage kriminologischer Forschung, in: MÜLLER, PAUL J. (HRSG.), Die Analyse prozeßproduzierter Daten. Historisch-sozialwissenschaftliche Forschungen, Band 2, Stuttgart 1977.

STÜMPER, ALFRED, Rechtspolitische Nachlese zum „Großen Lauschangriff", in: ZRP 1998, S. 463-465.

UMBACH, DIETER / CLEMENS, THOMAS, Grundgesetz-Mitarbeiterkommentar, Heidelberg 2002.

VAHLE, JÜRGEN, Ein Koloß auf tönernen Füßen, in: Kriminalistik 1998, S. 378-381.

WELP, JÜRGEN, Anmerkung, in: NStZ 1995, S. 602-604.

WELP, JÜRGEN, Vertrauen und Kontrolle, in: ZWIEHOFF, GABRIELE (HRSG.), „Großer Lauschangriff", Baden-Baden 2000, S. 281-302.

WEßLAU, EDDA, Waffengleichheit mit dem „Organisierten Verbrechen"? in: KritV 80 (1997), S. 238-247.

ZACHERT, HANS-LUDWIG, Elektronische Überwachung der Wohnung als Mittel zur Bekämpfung Organisierter Kriminalität, in: DRiZ 1992, S. 355-357.

ZIMMERMANN, GEORG, Staatliches Abhören, Frankfurt a.M. 2001.

ZWIEHOFF, GABRIELE (HRSG.), „Großer Lauschangriff", Baden-Baden 2000.

Anhang

Da aufgrund des Urteils des Bundesverfassungsgerichtes vom 3. März 2004 eine Änderung der §§ 100c ff. StPO absehbar bevorsteht, sei hier im Folgenden nochmals die Gesetzeslage, wie sie der Arbeit zugrunde liegt, wiedergegeben.

Gesetzestext §§ 100c ff. StPO (Stand 1.9.2004)

§ 100c[1] [Maßnahmen ohne Wissen des Betroffenen]

(1) Ohne Wissen des Betroffenen

1. dürfen

    a) Lichtbilder und Bildaufzeichnungen hergestellt werden,

    b) sonstige besondere für Observationszwecke bestimmte technische Mittel zur Erforschung des Sachverhalts oder zur Ermittlung des Aufenthaltsortes des Täters verwendet werden, wenn Gegenstand der Untersuchung eine Straftat von erheblicher Bedeutung ist, und

    wenn die Erforschung des Sachverhalts oder die Ermittlung des Aufenthaltsortes des Täters auf andere Weise weniger erfolgversprechend oder erschwert wäre,

2. darf das nichtöffentlich gesprochene Wort mit technischen Mitteln abgehört und aufgezeichnet werden, wenn bestimmte Tatsachen den Verdacht begründen, daß jemand eine in § 100a bezeichnete Straftat begangen hat, und die Erforschung des Sachverhalts oder die Ermittlung des Aufenthaltsortes des Täters auf andere Weise aussichtslos oder wesentlich erschwert wäre,

3. darf das in einer Wohnung nichtöffentlich gesprochene Wort des Beschuldigten mit technischen Mitteln abgehört und aufgezeichnet werden, wenn bestimmte Tatsachen den Verdacht begründen, daß jemand

---

[1] § 100c eingef. durch G v. 15. 7. 1992 (BGBl. I S. 1302); Abs. 1 Nr. 2 geänd., Nr. 3, Abs. 2 Sätze 4 und 5 angef. durch G v. 4. 5. 1998 (BGBl. I S. 845); Abs. 1 Nr. 3 Buchst. a geänd. mWv 30. 6. 2002 durch G v. 26. 6. 2002 (BGBl. I S. 2254); Abs. 1 Satz 1 Nr. 3 Buchst. e geänd. mWv 30. 8. 2002 durch G v. 22. 8. 2002 (BGBl. I S. 3390); Abs. 1 Nr. 3 Buchst. b geänd. mWv 1. 4. 2003 durch G v. 11. 10. 2002 (BGBl. I S. 3970); Abs. 1 Nr. 3 Buchst. a geänd. mWv 28. 12. 2003 durch G v. 22. 12. 2003 (BGBl. I S. 2838).

a) eine Geldfälschung, eine Wertpapierfälschung (§§ 146, 151, 152 des Strafgesetzbuches) oder eine Fälschung von Zahlungskarten mit Garantiefunktion und Vordrucken für Euroschecks (§ 152b des Strafgesetzbuches),

einen schweren Menschenhandel nach § 181 Abs. 1 Nr. 2, 3 des Strafgesetzbuches,

einen Mord, einen Totschlag(§§ 211, 212 des Strafgesetzbuches) oder einen Völkermord (§ 6 des Völkerstrafgesetzbuches),

eine Straftat gegen die persönliche Freiheit (§§ 234, 234a, 239a, 239b des Strafgesetzbuches),

einen Bandendiebstahl (§ 244 Abs. 1 Nr. 2 des Strafgesetzbuches) oder einen schweren Bandensdiebstahl (§ 244a des Strafgesetzbuches),

einen schweren Raub (§ 250 Abs. 1 oder Abs. 2 des Strafgesetzbuches), einen Raub mit Todesfolge (§ 251 des Strafgesetzbuches) oder eine räuberische Erpressung (§ 255 des Strafgesetzbuches),

eine Erpressung (§ 253 des Strafgesetzbuches) unter den in § 253 Abs. 4 Satz 2 des Strafgesetzbuches genannten Voraussetzungen,

eine gewerbsmäßige Hehlerei, eine Bandenhehlerei (§ 260 des Strafgesetzbuches) oder eine gewerbsmäßige Bandenhehlerei (§ 260a des Strafgesetzbuches),

eine Geldwäsche, eine Verschleierung unrechtmäßig erlangter Vermögenswerte nach § 261 Abs. 1 bis 4 des Strafgesetzbuches,

eine Bestechlichkeit (§ 332 des Strafgesetzbuches) oder eine Bestechung (§ 334 des Strafgesetzbuches),

b) eine Straftat nach §§ 51, 52 Abs. 1 Nr. 1, 2 Buchstabe c und d, Abs. 5, 6 des Waffengesetzes, § 34 Abs. 1 bis 6 des Außenwirtschaftsgesetzes oder nach § 19 Abs. 1 bis 3, § 20 Abs. 1 oder 2, jeweils auch in Verbindung mit § 21, oder § 22a Abs. 1 bis 3 des Gesetzes über die Kontrolle von Kriegswaffen,

c) eine Straftat nach einer in § 29 Abs. 3 Satz 2 Nr. 1 des Betäubungsmittelgesetzes in Bezug genommenen Vorschrift unter den dort genannten Voraussetzungen oder eine Straftat nach §§ 29a, 30 Abs. 1 Nr. 1, 2, 4, § 30a oder § 30b des Betäubungsmittelgesetzes,

d) Straftaten des Friedensverrats, des Hochverrats und der Gefährdung des demokratischen Rechtsstaates oder des Landesverrats und der Gefährdung der äußeren Sicherheit (§§ 80 bis 82, 85, 87, 88, 94 bis 96, auch in Verbindung mit § 97b, §§ 97a, 98 bis 100a des Strafgesetzbuches),

e) eine Straftat nach § 129 Abs. 4 in Verbindung mit Abs. 1, § 129a, jeweils auch in Verbindung mit § 129b Abs. 1, des Strafgesetzbuches oder

f) eine Straftat nach § 92a Abs. 2 oder § 92b des Ausländergesetzes oder nach § 84 Abs. 3 oder § 84a des Asylverfahrensgesetzes

begangen hat und die Erforschung des Sachverhalts oder die Ermittlung des Aufenthaltsortes des Täters auf andere Weise unverhältnismäßig erschwert oder aussichtslos wäre[2].

(2) [1]Maßnahmen nach Absatz 1 dürfen sich nur gegen den Beschuldigten richten. [2]Gegen andere Personen sind Maßnahmen nach Absatz 1 Nr. 1 Buchstabe a zulässig, wenn die Erforschung des Sachverhalts oder die Ermittlung des Aufenthaltsortes des Täters auf andere Weise erheblich weniger erfolgversprechend oder wesentlich erschwert wäre. [3]Maßnahmen nach Absatz 1 Nr. 1 Buchstabe b, Nr. 2 dürfen gegen andere Personen nur angeordnet werden, wenn auf Grund bestimmter Tatsachen anzunehmen ist, daß sie mit dem Täter in Verbindung stehen oder eine solche Verbindung hergestellt wird, daß die Maßnahme zur Erforschung des Sachverhalts oder zur Ermittlung des Aufenthaltsortes des Täters führen wird und dies auf andere Weise aussichtslos oder wesentlich erschwert wäre. [4]Maßnahmen nach Absatz 1 Nr. 3 dürfen nur in Wohnungen des Beschuldigten durchgeführt werden. [5]In Wohnungen anderer Personen sind Maßnahmen nach Absatz 1 Nr. 3 nur zulässig, wenn auf Grund bestimmter Tatsachen anzunehmen ist, daß der Beschuldigte sich in diesen aufhält, die Maßnahme in Wohnungen des Beschuldigten allein nicht zur Erforschung des Sachverhalts oder zur Ermittlung des Aufenthaltsortes des Täters führen wird und dies auf andere Weise unverhältnismäßig erschwert oder aussichtslos wäre.

(3) Die Maßnahmen dürfen auch durchgeführt werden, wenn Dritte unvermeidbar betroffen werden.

§ 100d[3] [Zuständigkeit]

(1) [1]Maßnahmen nach § 100c Abs. 1 Nr. 2 dürfen nur durch den Richter, bei Gefahr im Verzug auch durch die Staatsanwaltschaft und ihre Ermittlungspersonen (§ 152 des Gerichtsverfassungsgesetzes) angeordnet werden. [2]§ 98b Abs. 1 Satz 2, § 100b Abs. 1 Satz 3, Abs. 2, 4 und 6 gelten sinngemäß.

(2) [1]Maßnahmen nach § 100c Abs. 1 Nr. 3 dürfen nur durch die in § 74a des Gerichtsverfassungsgesetzes genannte Strafkammer des Landgerichts angeordnet werden, in dessen Bezirk die Staatsanwaltschaft ihren Sitz hat. [2]Bei Gefahr im Verzug kann die Anordnung auch durch den Vorsitzenden getroffen werden.

---

[2] Nach Entsch. des BVerfG v. 3. 3. 2004 (BGBl. I S. 470) ist § 100c Abs. 1 Nr. 3 nach Maßgabe der Gründe unvereinbar mit Art. 13 Abs. 1, Art. 2 Abs. 1 und Art. 1 Abs. 1 GG v. 23. 5. 1949 (BGBl. S. 1), zuletzt geänd. durch G v. 26. 7. 2002 (BGBl. I S. 2863).

[3] § 100d eingef. durch G v. 15. 7. 1992 (BGBl. I S. 1302); Abs. 2 bis 4 eingef., bish. Abs. 2 wird Abs. 5, Abs. 5 Satz 2, Abs. 6 angef. durch G v. 4. 5. 1998 (BGBl. I S. 845); Abs. 1 Satz 1 geänd. mWv 1. 9. 2004 durch G v. 24. 8. 2004 (BGBl. I S. 2198).

³Dessen Anordnung tritt außer Kraft, wenn sie nicht binnen drei Tagen von der Strafkammer bestätigt wird. ⁴§ 100b Abs. 2 Satz 1 bis 3 gilt sinngemäß.

(3) ¹*In den Fällen des § 53 Abs. 1 ist eine Maßnahme nach § 100c Abs. 1 Nr. 3 unzulässig.* ²*Dies gilt auch, wenn zu erwarten ist, daß sämtliche aus der Maßnahme zu gewinnenden Erkenntnisse einem Verwertungsverbot unterliegen.* ³*In den Fällen der §§ 52 und 53a dürfen aus einer Maßnahme nach § 100c Abs. 1 Nr. 3 gewonnene Erkenntnisse nur verwertet werden, wenn dies unter Berücksichtigung der Bedeutung des zugrundeliegenden Vertrauensverhältnisses nicht außer Verhältnis zum Interesse an der Erforschung des Sachverhaltes oder der Ermittlung des Aufenthaltsortes des Täters steht.* ⁴*Sind die zur Verweigerung des Zeugnisses Berechtigten einer Teilnahme oder einer Begünstigung, Strafvereitelung oder Hehlerei verdächtig, so ist Satz 1 unanwendbar; außerdem muß dieser Umstand bei der Prüfung der Verhältnismäßigkeit berücksichtigt werden.* ⁵*Über die Verwertbarkeit entscheidet im vorbereitenden Verfahren das in Absatz 2 Satz 1 bezeichnete Gericht.*⁴

(4) ¹Eine Anordnung nach § 100c Abs. 1 Nr. 3 ist auf höchstens vier Wochen zu befristen. ²Eine Verlängerung um jeweils nicht mehr als vier Wochen ist zulässig, solange die Voraussetzungen für die Maßnahme fortbestehen. ³*§ 100b Abs. 4 und 6 gilt sinngemäß*⁵.

(5) ¹Personenbezogene Informationen, die durch die Verwendung technischer Mittel nach § 100c Abs. 1 Nr. 2 erlangt worden sind, dürfen in anderen Strafverfahren zu Beweiszwecken nur verwendet werden, soweit sich bei Gelegenheit der Auswertung Erkenntnisse ergeben, die zur Aufklärung einer in § 100a bezeichneten Straftat benötigt werden. ²*Personenbezogene Informationen, die durch eine Maßnahme nach § 100c Abs. 1 Nr. 3 erlangt worden sind, dürfen in anderen Strafverfahren zu Beweiszwecken nur verwendet werden, soweit sich bei Gelegenheit der Auswertung Erkenntnisse ergeben, die zur Aufklärung einer in § 100c Abs. 1 Nr. 3 bezeichneten Straftat benötigt werden.*⁶

(6) ¹Auch nach Erledigung einer Maßnahme nach § 100c Abs. 1 Nr. 3 kann der Beschuldigte, in den Fällen des § 100c Abs. 2 Satz 5 auch der Inhaber dieser Wohnung, die Überprüfung der Rechtmäßigkeit der Anordnung sowie der Art und Weise des Vollzugs beantragen. ²Vor Erhebung der öffentlichen Klage entscheidet das in Absatz 2 Satz 1 genannte, danach das mit der Sache befaßte Gericht. ³Dieses

---

4   Nach Entsch. des BVerfG v. 3. 3. 2004 (BGBl. I S. 470) ist § 100d Abs. 3 nach Maßgabe der Gründe unvereinbar mit Art. 13 Abs. 1, Art. 2 Abs. 1 und Art. 1 Abs. 1 GG v. 23. 5. 1949 (BGBl. S. 1), zuletzt geänd. durch G v. 26. 7. 2002 (BGBl. I S. 2863).

5   Nach Entsch. des BVerfG v. 3. 3. 2004 (BGBl. I S. 470) ist § 100d Abs. 4 Satz 3 iVm § 100b Abs. 6 nach Maßgabe der Gründe unvereinbar mit Art. 19 Abs. 4 GG v. 23. 5. 1949 (BGBl. S. 1), zuletzt geänd. durch G v. 26. 7. 2002 (BGBl. I S. 2863).

6   Nach Entsch. des BVerfG v. 3. 3. 2004 (BGBl. I S. 470) ist § 100d Abs. 5 Satz 2 nach Maßgabe der Gründe unvereinbar mit Art. 13 Abs. 1, Art. 2 Abs. 1 und Art. 1 Abs. 1 GG v. 23. 5. 1949 (BGBl. S. 1), zuletzt geänd. durch G v. 26. 7. 2002 (BGBl. I S. 2863).

kann über die Rechtmäßigkeit in der Entscheidung befinden, die das Verfahren abschließt.

§ 100e [1] [Bericht an die oberste Justizbehörde; Unterrichtung des Bundestages]

(1) ¹Die Staatsanwaltschaft berichtet der jeweils zuständigen obersten Justizbehörde spätestens drei Monate nach Beendigung einer Maßnahme nach § 100c Abs. 1 Nr. 3 über Anlaß, Umfang, Dauer, Ergebnis und Kosten der Maßnahme sowie über die erfolgte Benachrichtigung der Beteiligten oder die Gründe, aus denen die Benachrichtigung bislang unterblieben ist und den Zeitpunkt, in dem die Benachrichtigung voraussichtlich erfolgen kann. ²Nach Abschluß des Verfahrens wird der Bericht entsprechend ergänzt. ³Ist die Benachrichtigung nicht innerhalb von vier Jahren nach Beendigung der Maßnahme erfolgt, ist die Staatsanwaltschaft jährlich zur erneuten Vorlage eines entsprechenden Berichtes verpflichtet.

(2) Die Bundesregierung unterrichtet den Bundestag auf der Grundlage von Ländermitteilungen jährlich über die durchgeführten Maßnahmen nach § 100c Abs. 1 Nr. 3.

§ 100f[7] [Verwendung personenbezogener Informationen]

(1) Personenbezogene Informationen, die durch eine Maßnahme nach § 100c Abs. 1 Nr. 3 ermittelt worden sind, dürfen nur für Zwecke eines Strafverfahrens (§ 100d Abs. 5 Satz 2) und zur Abwehr einer im Einzelfall bestehenden Gefahr für Leben, Leib oder Freiheit einer Person oder erhebliche Sach- oder Vermögenswerte verwendet werden.[8]

(2) Sind personenbezogene Informationen durch eine polizeirechtliche Maßnahme erlangt worden, die der Maßnahme nach § 100c Abs. 1 Nr. 3 entspricht, dürfen sie zu Beweiszwecken nur verwendet werden, soweit sich bei Gelegenheit der Auswertung Erkenntnisse ergeben, die zur Aufklärung einer in § 100c Abs. 1 Nr. 3 bezeichneten Straftat benötigt werden.

---

[7] § 100f eingef. durch G v. 4. 5. 1998 (BGBl. I S. 845).
[8] Nach Entsch. des BVerfG v. 3. 3. 2004 (BGBl. I S. 470) ist § 100f Abs. 1 nach Maßgabe der Gründe unvereinbar mit Art. 13 Abs. 1, Art. 2 Abs. 1 und Art. 1 Abs. 1 GG v. 23. 5. 1949 (BGBl. S. 1), zuletzt geänd. durch G v. 26. 7. 2002 (BGBl. I S. 2863).

§ 101⁹ [Benachrichtigung]

(1) ¹Von den getroffenen Maßnahmen (§§ 81e, 99, 100a, 100b, 100c Abs. 1 Nr. 1 Buchstabe b, Nr. 2 und 3, § 100d, 100g und 100h) sind die Beteiligten zu benachrichtigen, sobald dies ohne Gefährdung des Untersuchungszwecks, der öffentlichen Sicherheit, von Leib oder Leben einer Person sowie der Möglichkeit der weiteren Verwendung eines eingesetzten nicht offen ermittelnden Beamten geschehen kann. ²Erfolgt in den Fällen des § 100c Abs. 1 Nr. 3 die Benachrichtigung nicht binnen sechs Monaten nach Beendigung der Maßnahme, bedarf die weitere Zurückstellung der Benachrichtigung der richterlichen Zustimmung.¹⁰ ³Vor Erhebung der öffentlichen Klage entscheidet das in § 100d Abs. 2 Satz 1 genannte, danach das mit der Sache befaßte Gericht.¹¹

(2) ¹Sendungen, deren Öffnung nicht angeordnet worden ist, sind dem Beteiligten sofort auszuhändigen. ²Dasselbe gilt, soweit nach der Öffnung die Zurückbehaltung nicht erforderlich ist.

(3) Der Teil eines zurückbehaltenen Briefes, dessen Vorenthaltung nicht durch die Rücksicht auf die Untersuchung geboten erscheint, ist dem Empfangsberechtigten abschriftlich mitzuteilen.

(4) ¹Entscheidungen und sonstige Unterlagen über Maßnahmen nach § 100c Abs. 1 Nr. 1 Buchstabe b, Nr. 2 und 3 werden bei der Staatsanwaltschaft verwahrt. ²Zu den Akten sind sie erst zu nehmen, wenn die Voraussetzungen des Absatzes 1 erfüllt sind.

---

⁹ § 101 Abs. 1 neu gef., Abs. 4 angef. durch G v. 15. 7. 1992 (BGBl. I S. 1302); Abs. 1 geänd. durch G v. 17. 3. 1997 (BGBl. I S. 534); Abs. 1 neu gef., Abs. 4 geänd. durch G v. 4. 5. 1998 (BGBl. I S. 845); Abs. 1 Satz 1 geänd. mWv 1. 1. 2002 durch G v. 20. 12. 2001 (BGBl. I S. 3879).

¹⁰ Nach Entsch. des BVerfG v. 3. 3. 2004 (BGBl. I S. 470) ist § 101 Abs. 1 Satz 1 und 2 nach Maßgabe der Gründe unvereinbar mit Art. 13 Abs. 1, Art. 2 Abs. 1, Art. 1 Abs. 1 und Art. 19 Abs. 4 GG v. 23. 5. 1949 (BGBl. S. 1), zuletzt geänd. durch G v. 26. 7. 2002 (BGBl. I S. 2863).

¹¹ Nach Entsch. des BVerfG v. 3. 3. 2004 (BGBl. I S. 470) ist § 101 Abs. 1 Satz 3 nach Maßgabe der Gründe unvereinbar mit Art. 103 Abs. 1 GG v. 23. 5. 1949 (BGBl. S. 1), zuletzt geänd. durch G v. 26. 7. 2002 (BGBl. I S. 2863).

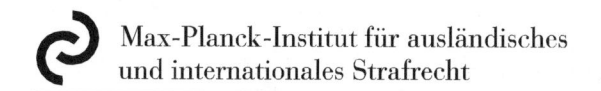

Max-Planck-Institut für ausländisches und internationales Strafrecht

Auswahl aus dem kriminologischen Verlagsprogramm:

K 116   *Azilis Maguer*
Les frontières intérieures Schengen
Dilemmes et stratégies de la coopération policière et douanière franco-allemande
Freiburg 2004 • 388 Seiten • ISBN3-86113-060-2   € 31,00

K 119   *Markus Mayer*
Modellprojekt elektronische Fußfessel
Studien zur Erprobung einer umstrittenen Maßnahme
Freiburg 2004 • 448 Seiten • ISBN 3-86113-065-3   € 31,00

K 120   *Anna Luczak*
Organisierte Kriminalität im internationalen Kontext
Konzeption und Verfahren in England, den Niederlanden und Deutschland
Freiburg 2004 • 370 Seiten • ISBN 3-86113-066-1   € 31,00

K 121   *Imke Hotter*
Untersuchungshaftvermeidung für Jugendliche und Heranwachsende in Baden-Württemberg
Eine Bestandsaufnahme der Umsetzung in der Praxis
Freiburg 2004 • 370 Seiten • ISBN 3-86113-067-X   € 31,00

K 122   *Bettina Lang*
Strafrechtsbezogene Vergangenheitspolitik
Politischer Wille und Strafrechtsrealität im Spannungsverhältnis am Beispiel von Deutschland und Südafrika
Freiburg 2005 • 616 Seiten • ISBN3-86113-068-8   € 35,00

K 123   *María Elena Zegada*
Jugendstrafrecht in Bolivien
Freiburg 2005 • 285 Seiten • ISBN 3-86113-069-6   € 31,00

K 124   *Maria Markantonatou*
Der Modernisierungsprozess staatlicher Sozialkontrolle
Aspekte einer politischen Kriminologie
Transformationen des Staates und der sozialen Kontrolle im Zeichen des Neoliberalismus
Freiburg 2005 • 322 Seiten • ISBN 3-86113-070-X   € 31,00

Max-Planck-Institut für ausländisches und internationales Strafrecht

Auswahl aus dem strafrechtlichen Verlagsprogramm:

S 97   *Axel Haeusermann*
Der Verband als Straftäter und Strafprozesssubjekt
Freiburg 2003 • 464 Seiten • ISBN 3-86113-893-X   € 25,00

S 98   *Andreas M. Günther*
**Täterschaft und Teilnahme
im südafrikanischen Recht**
Eine rechtsvergleichende Studie unter besonderer
Berücksichtigung der common purpose rule
Freiburg 2003 • 292 Seiten • ISBN 3-86113-892-1   € 17,00

S 99   *Kerstin Weltz*
Die Unterlassungshaftung im Völkerstrafrecht
Eine rechtsvergleichende Untersuchung des französischen,
US-amerikanischen und deutschen Rechts
Freiburg 2004 • 342 Seiten • ISBN 3-86113-891-3   € 22,00

S 100   *Beate Weik*
**Objektive und subjektive Verbrechenselemente
im US-amerikanischen Strafrecht**
Freiburg 2004 • 495 Seiten • ISBN 3-86113-890-5   € 28,00

S 101   *Albin Eser/Christiane Rabenstein (Hrsg.)*
Strafjustiz im Spannungsfeld von Effizienz und Fairness
Criminal Justice between Crime Control und Due Process
Konvergente und divergente Entwicklungen im
Strafprozessrecht
Convergence and Divergence in Criminal Procedure Systems
2004 • 446 Seiten • ISBN 3-86113-884-0 (Max-Planck-Institut),
3-428-11760-3 (Duncker & Humblot)   € 39,00

S 102   *Frank Jungfleisch*
Fortpflanzungsmedizin als Gegenstand des Strafrechts?
Eine Untersuchung verschiedenartiger Regelungsansätze aus
rechtsvergleichender und rechtspolitischer Perspektive
2004 • 350 Seiten • ISBN 3-86113-887-5 (Max-Planck-Institut);
3-428-11832-4 (Duncker & Humblot)   € 30,00